国际中文教育教学资源发展报告
（2022）

中外语言交流合作中心　组编

总　策　划：马箭飞　宋永波

专家委员会：（按姓氏音序排列）

　　　　　　崔永华　丁安琪　杜　迪〔喀麦隆〕　方欣欣
　　　　　　顾安达〔德国〕　郭凤岚　郭　熙　李复新〔澳大利亚〕
　　　　　　李佩泽　李　泉　李宇明　梁　霞　林　君　刘英林
　　　　　　施　歌　宋继华　吴　坚　吴应辉　曾　丽
　　　　　　张新生〔英国〕　赵　杨　郑艳群　钟英华
　　　　　　周敏康〔西班牙〕　周小兵　朱志平　祖晓梅

主　　编：梁　宇　邵亦鹏

副 主 编：李敬欢　李晓露　李诺恩　刘晶晶　金　旋　王祖嫘

作　　者：（按姓氏音序排列）

　　　　　　宝　路　陈　晨　陈　宏　陈天阳　高　特　高琬昕
　　　　　　高子奥　关英明　和蓝静　呼丽娟　蒋汶芯　金　旋
　　　　　　李冬梅　李佳悦　李敬欢　李诺恩　李乾超　李晓露
　　　　　　李亚男　梁　宇　刘慧佳　刘晶晶　马佳楠　侬　斐
　　　　　　庞士玉　田　桃　王　丹　王丹萍　王兰婷　王祖嫘
　　　　　　吴　强　武氏辰〔越南〕　央　青　杨湫晗　尹雪璐
　　　　　　于泓珊　禹　点　曾小燕　张　怡　甄　钊　郑　洁
　　　　　　周　沐　周媛媛　庄瑶瑶

国际中文教育
教学资源发展报告
2022

INTERNATIONAL
CHINESE LANGUAGE
TEACHING RESOURCES DEVELOPMENT REPORT

中外语言交流合作中心　组编

© 2022 北京语言大学出版社，社图号 22141

图书在版编目（CIP）数据

国际中文教育教学资源发展报告 . 2022 ／ 中外语言交流合作中心组编 ；梁宇，邵亦鹏主编 . -- 北京：北京语言大学出版社，2022.12
 ISBN 978-7-5619-6197-1

Ⅰ . ①国… Ⅱ . ①教… ②梁… ③邵… Ⅲ . ①汉语－对外汉语教学－教学研究－研究报告 Ⅳ . ① H195.3

中国版本图书馆 CIP 数据核字（2022）第 219432 号

国际中文教育教学资源发展报告（2022）
GUOJI ZHONGWEN JIAOYU JIAOXUE ZIYUAN FAZHAN BAOGAO（2022）

责任编辑： 周 鹂	**英文编辑：** 徐 梦
责任印制： 周 燚	**封面设计：** 春天书装
排版制作： 北京创艺涵文化发展有限公司	

出版发行： 北京语言大学出版社

社　　址： 北京市海淀区学院路 15 号，100083
网　　址： www.blcup.com
电子信箱： service@blcup.com
电　　话： 编辑部　8610-82303670
　　　　　　　国内发行　8610-82303650/3591/3648
　　　　　　　海外发行　8610-82303365/3080/3668
　　　　　　　北语书店　8610-82303653
　　　　　　　网购咨询　8610-82303908
印　　刷： 北京博海升彩色印刷有限公司
版　　次： 2022 年 12 月第 1 版　　　**印　　次：** 2022 年 12 月第 1 次印刷
开　　本： 787 毫米 ×1092 毫米　1/16　　**印　　张：** 25
字　　数： 427 千字
定　　价： 118.00 元

PRINTED IN CHINA
凡有印装质量问题，本社负责调换。QQ：1367565611，电话：010-82303590。

前　言

党的二十大报告提出："促进世界和平与发展，推动构建人类命运共同体"，"增强中华文明传播力影响力，坚守中华文化立场，讲好中国故事、传播好中国声音，展现可信、可爱、可敬的中国形象，推动中华文化更好走向世界"。国际中文教育是国家和民族的事业，能够在服务"一带一路"倡议、讲好中国故事、提升中华文明传播力影响力、构建人类命运共同体等方面发挥独特而重要的作用。

教学资源在国际中文教育中占据着重要的基础性地位，具有提供中文教学内容、传播优秀中国文化、促进中外文明交流互鉴的重要功能。作为中文母语国，我们有责任、有义务加强国际中文教育教学资源建设，积极响应并主动实践联合国教科文组织《世界文化多样性宣言》，为丰富世界语言生活做出贡献。为此，中外语言交流合作中心策划了"国际中文教育教学资源发展报告"重大委托项目，力求基于事实和数据，客观描述年度全球中文教学资源的发展现状与特点，既关注纸质教学资源的研发和使用进展，又密切跟踪新技术、新媒体环境下的数字教学资源发展动态。希望报告能够帮助海内外中文教育管理者、研究者、从业者、学习者了解全球中文教学资源发展状况，为教育管理部门提供决策参考，为全球中文教学资源研发机构提供创新思路，为全球中文教育机构、教师和学习者提供资源信息。

2021年底，《国际中文教育教学资源发展报告（2021）》正式出版。这本国际中文教育领域的首部发展报告，受到了学界、业界的广泛关注和好评。系列年度报告在编写过程中，得到了有关专家和相关单位的指导与配合，项目组付出了艰辛努力并展示出了良好的专业素养，北京语言大学出版社也给予了大力支持，在此表示诚挚的谢意。真诚希望本项目能够发挥桥梁作用，助力我们与学界、业界各方建立广泛而深入的合作，共同推动国际中文教育教学资源建设取得更大成绩。

中外语言交流合作中心
2022 年 9 月 30 日

编写说明

为总结国际中文教育教学资源建设经验，促进资源建设协同发展与融合创新，中外语言交流合作中心设立"国际中文教育教学资源发展报告"重大委托项目，本书即为该项目主要研究成果。

一、编写目标

本书主要展现 2021 年度国际中文教育教学资源发展状况，梳理资源建设成果，并在此基础上展望未来发展方向，力图为主管部门制订资源建设规划提供决策参考，为学术界提供全面翔实的教学资源数据，为研发机构提供创新思路，为教学机构、教师和学习者提供资源选用信息。

二、编写设计

（一）概念界定

教学资源有广义和狭义之分，广义的教学资源包括一切用于教与学的材料，狭义的教学资源主要指教科书和教辅材料。本书所称"教学资源"主要为"显性教学资源"，包括教材、教辅、读物、工具书、教育标准等纸质教学资源，以及数字教材、网络课程、学习网站、数字应用等数字教学资源。教学资源与课程教学密不可分。本书虽然未能全面呈现全球中文课程资源的现状，但也尝试将课程标准、教学大纲、网络课程等内容纳入编写框架，体现课程与教学论视角下的教学资源发展现状。

（二）时间跨度

本项目大部分调研于 2021 年末至 2022 年初展开，主要反映 2021 年度（2021 年 1 月—12 月）国际中文教育教学资源建设情况，个别专题也少量涉及 2020 年或 2022 年初的最新动态。

（三）编写框架

按照"标准引领、教材本位、数字融合、案例透视、国际视野"的编写理念，本书设计了七个部分的内容：总报告、标准篇、纸质篇、数字篇、国别篇、专题篇、参考篇。"总报告"基于当前国际中文教育教学资源建设现状，从治理、质量、主体、创新四个维度，阐释了中文教学资源内涵式发展的内涵框架，展望了未来发展方向。"标准篇"解读了我国最新发布的中文教育标准，以及海外24个国家中文教学大纲的学习内容编写情况。"纸质篇"和"数字篇"分别盘点了2021年全球中文纸质教学资源和数字教学资源的发展概况，并面向国内外中文教师和学习者两个群体，对纸质教学资源和数字教学资源的使用和需求进行了大规模的抽样调查。"国别篇"选取了5大洲8个国家作为中文教育发展的典型案例，撰写了中文教学资源国别报告。"专题篇"特别关注2021年度中文教学资源重点建设项目、冬奥会上的中文教学资源、"中文＋职业技能"教学资源、东南亚华文教学资源等热点主题。"参考篇"在综合考虑其他语言文化传播机构影响力、成立背景和发展阶段的基础上，着力介绍了但丁协会、歌德学院、日本国际交流基金会、英国文化委员会的教学资源建设经验，目的是拓展国际视野，提供借鉴，以提升中文教学资源建设水平。

本书"附录"包含三个部分：2021年度国际中文教育教学资源发展大事记、2021年度国际中文教育教学资源列表、2021年度国际中文教育教学资源研究列表。第一部分附在书后，第二、三部分内容作为网络资源通过二维码链接的形式分享给读者。

三、编写特点

本书在撰写中贯彻了"六个注重"和"四个兼顾"：注重报告的整体性和全局性，注重数据的权威性和时效性，注重信息的前沿性和动态性，注重案例的典型性和代表性，注重分析的科学性和客观性，注重结论的可靠性和建设性；兼顾整体与专题，兼顾历时与共时，兼顾全球与国别，兼顾现状与趋势。通过对全球中文教学资源的普查、盘点，力求全面、系统、客观地展现中文教学资源发展状况，并展望未来发展方向。

四、研究方法

本书主要采用数据库研究法、问卷调查法、田野调查法和语料库分析法。项目组基于大数据理念，利用网络信息爬虫技术，采集国内外中文教学资源信息约5000条，并经过人工筛选整理，为项目研究提供了可靠数据。项目组在"纸质篇"和"数字篇"实施了大规模的问卷调查，回收教师问卷2340份、学生问卷2327份，调查范围覆盖全球6大洲97个国家和地区。国别报告分别对8个国家的重点地区、学校进行了实地或网络调研，了解当地中文教学资源编写和使用状况。部分报告利用AntConc3.5.9语料库分析软件，对相关文件、访谈材料等进行高频词、显著搭配等统计分析。此外，项目组还运用文献研究法对教学资源政策、标准进行历时梳理，也对具有典型性和代表性的教学资源建设项目进行了案例分析。

五、数据来源

本书数据主要来自问卷和访谈调查、史料和文献信息、主要国家教育管理部门和权威机构官方网站、中外语言交流合作中心提供的材料等。纸质教学资源的数据主要来自以下渠道：一是中外主要出版社、图书进出口公司年度出版书目；二是标准书目网、中外主要出版社官网；三是联机计算机图书馆中心（OCLC）成员馆馆藏信息（涵盖世界5596个图书馆馆藏信息）；四是海外书店（包括网上书店）。数字教学资源的统计渠道主要包括：各大出版社网站、中文学习网站、安卓和苹果应用商店、社交媒体平台等。本书尽量对相关数据进行详细标注，但因资源数量大且动态性强，难以精确覆盖中文教学资源的方方面面，因此仅通过统计范围内的数据呈现中文教学资源发展的基本面貌和宏观趋势。

六、致谢

本书是重大项目合作攻关的成果，是集体智慧和共同努力的结晶。项目组成员共45人，来自国内外20余所高校和科研机构，22人具有海外任教经验，调研范围涉及6大洲97个国家和地区。我们非常感谢项目组所有成员的专业态度、团队精神和辛勤付出，他们对学术理想的孜孜追求令人感动和鼓舞。

我们特别感谢中外语言交流合作中心的充分信任和全力支持！中心各级领导

的策划与推动、教学与资源处的专业指导和工作人员的组织与协调，使本项目得以顺利完成。我们也非常感谢为本书审定、把关的专家们，也要感谢出版社的领导和责任编辑，他们的学术素养、专业精神和宝贵建议，对提升本书质量发挥了至关重要的作用。

　　本书撰写过程中，全球新冠疫情仍在肆虐，这在一定程度上影响了调研工作的有序开展。项目所需的各类数据非常庞杂，筛选核查任务十分繁重，超出了我们的预期，这都使得本书难免有不足之处，恳请读者批评、指正。

项目课题组

2022 年 9 月 30 日

目 录

001 / 第一部分　总报告

003 / 内涵式发展之"内涵"：国际中文教育教学资源建设的维度

015 / 第二部分　标准篇

017 / 第一节　《国际中文教育中文水平等级标准》的中国特色和解读应用
026 / 第二节　《国际中文教育用中国文化和国情教学参考框架》解读
034 / 第三节　海外中文教学大纲学习内容解析

045 / 第三部分　纸质篇

047 / 第一节　国际中文教材发展概况（2021）
059 / 第二节　教师使用国际中文教材情况调查
076 / 第三节　教师对国际中文教材的需求调查
093 / 第四节　学习者使用国际中文教材情况调查
104 / 第五节　学习者对国际中文教材的需求调查

121 / 第四部分　数字篇

123 / 第一节　国际中文教育数字资源发展概况（2021）
139 / 第二节　教师使用中文数字资源情况调查
159 / 第三节　教师对中文数字资源需求的调查
170 / 第四节　学习者使用中文数字资源情况调查
185 / 第五节　学习者对中文数字资源需求的调查

195 / 第五部分　国别篇

197 / 第一节　德国中文教学资源发展状况
209 / 第二节　喀麦隆中文教学资源发展状况
218 / 第三节　墨西哥中文教学资源发展状况
228 / 第四节　葡萄牙中文教学资源发展状况
236 / 第五节　西班牙中文教学资源发展状况
246 / 第六节　新西兰中文教学资源发展状况
257 / 第七节　英国中文教学资源发展状况
274 / 第八节　越南中文教学资源发展状况

287 / 第六部分　专题篇

289 / 第一节　基于《国际中文教育中文水平等级标准》的教学资源建设
296 / 第二节　国际中文教育精品教材"1+2"工程
305 / 第三节　冬奥会上的中文教学资源服务
310 / 第四节　需求导向的"中文＋职业技能"教学资源建设
322 / 第五节　东南亚华文教学资源新动态

329 / 第七部分　参考篇

331 / 第一节　但丁协会教学资源发展与启示
343 / 第二节　歌德学院教学资源发展与启示
357 / 第三节　日本国际交流基金会教学资源发展与启示
368 / 第四节　英国文化委员会教学资源发展与启示

383 / 附录1　2021 年度国际中文教育教学资源发展大事记
385 / 附录2　2021 年度国际中文教育教学资源列表
386 / 附录3　2021 年度国际中文教育教学资源研究列表

第一部分 总报告

主持人:梁宇,北京语言大学

内涵式发展之"内涵":
国际中文教育教学资源建设的维度

内涵式发展已成为当前国际中文教育领域最大共识。国际中文教育教学资源(简称"中文教学资源")是我国国际传播体系的重要组成部分,是中文和中国文化"走出去"的重要载体,是国际中文教育事业发展和学科建设的重要内容。近年来,中文教学资源建设对构建内涵式发展框架进行了积极探索。而2021年中文教学资源的建设实践,让我们进一步明确了其"内涵"所在。

一、治理为先:开拓科学理性、高效有序的发展路径

教育治理是指"在政府的主导下,各种公共的或私人的组织或个人在一定范围内,对教育事务进行合作管理并采取联合行动以促进教育事业发展的持续过程"[1]。教学资源建设是教育治理的重要环节。2021年,中文教学资源建设迎来了"治理大年",在行动规划、标准体系构建、资源建设等方面取得了新进展。

面向充满机遇与挑战的未来五年,中外语言交流合作中心(简称"语合中心")于2021年底发布了《国际中文教育教学资源建设行动计划(2021—2025年)》《"中文+职业技能"教学资源建设行动计划(2021—2025年)》《国际中文在线教育行动计划(2021—2025年)》和《国际中文教育数字资源建设指南》[2]。"三计划一指南"秉持"大资源"概念,将大纲标准、教材教辅、网络课程、教学平台等各类资源纳入建设视野,侧重开拓在线教育、数字资源、"中文+职业技能"等前沿领域,关

---

[1] 教育学名词审定委员会. 教育学名词(2013)[M]. 北京:高等教育出版社, 2013.
[2] 参看语合中心官网:http://www.chinese.cn/page/#/pcpage/project?id=130。

涉教学环境创设、线上线下教学、师资培养、课程建设、测试评估等重要教学要素，涵盖资源研发、推广、选用、服务、评价、科研、队伍建设等关键环节，突出了以中国化为核心内涵、以标准化为基础规范、以精品化为目标要求、以本土化为鲜明特色、以数字化为创新关键的中文教学资源建设理念，力求全面推进新时代中文教学资源建设的高质量发展。

在标准研制方面，教育部、国家语言文字工作委员会于2021年4月正式发布《国际中文教育中文水平等级标准》（GF 0025—2021）（简称《等级标准》），自2021年7月1日正式实施。这是国际中文教育领域具有划时代意义的一件大事，更是国际中文教育事业进入高质量发展的里程碑![1] 2021年12月，国际中文教育领域第一部文化教学标准性文件——《国际中文教育用中国文化和国情教学参考框架》正式出台，体现了我们顺应需求、积极作为的实践精神。此外，"国际中文教学通用课程大纲（修订版）""职业中文能力标准""国际中文教材评价指南"等标准性文件也正在抓紧研制过程中，三大行动计划还规划了《"中文+职业技能"教学资源开发标准》《国际中文在线教师标准》《国际中文在线教学标准》等各类标准。

在海外，斯洛文尼亚教育科学体育部将中文列入小学阶段选修科目，并在其官网公布了课程大纲。葡萄牙教育和科学部颁布了最新的《面向葡萄牙学习者的中文课程大纲》。西班牙加泰罗尼亚大区正式出台了面向初中一到四年级的《中学阶段中文教学大纲》。2021年7月1日，越南教育与培训部颁布《中国语基础教育教学大纲》（19/2021/TT-BGDĐT），中文由第二外语升至第一外语。截至目前，海外已有34个国家和地区[2]颁布了110部中文教育标准[3]。

同时，标准对资源建设的引领作用开始显现。自《等级标准》发布后，《国际中

---

[1] 马箭飞.在《国际中文教育中文水平等级标准》新书发布会暨国际学术研讨会上的致辞[J].国际汉语教学研究，2021（2）：4-5.
[2] 34个国家和地区为：法国、意大利、葡萄牙、西班牙、英国、爱尔兰、德国、瑞典、芬兰、挪威、俄罗斯、白俄罗斯、匈牙利、保加利亚、罗马尼亚、斯洛文尼亚、日本、韩国、越南、阿联酋、马来西亚、新加坡、亚美尼亚、南非、喀麦隆、坦桑尼亚、乌干达、毛里求斯、赞比亚、美国、加拿大、澳大利亚、新西兰、智利。其中，加拿大和西班牙两国发布了省/大区级中文教育标准。
[3] 计算方法：1部标准可能含有多份文件，本书根据不同类型、不同发布机构、不同教学对象计算标准数量，含多个更新版本的标准或多个年级的文件均算为1部标准。文件名称：文件名称有Standard、Curriculum、Syllabus、Guidance、Framework等，又涉及多个语种，翻译为"标准、大纲、计划、指南、框架"等，为体现其官方文件的性质，本书统称其为"标准"，特指某个标准时采用原文的翻译名称。收集范围：文件不包括区本、校本中文课程大纲，不包括笼统地提及中文的外语类课程标准，不包括字、词、语法表等孤立的语言要素文件。

文教育中文水平等级标准（国家标准·应用解读本）》和《国际中文教育中文水平等级标准·语法学习手册（初等）》相继出版；庞帝教育（Ponddy）发布了对标《等级标准》的智能中文词典APP；"完美世界"开发了对标《等级标准》的中文学习系列小游戏。2021年12月，语合中心确立了236项"2021年度《等级标准》教学资源建设项目"。此外，各国依据HSK、IB、AP、IGCSE等多种中文考试大纲编写的教学资源达50余种。资源建设的标准化、规范化迈上了新台阶。

上述事实集中反映了中文教学资源建设的"中外共治"，其中蕴含的治理理念及相应的治理行动是资源建设走向内涵式发展道路的重要保障。面向未来三至五年，我们应重点推进资源建设治理的公益性、协同性、时效性和信息化。

首先，要增强服务意识。中文教学资源建设要以满足世界各地的中文学习需求为宗旨，以全面提升服务力、创新力为目标。其次，要携手合作。教育治理是多元主体共同管理教育公共事务的过程。在中文教学资源治理过程中，语合中心扮演着掌舵者和划桨者的双重角色，指导并推动中文教学资源建设，同时还有中外教育机构、出版机构、信息技术公司、专家、教师的共同参与。要明确不同治理主体的责权利关系，加强治理主体间的协同合作，建立多元主体协同治理机制，以共治求善治。再次，要推进落实"三大行动计划"。在资源建设中，进一步展现中国特色，反映中文和中国文化的"国际表达"；持续加强标准体系构建，推进标准指导下的资源建设；鼓励教材创新推优，提高教学资源研制水平，扩大精品教学资源规模；助推教材本土化，增强教学资源海外适用性，提升海外教学资源供给能力；构建"教学、考试、研究、管理、服务"一体化的支撑服务体系，促进国际中文教育走向数字化、智能化、泛在化。最后，要以信息化为抓手，推进治理能力现代化。建立"中文教学资源动态数据管理平台"，及时捕捉全球中文教学资源动态信息，发挥数据作为生产要素的重要作用，为资源建设与科研服务；建立"中文教学资源项目管理平台"，构建覆盖项目管理全过程的信息化服务体系，全面提高项目管理效率，推动项目成果转化。

二、质量为核：坚持不断超越、追求卓越的工匠精神

国际中文教育在一段时间里以大众化、普及化为主要发展目标，因而教育规模不断扩大。以国际中文教材^①为例，新中国成立至 2021 年底，全球国际中文教材总量达 20196 种，语种达 80 个，已经基本能够满足全球各地中文学习的需要。随着数量、规模这些问题的逐步解决，如何提升内在质量的问题越来越引人关注，并将对该问题的阐释作为内涵式发展的核心要义。因此，中文教学资源建设近年来在践行"质量先行、内涵发展"理念方面做出了努力。

从编写理念来看，国际中文教材编写长期坚持充分吸收国内外第二语言教学和教材编写理论的精髓，结合中文特色，自 1949 年以来，相继推出了结构法教材（如《汉语教科书》，邓懿主编，1958 年）、功能法教材（如《说什么和怎么说？》，邱质朴著，1990 年）、结构—功能相结合教材（如《实用汉语课本》，刘珣主编，1981 年）、结构—功能—文化相结合教材（如《新实用汉语课本》，刘珣主编，2002 年）、听说法教材（如《汉语会话 301 句》，康玉华、来思平编著，1990 年）、视听法教材（如《家有儿女——汉语视听说教程》，刘立新、邓方编著，2009 年）、任务法教材（如《汉语口语速成》，马箭飞主编，2000 年）、体验式教学法教材（如《体验汉语》，陈作宏等主编，2005 年）、多元智能教学法教材（如《Cool Panda 少儿汉语教学资源》，编写组编，2015 年）、内容教学法教材（如《中国研习》，吴勇毅主编，2018 年）、产出导向法教材（如《新时代汉语口语教程》，朱勇主编，2020 年）等。近年来，在我国"教学有法，教无定法，贵在得法"的教育思想和外语教学"后方法"策略的影响下，教材编写更加注重多种教学路子、教学方法和技巧的兼容并包，编写理念更具开放性和灵活性。《发展汉语》(第 2 版)（李泉主编，2011 年）、《博雅汉语》(第 2 版)（李晓琪主编，2013 年）、《汉语乐园》(第 2 版)（张健主编，2014 年）、《轻松学中文》(第 2 版)（马亚敏、李欣颖编著，2020 年）、《长城汉语·生存交际》(第 2 版)（马箭飞、宋继华主编，2021 年）等均遵循了多元、综合的教材编写理念。同时，特色教材不断涌现，如以冬奥语言服务为特色的《冬奥中文 100 句》（施歌、刘元满主编，2021 年）、以讲好中国故事为特色的《戏剧里的中国故事》（〔英〕斯明诚主编、

---

① 此处主要指国际中文教育领域的纸质教学资源，包括课本、练习册、教师用书等。

崔永华顾问，2021年）、以"中文＋职业技能"人才培养为特色的《工业汉语》（刘建国、赵丽霞主编，2019年）等。

从编写内容来看，一是教材选用语料向真实语料扩展。话题、场景更加贴近生活，语篇意识、语体意识不断增强。微信聊天、网络问诊、在线点餐、手机约车、视频会议等反映时代特色、源于真实生活的素材越来越多地融入中文教材。二是教材注重体现教学思路和教学流程，提供必要的教学建议和教学素材。教学流程中的活动设计受到重视，"以活动为主线"编写的教材不断涌现，《新概念汉语》（崔永华主编，2012年）、《YCT标准教程》（苏英霞主编，2015年）、《加油！小学中文课本》（王巍主编，2021年）等教材在教学设计和活动设计方面均有所创新，"做中学"的教材编写原则得以深化。三是文化教学内容更具时代性和跨文化性。教材中的文化内容更加丰富立体，呈现方式更加新颖多元，着力强化中文学习者的跨文化理解能力。《中文听说读写》（第4版）（刘月华、姚道中等，2017年）、《会通汉语·听说》（卢福波主编，2015年）、《趣学中文（Go Far with Chinese）》（金璎、关春梅等，2021年）、《中国读本（汉英对照版）》（人民教育出版社、圣智学习公司编著，2021年）等教材在文化内容融入及文化板块设计方面进行了有益探索。四是跨学科内容日益丰富。儿童及青少年中文教材愈发重视艺术、科学、数学等跨学科知识的融入与整合，注重发展学生的多元认知能力，如《中国研习》将中文学习、中国文化与社会探究相融合，体现了IB等国际教育中"课程融合"的理念，再如《iSuper中文小博士》（林宛芊、秦志宁主编，2016年）将中文学习与自然科学相结合，教学内容涵盖地球科学、物理科学、生命科学三大自然科学领域。大学及成人教材更加关注专业、职业技能与中文水平的同步发展，大学专业中文教材及"中文＋职业技能"教材逐渐增多。五是本土化教材特色更加显著。本土化教材编写日趋成熟，教材编写在教学内容、教学重点、教学容量、教学形态等方面的本土化特色日益突出，为泰国中小学生编写的《体验汉语（泰国版）》（国际语言研究与发展中心编著，2009年）、《我爱汉语·泰国小学汉语课本》（金飞飞等编著，2019年），为阿联酋中小学生编写的《你真棒》（中外语言交流合作中心组编，2022年）、《跨越丝路》（阿联酋教育部、中外语言交流合作中心组编，2022年）等教材都为本土化中文教材编写积累了宝贵经验。

从体系结构来看，教材体系在纵向级别设计上不断细化，难度递增的科学性逐步加强。同时，与综合教材相配合的技能教材、要素教材、专业教材日益增多，教材配套日趋完善，教材体系逐渐扩大，体系化、现代化的教材编写模式逐步建立。

2020年1月，教育部印发了《全国大中小学教材建设规划（2019—2022年）》（简称《规划》），首次对我国大中小学教材工作进行了顶层设计和系统规划，提出要全面落实教材建设国家事权，全面提高教材质量，切实发挥教材育人功能。《规划》为中文教学资源建设提供了基本遵循，它要求我们提高站位，将提升资源质量作为我们不懈追求的目标。《规划》也为中文教学资源建设提出了新命题，比如：如何在资源建设中突出中国特色和国际视野，如何向外国学习者讲好中国故事，塑造可信、可敬、可爱的中国形象，等等。面对新形势和新要求，我们提供以下几点思路。

中文教学资源建设要以促进民心相通为目标，构建良好的中文形象、中国文化形象和文化传播形象。一要着力塑造"易学、实用、有趣"的中文形象。通过语言本体的规范化和标准化，提供高效的中文学习方法和策略，让学习者学有所得、学有所获；通过实用性、交际性的教学内容，满足学习者成功使用中文进行交际的需求和愿望；通过趣味性的学习内容和时尚、新颖的设计手段，让学习者在学习过程中感到轻松和愉悦。二要集中体现中国"古老又创新、可敬又可爱"的文化形象。资源内容一方面要展示中国传统文化中以人为本的民本思想、忧国忧民的家国情怀、知行合一的实践精神、和而不同的包容态度、革故鼎新的创新思维等"中国老故事"；另一方面更要侧重介绍描绘现代中国和未来中国的"中国新故事"，将中国制度、中国道路、中国精神融入教学内容，侧重展现"一带一路""共商共建共享""人类命运共同体"等中国发声且具有世界意义的新概念、新表达。三要创新打造"融通中外、平等对话"的文化传播形象，以超越"我者"和"他者"的"人类命运共同体"视角，突出中国与世界的"共"与"通"，构建文化传播新理念。

中文教学资源的理论和应用研究亟须加强，以便进一步为资源建设实践提供更加强有力的科研支撑。我们应重视数十年中文教学资源编写经验的积累、继承和创新发展，提出具有原创性的中文教学资源编写理论，注重中文教学资源编写理论体系的构建；我们还应特别关注世界第二语言教学和教材的发展趋势及其对中文教学资源建设的启示，重视中文教学资源的使用效果及其对教学效果的影响，关注全球范围内中文教学资源的需求变化和供给情况，着重研究数字化、网络化、智能化变革给中文教学资源建设带来的影响及其应对策略。总之，我们要坚持"不忘本来、吸收外来、面向未来"①的理论研究原则，既要深入研究教学资源内部知识体系、设计要素的编写问题，又要积极探索与教学资源密切相关的使用、需求、服务等外部问题；既要善于继承和发展以往教学资源建设的经验，充分借鉴国内外二语教学资源建设的思路和方法，又要顺应社会发展和科技进步的潮流，准确判断中文教学资源的未来发展趋势。

在建立质量保障机制方面，中文教学资源建设要重视发挥评价的导向和调节作用。新时代中文教学资源评价应突破传统意义上"对教材进行判断"的评价，转为"支持教师教学实践、促进学习主体发展、引导开发人员编研、协助教学主体甄选"的评价；应突破以往的静态文本评价，转而利用自然语言处理技术和互联网技术，开展网络实时诊断性评价和动态质量监测；应突破针对纸质教学资源的评价，建立数字教学资源动态评价机制，根据资源下载、使用频率、用户评论等数据信息对在线资源开展评价。评价理念的转变及评价机制的建立，将对资源建设发挥引导作用，促进资源的迭代更新，持续优化资源的供给与服务生态。

三、主体为本：体现导学促学、助教助研的人本情怀

现代教育的价值取向是追求人的发展和对人类命运的终极关怀。学生在教育过程中的主体地位愈发突出，教师将更多地发挥学生学习规划者和引导者的作用。2021年10月12日，中国国务院副总理、国家教材委员会主任孙春兰在全国教材工作会议暨首届全国教材建设奖表彰会上指出，教材工作要"以促进学生全面发展、增强综合素质为目标"，"增强教材育人功能"，"打造更多培根铸魂、启智增慧、适应时代要求的精品教材"。教师队伍被看作教育的第一资源，在教材建设中，教师不仅是教材的主要编写者，更是教材的使用者，是决定教材质量的关键主体。在中文教学资源建设领域，资源"为谁编，给谁用"等问题逐渐受到重视。当工作重心回归教学主体的时候，资源内核便拥有了更多的人本情怀，这也正是资源建设内涵式发展的"内涵"所在。

---

① 习近平.在哲学社会科学工作座谈会上的讲话[M].北京：人民出版社，2016.

了解教师和学生的教学资源使用情况是体现"以人为本"教育理念的第一步。通过调研[①]我们发现，教师和学生的教学资源使用观念、态度、意识、关切点等均在发生改变：

第一，工具型教材观占主流。"教材是资源／指南"的观念已基本树立。教材是语言知识和练习活动的主要来源，具有助教和导学的功能，可以引导使用者循序渐进地达到教学目标。对教师而言，教材的权威性有所降低，教师从"教教材"向"用教材教"转变。同时参考几本教材，创造性地使用、改编、创编教材的情况日益增多。学生十分重视教材的资源价值和指南作用，同时也认可教材的权威性。

第二，资源使用态度较为积极。教师和学生对目前的中文教学资源总体处于"满意"和"一般"两个区间。使用者大多对教材符合学生学习特点／学习目的、符合学校教学要求、话题内容实用、教学思路清晰等方面给予了较高评价。大部分教师喜欢使用数字资源，几乎没有使用的焦虑感，大部分学生也认为使用数字资源能给他们带来愉悦感。

第三，教师能动性得以彰显。这不仅体现在教师使用教学资源的意识、情感、认知等方面，更体现在他们选择、使用教学资源的自发性和主动性上。大多数教师或教学主管有权决定选用何种资源，教师主动学习并应用新技术的意识较强，且使用数字资源主要功能和解决常见问题的能力较强，在使用教材时普遍运用了补充、调整、改写、删减等策略，并以补充学习材料为主要改编策略，使之更加符合学生的需求和水平。与之相比，学生对教学资源的查找、使用及解决问题等主动行为较少，主要依靠教师的推荐和帮助。

第四，使用者的关切点存在差异。教师对教学资源信息的关注点、选用资源时的首要考虑因素、使用／改编资源的目的主要从增强资源对学生的适用性、激发学生兴趣、优化教学设计等角度出发，体现出"以学生为中心"的教学资源使用理念；而学生主要从学习目标、学习效果出发，反映出"以学习效果为驱动"的教学资源使用理念。

第五，资源适用性更为重要。中文教学资源是使用者获得语料、语言知识体系、练习活动的主要渠道，使用者对教学资源的需求更多体现在教学内容的适用性、获

[①] 详见本书第三部分"纸质篇"和第四部分"数字篇"。

取和使用的便利性方面。虽然使用者常用的数字资源类型多样，常用平台多达30余种，但其常用功能多为课堂授课和互动，并希望平台运行稳定，提供更多音视频、PPT课件、数字教材等。由此可见，使用者需要的并不是"高大上"的产品，而是更加"接地气"的适用资源。

走近使用者、悉心了解他们的实际使用情况和现实需求永远是教学资源建设的出发点和落脚点，以敦本务实的态度分析需求、回应需求，重视中文教学资源建设的"六性"才能行稳致远。一是资源的易用性和有用性。简言之，即"好用、有效"。教材建设不能盲目追求形式上的炫目、花哨，数字资源开发也不能一味地依靠技术上的前沿、尖端，资源建设应回归"以人为本"的理念源头，立足使用主体需求和教学场景需要，提升好用度和有效性，让形式为教学内容服务，让技术为教学目标服务。二是资源的公平性和包容性。全球中文教学资源存在供给不均的问题，面临多种"鸿沟"的挑战，有因经济发展水平不同造成的教育鸿沟，有因网络基础设施不同造成的数字鸿沟，有因文化背景不同造成的文化鸿沟，还有供给者与使用者之间距离远造成的信息鸿沟。而跨越鸿沟的桥梁便是应需而为，要注重需求的层次性，通过对接需求实现资源供给的精准化、适切化。三是资源的迭代性和持续性。纸质教材应及时修订，以保证其理念、内容、形式的与时俱进；数字资源应不断升级迭代，以确保其运行更稳定、功能更健全、内容更鲜活。应重视中文教学资源的运营和维护，提供宣传、推广、试用、培训一条龙服务，以促进中文教学资源的可持续发展。

四、创新为翼：释放数字化转型、科技融合的强劲动能

2022年，新冠疫情一直在蔓延，世界处于百年未有之大变局中，新一轮科技革命与产业变革方兴未艾，教育唯有不断创新才能跟上科技进步和社会发展的步伐，而中文教学资源建设的内涵式发展也有赖于高质量的创新驱动。在当前中文教学资源建设的过程中，最重要的创新当属推进教学资源产业的数字化转型，通过内容、技术、载体、环境、服务的深度融合，实现中文教学效益的最大化和最优化，实现

中文教学资源产业模式的创新与重构。近年来，中文教学资源建设在数字化融合发展过程中呈现出如下特点：

第一，在线教育迅猛发展，促进了中文教学平台建设。中文在线教育受疫情影响迅速发展，部分中国在线教育机构出于自身发展的需要开始进入国际中文在线教育市场。2021年新东方推出了比邻中文Blingo，而瓜瓜龙、伴鱼、火花思维、卓越教育等中国知名在线教育机构也相继推出了国际版平台或海外中文课程。2021年中国数字教育127个融资项目中，LingoAce以1.05亿美元融资额位列第六。数字平台及课程资源建设不仅是开展中文在线教育的基础保障，也成为各机构打造核心竞争力的主要策略。

第二，智能技术不断为数字资源注入活力。语音识别、文字识别、手写识别、语音合成、自然语言处理、深度学习、虚拟现实等智能技术逐步融入国际中文教育领域，智能化产品日渐丰富。智能技术赋能下的中文教学资源由单一模态向多模态转变，中文学习的沉浸感不断增强。中文语音识别、文字识别技术走向成熟，语料库和资源库建设规模逐步扩大，为解决中文学习难点提供了智能途径。"e学中文""灵雀中文"等平台利用人工智能技术建立学习者画像，为中文学习提供定制化、个性化、精准化服务。2021年底，语合中心首批10家"中文智慧教室"正式挂牌成立，中文智慧教室对数字资源提出了新的需求。借助智能技术，构建优化教学内容呈现、便利学习资源获取、促进课堂交互、具有情境感知和环境管理的智慧学习环境[①]成为崭新而重要的课题。

第三，传统纸质教材数字化面临阻力。据统计，2021年共出版国际中文纸质教材666种，其中57种实现纸电（纸质教材和电子书）同步出版。为应对疫情，北京语言大学出版社、华语教学出版社、北京大学出版社相继推出数字教材平台，各大出版社纷纷上架数字教材。但随着疫情的常态化，数字教材的商业价值仍未体现，加上盗版猖獗，中文教学资源产业链受到了严重破坏。

回顾过往，中文教学资源建设经过多年数字化实践，基本实现了纸质和数字资源的一体化研发和运营，进一步拓展了包括有声教材、数字教材、网络课程、VR教材、教学平台在内的数字产品形态。但也存在优质资源供给不足、技术介入不深、

---

① 黄荣怀，胡永斌，杨俊锋，肖广德.智慧教室的概念及特征[J].开放教育研究，2012，18（2）：22-27.

应用模式不多、用户版权意识不强等问题。与此同时，世界主要国家及国际组织均在大力推进教育数字化转型，先后发布了教育数字化战略和改革措施，重点关注"基础设施建设、数字教育资源、教育教学创新、数字素养提升、标准规范研制、数字伦理安全"[①]六个方面。中国教育部也在推进教育数字化战略行动。在此背景下，中文教学资源建设应加快步伐，坚定数字化转型方向，持续推进中文教育数字化、网络化、智能化建设，在建、用、管等多个方面同时发力。

一要构建国家品牌，鼓励企业做强。中文教学资源的数字化是我们为世界语言教育数字化提供的中国方案。截至目前，"中文联盟数字化云服务平台"和"全球中文学习平台"注册学员均达600万，辐射全球200余个国家和地区，建设成效显著，持续为国内外中文学习者提供优质学习资源和智能化学习路径。两个平台是国际中文教育数字化行动中的重要力量。要应用好政策红利，聚纳优质资源，优化资源供给，提升服务效能，力争打造国家级标杆工程，塑造国家语言文化品牌。此外，要实现中文产业数字化转型，就要激发企业主体活力，坚持市场化、民间化、国际化，尊重市场规律，鼓励企业立足实际，打造特色项目，形成规模。在这方面，唐风汉语国际教育云平台、庞帝智能中文教学平台、长城汉语智慧云平台等都在逐渐成长为具有较大影响力的国际中文教学平台。

二要深化科技融合，推动智能升级。科技与教育已突破简单的二元架构，逐渐形成全领域、全要素、全链条、全业务等系统性深度融合的新格局。[②]面向未来科技与国际中文教育的融合发展，数字资源建设需要准确识别并描绘教育系统中变革场景下的新需求，以人工智能、大数据、元宇宙等适配技术，探索新的教学模式，构建智能化学习环境，最终实现促进学生成长、助力教师发展的教育目标，以国际中文教育与科技的深度、系统融合积极应对科技进步、社会变革、国际竞争带来的机遇与挑战。

三要重视综合应用，强化服务意识。教育部部长怀进鹏多次强调，要坚持"应用为王、服务至上"，切实为师生提供能用好用的数字资源。这说明"应用思维"和"服务意识"应贯穿中文教学资源建设全过程。在开发前端即要了解数字资源如何应

---

① 吴砥，李环，尉小荣.教育数字化转型：国际背景、发展需求与推进路径[J].中国远程教育，2022（7）：21-27+58+79.
② 黄荣怀.论科技与教育的系统性融合[J].中国远程教育，2022（7）：4-12+78.

用于教学，遵循中文作为第二语言教学规律，让数字资源的设计开发体现教学流程，借助先进技术提高资源利用效率，进而创新教学模式；在资源应用中，服务要及时跟上，要根据使用反馈对教学资源进行持续的更新升级，做到"服务永远在线"；要通过教学实践牵引，鼓励一线教师利用新技术、新平台、新资源开展教学实验，推动基于数字资源的教研教改工程，促进教师数字素养的提升。

四要树立产权观念，保障数据安全。在中文教学资源数字化转型期，在线侵权泛滥、知识产权纠纷、信息安全侵害等问题引发了各方关注。这需要我们加强制度保障和规范管理，切实保护知识产权权利人的合法权益，进一步释放创新潜能；维护教师和学习者的个人隐私数据，构建良好的数字空间伦理道德；定时开展数据风险评估和防控，确保数据安全。

综上所述，中文教学资源建设在突出治理理念与行动、提升质量意识与水平、彰显人本情怀与担当、体现数字融合与创新四个方面进行了积极探索，为构建中文教学资源内涵式发展框架提供了实证依据。同时我们也感到，内涵式发展之"内涵"非常丰富，可谓"横看成岭侧成峰"，不同的观察角度会呈现出不同的内涵维度和结构。无论如何，在"十四五"规划的开局之年，中文教学资源内涵式发展的实践及其诠释，可为未来中文教学资源建设开启高质量发展新征程奠定坚实基础。

作者：梁宇，北京语言大学

第二部分　标准篇

主持人：王祖嫘，北京外国语大学

第一节 《国际中文教育中文水平等级标准》的中国特色和解读应用[①]

新中国的国际中文教育从1950年开始,历经对外汉语教学、汉语国际教育和国际中文教育三个历史阶段。《国际中文教育中文水平等级标准》(GF 0025—2021)(简称《等级标准》)[②] 于2021年7月1日正式实施,这是国际中文教育70多年历史上教育部和国家语言文字工作委员会面向外国中文学习者发布的首个全面描绘、评价其中文水平和语言技能的规范标准。《等级标准》的创建、发布、实施是国际中文教育学科和事业进一步走向规范化、标准化、国际化的原创性、标志性成果,具有鲜明的中文特色和时代特点,为全球国际中文教育学科建设带来了新理念,提供了新借鉴。

一、《等级标准》构建国际中文教育新的主体性学科范式

学习西方语言和学习中文虽有一定的共性,但是差异也很大。中国旺盛的经济活力和深厚的中国文化认同感增强了自主研发新时代《等级标准》的紧迫感,《等级标准》应时而至,意义深远。

《等级标准》强调科学总结历史经验,以70多年的国际中文教育领域教学实际为研究起点,坚持以问题为导向,基于中国实践总结中国理论,提出具有中国特色的国际中文教育事业原创性概念和理论观点。《等级标准》的研制目标是:进行系统

[①] 本节系根据刘英林、李佩泽、李亚男《国际汉语教学研究》2022年第2期同名文章修改整理而成。
[②] 《国际中文教育中文水平等级标准》(GF 0025—2021)2021年9月获得教育部"第六届全国教育科学研究优秀成果奖"三等奖。

性的梳理和思考，提供源自中国并能走向世界的国际中文教育学科标准体系，聚焦国家急需解决的重大问题，真正拥有国际话语权与影响力。该标准体系就发生而言主要是中国的，就内容而言则是世界的、普遍的、通用的。自主研发《等级标准》成为一项使命和任务，着力解决多个长期想解决而没有解决的"老大难"问题，坚持开拓创新。

（一）将外国学习者中文水平整体性设计为"三等九级"

"三等九级"是新时代国际中文教育学科和事业着眼长远、综合考量的选择，是国际中文教育国家标准的新框架、新范式。初等水平也称为普及化水平，包括一、二、三级；中等水平包括四、五、六级；高等水平包括七、八、九级。初等水平和中等水平的每一级都是完整且相对独立的；高等水平的七、八、九级是为提高服务的，包容统合在一起，故不再细分。

（二）以音节、汉字、词汇、语法四种语言基本要素构成"四维基准"

"四维基准"是在继承中创新，在创新中发展，塑造了国际中文教育的新理念，形成了新的规则，是国际中文教育学科和事业走向世界的历史新起点，是富有中国文化特质的国际中文教育等级量化指标新规范，是国家级等级标准中最具中文特性的原创性、前瞻性成果。

处于不同的时代背景、不同的环境、不同的历史维度，国际中文教育等级标准也会有不同的侧重点。30多年构建国际中文教育等级标准的历史给予我们最大的启示是：对中文特性需要有一个深层次的理解、认知和探索过程。1988年启动研发的《汉语水平等级标准和等级大纲（试行）》是词汇、语法"二维基准"的一个坐标性起点，由此开启了国际中文教育等级标准长期的研发："汉字跟着词汇走"的"二维基准"于1992年构建；第一个系统完整的包含五级标准和甲、乙、丙、丁四级的语法等级大纲于1996年正式出版；2010年构建了包含音节、汉字、词汇"三维基准"的《汉语国际教育用音节汉字词汇等级划分》（GF 0015—2010）（简称《等级划分》），将音节融入"三维基准"，这为国家级标准的研制迈出了开拓性的第一步；2021年《等级标准》提出的音节、汉字、词汇、语法"四维基准"融通创新，变中求新，自成一个完整的体系，形成了国际中文教育国际化新理念、新规则，体现了以中文及其独特性为中心的体系优势。"一切真正原创的知识，都需要冲破现有的知识体系。"[①] 从"二维基准"发展为"三维基准"再拓展到"四维基准",国际中文教育等级标准的内涵不断创新嬗变,冲破了国际中文教育学科和事业现有的标准知识体系,拓展了一条新路。其中,音节和语法两项最受瞩目、最具挑战性,将这两大关键要素置身于可持续的新"四维基准"框架之中,使之成为不可分割的有机成分,更需要坚定的文化自信和执着的追求。

(三)以言语交际能力、话题任务内容和语言量化指标形成三个评价维度

《等级标准》奉行开放理念,顺应时代潮流,将《汉语水平等级标准与语法等级大纲》中的"言语交际、话题内容、语言范围"集成创新发展为"言语交际能力、话题任务内容、语言量化指标"。三个维度评价体系在与世界流行的语言标准对话中不断得到完善。这是包容性、适应性、混合型的辩证思维方式,是国际化实践应用思维,兼收并蓄,中西合璧,体现了"融合与协调的智慧",能够更好地与世界有影响力的语言标准进行有效的、积极的对接,互利互惠。

(四)以听、说、读、写、译五项语言技能准确标定学习者的中文水平

《等级标准》将语言技能分为听、说、读、写、译五项,其中,听、说、读、写四项语言技能是外国人学习中文的基础性技能。除听、说、读、写四项语言技能外,《等级标准》从第四级开始,增加了第五项技能——"译"。这既是传承,也是一个"小"创新,符合世界多样化需求。这里说的"译",特指"外译中"的翻译。

《等级标准》对汉字的认读与书写进行了适度、适当的分流:初等水平认读900字,书写300字;中等水平认读900字,书写400字;高等水平认读1200字,书写500字。这是面向世界对不同水平的中文教学进行的梯形设计,符合外国学习者汉字学习和使用的大趋势。

二、《等级标准》制定国际中文教育明确的目标体系

《等级标准》是一种标准化、系统化、精密化的等级标准体系,将理论与实践创

[①] 引自2021年5月28日习近平总书记在中国科学院第二十次院士大会、中国工程院第十五次院士大会、中国科协第十次全国代表大会上的讲话。

造性地结合在一起，富有中国文化特色和时代特点，具有可持续性、现实针对性和可操作性。

（一）明确设立国际中文教育国际化的目标体系

《等级标准》依据《等级划分》，设立了明确的、切合实际的国际中文教育目标体系。它有两个重要标志：一是建立现代汉语规范口语主导型的新型等级标准，以词语的通用性作为最重要的标准——初等水平和中等水平略倾向于普通话口语，高等水平略倾向于普通话书面语。二是从长远和全球层面看，《等级标准》遵循通用化、系列化、组合化和精细化的设计理念，界定了新时期国际中文教育的"短期目标→中期目标→长期目标"体系，把重点放在创新上，重视等级质量。国际中文教育的短期目标对应的是初等水平，中期目标对应的是中等水平，长期目标对应的是高等水平。这是国际中文教育界第一次制定系统的、完整的教学目标体系，这个目标体系是将外国学习者中文水平设定为"三等九级"的科学依据和基石。

在当下，全球性国际中文教学的中心任务是普及中文。首先，学习者学习并通过最低入门水平（即初等一级），接着达到初等二级、三级；然后，进入中等水平四级、五级、六级。换句话说，在相当长的一段时期内，初、中两个水平六个等级可以作为全球性、普适性国际中文教学规范化的等级量化标准。这是课题组多学科各位专家经过反复讨论研究，充分考虑和观照《等级标准》的实用性、针对性及多元化地域背景的接受度做出的重要抉择。

（二）界定目标体系中精细化的等级量化指标体系

音节、汉字、词汇、语法互联互通，是国际中文教育"四维基准"体系的血脉，要创造性地处理好音节、汉字、词汇、语法四者之间的辩证协同关系。新时代《等级标准》赋予三个水平等级全新的"四维基准"，是更为细致的等级量化指标体系。界定等级量化指标体系要坚守中文特点，注重多维平衡，尊重细节。

1. 重视目标体系中"四维基准"的总量控制和最低量设定

《等级标准》着力解决国际中文教学中长期存在的"初级水平门槛过高，汉字和词汇总量又偏低"的问题，对音节、汉字、词汇、语法等语言要素进行了总量控制和最低量设定（表2-1-1）。

表 2-1-1　目标体系中语言要素的总量控制和最低量设定

语言要素	总量（个）	一级（最低入门水平）最低量（个）	最低量占比
音节	1110	269	24.23%
汉字	3000	300	10.00%
词汇	11092	500	4.51%
语法	572	48	8.39%

从表 2-1-1 可以明显看出：（1）汉字一级最低量为 300 个，汉字总量为 3000 个，汉字一级最低量只占汉字总量的 10.00%；（2）词汇一级最低量为 500 个，只占词汇总量的 4.51%，但这 500 个词覆盖的 269 个常用音节却可以占到音节总量的 24.23%。这样的设定使得外国学习者可以用最少量的汉字和词汇去掌握近 1/4 的常用音节，有利于他们快速提高听说能力和口语水平。

2. 注重目标体系中音节、汉字、词汇、语法"四维基准"之间的优化配置

《等级标准》既注重整体，也注重局部，还注重解决目标体系中"四维基准"的协调搭配、优化配比（表 2-1-2）。

表 2-1-2　目标体系中音节、汉字、词汇、语法"四维基准"之间的优化配比

目标体系			音节（个）	汉字（个）	词汇（个）	语法（个）	音节与汉字比	词汇与汉字比
短期目标	初等水平（普及化等级）	一级（最低入门水平）	269	300	500	48	0.90	1.67
			608	900	2245	210	0.68	2.49
中期目标	中等水平		908	1800	5456	424	0.50	3.03
长期目标	高等水平		1110	3000	11092	572	0.37	3.70

由表 2-1-2 可知，在《等级标准》目标体系中，从短期目标到中期目标再到长期目标，"四维基准"等级量化指标的配比实现了精准化、合理化与规范化；音节与汉字比呈现出从高到低递减的趋势，即等级水平越低，音节与汉字的比值越大，这为我们倡导的零起点的音节教学新路径提供了科学依据，可以大大优化和提升用音节进行口语听说教学的效率；词汇与汉字比呈现出从低到高递增的趋势，即等级水平越高，词汇与汉字的比值越大，这符合中文特点，为中高级教学特别是阅读教学扩

大词汇量提供了科学依据。此外,初等水平词汇量为 2245 个,中等水平新增的词汇量[①]为 3211 个,高等水平新增的词汇量为 5636 个,从初等水平到高等水平,词汇量呈现出递增的趋势,三个水平词汇量的比例[②]约为 2∶3∶5,相较于《汉语水平词汇与汉字等级大纲》里三个水平词汇量的比例(3∶2∶3),《等级标准》更符合国际中文教育的规律。

三、基于《等级标准》稳步推进国家级 HSK3.0 改革

汉语水平考试(HSK)经历了三个阶段:第一阶段是 HSK 开创阶段,从 1984 年秋天开始研制,简称 HSK1.0,1986 年被列入国家教委博士点基金项目,1990 年通过国家教育委员会组织的专家鉴定,得到林焘、张志公、张寿康、桂诗春、杨惠中、张厚粲、金怡廉、王还、许嘉璐、陆俭明、赵淑华、侯精一等多学科知名专家的大力支持,1992 年国家教育委员会发布 21 号令,HSK 成为国家级考试;第二阶段是 HSK 过渡阶段,从 2009 年开始,简称 HSK2.0;第三阶段是 HSK 转型升级提高阶段,从 2022 年开始,简称 HSK3.0。新时代《等级标准》是国际中文教育的国家标准,是国家级 HSK3.0 的顶层设计,国家级 HSK3.0 改革要基于《等级标准》稳步推进。

(一)构建国家级 HSK3.0 "三等九级" 新框架、新思路

《等级标准》为研发 HSK3.0 新框架奠定了坚实的基础。在《等级标准》引领下,课题组依据国际中文教育新的目标体系,精心构建 HSK3.0 三大等级水平:HSK 普及化等级水平(也称初等水平)对接国际中文教育的短期目标,HSK 中等水平对接中期目标,HSK 高等水平对接长期目标;每个等级,特别是一至六级都有一个明确的、精细的音节、汉字、词汇、语法 "四维基准" 等级量化指标;音节、汉字、词汇、语法是相互关联的体系,充分体现了中文特质和中国特色,可以最大限度地契合世界各地中文学习者的需求。这些是 HSK3.0 的核心设计之一,实为国家级

---

① "新增的词汇量" 指的是仅归属某等级水平的词汇数量。
② "三个水平词汇量的比例" 指的是 "初等水平词汇量∶中等水平新增词汇量∶高等水平新增词汇量",下句同。

HSK3.0 的历史性进步。

HSK3.0 是在充分吸取 HSK1.0 和 HSK2.0 经验教训的基础上，在新时代国家级标准《等级标准》引领下进行的创新与升级。HSK3.0 具有风向标的作用，它将使 HSK 从量的扩展逐步转向质的提高，系统性发展为新世纪汉语水平考试的新框架、新体系。中国将向世界展示一个以适度的最低入门水平（等级）为先导、具有吸引力的、包含"三等九级"的新的国家级汉语水平考试。新时代国家级 HSK3.0 的呈现，既是一种回归，也是一种创新。

（二）设计国际先导性最低入门水平是研发 HSK3.0 的突出特点

我们在《等级划分》和《等级标准》中精心设置了一个最低入门水平，它是普及化等级水平中一个内在的先导性等级水平。这个先导性等级水平是一个由音节、汉字、词汇、语法构成的最低入门等级量化组合。这个最低入门水平既是国际中文教育中最低入门等级的量化指标组合，同时也是 HSK3.0 中最低入门水平音节、汉字、词汇、语法等级的量化组合。我们的目标是将《等级标准》最低入门水平（一级）与 HSK3.0 中最低入门水平（一级）有效对接，树立良好、鲜明的导向，让初学者用较短的时间、以较快的速度打好基础，获得最基本的学习能力和交际能力，使其学习中文的需求得到满足，能尽快参加并通过最低入门水平考试，获得最低入门等级证书。最低入门水平和 HSK 初等是质量与数量的统一，考试的"数"固然是一个考量因素，但是考试的"质"才是关键所在。

（三）HSK3.0 "三等九级"新模式进入了寻找适合不同等级和不同测试方式的新阶段

推进 HSK3.0 改革的关键是把握好灵活性、协调性和针对性。首先要传承 HSK2.0 前六级，即对每一级进行独立的水平测试。HSK2.0 一至六级针对不同汉语水平的考生，分级进行标准化考试，这是新时期汉语水平考试的一种模式创新，总体上，这种创新体系应该在 HSK3.0 得到延续和发展。为此，一级至六级除了词汇量要适度增加之外，还必须增加相对应的音节量、汉字量和语法量，形成 HSK 每一级特有的"四维基准"等级量化指标组合。HSK2.0 将 5000 个词作为六级水平的词汇基本量，这与《等级标准》中期目标词汇量标准（5456 个）基本一致。革新后的 HSK3.0 初等和 HSK3.0 中等每一级的标准化水平考试都"单独"进行，即一卷一试一级，这种兼具针对性和灵活性的考试方式变革优势明显：精细化界定了每一级"四维基准"的考试内容和范围，每一级都有优化、精准、适度、有序的量化指标组合做支撑，分散了考试难度，保证了等级质量，为世界广大初等和中等水平的考生提供了方便，减轻了他们的心理负担，展现了HSK3.0的新理念、新面貌。这是与时俱进的治本之策。

（四）创新性地传承HSK1.0进行一次性水平考试和成绩分为三个级别的传统模式

国家级HSK3.0改革需要增加高等水平考试，将HSK3.0高等与国际中文教育长期目标对接。HSK3.0考试大纲新增加的HSK3.0高等，由于所考查对象中文水平高，"四维基准"等级量化指标组合覆盖面广，考试内容复杂，对交际能力、语用能力的考查有交叉，可创新性地传承HSK1.0高等考试的做法，进行一次性标准化水平考试，但是将考试成绩分为七、八、九三个等级，即一卷一试三级①②。

在HSK3.0中，将高等考试与初等和中等考试区别对待，这样的安排立足实际，有更强的灵活性、适应性和针对性。这是新型中国汉语水平考试（HSK3.0）兼容并蓄、不拘一格的创新模式，是传统与创新相结合的一种独特的新体系。

四、落实《等级标准》的两点建议

（一）正确处理统编教材和本土教材的关系

从1950年开始，中国对外汉语教学界一直倡导统一编写教材。随着国际中文教育的迅速发展，各国陆续开发了一些更具针对性、适用性的本土教材。但最近十几年来，大家又逐步认识到有一部分最重要、最基本的课程应该有统编教材，各个国家在此基础上可再根据本国情况编写一些相关的本土教材，作为重要补充。为此，在《等级标准》引领下开发课程标准/课程大纲，编写几套有代表性、典范性的统编教材是非常重要的，它的意义在于为国际中文教材形成示范效应。

---

① 刘英林. 汉语水平考试研究 [M]. 北京：现代出版社，1989.
② 刘英林. 汉语水平考试研究（续集）[M]. 北京：现代出版社，1994.

作为统编教材,最重要的是质量和普适性。在此基础上,我们提倡各个国家、地区根据具体情况,既可以与中国有关机构和高校合作编写教材,也可以自己编写本土教材。科学的本土教材应有两个参照(支撑):一个是公认的标准,另一个是质量较高、得到普遍认可的统编教材。优秀的本土教材同样是现代的、理性的、创新的。2022年统筹编写出版的《国际中文教育中文水平等级标准·语法学习手册》可以作为编写本土教材的重要参考。

(二)灵活掌控两个"5%"区间的规定

《等级标准》提出两个"5%"的概念。以汉字为例,初等有900个汉字,其中一级300个、二级600个、三级900个,在每一等每一级里都允许有两个"5%"的灵活掌控的区间。第一个概念是"替换5%"。例如:中国食品里最主要的是米饭、面条儿、馒头,海外最主要的食品是面包,那么国内对"面包"这个词的教学可以比较靠后。根据学生词汇、汉字的掌握情况,教师可以灵活替换5%。第二个概念是"加减5%"。根据实际教学需要,国际中文教育基础较好的地区教授词语的数量可以加5%,基础比较薄弱的地区教授词语的数量可以减5%。比如,教师若觉得"城乡"比较难,可以将其减掉。"四维基准"包括的音节、汉字、词汇、语法,在数量上教师都可以增减。各地在使用《等级标准》时都有一个灵活掌控的区间,以便更好地、更灵活地、更方便地、更有针对性地基于所在地区的教学特色编写教材,进行教学改革。

作者:刘英林,北京语言大学;李佩泽、李亚男,汉考国际教育科技(北京)有限公司

第二节 《国际中文教育用中国文化和国情教学参考框架》解读

2021年底,中外语言交流合作中心组编并发布了《国际中文教育用中国文化和国情教学参考框架》(简称《参考框架》)。《参考框架》是国际中文教育领域第一部中国文化和国情教学的大纲性文件,通过确定文化教学范围、描述文化教学目标和内容、梳理文化项目、列举文化点、以学习者认知特点为依据划分教学层级等途径展示了国际中文教育中文化教学的新理念和新思路。《参考框架》不仅为世界各国中国文化和国情教学的课程设置、大纲编制、教材编写、资源建设、课堂教学、学习者文化能力测评等提供了参考和依据,也为国际中文教育领域如何讲好中国故事、提高中国文化的国际传播能力、促进文明交流互鉴提供了新方案和新途径。

一、《参考框架》的研制背景

语言是文化的重要载体,也是了解文化各种表现形式的重要途径。语言学习和文化学习密不可分。

文化教学是语言教学标准的重要组成部分。国际中文教育作为面向中文作为第二语言的学习者的教育,在开展语言教学的同时,也承担着帮助学习者了解中国、理解中国的重要功能。《国际中文教育中文水平等级标准》《国际汉语教师标准》《国际汉语教学通用课程大纲》等在提供中文教学标准的同时,也发挥了部分文化教学大纲的功能,在开展中国文化教学时发挥了重要的指导作用。

文化教学是国际中文教育界的重要研究领域之一。无论是中文教学中的文化因素研究,还是与中文教学相关的中国文化研究,都已经取得了比较丰富的成果,研究范围包括语言与文化的关系、不同视角下的文化分类、文化教学的内容及大纲制定、文化教学的原则和方法、中文教材中文化因素的处理，以及中文文化教材的编写等。

从中国文化教学研究的发展趋势来看，随着国际中文教育实践的发展，以及学界对于国际中文教育目标认识的深化，国际中文教育中的中国文化教学，其研究视野渐趋拓展，不再仅限于中文教学中的文化因素问题，而是关注到中国文化与国情的方方面面；在教学目标上，提升到了培养学习者多元文化意识和发展学习者跨文化能力的高度。

中文教学研究界在中国文化及其教学领域数十年来积累的学术研究成果，以及近年来中文课程标准建设的一系列成果，为研制独立、完整的文化教学大纲或参考框架奠定了良好的基础。

二、《参考框架》的基本内容

（一）理论依据

《参考框架》的理论基础包括：与外语教育相关的人类学、社会学、跨文化交际学、文化传播学、二语学习和教学法理论，其中有关文化定义和分类的理论是确立文化范围和构建内容框架的主要依据。

《参考框架》采用广义的文化概念，即联合国教科文组织对文化的定义：文化是某一社会或社会群体所具有的一整套独特的精神、物质、智力和情感特征，除了艺术和文学之外，它还包括生活方式、聚居方式、价值体系、传统和信仰。因此《参考框架》的文化内容包括了这些文化的核心要素。

《参考框架》也是中国国情的教学框架。国情是一个国家的文化历史传统、自然地理环境、社会经济发展状况及国际关系等各个方面的总和。文化与国情概念的主要区别在于视角和侧重点的不同，文化取人类学的概念，采用微观视角，聚焦一个社会个体或群体的生活方式；国情取政治学的概念，采用宏观视角，聚焦一个国家的基本情况和各种社会机制。在《参考框架》中，文化和国情被视作互相联系、互相补充的整体。

（二）教学目标和内容

《参考框架》对教学目标和内容进行了明确而具体的描述，使之成为一个更加完整且详细的教学指南。

1. 教学目标

《参考框架》确定的教学目标分为文化知识、文化理解、跨文化意识、文化态度四个维度，在四个维度中包括了认知、技能和态度三个层次。

具体来说，"文化知识"指识别和了解中国文化和国情的概况和特点，旨在让学生掌握描述文化的技能。"文化理解"指理解中国文化的多样性、动态性和观念内涵，旨在让学生掌握解释文化的技能。"跨文化意识"指理解中国文化与其他文化的主要异同，旨在让学生掌握比较文化的技能。"文化态度"指克服刻板印象和偏见，培养尊重和移情的态度，旨在让学生掌握客观评价中国文化特点和跨文化差异的技能。《参考框架》首次将"文化态度"单独列为文化目标的重要维度。作为重要的情感目标，"文化态度"被认为是跨文化能力的核心要素和出发点。

2. 教学内容

《参考框架》分为社会生活、传统文化、当代中国三大板块，每个板块之下又设置了若干个二级文化项目。（表 2-2-1）

表 2-2-1 《参考框架》教学内容

一级文化项目	二级文化项目
社会生活	饮食、居住、衣着、出行、家庭、节庆、购物、就业、休闲、语言交际、非语言交际、人际关系、语言与文化（共 13 个）
传统文化	历史、文化遗产、文学、艺术、哲学、宗教、发明、中外交流（共 8 个）
当代中国	地理、人口与民族、政治、经济、社会保障、教育、语言文字、文学艺术、科技、大众传媒、对外交流（共 11 个）

"社会生活"板块及其之下的 13 个二级文化项目采用人类学的文化概念，聚焦中国人个体和群体的日常生活与行为观念。这一部分主要对应外语课堂最重视的文化内容，与培养语言交际能力和跨文化意识的关系最为密切。

"传统文化"板块及其之下的 8 个二级文化项目采用人文学的文化概念，聚焦中国古代的文明成就。这一部分多是中国国内开设的中国概况课、国外大学中文系或东亚系中华文明课程的核心内容。

"当代中国"板块及其之下的 11 个二级文化项目采用社会学的文化概念，聚焦当代中国的社会发展现状和政治经济制度。这一部分多是海外中小学社会学课程的主要内容。

《参考框架》在教学内容的选择和呈现方面始终围绕着让学生更好地理解中国文化本质特征、培养学生的跨文化意识与培养尊重和移情的态度等教学目标，由此体现出如下特点：

突出标志性，优先选择最典型的中国文化。《参考框架》选择的文化内容或文化点代表了中国文化和中国社会最典型的产物、习俗、现象和观念，如长城、兵马俑、春节、京剧、孝顺、改革开放等。这些文化点是中国符号和中国形象的集中体现。特别是在传统文化内容方面，选取具有经久不衰魅力和价值的中国优秀传统文化，如传统美德、古典文学艺术、物质和非物质文化遗产等。

彰显时代性，古今兼顾、立足当代。《参考框架》选择文化内容的一个重要原则是古今兼顾，侧重当代生活，因为当代中国的社会发展和人民生活方式才是外国学习者最感兴趣的内容，也是能够引起不同文化背景的学习者情感共鸣的部分。《参考框架》选择了高铁、移动支付、扶贫减贫、中国梦等体现当代中国社会特征的文化点，同时选择那些具有现代意义的传统文化内容，如传统美德与核心价值观、文化遗产与旅游目的地等，强调中国文化的继承和发扬，也突出了传统文化的当代意义。

强调跨文化性，兼顾差异性和共通性。虽然《参考框架》的文化内容是中国文化和国情，但是跨文化的维度始终是文化主题和文化点选择的考虑因素之一。例如，从跨文化差异的角度选取具有中国特色的文化点，如高考、药膳、春运等；同时也从文化共通性的原则出发，选择不同文化背景的学习者共同关心的文化主题，如环境保护、民生问题、减贫事业、经济全球化等。

注重针对性，适合不同年龄段的特点。《参考框架》充分考虑学习者的认知特点和兴趣需求，针对不同的学习者选择有针对性的文化内容。例如，针对小学生，选择十二生肖、儿歌和寓言；针对中学生，选择义务教育、流行歌曲等；针对大学生及成人，选择就业、婚恋观等文化点。

（三）层级划分及依据

1.《参考框架》的层级划分

《参考框架》从教学实用性的原则出发，将教学目标和内容划分为初级、中级、高级三个层级，使之更具可操作性。

《参考框架》确定了不同层级的文化教学目标（表2-2-2），体现了认知层目标和技能目标从简单到复杂、从具体到抽象、从个别到综合的增强和递进。

表2-2-2 《参考框架》文化目标层级划分

分级	文化目标
初级（小学阶段）	• 识别中国标志性的文化产物和惯常行为习俗 • 了解中国标志性的文化产物和行为习俗的基本常识 • 关联中国文化和本国文化的相应文化因素
中级（中学阶段）	• 了解中国社会生活、传统文化和当代国情的概况知识 • 理解中国社会生活、传统文化和当代国情的多样性 • 比较中国文化与本国文化的主要异同
高级（大学及成人）	• 理解中国社会生活、传统文化和当代国情体现的文化内涵 • 分析中国文化和国情的动态发展和影响因素 • 客观评价中国文化和本国文化的特点及跨文化差异

以"中国地理"为例，《参考框架》从教学内容和目标、文化点举例等方面对这一主题进行了不同级别的划分。（表2-2-3）

表2-2-3 具体文化主题分级示例

分级	教学内容和目标	文化点举例
小学	• 了解中国的地理位置和国家概况 • 了解中国主要名山大川的名字和地理位置 • 了解中国珍稀动物的栖息地和特点	国旗 / 国歌 / 首都 / 人口 / 民族 / 人民币 // 长江 / 黄河 / 喜马拉雅山 // 大熊猫 / 藏羚羊 / 金丝猴
中学	• 了解中国自然地理的概况和主要特点 • 了解中国行政区划的概况和主要特点 • 了解中国重要城市的特点和在中国的地位	地大物博 / 西高东低 / "母亲河" / 四季分明 // 省 / 直辖市 / 自治区 / 特别行政区 / 北京 / 上海 / 深圳 / 香港
大学及成人	• 了解中国经济区域的特点和分布，理解经济发展的多样性和不平衡性 • 理解地理环境对中国文化和民族性格的影响 • 理解中国环境保护面临的挑战和应对举措	四大经济区域 / 三大经济圈 / 一线、二线、三线城市 // 土地资源保护 / 大气污染与防治 / 水资源保护 // 新能源 / 碳减排 / 低碳生活

2.《参考框架》层级划分的依据

《参考框架》按照学习者的认知特点划分层级，这种层级划分体现了对《参考框架》定位、文化内容特点以及文化教学与语言教学关系的理解。

《参考框架》定位于国际中文教育领域的文化国情通识教育，是以文化为本的文化国情知识教学参考框架，它不同于以语言为本的交际文化因素大纲，也不同于与语言水平相适应的文化等级大纲。

尽管文化国情教学的目标和内容无法像语言水平或文化技能那样进行等级量化，但是文化教学目标中的文化知识、文化理解、跨文化意识、文化态度在认知能力方面有简单与复杂、具体与抽象的不同，文化内容也有浅层文化与深层文化、具体行为与抽象观念、个别现象与系统知识的差异。《参考框架》依据文化教学目标和内容的难易程度划分为初级、中级和高级三个层级，试图与学习者的认知水平和思维能力的发展阶段相适应。

为了兼顾内容的层级性和连续性，《参考框架》对二级项目采用了螺旋式上升的编排方式。为了突出完整性，《参考框架》对教学内容和目标的描述以及项目的呈现采用了"包含式"编排方式，即假定高级阶段的目标和内容已经包含了初级、中级阶段的相应部分，因此不再重复。这种编排方法不仅凸显了每个层级的区分度，而且显示了由浅入深、由简单到复杂的逻辑进展。

三、《参考框架》的基本特点

《参考框架》体现了文化国情教学内容的系统性。《参考框架》涉及的教学范围包括了传统与现代的维度、国家与个体的层面、历时和共时的视角，从不同的维度、层面和视角全面、立体地展现了中国文化国情的全貌和特征。三大板块的内容相对独立又互相照应，使文化国情的教学内容构成了一个纵横交错的有机整体。

《参考框架》重视文化国情教学与语言教学的紧密联系。一是将培养跨文化交际能力作为主要目标；二是在具体方面，不仅把与语言学习和跨文化交际密切相关的衣食住行、风俗习惯、人际关系、价值态度等单独列为一个板块，而且把语言交际、非语言交际、语言与文化、语言文字列为二级文化项目，突出了国际中文教育领域文化国情教学的独特性和侧重点。

《参考框架》在基本框架设计上遵循教学可行性的原则。三大板块的内容与不同的课程类型相适应，各有侧重，提高了教学的针对性和可操作性。三大板块的每个文化主题都贯穿、融合了中国人的价值观念、伦理道德、政治理念、生活态度、审美情趣、思维模式等深层文化，这些不可见的深层文化通过具体可见的文化产物、社会制度、行为习俗、语言交际和非语言交际来体现。这样的设计既突出了文化观念和精神内涵的核心地位，也提高了深层文化因素教学的可行性和可操作性。

四、《参考框架》的应用价值

（一）迎接新挑战

随着中国国际影响力的持续提升，世界了解中国的需求日益增长，这对开展中国文化和国情教学提出了新的挑战。

1. 文化国情教学内涵的丰富性对教学组织者能力和素养的挑战。在教学内容方面，中国文化历史悠久、内涵丰富，既包括在中华民族历史进程中不断形成的各民族文化，承载着中华民族的精神追求，又与世界文化产生互动，一定程度上反映了世界文化交融的成果，具有丰富的内涵。在教学目标方面，了解不同语言文化对于促进文化多样性、培养学习者全球视野具有重要作用。文化教学不仅为学习者提供文化知识、介绍文化现象，还具有培养学习者文化理解能力、跨文化交际能力和国际视野的功能。教学组织者需要选择有代表性的文化教学点，匹配合适的教学材料，采用易于理解、便于接受的教学方法，传播文化知识，培养学习者的跨文化能力，帮助他们形成多元文化意识。

2. 文化的差异性对培养学习者开放的文化态度、实现文化理解的挑战。联合国教科文组织发布的《世界文化多样性宣言》指出："文化在不同的时代和不同的地方具有各种不同的表现形式。这种多样性的具体表现是构成人类的各群体和各社会的特性所具有的独特性和多样化。"不同文化的独特性和多样化会使学习者在学习一种新的语言文化时产生文化冲击。除地缘相近的国家外，中国与其他国家文化亲缘关系较远，加之政治体制和国情的不同，文化之间的差异性更加突出。

3. 多元需求对教学模式的挑战。当前，中文的社会价值和经济价值日益凸显，中文和中国文化教学需求愈发多元。对个人而言，学习中文、了解中国文化和国情，能够提高青年人的跨文化交际能力和职业竞争力，使其具有更加开放的全球视野，这已成为青年个人发展的内生需求。对社会而言，中国文化和国情的国际传播中包含大量中国案例和中国经验，除具有文化价值、教育价值外，还有助于加深相互理解，促进中外合作互利，共享发展红利。

（二）提供新参考

据统计，全球已有76国将中文纳入国民教育体系，此外还有更多国家在不同层级教育中开设中文和中国文化课程，但各国对中文及中国文化国情教学的课程定位不同、学情不同，很难使用统一的标准加以规范。《参考框架》在坚持科学性、系统性、针对性、实用性原则的同时，也充分考虑到各国、各类中文学习者需求差异巨大的情况，坚持分众化表达，为世界各国的中国文化和国情教学的课程设置、大纲编制、教材编写、资源建设等方面提供了依据和参考。《参考框架》对文化内容的分级提供了参考，教师可以根据学习者的特点和需求以及背景知识情况选择不同层级的文化内容。另外，《参考框架》列举的文化点也具有开放性，在教学中，教师可以根据社会文化的发展和教学需要的变化进行取舍增减，从而提高文化国情教学的自由度和灵活性。

（三）探索新途径

《参考框架》的研制始终坚持以学习者为中心，通过培养学习者的文化理解能力和跨文化交际能力，促进多元文化互学互鉴，深化人民友谊和国际理解。在设计理念上，力求找到中外精神的共通点、思想的共享点、情感的共鸣点，求同存异，求同化异。在内容选择上，以满足多元需求为目标，既立足中华民族五千年灿烂文明，又充分吸纳新时代创新成果；既扎根中国大地，深入挖掘展现当代中国风貌的生动故事，又放眼全球，反映中国文化与世界文化交流交融的良好互动。在传播方式上，采取易于理解、乐于接受的方式方法，遵循国际传播规律，双向交流，互学互鉴，将中国的故事融入世界，也将世界各国的故事带到中国。《参考框架》的发布为在国际中文教育领域讲好中国故事、提高中国文化的国际传播能力、促进文明交流互鉴探索了新方案和新途径。

作者：祖晓梅、郑洁、马佳楠

第三节　海外中文教学大纲学习内容解析[①]

海外中文教学大纲是中文融入海外国民教育体系的重要标志。学习内容是大纲的核心要素，为中文教学确定了内容范围、等级和学习项目等，对教材编写、日常教学具有重要的指导意义。"国际中文教育标准数据库"目前共收录6大洲34个国家110部中文教育标准，计215份文件，其中24个国家的74份中文教学大纲中设有专门模块描述学习内容。

一、学习内容的编写形式

（一）编写思路多以主题或能力为纲

海外中文教学大纲学习内容模块的编写思路主要包括主题为纲、能力为纲、文化为纲和结构为纲四类，以前两类为主，分别占66%和26%。

1. 主题为纲

主题为语言学习提供了背景和内容组织重点，主题为纲的学习内容规定了中文学习要确定哪些主题，有的主题还下设若干子主题。语言结构、功能等均围绕主题展开。这种编写思路在海外中文教学大纲中十分普遍，具体可细分为两种模式："主题—语篇—语言知识"的分层嵌套模式和"主题—语言要素—文化知识"的平行关联模式。前者以澳大利亚各州的中文教学大纲为典型代表，在主题下列出建议使用的语篇类型，强调依托语篇掌握语言知识。因此，参考这种模式编写的教材或进行

[①] 本节内容为2020年度国际中文教育研究课题重点项目"基于数据库的国际中文教学标准及评价研究"（批准号：20YH07B）阶段性成果。

的教学设计能体现出一定的情景和文化，有利于学习者在真实语境中学习和运用中文。但是，使用这种模式编写的学习内容对语言知识的描述不够全面。后者以意大利和日本颁布的中文教学大纲为典型代表，该模式不刻意强调语篇的作用，而是将主题与语言要素、文化知识紧密关联，明确列出某个主题下应该学习的词语及语法结构。各主题下的学习内容相对固定，教师容易确定每个主题下学习项目的范围，可操作性强，但灵活性不足。

2. 能力为纲

能力为纲的学习内容以两条及以上的能力线索安排学习内容，典型代表为瑞典、爱尔兰等国家及德国的部分州级中文教学大纲。这种编写思路多使用 can do（能做）描述语来展示学习内容，很少涉及语言知识。表 2-3-1 显示，有 8 个国家开发的 19 份大纲以能力为纲编写学习内容，多为欧洲国家。这些国家受《欧洲语言共同参考框架》（简称《欧框》）影响较大，学习内容编写以培养交际能力为核心，其能力结构与《欧框》相似度高，学习内容按各条能力维度的线索加以描述。

表 2-3-1　能力为纲的学习内容编写地域分布

洲别	国家	大纲数量（份）
欧洲	德国	7
	瑞典	1
	爱尔兰	1
	英国	1
	法国	1
大洋洲	澳大利亚	4
	新西兰	1
非洲	南非	3

3. 文化为纲

文化为纲的编写思路以文化知识为核心进行教学内容的组织。文化为纲的学习内容不是孤立地学习文化，而是语言知识和文化内容紧密结合，使文化成为语言学习的桥梁。目前只有 2018 年智利颁布的《中文教育项目：从文化到语言》采用这一思路。该大纲设计了 4 个学年的学习内容，每学年有一个文化总主题，分 8 个单元展开，每个单元有更为具体的文化内容。每个学年还有关于语言学习项目的描述，在各单元的语法、词汇、口语表达、听力理解、书面表达及阅读理解的学习中加入对应的文化内容。学习者的语言学习和文化学习彼此交融，密不可分。

4. 结构为纲

结构为纲的编写思路根据字、词、语法及句型的难度等级安排学习内容。典型代表是 2015 年《毛里求斯 1—6 年级中文教学大纲》。该大纲的学习内容由拼音、汉字、实词、虚词和句子成分（包括句子结构、句子类型）五大部分组成，每部分划分为六个等级，与学习者年级保持一致。各级语言学习内容具有明显的分级量化特征，如一年级要求掌握 36 个汉字；二年级要求掌握 89 个汉字；三年级开始学习词汇，要求掌握 150 个词；此后每个年级增加 150 个词，字词的难度也逐级上升。

（二）四种内容描述方式

海外中文教学大纲对学习内容的描述方式呈多元化、综合化趋势，较少采用单一的描述式或清单式结构，而是综合多种方法对主题功能、语言技能、学习项目等加以描述。通常采用四种描述方式：can do 描述、学习项目罗列、can do 描述＋学习项目罗列、can do 描述＋学习项目关联。（表 2-3-2）

表 2-3-2　学习内容描述方式分布

描述方式	占比	国家
can do 描述	19%	澳大利亚、加拿大、英国、德国、瑞典、爱尔兰
学习项目罗列	32%	澳大利亚、毛里求斯、韩国、德国、英国
can do 描述＋学习项目罗列	37%	澳大利亚、俄罗斯、德国、白俄罗斯、保加利亚、罗马尼亚、美国、智利、越南、南非
can do 描述＋学习项目关联	12%	新西兰、法国、意大利、日本、乌干达、喀麦隆、坦桑尼亚、赞比亚

1. can do 描述

中文一般称"能做"描述，通过描述学习者能用目的语做什么来说明其学习内容。此类中文大纲在数据库中占 19%，涉及澳大利亚、加拿大、英国、德国、瑞典和爱尔兰共六个国家。这种描述方式强调学习者用语言行事，对语言要素的描述比较简略，甚至完全不涉及。如德国《巴伐利亚州 10 年级中文教学大纲》的学习内容仅从语言、处理文本和媒体、跨文化学习与地域研究、独立的学习策略和方法四个方面描述学习者所能完成的行为，几乎没有对具体语言知识的表述。

2. 学习项目罗列

指将中文学习的内容分类分项罗列和描述出来。此类大纲在数据库中占32%，涉及澳大利亚、毛里求斯、韩国、德国和英国共五个国家。不同大纲罗列出的学习项目类别具有差异性。一种是对学习内容的维度进行文字描述，如澳大利亚《西澳大利亚州11和12年级高等教育入学中文课程大纲：背景语言》列出的学习项目包括中文课程规定的四个学习领域（问题、观点、背景和语篇；语言资源；跨文化理解；语言学习和交流策略），还包括国家课程规定融入各门课程但不要求评估的通用能力。另一种是列出具体的学习主题或语言要素，如国际文凭组织《IB初级语言课程指南》，其学习项目主要涉及语言主题和话题；赞比亚《初中8—9年级中文教学大纲》的学习项目涉及与各项交际功能相关的语言要素，包括拼音、词语、句型等。

3. can do描述 + 学习项目罗列

指同时使用can do描述语和罗列学习项目来描述学习内容。此类大纲占总数的37%，涉及澳大利亚、俄罗斯、德国、白俄罗斯、保加利亚、罗马尼亚、美国、智利、越南和南非共十个国家。这种描述方式兼顾了语言能力和语言项目，但二者并未一一对应。如完成某项交际活动时具体要学习哪些知识、掌握哪些技能，需要大纲使用者根据学习者特点和教学情况灵活选用、自行编排。如《白俄罗斯语和俄语教学的普通中等教育机构中文选修课教学大纲》，部分学习内容先使用can do方式分年级描述每个主题下的交际任务，再单独列出各年级的听、说、读、写语言技能要求及语法学习要点，并规定了需要掌握的最低词汇量。

4. can do描述 + 学习项目关联

指将can do描述与学习项目进行对应和关联，明确列出学习者完成某种语言交际任务时需要掌握哪些语言知识项目。此类大纲占总数的12%，涉及新西兰、法国、意大利、日本、乌干达、喀麦隆、坦桑尼亚和赞比亚共八个国家。与前一种相比，这种描述方式可以让大纲使用者快速了解某一主题或语言交际任务下应当学习的字、词、语法、句型乃至文化项目。比如，在《法国小学中文课程大纲》的描述中，学习者能用中文进行自我介绍，需要学习"我是 / 姓 / 叫……""你是谁？""你姓什么？""你几岁？""我八岁"等表达形式，了解中文名字和中国姓氏的相关文化，掌握人称代词、动词"是、叫、姓"、疑问词"几、什么、谁、呢"等语法点，区分声调并掌握 x、j、sh、s、z、ing 等拼音及轻声。然而，将语言交际任务同语言知识有效关联存在一定难度，因此采用此种方式编排的大纲为数尚少，此类大纲的科学性也有待进一步提升。

二、学习内容的主要特点

（一）普遍包含四项共通内容

本节借助 AntConc3.5.9 统计出学习内容模块中的高频词及其分布率（表 2-3-3、表 2-3-4）。可以发现，在学习内容排名前 30 的高频词中，"语篇、词汇、主题/话题、文化、说、写、语法、交际、听、读、语音、汉字"等词语都排在前 25 位，分布率均占 75% 以上。

表 2-3-3　各国学习内容排名前 30 的高频词

排名	频次	词语	排名	频次	词语	排名	频次	词语
1	4160	语篇	11	1834	信息	21	1072	意思
2	3499	使用	12	1759	主题/话题	22	1062	语境
3	3421	语言	13	1719	学生	23	1057	能力/技能
4	3295	比如	14	1570	理解	24	989	说
5	3037	词汇	15	1482	学习	25	968	书面
6	2297	文化	16	1341	交际	26	963	问题
7	2279	汉字	17	1241	语法	27	924	内容
8	2125	读	18	1214	听	28	913	不同
9	2118	语音	19	1105	口头	29	878	知识
10	1860	写	20	1096	简单	30	808	自己

表 2-3-4　各国学习内容排名前 30 的高频词分布率

文件数量	词语	分布率	文件数量	词语	分布率
73	使用	98.65%	65	交际	87.84%

续表

文件数量	词语	分布率	文件数量	词语	分布率
72	理解	97.30%	64	语法	86.49%
72	知识	97.30%	61	学生	82.43%
71	语篇	95.95%	60	听	81.08%
69	词汇	93.24%	59	读	79.73%
69	学习	93.24%	59	语音	79.73%
68	语言	91.89%	59	口头	79.73%
68	主题/话题	91.89%	57	书面	77.03%
68	能力/技能	91.89%	57	不同	77.03%
68	问题	91.89%	56	汉字	75.68%
67	文化	90.54%	53	比如	71.62%
67	说	90.54%	53	语境	71.62%
67	内容	90.54%	52	简单	70.27%
66	写	89.19%	52	自己	70.27%
65	信息	87.84%	50	意思	67.57%

上述高频词可归为四大类：语言知识、语言技能、文化能力和交际能力（图2-3-1）。高频词的高分布率说明这四类内容广泛分布在多份大纲之中，海外各国普遍认可上述四类内容是中文学习者必须掌握的学习内容。

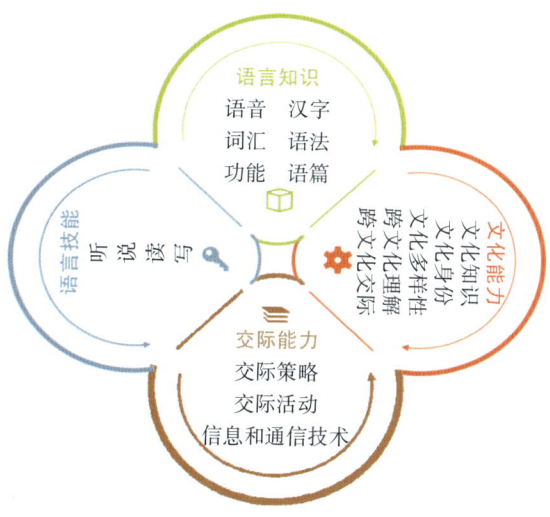

图 2-3-1　学习内容模块的共通内容

1. 语言知识

海外中文教学大纲学习内容模块中的语言知识既包括语音、汉字、词汇、语法等语言要素知识，也包括功能和语篇等语用方面的知识。很多海外中文教学大纲将话题功能与语音、汉字、词汇、语法等紧密联系，认为学习中文时不能孤立地学习词汇、语法等，而是要掌握词汇和语法点在不同语境中表达的功能和意义。功能同语言要素的紧密结合是海外中文教学大纲语言知识维度的重要特点。

2. 语言技能

语言技能主要包括听、说、读、写四项。其中，关于"说"和"写"的描述出现最多，分布最广（表2-3-3、表2-3-4）。在海外，学习者接触中文的主要途径是中文课。中文课课时少，学习者缺乏在生活中接触和使用中文的机会，因此，在课堂上创设真实语境，培养学习者的口语能力十分重要。

3. 文化能力

文化能力不仅包括对中国文化知识的了解，海外中文教学大纲还普遍强调将中国文化与母语文化进行比较，在了解中国文化的基础上加强对自身文化身份的认同以及对文化多样性的认识，从而提高学习者的跨文化理解能力和跨文化交际能力。

4. 交际能力

语言交际能力是学习内容中备受重视的核心能力。海外中文教学大纲不仅强调学习过程中真实交际活动的重要性，也关注学习者运用恰当的交际策略实现交际目标的能力。随着互联网技术的发展，交际已不再局限于面对面的交流。海外中文教学大纲表现出对信息时代交际方式的关注，如强调在课堂上引入多模态语篇和信息通信技术等。

（二）语篇和文化受到重视

高频词分析发现，"语篇"和"文化"的词频明显高于其他与语言知识和技能相关的词语，这说明"语篇"和"文化"在海外中文教学大纲中普遍受到重视。

1. 以语篇为单位的整体教学思想

"语篇"一词在各国大纲学习内容模块的词频高达4160次，居第一位（表2-3-3），分布率达95.95%（表2-3-4）。"语篇"指语言教学中不同类型的材料，它既是学习者获得丰富语言输入的重要来源，也是学习者进行语言输出的重要形式。以下是部分大纲对"语篇"的描述：

（1）为了不同的目的和受众，作者如何调整不同语篇类型的特征。

（《澳大利亚国家课程大纲：中文》）

（2）听一段关于自我介绍的口头语篇，并根据你所居住的城镇和国家的情况说一段话做出回应。

（《乌干达初中外语课程大纲：中文》）

（3）学习者能理解结构清晰、与熟悉话题有关的简单真实语篇，并产出自己的口头和书面语篇。

（《德国北莱茵-威斯特法伦州高中阶段中文教学指南》）

从上述文本可以看出，语篇已经成为学习内容的重要依托。当前的国际中文教学不是孤立地传授语言知识、训练语言技能，而是依托语篇认识字、词、句和语法结构，分析文体特征、谋篇布局的特点等。以语篇为单位的教学提供了一种整体语境，教师在整体语境的支持下充分利用课堂活动引导学习者理解语篇中的生词和不熟悉的语法结构，以达到事半功倍的教学效果。此外，以语篇为基础，关联学习者的现实生活经验，让学习者在真实语境中应用语篇知识和所学语言点，能够加深对整体语境意义的探究，辅助其中文理解和学习。

2. 强调多元文化意识的培养

"文化"一词的词频为2297，居第六位（表2-3-3），分布率为90.54%（表2-3-4）。可见，海外中文教学大纲对文化的重视程度极高，将其列为中文教学不可或缺的内容。根据该词在学习内容中的常用搭配（表2-3-5）可以发现，海外中文教学大纲的学习内容一方面强调学习者要充分了解中国的社会文化知识，从文化视角理解语言内容；另一方面强调学习者要结合中国文化、母语文化以及先前了解过的其他外语文化，认识到世界文化的多样性，提高跨文化能力。

表2-3-5 "文化"在学习内容中的常用搭配

常用搭配	频次
文化背景	61
文化知识	47
跨文化交际	33

续表

常用搭配	频次
文化视角	29
跨文化理解	25
文化多样性	24
文化适应	24
文化身份	21

澳大利亚、加拿大等多元文化国家所编写大纲的学习内容十分重视培养学习者的多元文化意识及其对自身文化身份的认同感，从而引导学习者互相尊重、互相理解，促进其对本国多元社会和世界多元文化的认识。

（三）部分大纲的特色内容值得关注

1. 有意识地培养学习策略和交际策略

在中文教学中，既要"授人以鱼"，又要"授人以渔"。"鱼"是语言知识和语言技能，"渔"是有助于获得知识和技能的策略。现行的海外中文教学大纲中，德国、澳大利亚、加拿大、爱尔兰、瑞典、美国和南非等国家的大纲已经在学习内容模块中明确规定了有关学习策略和交际策略的内容。（表2-3-6）

表2-3-6 "策略"在学习内容中的常用搭配及国家分布

常用搭配	文件数量	代表国家
学习策略	18	德国、澳大利亚、加拿大、爱尔兰、瑞典等
交际策略	12	美国、澳大利亚、南非、德国等

以下是关于学习策略和交际策略的部分表述：

（1）使用一系列基本的策略和技巧进行独立学习和合作学习。

（《德国北莱茵-威斯特法伦州高中阶段中文教学指南》）

（2）利用汉字知识认读和书写新汉字，制定学习策略，如在具有相同部件的汉字之间建立联系。

（《澳大利亚国家课程大纲：中文》）

（3）了解并在人际交往中运用适当的沟通策略。

（《美国AP中国语言文化课程及考试大纲》）

上述大纲明确要求教师引导学习者了解、使用一些基本的学习策略和交际策略，并在练习、交际实践中有意识地使用这些策略。掌握有效的学习策略和交际策略可以提高学习效率，增强学习者学习中文的自信心和动机。

2. 将辅助工具——字/词典列入学习内容

据统计，共有46份大纲的学习内容模块涉及查字/词典的描述。南非、俄罗斯、澳大利亚三个国家五份大纲的学习内容模块中，"字/词典"一词出现频率最高。（表2-3-7）从分布范围来看，着重强调掌握查字/词典能力的国家还比较少，多数国家都只是简单提及让学习者使用字/词典，但具体学习任务尚不清晰。

大纲文本中，字/词典的学习内容涉及两个方面：一是查找不熟悉的汉字或词语，二是学习查字/词典的方法。另外，《南非4—6年级课程与评估政策说明：第二附加语言》还要求学习者记录自己遇到的生词及其含义，从而形成具有个体特色的"个人词典"，类似于中国人学习外语时的生词本；澳大利亚的大纲则更强调让学习者配合使用印刷版和数字版词典，并通过查词典了解受到官方认可的新词，以扩展自己的表达方式。（表2-3-7）

表2-3-7 "字/词典"的部分表述及分布

大纲名称	国家/地区	词频	文本节选
《南非4—6年级课程与评估政策说明：第二附加语言》	南非	128	①学习通过部首在字典中查找汉字；②使用拼音字母顺序和首字母在字典中查找汉字；③在个人词典中记录生词及其含义。
《俄罗斯中文作为第二外语教学大纲》	俄罗斯	35	①在阅读和说话时使用从字典中查到的语音信息；②在教材的双语词典中找出个别生词的意思。
《南非7—9年级课程与评估政策说明：第二附加语言》	南非	23	①更新个人词典；②使用字典查找生字。
《澳大利亚国家课程大纲：中文》	澳大利亚	21	①学习如何在双语词典中查找不熟悉的汉字和生词；②使用数字词典等电子工具来扩展自己的表达方式。
《维多利亚州幼儿园到10年级中文课程大纲》	澳大利亚维多利亚州	21	①检查添加到中文词典或引入社交媒体的新词；②使用数字词典等电子工具来扩展自己的表达方式。

上述学习内容体现出了海外大纲对中文特殊性的认识。汉字作为表意文字，学习者在学习过程中经常遇到不会读、不知义等情况。有效利用各种类型的字/词典可以增进学习者的自学能力，扫除读写障碍。此外，掌握部首查字的方法还有助于

学习者深入了解汉字结构，扩大字词量。

3. 注重多模态语篇的使用

数字化和信息化时代带来了语篇形式的变化。文字不再是唯一的意义表达手段，现在出现了照片、图片、声音等多种形式的语篇，甚至出现了多种符号综合运用的多模态语篇。为适应交际模式的改变，澳大利亚、爱尔兰、南非等国家在多份中文大纲中明确提出要在教学中引入多模态语篇（表2-3-8）。

表 2-3-8 "多模态语篇"的词频及分布

大纲名称	词频	所在国家/地区
《新南威尔士州幼儿园到10年级中文课程大纲》 《新南威尔士州第六阶段中文课程大纲：背景学习者》	17	澳大利亚 新南威尔士州
《南非7—9年级课程与评估政策说明：第二附加语言》 《南非10—12年级课程与评估政策说明：第二附加语言》	10	南非
《南澳大利亚州中文课程大纲：背景语言学习者》 《南澳大利亚州中文课程大纲：中文初学者》 《南澳大利亚州中文课程大纲：中文持续学习者》	9	澳大利亚 南澳大利亚州
《爱尔兰中文课程大纲》	8	爱尔兰
《澳大利亚国家课程大纲：中文》	6	澳大利亚
《维多利亚州幼儿园到10年级中文课程大纲》	5	澳大利亚 维多利亚州
《西澳大利亚州幼儿园到10年级中文课程大纲：第二语言》	3	澳大利亚 西澳大利亚州

除了明确列入学习内容，部分大纲学习内容模块列举的语篇类型也反映出多模态意识，比如广告、电影海报、视频片段等。可见，海外中文教学已经开始响应人类社会生活变化的实际，强调利用新媒体、新技术，将多模态语篇融入教学，以满足学习者的交际需求。

作者：王祖嫘，北京外国语大学；李冬梅，湖州市爱山小学教育集团常溪小学

第三部分　纸质篇

主持人：李晓露，中央民族大学 / 云南大学

第一节　国际中文教材发展概况（2021）

国际中文教材主要指国际中文教育领域的纸质教学资源，包括教科书、练习册、教师用书、读物、工具书等。新中国成立至2021年底，全球国际中文教材总量达20196种，2021年新增教材666种。本节将从教材获奖/资助情况、出版情况、科研情况三个维度，呈现2021年度国际中文教材的发展全貌。

一、获奖/资助情况

2021年10月12日，国家教材委员会在京召开全国教材工作会议暨首届全国教材建设奖表彰会，这是新中国成立以来首次全面覆盖教材建设领域所创立的专门奖励项目，也是全国教材建设领域的最高奖。北京语言大学刘珣教授、赵金铭教授荣获"全国教材建设先进个人"称号，华语教学出版社国际中文教育策划部荣获"全国教材建设先进集体"称号，为国际中文教学界，特别是国际中文教材建设领域赢得了荣誉。

2021年，国家新闻出版署持续推进各类新闻出版"走出去"项目，但受资助的国际中文教材项目很少。如表3-1-1所示，"丝路书香出版工程"共确定130家出版机构的324种图书为本年度资助项目，其中国际中文教材品种仅1个；"经典中国国际出版工程"等项目未见国际中文教材入围；"'十四五'时期国家重点出版物"出版专项规划由图书和音像电子出版物两大部分11个子规划组成，首次遴选的规划项目共1929个，其中图书项目1753个，而国际中文教材品种仅1个。与此同时，中外语言交流合作中心（简称"语合中心"）设立"2021年度《国际中文教育中文水平等级标准》教学资源建设项目"，共立项236项。

表 3-1-1　国家新闻出版"走出去"重点工程项目资助情况

年度	项目名称	入选教材	输出文种	立项单位
2021	丝路书香出版工程	我爱汉语5	罗马尼亚文	外语教学与研究出版社
2021	"十四五"时期国家重点出版物	汉语世界	英文	商务印书馆

二、出版情况

本节采用网络爬虫技术采集国际中文教材数据，然后再进行人工筛选、标注和校对。数据源于中外主要出版社官网、主要国家图书馆和中外主要网上书店。

（一）教材数量

2021年度，共出版666种国际中文教材。除58种教材无注释语种以外，其余608种教材共涉及15个注释语种，单语注释教材600种，其中欧洲语种9个、亚洲语种6个。欧洲语种中英语最多，达223种，占有注释语种教材的36.68%，俄语居其次。亚洲语种中韩语最多，达206种，占有注释语种教材的33.88%，日语居其次。双语注释教材8种，2种教材使用英、法双语注释，2种教材使用英、俄双语注释，4种教材使用英、泰双语注释。（表3-1-2）

表 3-1-2　2021年度国际中文教材语种分布（不含双语注释）

欧洲语种（9）	英语（223）	俄语（77）	法语（12）
	葡萄牙语（4）	土耳其语（2）	德语（2）
	意大利语（2）	西班牙语（2）	荷兰语（1）
亚洲语种（6）	韩语（206）	日语（49）	泰语（16）
	阿拉伯语（2）	吉尔吉斯语（1）	希伯来语（1）

（二）教材出版机构

统计信息显示，2021年度，共165家出版机构参与国际中文教材出版。其中，国外出版机构139家，占出版机构总量的84.24%，出版教材460种，占教材总量的69.07%；中国出版机构26家，占比为15.76%，出版教材206种，占教材总量的

30.93%。其中 Cengage Learning（圣智学习出版公司）（68 种）、Просвещение（启蒙出版公司）（62 种）、北京语言大学出版社（32 种）、华语教学出版社（31 种）、外语教学与研究出版社（29 种）五家出版机构出版量居前五位，五家出版机构的国际中文教材出版量之和占教材总量的 33.33%。（表 3-1-3）

表 3-1-3 2021 年度国际中文教材主要出版机构

序号	出版社名称	所属国家	2021 年度出版量
1	Cengage Learning（Asia）	新加坡	68
2	Просвещение	俄罗斯	62
3	北京语言大学出版社	中国	32
4	华语教学出版社	中国	31
5	外语教学与研究出版社	中国	29
6	（주）성균관서당	韩国	21
7	人民教育出版社	中国	19
8	北京大学出版社	中国	17
9	国家开放大学出版社	中国	17
10	（주）부크크	韩国	14

（三）教材分类

1. 教学对象

我们统计的 666 种国际中文教材，按照教学对象可分为幼儿及中小学（266 种）、大学及成人（189 种）、中文教师（25 种）和对象不限（186 种）四类，其中面向幼儿及中小学的教材数量最多，占总量的 39.94%，大学及成人教材占总量的 28.38%。（图 3-1-1）

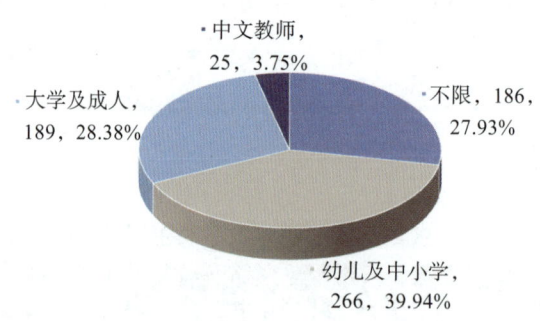

图 3-1-1　2021 年度国际中文教材分布（按教学对象分类）

按照教学对象分类，国内外国际中文教材的出版比例呈现出一定的差异。图 3-1-2 显示，中国出版社出版的 206 种国际中文教材中，幼儿及中小学教材 75 种（36.41%）、大学及成人教材 112 种（54.37%）、中文教师培养教材 15 种（7.28%），可见主要面向大学及成人；国外出版社出版的 460 种教材中，幼儿及中小学教材 191 种（41.52%）、大学及成人教材 77 种（16.74%）、中文教师培养教材 10 种（2.17%），可见主要面向幼儿及中小学。①

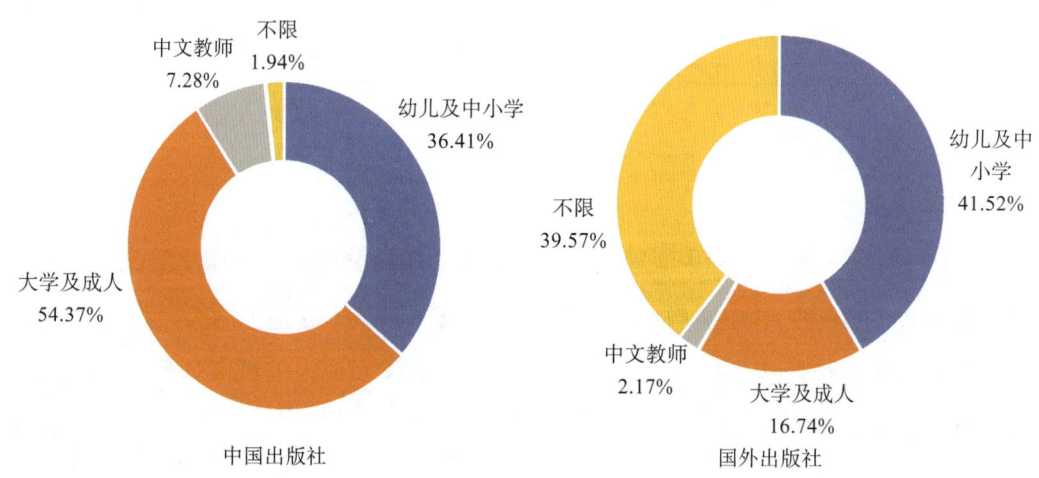

图 3-1-2　2021 年度国内外出版机构国际中文教材对比（按教学对象分类）

2. 教材级别

在 666 种国际中文教材中，有 492 种可统计教材的语言水平，可分为零起点至初级（243 种）、初中级（55 种）、中级（105 种）、中高级（38 种）、高级（51 种）

---

① 中国出版社出版的教材中有 4 种、国外出版社出版的教材中有 182 种未标注教学对象。

五类；其中零起点至初级教材数量最多，占 49.39%。（图 3-1-3）

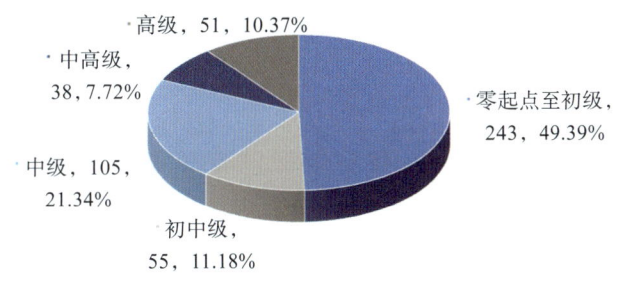

图 3-1-3　2021 年度国际中文教材分布（按语言水平分类）

国内外出版社均将零起点至初级教材作为出版重点，但中国出版的中高级和高级教材略多。图 3-1-4 显示，中国出版社出版的 171 种国际中文教材中，零起点至初级教材 92 种（53.80%）、初中级教材 14 种（8.19%）、中级教材 14 种（8.19%）、中高级教材 26 种（15.20%）、高级教材 25 种（14.62%）；国外出版社出版的 321 种国际中文教材中，零起点至初级教材 151 种（47.04%）、初中级教材 41 种（12.77%）、中级教材 91 种（28.35%）、中高级教材 12 种（3.74%）、高级教材 26 种（8.10%）。①

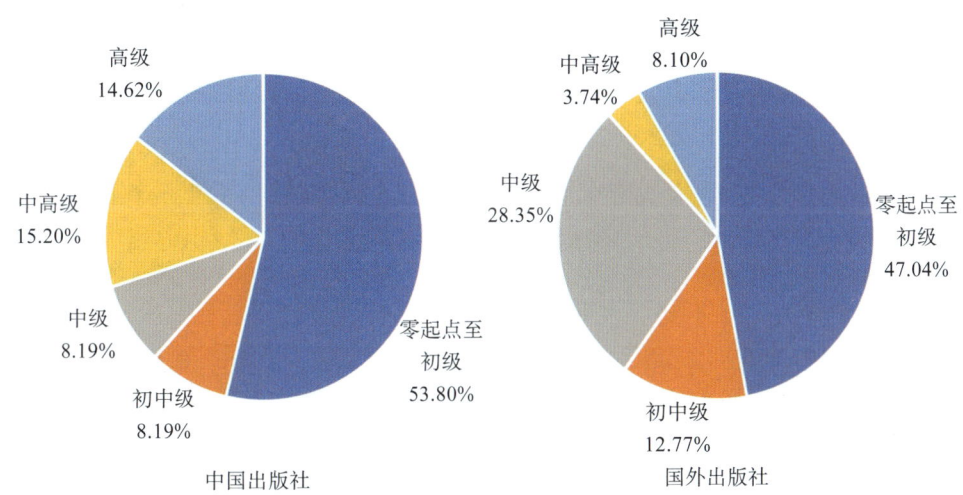

图 3-1-4　2021 年度国内外出版机构国际中文教材对比（按语言水平分类）

3. 教材类型

666 种国际中文教材按照类型可分为综合教材（204 种）、专项技能教材（159

---

① 中国出版社出版的教材中有 35 种、国外出版社出版的教材中有 139 种未标注语言水平。

种)、专项要素教材(150种)、考试教材(56种)、中文+职业技能教材(49种)、文化教材(17种)、教师培养教材(14种)、工具书(6种)、其他(11种)九类。(表3-1-4)

表3-1-4 2021年度国际中文教材类型分布

类型	数量	占比	类型	数量	占比	类型	数量	占比
综合	204	30.63%	考试	56	8.41%	教师培养	14	2.10%
专项技能	159	23.87%	中文+职业技能	49	7.36%	工具书	6	0.90%
专项要素	150	22.52%	文化	17	2.55%	其他	11	1.65%

国内外出版社均将综合教材作为出版重点,但国外出版的语言要素教材占比更大,中国出版的文化教材则略多。图3-1-5显示,中国出版社出版的206种国际中文教材中,综合教材69种(33.50%)、专项要素教材10种(4.85%)、文化教材15种(7.28%);而国外出版社出版的460种国际中文教材中,综合教材135种(29.35%)、专项要素教材140种(30.43%)、文化教材2种(0.43%)。

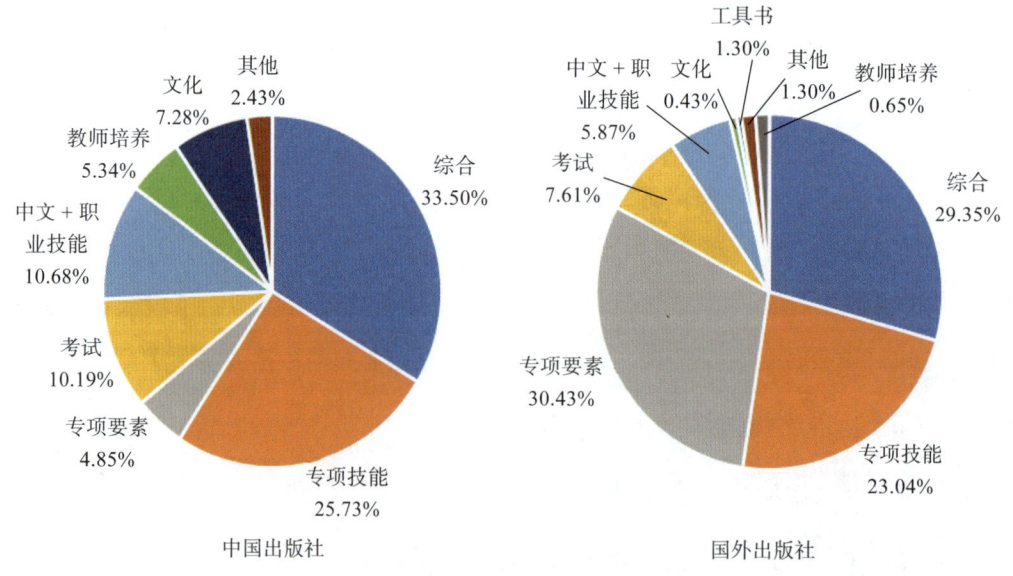

图3-1-5 2021年度国内外出版机构国际中文教材对比(按类型分类)

在666种教材中,综合类中文教材最多,共204种,占总量的30.63%。教材列举见表3-1-5:

表 3-1-5　2021 年度综合类国际中文教材列举

书名	编者	出版社
《长城汉语·生存交际》（第 2 版）	马箭飞、宋继华	外语教学与研究出版社
《成长》（*Step Up with Chinese for Australia*）	Lucy Chu Lee, Lixia Chen	Cengage Learning
《学汉语》（*Learn Chinese*）	Jixing Xu 等	Cengage Learning
《加油！汉语》（*Go! Chinese*）	Julie Lo, Emily Yih	Cengage Learning
《网络漫画中文：我的美邻》（《웹툰 중국어: 나의 아름다운 이웃》）	주민경 외	（주）다락원
《学中文：初级课本》（修订版）（《身につく中国語：初級テキスト　改訂新版》）	杨凯荣、张丽群	白帝社
《做吧！中文》（《やってみよう！中国語》）	吉田泰谦、王峰	白水社
《汉语 5 年级·课本》（第 3 版）（*Китайский язык. 5 класс. Второй иностранный язык. Учебник. 3-е издание*）	Рукодельникова Мария Борисовна, Ли Тао, Салазанова Ольга Александровна	Просвещение
《大胆说中文》（*Osez le Chinois!*）	Sulaiman Palizhati Yiltiz, Xiaoliang Luo	les Éditions de l'École polytechnique
《汉语基础》（ภาษาจีนพื้นฐาน）	Laisheng Hua	ภาษาและวัฒนธรรมสมาคมส่งเสริมเทคโนโลยี（ไทย-ญี่ปุ่น）

专项技能中文教材共 159 种，包含阅读教材（101 种）、口语教材（40 种）、写作教材（8 种）、翻译教材（6 种）、视听说教材（4 种）五类；其中，阅读和口语教材最多，占专项技能教材的 88.68%。教材列举见表 3-1-6：

表 3-1-6　2021 年度专项技能类国际中文教材列举

类别	书名	编者	出版社
阅读	《乐读——国际中文阅读教学课本》	苏英霞	北京语言大学出版社
	《世界中文分级读物》	吉尔·皮塔尔	Cengage Learning
口语	《体验汉语口语教程》（第 2 版）	陈作宏	高等教育出版社
	《日常生活汉语会话》（《일상생활중국어회화》）	원종민, 자오룬신	제이플러스
写作	《中文写作指南》（《중국어 작문 & 가이드》）	편집부	STT Books

续表

类别	书名	编者	出版社
写作	《有趣的中文写作》(《재미난 중국어 쓰기 편》)	아시아언어문화연구소 외	(주)아시안허브
翻译	《韩汉翻译高级快车》	〔韩〕黄兰雅、于淼	北京语言大学出版社
	《中文经济翻译基础》(Китайский язык. Основы экономического перевода)	Магдалинская Юлия Васильевна, Адамова Дарья Львовна	Флинта
视听说	《新闻直通车——高级汉语视听教程》	于洁	北京语言大学出版社
	《别见外——中高级汉语视听说教程》	陶家骏等	北京大学出版社

专项要素教材共 150 种，包含汉字教材（86 种）、语法教材（31 种）、词汇教材（27 种）、语音教材（6 种）四类；其中，汉字类最多，占专项要素教材的 57.33%。教材列举见表 3-1-7：

表 3-1-7　2021 年度专项要素类国际中文教材列举

类别	书名	编者	出版社
汉字	《555 个有趣的汉字》(555 Caractères Chinois à Mémoriser en S'amusant)	Cécile Pei	Ellipses
	《天机泄露汉字》(《천기누설한자》)	서영철	(주)성균관서당
语法	《中文图解语法》(Китайский язык. Полная грамматика в схемах и таблицах)	Ивченко Тарас Викторович	ACT
	《思维导图完整的中文语法》(เก่ง Mind Map ไวยากรณ์จีน ฉบับสมบูรณ์)	สุยหลิน	Life Balance, สนพ.
词汇	《精选！汉语单词初学者》(《選拔！中国語単語 初級編》)	沈国威	朝日出版社
	《汉语普通话词汇学习卡》(Mandarin Chinese Vocabulary Language Study Card)	Madeline Chu	Tuttle
语音	《零基础也能说的中文语音课》(《超初級から話せる中国語声出しレッスン》)	原田夏季	Aruku
	《学读拼音》(Курс китайского языка. Фонетический тренажер)	Габур Анастасия Александровна, Муравьева Вера Александровна	Каро

考试教材（56 种）、中文＋职业技能教材（49 种）、文化教材（17 种）、教师培养教材（14 种）、工具书（6 种）共 142 种，占教材总量的 21.32%。教材列举见表 3-1-8：

表 3-1-8　2021 年度其他类国际中文教材列举

类别	书名	编者	出版社
考试	《国际中文教师证书考试真题集（2021年版）》	李亚男等	人民教育出版社
	《IBDP 出发》	刘佳	华语教学出版社
	《AP 中文仿真试题集》（第 2 版）	谢碧霞等	北京大学出版社
中文＋职业技能	《工业汉语——机电设备维修技术（启航篇）》	李梅、冯超	国家开放大学出版社
	《旅游汉语系列——桂林篇》	LIU NIAN	우송대학교 출판부
	《汉语速成服务行业篇》（สนทนาภาษาจีนแบบเร่งรัด ธุรกิจการบริการ）	/	ฝ่ายวิชาการสำนักพิมพ์แมนดาริน
文化	《大中华文库·天工开物（汉西对照版）》	宋应星著，潘吉星今译，孙新堂译	人民教育出版社
	《中国文化概况（中文版）》	毛海莹、刘恒武	高等教育出版社
	《字词中的文化密码（融媒体动漫版）》	周健	商务印书馆
教师培养	《生存攻略案例：汉语教师海外生活实训教程》	刘刚、汪海霞	北京大学出版社
	《DP 中文 A 课程概念驱动的单元设计（简体版）》	张西西、罗倩	联合出版（香港）有限公司
工具书	《第一本汉语学习词典：朝日汉日词典新版》（《はじめての中国語学習辞典：Asahi Chinese-Japanese Dictionary 新装版》）	相原茂	朝日出版社
	《新时代汉泰词典（修订版）》（พจนานุกรมจีน-ไทย ฉบับสมัยใหม่）	/	Suerawit Publishing

中文考试教材共 56 种，涉及 HSK 考试教材（21 种）、韩国中文教师资格考试教材（8 种）、IB 中文考试教材（6 种）、IGCSE 中文考试教材（5 种）、日本中文检定考试教材（5 种）、志愿者选拔考试和中文面试教材（5 种）、国际中文教师证书考试教材（4 种）、AP 中文考试教材（1 种）、韩国中文高考教材（1 种）等。HSK 考试教材占比最大，其中韩国出版社 15 种、中国出版社 5 种、日本出版社 1 种，多为模拟题、

解读手册和会话教程。

（四）教材配套

在 666 种国际中文教材中，250 种教材配套了数字化资源，占总量的 37.54%。在配有数字化资源的教材中，包含音频的教材有 200 种，占 80.00%，为最多；含电子书的 57 种，占 22.80%，居其次；含视频的 35 种，占 14.00%；含网站的 22 种，占 8.80%。其中，北京语言大学出版社出版的《乐读——国际中文阅读教学课本》（1—4）配套了电子书、教学课件、教师手册、参考答案、教材专区、示范课等资源；Cengage Learning 出版的《加油！汉语》(Go! Chinese) 提供包括交互式词汇抽认卡、中文（拼音）打字练习、阅读练习、词汇录音在内的配套网站，以及加密的教师资源，如教师手册、答案和音频文件等。

三、科研情况

以下科研数据主要通过各类基金项目立项名单和中国知网（CNKI）搜索、筛选、整理而得。[①]

（一）科研立项

2021 年，各类省部级以上基金项目中，国际中文教育教学资源研究项目立项 45 项，其中国家社会科学基金项目 5 项、教育部人文社会科学研究项目 1 项（表 3-1-9）。

表 3-1-9 2021 年度国际中文教育教学资源研究科研项目

课题名称	负责人	工作单位	项目类别
2021 年国家社会科学基金年度项目			
新加坡华语文教科书中的中国形象话语建构与演变	张灵芝	厦门大学	一般项目
朝鲜半岛日据时期汉语教材收集整理与数据库建设研究	张进凯	兴义民族师范学院	一般项目
基于大数据的国际中文教材设计评估	周小兵	北京语言大学	一般项目

---

① 本部分统计既包括纸质教学资源，也包括各类型数字教学资源的相关项目。

续表

课题名称	负责人	工作单位	项目类别
新时代国际汉语教材的知识体系与价值导向研究	耿直	上海财经大学	一般项目
面向二语学习者的外向型汉语词典用例考察与实证	王意颖	暨南大学	青年项目
2021年度教育部人文社会科学研究项目			
国际汉语教材中国国家形象的话语建构研究	董于雯	集美大学	规划基金项目

（二）学术论文

以检索式"时间（2021年）+ 主题词（'汉语/中文/华文'并含'教材/教科书/资源'）"在中国知网（CNKI）期刊论文库和硕博论文库进行模糊检索，经人工筛选，得到有效样本文献211篇，其中期刊论文69篇（32.70%）、硕士论文142篇（67.30%），后者研究数量是前者的两倍之多。将期刊论文和硕士论文的摘要分别导入语料库检索统计工具 AntConc3.5.9，统计出期刊论文的总词数为1211、硕士论文的总词数为3165，剔除与文本内容无关的词，筛选后获得前20位的高频词（表3-1-10）。

表3-1-10 2021年度国际中文教学资源期刊论文和硕士论文摘要高频词

排名	期刊论文摘要高频词及占比			排名	硕士论文摘要高频词及占比		
1	教材	168	13.87%	1	教材	1073	33.90%
2	文化	48	3.96%	2	学习者	652	20.60%
3	资源	43	3.55%	3	分析	380	12.01%
4	发展	37	3.06%	4	文化	327	10.33%
5	出版	32	2.64%	5	学习	312	9.86%
6	编写	29	2.39%	6	编写	291	9.19%
6	教师	29	2.39%	7	设计	279	8.82%
8	建设	27	2.23%	8	视频	245	7.74%
9	问题	24	1.98%	9	教师	231	7.30%
9	传播	24	1.98%	10	对比	204	6.45%
11	开发	23	1.90%	11	建议	201	6.35%

续表

排名	期刊论文摘要高频词及占比			排名	硕士论文摘要高频词及占比		
11	设计	23	1.90%	12	内容	200	6.32%
13	学习	21	1.73%	13	语法	186	5.88%
13	数字	21	1.73%	14	练习	172	5.43%
15	游戏	19	1.57%	15	课堂	170	5.37%
16	话题	18	1.49%	16	发展	166	5.24%
16	模式	18	1.49%	17	使用	162	5.12%
18	内容	17	1.40%	18	词汇	159	5.02%
18	特点	17	1.40%	19	问题	155	4.90%
18	分析	17	1.40%	20	总结	147	4.65%

由表3-1-10可知：（1）从资源形态来看，"教材"在两类论文摘要的高频词中均高居榜首，说明教材仍为教学资源研究的主要形态；同时，期刊论文已开始关注"数字、游戏"等资源形态，而硕士论文对"视频"的关注较多。（2）从研究类型来看，两类论文均侧重"编写"，但从"发展、出版、建设、传播、开发、模式"等高频词可以看出，期刊论文更倾向宏观研究，而硕士论文更偏重"分析、设计、对比"研究。（3）从研究内容来看，"文化"在两类论文摘要高频词中分别排在第二位和第四位，说明"文化"仍是教学资源研究的热点主题；除此之外，硕士论文的主题还有"语法、练习、词汇"等。（4）从资源使用主体来看，期刊论文中，"教师"排在并列第六位；硕士论文中，"学习者"排在第二位，词频高达652次。可见，两类论文均重视教学资源使用主体，但侧重点有差异。

作者：梁宇，北京语言大学；王丹，南方科技大学教育集团（南山）第二实验学校，曾任职于美国佐治亚州立大学孔子学院；蒋汶芯，北京语言大学[①]

[①] 王一帆、陈然、陈雨微、周沐、吴晓文、李侠、王楠楠等教师和同学参与了数据搜索和整理工作，在此一并表示感谢。

第二节 教师使用国际中文教材情况调查

教材使用指"语言学习环境中的参与者实际运用教材以及与教材互动的方式"[①]。本节关注国际中文教师(简称"教师")对国际中文教材(简称"教材")的使用情况,以期通过问卷调查[②]了解教师对教材的使用取向、目的、观念、策略、行为、满意度等,并尝试分析教材使用的影响因素,力图从教师使用教材的视角获得一些有价值的结论,为未来教材建设提供参考。

一、调查对象基本情况

1324位调查对象基本信息汇总见表3-2-1:

表3-2-1 调查对象基本信息概况

基本信息	选项	频次	占比
年龄	30岁及以下	413	31.19%
	31—40岁	531	40.11%
	41—50岁	263	19.86%
	51岁及以上	117	8.84%
	总计	1324	100.00%

---

① Matsumoto, Y. Material moments: Teacher and student use of materials in multilingual writing classroom interactions [J]. The Modern Language Journal, 2019(1): 179-204.
② 项目组研制了《国际中文教材使用调查问卷(教师版)》,并于2022年1月至2月通过问卷星、邮件等方式向海内外中文教师发放,共收回问卷1490份,其中有效问卷1324份,有效回收率为88.86%。项目组使用SPSS 27.0对数据进行统计分析,其中多选题和多选排序题的卡方拟合优度均呈现出显著性($p=.000<.01$),意味着各题项内选项间具有明显差异。

续表

基本信息	选项	频次	占比
当前身份	中国高校教师	249	18.81%
	中国培训机构教师	136	10.27%
	国际学校教师	115	8.69%
	海外高校教师	108	8.16%
	海外全日制 K-12 学校教师	174	13.14%
	海外本土中文学校教师	224	16.92%
	孔子学院中/外方院长	12	0.91%
	国家公派出国教师	131	9.89%
	中文教师志愿者	175	13.22%
	总计	1324	100.00%
教龄	1 年以下	130	9.82%
	1—5 年	411	31.04%
	6—10 年	342	25.83%
	11—15 年	202	15.26%
	16—20 年	112	8.46%
	21—25 年	64	4.83%
	25 年以上	63	4.76%
	总计	1324	100.00%
职称	初级职称	158	11.93%
	中级职称	234	17.67%
	副高级职称	103	7.78%
	高级职称	34	2.57%
	无职称	795	60.05%
	总计	1324	100.00%

续表

基本信息	选项	频次	占比
大洲/地区分布①	亚洲（25国）	792	59.82%
	欧洲（21国）	173	13.07%
	非洲（34国）	80	6.04%
	北美地区（2国）	212	16.01%
	拉丁美洲及加勒比地区（13国）	41	3.10%
	大洋洲（2国）	26	1.96%
	总计	1324	100.00%

二、使用情况调查结果与分析

（一）基本使用情况

1. 使用决定权

题项6为单选题。调查显示，教材的选用多由教学执行者决定，教学执行者比教学管理者拥有更大的教材选择权。各选项的选择频次从高到低排列为：教师本人（490）＞教研室主管/院系主管（313）＞教学机构主管（275）＞校长/校董事会（93）＞国家/省教育部门（50）＞学区领导/学区董事会（41）＞学生（38）＞其他（24）。其中，"其他"选项中主要有中方负责人、中文团队专家和师生。

2. 选用考虑因素

题项7为多选排序题。各选项得分按从高到低排列为：符合学生特点＞符合课程要求＞教学设计和思路＞实用性＞内容＞配套资源＞难度＞编写理念＞教学发挥空间＞规范＞定价＞出版社＞其他＞编写者。（图3-2-1）其中，"其他"选项中主要有备考、能否获得电子版、教材的信誉度、教材是否方便购买。调查显示，是否符合学生特点是教师选用教材的首要考虑因素。教材是否符合课程要求以及教材的教

---

① 依据联合国地理方案（UN Geographical Divisions）对世界地理区域的划分标准。

学设计和思路也是教师选择教材时的重要考虑因素。而教材的"定价""出版社"和"编写者"教师考虑相对较少。

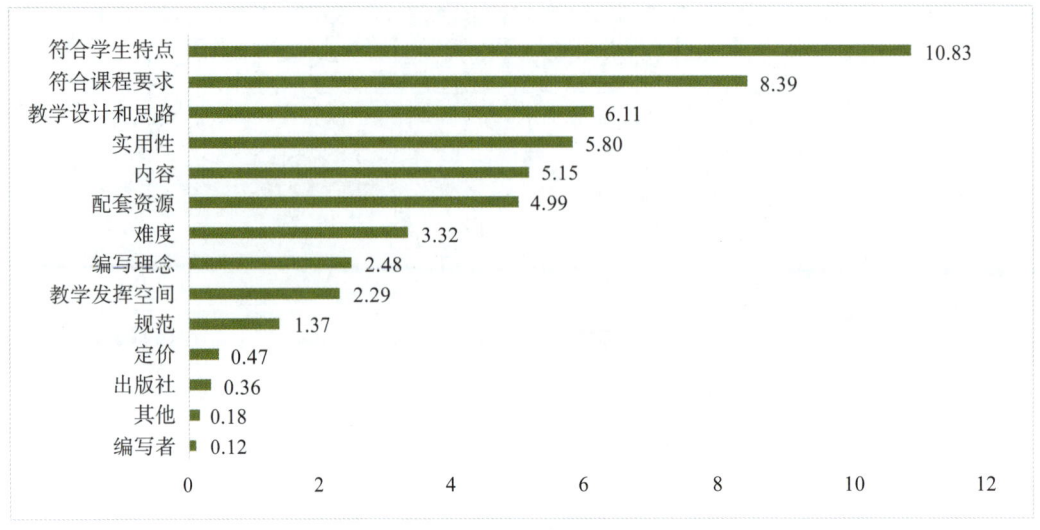

图 3-2-1　教师选用教材考虑因素各选项情况

3. 当前使用的教材种类和名称

题项 8 为单选题，设置了 3 个选项："以出版教材为主""以自编教材为主"和"不使用固定教材"。若题项 8 选择"以出版教材为主"，则跳转至第 9 题填空题，填写"最熟悉的教材名称"；若题项 8 选择"以自编教材为主"或"不使用固定教材"，则跳转至第 10 题填空题，填写"不使用教材的原因"。

题项 8 "教师使用的教材类型"各选项按频次从高到低依次为：以出版教材为主（995）＞不使用固定教材（170）＞以自编教材为主（159）。调查显示，目前教师仍将教材作为最主要的教学材料，但同时教材呈现出明显的"资源化"趋势，即教师并不固定使用某一本教材，而是将教材作为教学资源的载体，通过教材进行资源整合。有些教师甚至不使用现有教材，而采用自编教材。

题项 9 调查对象在填写"最熟悉的教材名称"时，共提及教材 1126 册、165 种，其中提及次数排名前 20 的教材共 878 册，占总量的 77.98%（表 3-2-2）。教材的使用呈现以下五个特点：第一，原国家汉办支持建设的主干教材[①]已对全球中文教育起到了重要的支撑作用。调查中频次排名前 20 的教材中，《HSK 标准教程》《新

[①] 原国家汉办先后主持出版 12 个系列主干教材，包括：通用教材 5 个系列（《汉语乐园》《快乐汉语》《跟我学汉语》《当代中文》《新实用汉语课本》），考试教材 2 个系列（《HSK 标准教程》《YCT 标准教程》），网络学习平台"长城汉语"及配套教材，工具书 4 个系列（《汉语 800 字》《汉语 900 句》《汉语图解词典》《汉语图解小词典》）。

实用汉语课本》《快乐汉语》《YCT标准教程》《跟我学汉语》《当代中文》均为原国家汉办支持出版的系列主干教材，占被提及教材的31.96%。第二，目前使用频率较高的华文教材是原国侨办委托暨南大学华文学院编写的《中文》和北京华文学院编写的《汉语》。第三，通用型系列教材使用范围广，排名前20的教材中大多为通用型系列教材，占比为56.67%。第四，教材使用与国际中文教学低龄化发展趋势相符，《轻松学中文》《快乐汉语》《YCT标准教程》《跟我学汉语》《语文》[①]《欢乐伙伴》《你好》《汉语乐园》的教学对象均为中小学生，占被提及教材的17.85%。第五，本土教材已成为中文教学资源的重要组成部分，美国本土教材《中文听说读写》(Integrated Chinese)、新加坡本土华文教材《欢乐伙伴》、澳大利亚本土教材《你好》(Ni Hao)已被广泛使用，尤其是《中文听说读写》已走出美国，被英国、法国、瑞典等多个国家采用。

表 3-2-2　教师最熟悉的教材（排名前20）

排名	教材名称	编者	出版社	提及次数	占比
1	《HSK标准教程》	姜丽萍	北京语言大学出版社	215	19.09%
2	《发展汉语》	李泉	北京语言大学出版社	91	8.08%
3	《轻松学中文》	马亚敏、李欣颖	北京语言大学出版社	87	7.73%
4	《汉语教程》	杨寄洲	北京语言大学出版社	83	7.37%
5	《中文》	暨南大学华文学院	暨南大学出版社	57	5.06%
6	《新实用汉语课本》	刘珣	北京语言大学出版社	56	4.97%
7	《博雅汉语》	李晓琪	北京大学出版社	51	4.53%
8	《中文听说读写》	姚道中、刘月华	Cheng & Tsui	43	3.82%
9	《快乐汉语》	李晓琪	人民教育出版社	30	2.66%
10	《YCT标准教程》	苏英霞	高等教育出版社	25	2.22%
11	《成功之路》	邱军	北京语言大学出版社	22	1.95%
12	《跟我学汉语》	陈绂、朱志平	人民教育出版社	20	1.78%
12	《体验汉语》	编写组	高等教育出版社	20	1.78%

---

① 部编版语文教材。

续表

排名	教材名称	编者	出版社	提及次数	占比
14	《语文》	温儒敏	人民教育出版社	15	1.33%
15	《当代中文》	吴中伟	华语教学出版社	14	1.24%
16	《汉语口语速成》(第3版)	马箭飞	北京大学出版社	13	1.15%
17	《汉语》	北京华文学院	暨南大学出版社	12	1.07%
18	《欢乐伙伴》	王燕燕等	新加坡教育部课程规划与发展司	11	0.98%
19	《你好》	林淑满、Paul Fredlein	ChinaSoft	7	0.62%
20	《汉语乐园》	刘富华等	北京语言大学出版社	6	0.53%
总计				878	77.98%

题项10中，共计329位调查对象填写了"不以出版教材为主"的原因（170位调查对象选择了"不使用固定教材"，159位选择了"以自编教材为主"）。本节借助AntConc3.5.9对"不以出版教材为主"的原因进行了高频词和显著搭配词统计，获得了前20位的高频词（表3-2-3）。其中，"符合""合适""适合"的词频分别为21、12、12，说明"不以出版教材为主"的原因主要与教材适配度有关。

表3-2-3 教师"不以出版教材为主"原因词频统计情况（排名前20）

排名	词语	频次	排名	词语	频次
1	教材	101	11	大纲	13
2	学生	64	12	要求	12
3	不	34	12	合适	12
4	教学	29	12	学校	12
5	使用	26	12	适合	12
6	没有	23	16	参考	10
7	符合	21	16	太	10
8	课程	18	18	不同	9
9	内容	17	18	学习	9
9	根据	17	18	情况	9

以"不、不符合、不合适/不适合、太"为节点词的显著搭配如表3-2-4所示：

表 3-2-4　教师"不以出版教材为主"各节点词搭配情况

节点词	显著搭配
不	教材配套跟不上；内容不与时俱进；不使用固定教材；不喜欢单元编写方式；不提供教材；不特定使用一本教材；编写不科学
不符合	不符合专业要求；不符合学生特点；不符合学生实际水平；不符合当下实际生活；不符合学生的认知和能力；不符合语言习得理念；不符合教学大纲；不符合海外教学场景；不符合时代发展；不符合学区课程设计
不合适/不适合	不适合学生；不适合本土学生；不适合澳洲中文教学大纲
太	太陈旧；限制性太多；学生太小了；文学性太强；内容太笼统；教材太过中国视角

调查显示，教师"不以出版教材为主"的原因主要有四个：第一，教材适配度低，主要体现在教材与学生的认知水平、语言水平、心理特点、教学环境、课程要求的适配度低；第二，教材内容陈旧，主要体现在教材内容不符合时代发展，不符合当下实际生活；第三，教材的本土化程度低，主要体现在与当地教学大纲脱节以及教材缺乏当地文化内容；第四，对教材编写质量不满意，主要体现在教材的科学性、创新性、实用性等方面未能满足教师需求。

同时，部分调查对象在问卷中也给出了"不以出版教材为主"的替代方式。以"使用/用、根据、参考、会"为节点词的显著搭配如表 3-2-5 所示：

表 3-2-5　教师"不以出版教材为主"替代方式各节点词搭配情况

节点词	显著搭配
使用/用	使用不同教材；使用大量自编教材；用教材做资源；使用教材框架；使用配套教材
根据	根据上级安排；根据不同学生学习特点；根据学生要求；根据教学大纲；根据教学条件；根据教学目标；根据课程大纲
参考	参考几套教材；参考多个教材；参考部分内容
会	会以自编教材为主；会借鉴教材；会根据教学目标；会结合学生情况；会部分使用配套教材

调查显示，教师虽然"不以出版教材为主"，但仍通过以下三种方式组织教学材料：第一，同时参考多套教材；第二，参考教材框架，将教材作为课程大纲；第三，参考教材部分内容，根据教学目标、学生需求、教学条件、课程大纲等自编教学材料。

（二）具体使用情况

1. 使用目的

题项 11 为多选题，各选项频次从高到低依次为：开展教学＞获得练习和活动＞获得语言知识体系＞用于备课＞获得语料＞用于留作业＞用于测试＞其他（表 3-2-6）。

表 3-2-6 教师教材使用目的各选项情况[①]

选项	频次	普及率	响应率
开展教学	1092	82.48%	30.66%
获得练习和活动	680	51.36%	19.09%
获得语言知识体系	605	45.69%	16.98%
用于备课	560	42.30%	15.72%
获得语料	404	30.51%	11.34%
用于留作业	147	11.10%	4.13%
用于测试	73	5.51%	2.05%
其他	1	0.08%	0.03%
总计	3562	269.03%	100.00%

调查显示，"开展教学"和"获得练习和活动"的普及率分别为 82.48% 和 51.36%，覆盖半数以上调查对象，这两个目的可视为教材使用的主要目的；"获得语言知识体系""用于备课"和"获得语料"的普及率分别为 45.69%、42.30% 和 30.51%，位于 30% 至 50% 之间，这三个目的可视为教材使用的次要目的；"用于留作业"和"用于测试"的普及率分别为 11.10% 和 5.51%，低于 30%，说明教师较少使用教材布置作业和进行测试，这可能是因为大部分教材都有配套练习册，作业与测试可在练习册中完成。

2. 使用观念

题项 12 为量表题，共有 5 个子题项。教材使用观念是指教师对教材角色和作用的看法。教师教材使用观念各子题项均值从高到低依次为：教材是资源＞教材越来

[①] "普及率"指各选项的选择频次占样本总量的比例，"响应率"指各选项的选择频次占所有选项选择总频次的比例。

越无用＞教材是指南＞教材是束缚＞教材是权威。（表 3-2-7）调查显示，教师对教材的使用观念呈现出从"教教材"向"用教材教"的转变。"教材是权威"得分最低（2.98），低于该题均值 4.00，这表明教师对教材的权威性认可度不高，不会严格按照教材内容和顺序开展教学。"教材是资源"（4.42）、"教材越来越无用"（4.29）、"教材是指南"（4.24）和"教材是束缚"（4.05）的得分均高于该题均值（4.00）。一方面，教师认为教材是资源，且教材仍发挥着重要的指南作用，教师在教材提供的教学体系和框架下开展教学；另一方面，教师认为教材无用，甚至成为束缚，这可能与教材选用不当或者教材适配度低等原因有关。教材使用观念各选项标准差从高到低依次为：教材是权威＞教材是束缚＝教材越来越无用＞教材是资源＞教材是指南，说明调查对象在教材权威性上看法差异最大，对教材无用和教材是束缚两方面的看法差别较小，而在教材为教学提供资源和指南上看法差异最小。

表 3-2-7　教师教材使用观念调查情况

题项 / 子题项		均值	标准差	最小值	最大值
题项	使用观念	4.00	0.54	1.00	5.00
子题项	教材是权威	2.98	1.20	1.00	5.00
	教材是指南	4.24	0.82	1.00	5.00
	教材是资源	4.42	0.84	1.00	5.00
	教材是束缚	4.05	0.91	1.00	5.00
	教材越来越无用	4.29	0.91	1.00	5.00

3. 使用认知

题项 13 为量表题，共有 4 个子题项。教材使用认知指教师对教材的编写理念、教材优点、教材缺点等方面的了解情况，以及教师基于对教材的了解，在教学中主动体现教材编写理念或调整教学以弥补教材缺点的意识。教材使用认知各子题项均值从高到低依次为：能弥补教材缺陷＞知道所用教材缺点＞能说出教材编写理念或特色＞教学能体现教材编写理念。（表 3-2-8）教师在教学中能够较好地认识到教材的缺点，并通过教学设计弥补教材缺陷。"能说出教材编写理念或特色"（3.91）和"教学能体现教材编写理念"（3.72）得分均低于该题均值（3.98），表明教师对教材编写理念的了解程度有待提升，教材编写理念与教师教学理念之间存在一定差距。

教师通常从自己的教学需求和学生的学习需求出发审视和使用教材，而对教材本身所传达的教学理念和教学观点的吸收和转化较为有限。

表 3-2-8　教师教材使用认知调查情况

题项/子题项		均值	标准差	最小值	最大值
题项	使用认知	3.98	0.59	1.00	5.00
子题项	能说出教材编写理念或特色	3.91	0.82	1.00	5.00
	教学能体现教材编写理念	3.72	0.84	1.00	5.00
	知道所用教材缺点	4.09	0.76	1.00	5.00
	能弥补教材缺陷	4.21	0.76	1.00	5.00

4. 使用策略

题项 14 为量表题。该题参考 McDonough & Shaw 针对二语教材提出的教师改编教材的行为分类[①]设置了 5 个子题项。教师教材使用策略各子题项均值从高到低依次为：会补充学习材料＞会删减教材不必要的内容＞会调整学习内容的顺序＞会改编练习或活动＞会重新改写课文。（表 3-2-9）

表 3-2-9　教师教材使用策略调查情况

题项/子题项		均值	标准差	最小值	最大值
题项	使用策略	3.54	0.73	1.00	5.00
子题项	会补充学习材料	4.11	0.77	1.00	5.00
	会删减教材不必要的内容	3.73	0.95	1.00	5.00
	会调整学习内容的顺序	3.66	0.98	1.00	5.00
	会重新改写课文	2.62	1.18	1.00	5.00
	会改编练习或活动	3.57	1.00	1.00	5.00

其中，教师"会补充学习材料"得分最高（4.11），表明教师最倾向于向学生提供额外的学习资料。而"会重新改写课文"得分最低（2.62），显著低于均值（3.54），这表明教师大多直接使用课文内容。可能的原因，一是改写课文对教师要求较高，二是课文改动直接影响到语法点、练习等多个部分的调整。

---

① McDonough, J., Shaw, C. Materials and methods in ELT: A teacher's guide [M]. 2nd ed. Malden, MA: Blackwell Publishing Ltd, 2003.

5. 改编效果

题项 15 为量表题，共有 5 个子题项。各子题项均值从高到低依次为：更符合学生的需求和水平＞更符合教师的教学理念＞更符合课时/班级/大纲要求＞学生的学习效果更好＞更符合时代的发展。（表 3-2-10）

表 3-2-10　教材改编效果调查情况

	题项/子题项	均值	标准差	最小值	最大值
题项	改编效果	4.07	0.62	1.00	5.00
子题项	学生的学习效果更好	4.01	0.72	1.00	5.00
	更符合教师的教学理念	4.13	0.69	1.00	5.00
	更符合学生的需求和水平	4.16	0.69	1.00	5.00
	更符合课时/班级/大纲要求	4.06	0.73	1.00	5.00
	更符合时代的发展	4.00	0.77	1.00	5.00

调查显示，"更符合学生的需求和水平"得分最高（4.16），体现了教师"以学生为中心"的教学理念，学生需求是教师改编教材的出发点。同时，"更符合教师的教学理念"得分为 4.13，仅次于"更符合学生的需求和水平"，高于均值（4.07），这表明教师改编教材的另一重要原因是教材编写理念与教师教学理念不符。

6. 教材研究

题项 16 为量表题，共有 5 个子题项。各子题项均值从高到低依次为：反思教材使用情况＞参加教材使用培训/参加教材研讨＞编写过教材＞撰写过教材研究论文。（表 3-2-11）调查显示，除"反思教材使用情况"（3.93）外，"参加教材使用培训""参加教材研讨""撰写过教材研究论文""编写教材"的得分均低于该题均值 2.88，表明教师的教材研究总体情况不好。教师在教材使用中，"教研结合"并不理想，教师通常专注于教学，对教材的研究停留在教材使用后的反思，专家型教师较少。其中"撰写过教材研究论文"得分最低（2.22），这表明教师很少能够将教材使用中的反思转化为科研成果；同时，"编写过教材"得分（2.57）也较低，说明一线教师的教材建设参与度较低，这也在一定程度上解释了一线教师提出虽有许多教材可供选择，但仍难以找到符合自己需求的教材，现有教材总是"不好用"的原因。

表 3-2-11　教师教材研究调查情况

题项/子题项		均值	标准差	最小值	最大值
题项	教材研究	2.88	0.87	1.00	5.00
子题项	反思教材使用情况	3.93	0.82	1.00	5.00
	参加教材使用培训	2.84	1.22	1.00	5.00
	参加教材研讨	2.84	1.25	1.00	5.00
	撰写过教材研究论文	2.22	1.36	1.00	5.00
	编写过教材	2.57	1.56	1.00	5.00

7. 使用满意度

题项 17 为单选题，各选项的选择频次从高到低依次为：满意（643）＞一般（521）＞很满意（80）＞不满意（63）＞非常不满意（17）。调查显示，6.04% 的教师对教材表示"很满意"，48.56% 的教师表示"满意"，39.36% 的教师表示"一般"，4.76% 的教师表示"不满意"，1.28% 的教师表示"非常不满意"。这说明现有教材基本能够满足教师对教材的需求，教师对教材的满意度较高；但仍有将近 40% 的教师满意度一般，也说明教材质量提升仍有较大空间和需求。

8. 最突出的优点

题项 18 为多选排序题。各选项得分从高到低依次为：比较符合学生的学习特点＞话题和内容比较实用＞比较符合学区/学校的教学要求＞教学方法和教学思路比较好＞难度合适＞容量合适＞配套资源比较全＞练习和活动比较好＞中国文化内容丰富＞本土文化元素丰富＞图片和设计吸引人＞其他。（图 3-2-2）其中，"其他"选项中主要有适合备考、词汇丰富、语法讲解清晰、知识体系完整。

图 3-2-2 教材最突出的优点各选项情况

调查显示，首先，以下的教材优点较为突出：比较符合学生的学习特点（5.89）、话题和内容比较实用（5.79）、符合学区/学校的教学要求（5.60）。这也同时佐证了题项9的调查结果，即在选择教材时，适配性是教师选用教材的重要考虑因素；以及题项14的调查结果，即教师秉承"以学生为中心"的理念，十分重视学生需求。其次，教材内容的难度、容量、配套资源以及练习与活动是教师衡量教材的重要标准。再次，中国文化内容（2.08）和本土文化内容（1.26）得分较低，总体而言，教师对文化内容的选择与呈现方式满意度不高，且认为"图片和设计"吸引力不足。

9. 最突出的问题

题项19为多选排序题。各选项得分从高到低依次为：内容陈旧＞缺少必要的配套资源＞缺乏本土文化元素＞练习和活动不够好＞图片和设计不吸引人＞缺乏中国文化内容＞不符合学生的学习特点＞教学方法和教学思路不够好＞内容太多＞内容太难＞不符合学区/学校的教学要求＞内容太少＞其他＞内容太容易。（图3-2-3）其中，"其他"选项中主要有语境不典型、例句不恰当、跟不上时代、价格太高。

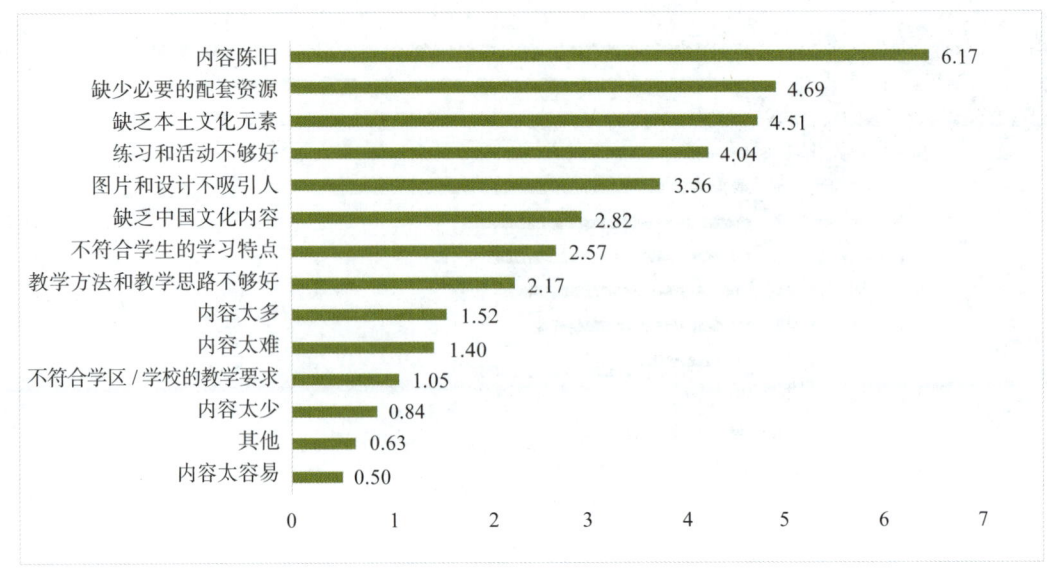

图 3-2-3 教材最突出的问题各选项得分情况

教材突出问题的调查结果与教材突出优点的调查结果具有一致性。调查显示，首先，"内容陈旧"选项得分（6.17）最高，这可能与教材出版时间较早、修订不及时等情况有关，教师普遍感到教材内容陈旧，不能反映中国的新面貌，不能很好地融入新的教学理念。其次，"缺少必要的配套资源"选项得分（4.69）排名第二，表明教师希望能够提供更多的配套资源，因为补充学习资料既耗费教师大量的时间和精力，又对教师的能力和教学环境提出了较高要求。再次，"缺乏本土文化元素"选项得分（4.51）排名第三，表明目前教材在本土文化元素的选择和呈现方式上还不能很好地满足教师的需求。因为教师选用教材前已经对教材的适用性进行了评估，大部分教师都选用了适合学生和课程要求的教材，因此在对"所使用教材最突出的问题"的调查中，教材的适配性并不是教材的突出问题。

10. 持续使用意愿

题项 20 为单选题。各选项的选择频次从高到低依次为：应该会（643）＞不确定（351）＞也许不会（188）＞一定会（96）＞肯定不会（46）。调查显示，7.25%的教师"一定会"继续使用教材，48.56%的教师"应该会"继续使用教材，26.51%的教师"不确定"是否会继续使用教材，14.20%的教师"也许不会"继续使用教材，3.47%的教师"肯定不会"继续使用教材，这说明教师持续使用教材的意愿总体较强。

三、主要结论

（一）教师对教材总体满意

目前教师对教材总体满意，且继续使用现有教材的意愿较强：48.56% 的教师表示"满意"，并且"应该会"继续使用教材；但仍有 39.36% 的教师对教材满意度"一般"，26.51% 的教师"不确定"是否会继续使用教材，这表明教材质量仍有较大提升空间。

（二）中国出版教材和本土教材并重

原国家汉办支持建设的主干教材对全球中文教育起到了重要支撑作用，其中《HSK 标准教程》《新实用汉语课本》《快乐汉语》《YCT 标准教程》《跟我学汉语》《当代中文》占比总和为本次调查所提及教材的 31.96%，《中文》《汉语》等华文教材也得到了广泛应用。同时，本土教材逐渐成为支持海外中文教育发展的重要力量。以《中文听说读写》为代表的通用型本土教材和以新加坡《欢乐伙伴》为代表的面向低龄学生的本土教材近年来开发力度较大，海外使用人群众多。

（三）教材资源化趋势明显

目前教师仍将教材作为最主要的教学资源，但同时教材呈现出明显的"资源化"趋势，即教师并不固定使用某一本教材，而是将教材作为教学资源的载体，通过多种教材进行资源整合。很多教师同时参考多套教材，或将教材视作课程大纲和语料来源。在对教材使用观念的调查中，教师不再将教材视作"权威"，但教师认可教材的资源价值。教师认为教材是资源，且教材仍发挥着重要的指南作用，教师在教材提供的教学体系和框架下开展教学。教师的教材使用策略更倾向于向学生提供额外的学习资料，以弥补教材的缺陷；同时教师会删减教材中不必要的内容，调整学习内容顺序，改编练习和活动。教师仍然看重教材提供的知识体系和教学思路，积极采用教材中所提供的语言内容和练习进行互动，但教师在教材使用中会参考多本教材，并根据学生需求对教材进行二次开发。

（四）教材适配度是教师选用教材的重要考虑因素

教材适配度主要指教材与学生、教师、课程大纲和教学环境的适合程度。调查发现,"符合学生特点"和"符合课程要求"是教材选用中排名最靠前的两个考虑因素。大部分中文教学执行者具有教材选择权,而他们所选择的教材往往符合他们对教材的期望。同时,在教材最突出优点的调查中,"比较符合学生的学习特点"和"比较符合学区/学校的教学要求"分别排在第一位和第三位,可见教师对教材适配度的重视。

(五)"以学生为中心"的理念贯穿教材使用全过程

"以学生为中心"的教学理念已深入人心,教师拥有较大的教学自主权,教师"以学生为中心"的理念贯穿教材使用的全过程。部分题项的结果显示,教材符合学生特点是教师选用教材的首要考虑因素,教师改编教材的出发点和落脚点是使教材更符合学生的需求和水平,教材最突出的优点是"比较符合学生的学习特点"。但如何将教材编写者的"以学生为中心"和教材使用者的"以学生为中心"进行匹配与解读,是教材研发中的重要问题。

(六)教材开发者与教材使用者之间亟待沟通与交流

教师对教材编写理念的了解程度有待提升,教材编写理念与教师教学理念之间存在一定差距。在对教材的使用认知中,教师在教学中能够较好地认识到教材的缺点,并通过教学设计弥补教材缺陷,但在"能说出教材编写理念或特色"和"教学能体现教材编写理念"方面稍显薄弱。教师通常从自己的教学需求和学生的学习需求出发审视和使用教材,而对教材本身所传达的教学理念和教学思想的吸收和转化较为有限。教师开展教材研究的情况也反映出,教师在教材使用中的"教研结合"并不理想,教师通常专注于教学,对教材的研究只停留在教材使用后的反思,将其转化为科研成果的做法很少,一线教师的教材建设参与度较低。

(七)教材建设中亟待解决的问题

开放题调查显示,教材建设有以下六个突出问题:第一,部分教材出版时间较早,亟须修订。教材所选话题与时代发展脱节,课文内容与当下实际生活差距较大,教材所选词语"过时",已很少在现实生活中使用。第二,缺少必要的配套资源。配套资源是教师选用教材时的考量因素,拥有优质实用的配套资源是教材的一大优势。其中,教师急需电子书、课件和视频资源。第三,文化内容的选择与呈现亟待优化。

其中世界文化元素、当代中国文化、传统中国文化、本土文化元素的选择、占比与呈现方式亟待优化。第四，教材适配度需进一步提高。目前，教师需求与学生需求更加精细化、专业化，因此教材的针对性仍需加强。第五，教材标准化和本土化程度有待提升。这主要体现在与当地教学大纲脱节，以及教材中当地文化不足。第六，教材部分内容不符合儿童认知发展规律。目前，中文教育低龄化趋势明显，但部分面向低龄儿童的教材让教师感到"教不动"或"太枯燥"，且教材版面设计等未考虑到儿童的需求，汉字、拼音、图片的大小和布局不合理。

作者：李晓露，中央民族大学 / 云南大学；庞士玉，中央民族大学

第三节　教师对国际中文教材的需求调查

教材需求指教材使用者对教材的信息、教材获取渠道、类别、配套、服务、价格等方面的需要和期望。本节关注国际中文教师（简称"教师"）对国际中文教材（简称"教材"）的需求情况，希望通过问卷调查[①]了解教师对教材的需求信息，探测需求的强度，分析需求满足情况，考察影响教师对教材需求的因素，力图从教师需求视角获得一些有价值的结论，以提高教材编写的适用性和科学性。

一、需求情况调查结果与分析

（一）教材信息及教材获取情况

1. 查找教材信息的频率

题项1为单选题，对教师主动查找教材的频率进行了调查。各选项按照频次从高到低依次为：经常会（481）＞有时会（409）＞偶尔会（236）＞总是会（183）＞从不会（15）。（图3-3-1）其中，选择"从不会"的仅15人，这说明大多数教师都具备主动调查教材信息的意识并且有过查找教材信息的行为。本调查将"经常会""总是会"视为主动性强，"有时会""偶尔会"视为主动性一般，"从不会"视为主动性弱。调查显示，50.15%的教师查找教材信息的主动性强，48.72%的教师查找教材信息的主动性一般，1.13%的教师查找教材信息的主动性弱。

[①] 项目组研制了《国际中文教材需求调查问卷（教师版）》。调查问卷的收取方式、发放时间、回收样本情况、剔除样本情况、最终有效样本量和调查对象的基本信息与《国际中文教材使用调查问卷（教师版）》相同。项目组使用 SPSS 27.0 对数据进行统计分析，其中多选题和多选排序题的卡方拟合优度均呈现出显著性（$p=.000<.01$），意味着各题项内选项间具有明显差异。

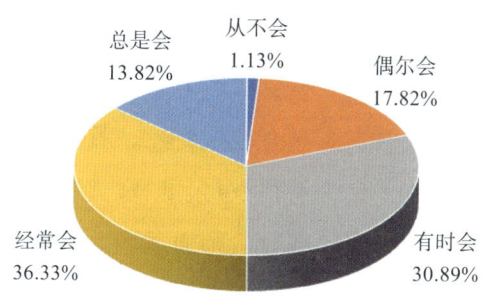

图 3-3-1　教师查找教材信息的频率情况

2. 获取教材信息的方式

题项 2 为多选排序题，对教师获取教材信息的方式进行了调查。若选择"网站""微信公众号/群""书店"，则需写出具体的名称。

教师获取教材信息的方式各选项按得分从高到低排列依次为：其他教师推荐＞网站＞微信公众号/群＞出版社图书目录＞出版社的教材培训＞书店＞图书馆＞YouTube＞图书展会＞Facebook＞抖音/TikTok＞其他＞Instagram。（图 3-3-2）结果显示，教师推荐与查阅网站是排名前两位的教材信息获取方式，可视为调查对象获取教材信息的主要方式。而通过 Instagram、抖音/TikTok、Facebook 等社交/短视频平台了解教材信息的调查对象数量选项得分均不足 1，说明调查对象很少选择在社交平台分享与查找教材信息。

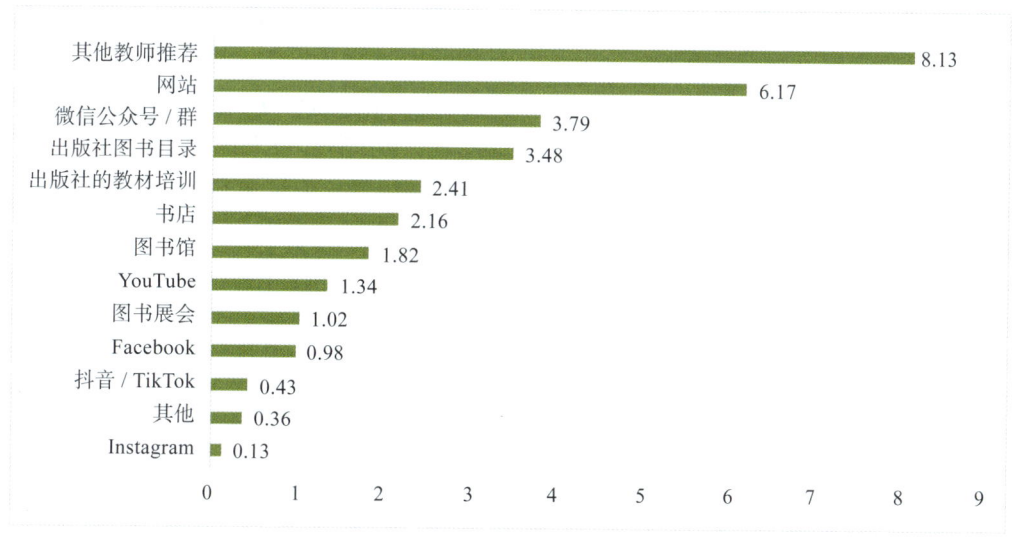

图 3-3-2　教师获取教材信息的方式各选项得分情况

调查对象填写的网站名称中，共有 185 条有效信息。本部分根据网站类型，将其分为搜索引擎、网购平台、出版社官网、机构官网、社交平台、视频分享平台、教材数据库7类。(表3-3-1)调查显示。搜索引擎、网购平台和出版社官网是教师查询教材信息的主要途径。搜索引擎具有地域特点，教师习惯使用任教国最常用的搜索引擎查询教材信息。网购平台为销售教材，通常会对教材信息进行较为详细的介绍，同时可看到用户评价，因此一部分教师通过网购平台查询教材信息。网购平台主要有中国国内的当当、淘宝、京东和全球性的亚马逊（Amazon）、美国线上中文产品购物平台ChinaSprout网站、泰国的Nanmee Bookstore和SE-Ed、加拿大的中文书城（ChineseBookCity）、韩国的Kyobobook、新加坡的IB Professional Pte Ltd等。同时，北京语言大学出版社、外语教学与研究出版社、Cheng & Tsui等出版社中文教材发行量大、使用范围广，因此这些出版社的官方网站也成为教师查找教材信息的重要渠道。此外，一部分教师会通过中文教育相关机构的网站查询教材信息，如中国华文教育网、中文联盟、中外语言交流合作中心官网、汉语考试服务网；另一部分教师会通过社交平台和视频分享平台查询教材信息，而专业的中文教材数据库使用人数较少。

表3-3-1 教师查询教材信息网站情况

分类	频数	网站名称及频数
搜索引擎	46	Google（23）、百度（22）、Naver[①]（1）
网购平台	43	当当（11）、淘宝（6）、京东（6）、Amazon（5）、ChinaSprout（3）、Nanmee Bookstore（3）、SE-Ed（3）、中文书城（ChineseBookCity）（3）、Kyobobook（2）、IB Professional Pte Ltd（1）
出版社官网	42	北京语言大学出版社（32）、外语教学与研究出版社（4）、Cheng & Tsui（3）、人民教育出版社（2）、三联书店（1）
机构官网	35	中国华文教育网（11）、中文联盟（7）、中外语言交流合作中心官网（6）、Z-Library[②]（4）、孔子学院官网（3）、汉语考试服务网（2）、中国知网（1）、国际汉语教育网（1）
社交平台	9	豆瓣（2）、小红书（2）、知乎（2）、微博（1）、Pinterest[③]（1）、Facebook（1）
视频分享平台	8	哔哩哔哩（6）、YouTube（2）
教材数据库	2	全球汉语教材库（1）、暨南大学教材库（1）

① 韩国最大的搜索引擎（网址：naver.com）。
② 电子图书搜索网站（网址：zh.z-lib.org）。
③ 图片分享类社交网站（网址：www.pinterest.com）。

调查对象填写的"微信公众号/群"名称中，共有82条有效信息，微信公众号/群较为集中，填写频数在3以上的微信公众号/群覆盖53.66%的有效信息。此外，教师还会通过汉语教师微信群（19）、北京语言大学出版社微信公众号（10）、外研社微信群（8）、麻辣中文公众号（4）、梧桐中文微信公众号（3）查询教材信息。

调查对象填写的"书店"① 名称中，共有37条有效信息，中国的新华书店、三联书店和海外销售中文书籍的书店是为教师提供教材信息的主要书店。法国的巴黎凤凰书店（Librairie Le Phénix）、波兰的 Empik 书店、新加坡的大众书局（Popular Bookstore）、英国的光华书店（Guanghwa Bookshop）等也均有提及。

3. 教材信息的关注点

题项3为多选题，对教师关注教材的哪些信息进行了调查。教师对教材信息的关注点各选项按频次从高到低依次为：适用对象＞有哪些话题＞学完能达到什么水平＞一共有多少课内容＞在哪儿能买到＞出版社＞定价＞编写者＞其他。（表3-3-2）调查显示，"适用对象""有哪些话题""学完能达到什么水平"是教师在查询教材信息时最关注的三个问题，这三个选项的普及率分别为84.44%、68.35%和68.28%，均超过50%，覆盖半数以上的调查对象。教师选用教材时最关注教材与学生的适配性，其次关注教材内部的话题、容量、教学目标等，而对教材出版社、购买途径、价格、编写者等教材外部信息关注度较低。

表 3-3-2 教师对教材信息关注点各选项情况 ②

选项	频次	普及率	响应率
适用对象	1118	84.44%	30.52%
有哪些话题	905	68.35%	24.71%
学完能达到什么水平	904	68.28%	24.68%
一共有多少课内容	338	25.53%	9.23%
在哪儿能买到	165	12.46%	4.50%
出版社	82	6.19%	2.24%
定价	78	5.89%	2.13%

① 此处书店仅指线下实体书店，线上实体书店已归入线上购物平台。
② "普及率"指各选项的选择频次占样本总量的比例，"响应率"指各选项的选择频次占所有选项选择频次之和的比例。

续表

选项	频次	普及率	响应率
编写者	56	4.23%	1.53%
其他	17	1.28%	0.46%
总计	3663	276.65%	100.00%

4. 教材获取的难易度

题项4为单选题,调查了教师对教材供给状况的看法。各选项按频次从高到低依次为:品种很丰富,但适合我的教材不多(581)＞品种很丰富,可选性比较强,很容易找到适合我的教材(384)＞品种不算丰富,很难找到我想要的教材(218)＞品种比较缺乏,能够找到的教材只有几种(124)＞品种非常缺乏,几乎找不到教材(17)。(表3-3-3)调查结果显示,教师认为目前教材比较丰富,选择带有"品种很丰富"选项的占72.88%。但选择选项中带有"但适合我的教材不多""很难找到我想要的教材""能够找到的教材只有几种""几乎找不到教材"的也高达71.00%;仅有29%的教师认为教材品种很丰富,可选性比较强,很容易找到合适的教材。换言之,虽然教师认为教材品种很丰富,但找到适合自己的教材仍存在一定的困难。且认为教材供给状况不佳的教师既有在中国任教的教师,也有在海外任教的教师。其中,认为难以找到教材的中国高校教师、中国培训机构教师、中国国际学校教师[①]占这三类调查对象的68.68%,认为难以找到合适教材的孔子学院中/外方院长、中国国家公派出国教师和中文教师志愿者占这三类调查对象的66.67%,认为难以找到合适教材的海外高校教师、海外全日制K-12学校教师、海外本土中文学校教师、海外国际学校教师占这四类调查对象的75.13%。

表3-3-3 教师对教材供给状况的看法

选项	选择人数	占比
品种很丰富,但适合我的教材不多	581	43.88%
品种很丰富,可选性比较强,很容易找到适合我的教材	384	29.00%

---

① 本节中,国际学校教师115人,包括中国任教46人、海外任教69人。中国高校教师249人、中国培训机构教师136人、中国国际学校教师46人,中国任教人数合计431人。此处难以找到合适教材的中国高校教师165人、中国培训机构教师96人、中国国际学校教师35人,合计296人。

续表

选项	选择人数	占比
品种不算丰富，很难找到我想要的教材	218	16.47%
品种比较缺乏，能够找到的教材只有几种	124	9.37%
品种非常缺乏，几乎找不到教材	17	1.28%
总计	1324	100.00%

5. 教师找不到合适教材的原因

题项 5 为单选题，进一步对教师找不到合适教材的原因进行了调查。找不到合适教材的原因各选项按频次从高到低依次为：满足我要求的教材太少（285）>市场太小，没有人愿意编写和出版（249）>当地买不到（202）>编写难度太大（174）>信息不畅通（153）>要从国外购买，运费太贵（133）>书价太高，预算不足（85）>其他（43）。（表 3-3-4）找不到合适教材的原因可分为四类：第一类，教材缺乏。本调查将"市场太小，没有人愿意编写和出版"和"编写难度太大"归为此类，该类原因占 31.95%。第二类为有教材，但教材获取渠道不畅。本调查将"当地买不到""要从国外购买，运费太贵""书价太高，预算不足"归为此类，该类原因占 31.73%。第三类为有教材，但适配度低。本调查将"满足我要求的教材太少"归为此类，占 21.53%。第四类为不知道是否有合适的教材，本调查将"信息不畅通"归为此类，占 11.56%。选项"其他"中提到的原因还包括教材选择存在限制，如"教师没有选择空间""当地教育部只允许使用自编教材"等。

表 3-3-4　教师找不到合适教材的原因各选项情况

选项	选择人数	占比
满足我要求的教材太少	285	21.53%
市场太小，没有人愿意编写和出版	249	18.81%
当地买不到	202	15.26%
编写难度太大	174	13.14%
信息不畅通	153	11.56%
要从国外购买，运费太贵	133	10.05%
书价太高，预算不足	85	6.42%

续表

选项	选择人数	占比
其他	43	3.25%
总计	1324	100.00%

为进一步明确教师找不到合适教材的原因，本调查将中国高校教师、中国培训机构教师、中国国际学校教师归为"中国任教教师"，将海外高校教师、海外全日制K-12学校教师、海外本土中文学校教师、海外国际学校教师归为"海外任教教师"，将孔子学院中/外方院长、中国国家公派出国教师、中文教师志愿者归为"中国国家公派教师"。中国任教教师找不到合适教材最主要的原因是教材缺乏，占中国任教教师的42.92%；海外任教教师与中国国家公派教师找不到合适教材最主要的原因是获取渠道不畅，分别占40.35%和38.99%。（表3-3-5）

表 3-3-5　各类教师找不到合适教材的原因[①]

类型	分类及占比		
	中国任教教师	海外任教教师	中国国家公派教师
教材缺乏	42.92%	24.87%	32.08%
获取渠道不畅	16.01%	40.35%	38.99%
适配度低	22.74%	22.26%	13.52%
教材信息不畅通	14.62%	9.22%	12.89%
其他	3.71%	3.30%	2.52%
总计	100.00%	100.00%	100.00%

6. 教材获取方式

题项6为多选题，对教师获取教材的方式进行了调查。教师获取教材的主要方式各选项按频次从高到低依次为：从网上购买＞由学校统一购买＞复印教材＞向孔子学院申请赠书＞从中国书店购买＞向中国出版社订购＞使用二手教材＞向中国以外出版社订购＞从中国以外书店购买＞在图书展会现场购买＞向国务院侨办申请赠书＞其他。（表3-3-6）

---

① 中国任教教师共计431人，海外任教教师共计575人，中国国家公派教师共计318人。

表 3-3-6 教师获取教材的方式各选项情况

选项	频次	普及率	响应率
从网上购买	892	67.37%	31.22%
由学校统一购买	626	47.28%	21.91%
复印教材	308	23.26%	10.78%
向孔子学院申请赠书	220	16.62%	7.70%
从中国书店购买	207	15.63%	7.25%
向中国出版社订购	204	15.41%	7.14%
使用二手教材	149	11.25%	5.22%
向中国以外出版社订购	71	5.36%	2.49%
从中国以外书店购买	66	4.98%	2.31%
在图书展会现场购买	42	3.17%	1.47%
向国务院侨办申请赠书	40	3.02%	1.40%
其他	32	2.42%	1.12%
总计	2857	215.77%	100.00%

调查显示,"网上购买"是教师获取教材最主要的方式,该选项普及率高达67.37%,覆盖半数以上的调查对象。还有近半数教师选择了"由学校统一购买",该选项普及率为47.28%。因此,"网上购买"和"由学校统一购买"可视为教师获取教材的主要途径。"复印教材"排在第三位,超过20%的教师复印教材。一方面,教师获取教材可能存在困难,而打印电子书或复印教材相对容易;另一方面,教师可能需要同时参考多本教材,但购买所有教材价格高昂,因此仅复印教材中自己需要的部分,在此基础上组织教学材料。"向孔子学院申请赠书"排在第四位,这表明孔子学院的赠书切实帮助教师解决了获取教材的问题,选择该选项的教师中有62.73%为孔子学院工作人员[①]。选项"其他"中列举的教材获取方式还有下载电子版和自编教材等。

---

① 选择"向孔子学院申请赠书"的调查对象共计220人,其中孔子学院工作人员138人,占62.73%。在这些人员中,孔子学院中/外方院长12人、国家公派出国教师77人、中文教师志愿者49人。

（二）教材需求情况

1. 所需教材的类型

题项7为多选排序题，对教师所需的教材类型进行了调查。如调查对象选择"专门用途教材"，则需填写具体需要的教材内容。根据各选项得分情况，本调查将其分为四类：第一，急需类（高于5分），视听说教材、课外读物、文化教材属于此类；第二，高需求类（4—5分），综合教材、口语教材、专门用途教材、写作教材属于此类；第三，一般需求类（3—4分），汉字教材、翻译教材、听力教材、阅读教材属于此类；第四，低需求类（0—3分），工具书、语法教材、听说教材、语音/拼音教材、考试教材、读写教材、词汇教材及其他属于此类。（图3-3-3）

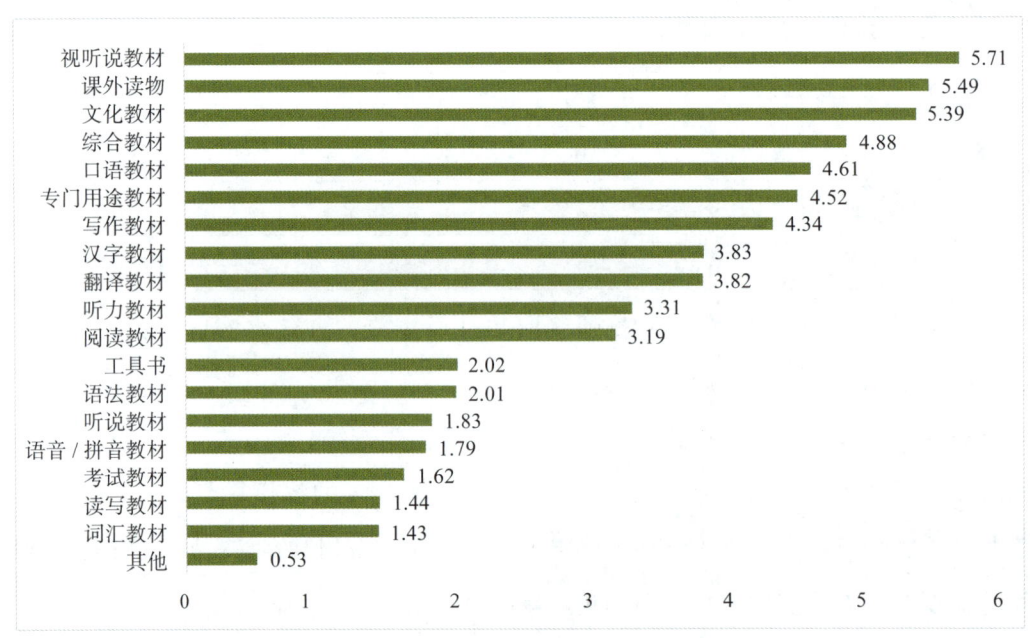

图 3-3-3　教师对不同类型教材的需求情况

在急需类教材中，"视听说教材"选项得分最高，且选择该选项的教师分布均匀，其中中国任教教师占36.9%、海外任教教师占43%、中国国家公派教师/志愿者占19.6%。这可能是因为语言教育提倡多元智能，强调语言的多渠道输入，重视采用真实语料，但中文视听说教材的发展尚未跟上教学需要。"课外读物"选项得分排在第二位，课外读物主要包括分级读物和一般读物，选择该选项的教师分布均匀，其中中国任教教师占40.3%、海外任教教师占35.8%、中国国家公派教师/志愿者占

23.3%。这可能是因为中文课外读物的数量总体较小,而成体系、成规模的分级读物更是屈指可数,因此教师对中文课外读物的需求一直十分迫切。"文化教材"选项排在第三位,且选择该选项的教师分布均匀,其中中国任教教师占38.6%、海外任教教师占35.2%、中国国家公派教师/志愿者占25.6%。这可能是因为中国高校面向留学生开设的中国文化和中国概况课程有所增加,专门面向海外大学高年级学生的文化教材较少,同时孔子学院将中国文化传播作为重要工作职责之一,因此三类教师群体对文化教材的需求量都较大。

在本题中,共计349位调查对象选择了"专门用途教材",并填写了专门用途教材的具体需求种类。本调查依据数据词频生成了词云图(图3-3-4),可以看出,专门用途教材的需求主要集中在商务、旅游、工程、医学、酒店、翻译、法律、经济、科技9个领域。

图 3-3-4　教师对专门用途教材的需求情况

2. 所需教材的级别

题项8为多选题,对教师所需的教材级别进行了调查。(表3-3-7)

表 3-3-7　教师对不同级别教材的需求各选项情况

选项	频次	普及率	响应率
初中高连贯教材	624	47.13%	27.12%
高级教材	402	30.36%	17.47%
中高级教材	335	25.30%	14.56%

续表

选项	频次	普及率	响应率
零起点教材	330	24.92%	14.34%
初级/基础教材	227	17.15%	9.87%
中级教材	170	12.84%	7.39%
初中级教材	161	12.16%	7.00%
其他	52	3.93%	2.26%
总计	2301	173.79%	100.00%

调查显示,"初中高连贯教材"选项普及率为47.13%,即近半数调查对象认为初中高连贯教材目前缺口最大。初中高连贯教材有助于学生各阶段中文学习的衔接,有助于评价学生的中文水平,但其研发周期长、研发难度大、研发成本高,因此初中高连贯教材虽受到市场青睐,但仍有较大缺口。"高级教材"和"中高级教材"选项普及率分别排在第二、三位,总体而言,目前教师对高级教材的需求比对初、中级教材的需求更为强烈。一方面,随着学生人数的增加,中高级水平学生的数量相应增加,对中高级教材的需求总量也随之增加;另一方面,中高级水平学生大都为中文及中文相关专业高年级学生,而各个大学在高年级阶段选择教材有较大的自主性,大多数教师倾向于使用自编材料,而这将耗费教师大量的时间和精力,因此对中高级教材需求迫切。但中高级教材的目标群体较小,因此出版社开发中高级教材的动力不足。"零起点教材"和"初级/基础教材"分别排在第四、五位,这表明,虽然目前市场上有大量零起点教材和初级/基础教材,但面对大量零起点和初级学生,仍有一部分需求尚未得到满足。"中级教材"和"初中级教材"目前需求相对较小,两个选项的普及率分别为12.84%和12.16%,排名靠后。

3. 所需教材的适用对象

题项9为多选题,对教师所需教材的适用对象进行了调查。(表3-3-8)

表3-3-8 教师对适用于不同教学对象的教材需求各选项情况

选项	频次	普及率	响应率
已毕业/在职人士	632	47.73%	26.93%
学前儿童	594	44.86%	25.31%

续表

选项	频次	普及率	响应率
小学生	426	32.18%	18.15%
中学生	403	30.44%	17.17%
大学生	241	18.20%	10.27%
其他	51	3.85%	2.17%
总计	2347	177.26%	100.00%

调查显示,教师认为教材适用对象的需求与国际中文教育的发展趋势相一致,即低龄化趋势和终身学习趋势。"已毕业/在职人士"选项普及率为47.73%,位列第一,即近半数教师需要面向已毕业和在职人士的教材。这可能与"中文+"课程的快速发展及终身学习理念的发展有关。"学前儿童"和"小学生"两个选项的普及率分别排在第二、三位,这反映了面向低龄儿童的教材总量较少与低龄学生人数增加之间的矛盾。面向低龄儿童的教材编写理念、教学目标、编写团队都与成人教材有很大差别,这类教材缺口仍然较大。

4. 纸质教辅材料需求

题项10为多选题,调查了纸质教辅材料的需求情况。(表3-3-9)

表3-3-9　教师对纸质教辅材料需求各选项情况

选项	频次	普及率	响应率
课堂活动手册	641	48.41%	19.80%
教师用书	492	37.16%	15.20%
手工素材	464	35.05%	14.33%
测验题集	455	34.37%	14.06%
字/词/句卡片	379	28.63%	11.71%
练习册	281	21.22%	8.68%
挂图	262	19.79%	8.09%
汉字本	233	17.60%	7.20%
其他	30	2.27%	0.93%
总计	3237	244.50%	100.00%

本题项将普及率高于30%的选项视为高需求选项。调查显示，课堂活动手册、教师用书、手工素材和测验题集属于此类。其中，"课堂活动手册"选项的响应率和普及率最高，普及率为48.41%，即近半数教师对课堂活动手册有需求，这与"做中学"语言教学理念的普及有较大关系。课堂活动是中文课，尤其是海外中文课的重要环节，教师需精心设计活动流程、撰写活动指令、准备活动材料，这些工作会耗费教师大量的时间和精力。因此，"课堂活动手册"选项排名第一说明了教师迫切需要能够与教材配套的有趣、实用、适用的课堂活动材料。教师用书为教师提供备课和教学指导，教师对教师用书有较大需求；随着低龄学生人数的增加，以及教师通常会组织"中国日"等文化体验活动，手工素材的需求也存在较大缺口；试卷编写对教师要求较高，且工作量较大，因此高质量的测验题集能够帮助教师有效评估学生语言水平，减轻教师工作量。练习册、挂图、汉字本等教辅材料选项普及率也均高于15%，这表明教师对以上三种教辅材料也存在一定需求。

5. 数字化教辅材料需求

题项11为多选题，调查了教师对数字化教辅材料的需求情况。（表3-3-10）

表 3-3-10　教师对数字化教辅材料需求各选项情况

选项	频次	普及率	响应率
短视频素材	964	72.81%	27.99%
教学课件	825	62.31%	23.95%
动画素材	632	47.73%	18.35%
例句素材	352	26.59%	10.22%
图片素材	269	20.32%	7.81%
录音素材	207	15.63%	6.01%
电子字/词典	174	13.14%	5.05%
其他	21	1.59%	0.61%
总计	3444	260.12%	100.00%

本题项将普及率高于40%的选项视为高需求选项。调查显示，短视频素材、教学课件、动画素材属于此类。数字化教辅材料中"短视频素材"选项需求最大，该选项普及率为72.81%。一方面，短视频素材时长短、灵活性强，能够全面呈现语

境，对激发学生兴趣、提高教学效率有积极作用；另一方面，目前 YouTube、抖音、哔哩哔哩等视频平台十分活跃，短视频在学生中接受程度很高。但短视频素材开发难度较大，短视频素材的收集和整理工作也比较烦琐，虽然目前已有一些教师从事短视频素材的开发并搭建了分享平台，但仍不能全面满足教师对短视频素材的需求。"教学课件"选项普及率排在第二位，超过半数的教师（62.31%）对教学课件有需求，这可能是因为教学课件直观地展示了教学设计和教学流程，既能为教师直接提供教学材料，同时也为教师二次开发教学资源提供了便利，教师对教学课件这类"拿来就能用"的教材配套资源需求量较大。"动画素材"选项普及率（47.73%）排在第三位，动画素材直观、活泼、趣味性强，且通常根据教学目标专门编写，在汉字教学和儿童中文教学中得到了广泛应用，但动画素材开发涉及脚本编写和动画制作等多个环节，开发程序复杂，技术要求高，一般教师无法胜任。除此之外，"例句素材""图片素材""录音素材""电子字/词典"四个选项普及率均高于10%，表明教师对以上数字辅助教学资源也有一定的需求。

6. 教材配套服务需求

题项12为多选排序题，调查了教师对教材配套服务的需求情况。教材配套服务各选项得分从高到低依次为：教材课件（PPT等）>教学游戏/互动软件>教材使用示范课>教材使用培训>教材信息共享>教材编写培训>样书试用>编者对教材的解读>其他。（图3-3-5）调查显示，可直接用于课堂教学的教材服务需求比教材使用指导类配套服务需求更强。其中，"教材课件（PPT等）"和"教学游戏/互动软件"都属于可直接用于课堂教学的配套服务，这两项得分最高，可视为教师最需要的教材配套服务。教师对"教材使用示范课""教材使用培训""样书试用""编者对教材的解读"属于教材使用指导类服务，教师对这类服务有一定的需求，其中对"教材使用示范课"需求最大，也许因为此类示范课能够最直观地展现如何利用教材组织课堂教学，且学习方式也更为灵活。而"教材编写培训"得分较低，可能因为大多数教师仍是教材的使用者，还未参与到教材编写工作中，因此对此项需求较小。

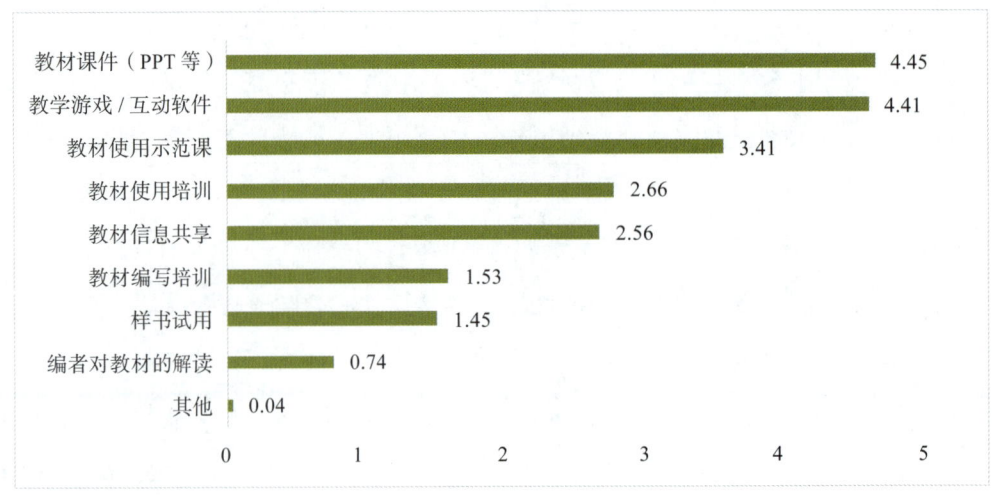

图 3-3-5　教师对教材配套服务需求各选项情况

7. 教材价格需求

题项 13 为单选题，调查了教师对于目前教材价格的看法。各选项按频次从高到低依次为：应适当降低书价（515）＞当前的价格比较合适（494）＞应免费赠送教材（154）＞教材太贵，应大幅降低书价（133）＞应适当提高书价（28）。（图 3-3-6）教师对教材价格的态度可分为四种：第一种为应降低价格，"应适当降低书价"和"教材太贵，应大幅降低书价"属于此类，选择以上两个选项的调查对象占 48.95%；第二种为维持现状，"当前的价格比较合适"属于此类，选择该选项的调查对象占 37.31%；第三种为倾向使用赠书，"应免费赠送教材"属于此类，选择该选项的调查对象占 11.63%；第四种为应提高价格，"应适当提高书价"属于此类，选择该选项的调查对象占 2.11%。

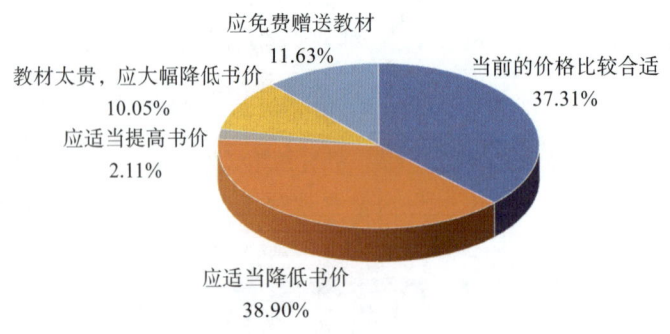

图 3-3-6　教师对教材价格需求各选项情况

二、主要结论

（一）全球中文教材信息有待整合与共享

教师对教材信息不了解是教师难以找到合适教材的重要原因。首先，仅有 50.15% 的教师能够经常主动地查询教材信息，教师主动获取教材信息的主动性有待提升。其次，教材信息获取渠道具有地域特征。调查显示，教师主要通过任教国家或地区的搜索引擎、网购平台和出版社官网查找教材信息，因为这更方便教师获取教材，但这也造成教材信息互通性差，即教师仅关注到自己任教国家的教材。最后，教材信息零散，教师希望有教材信息分享平台。

（二）教师找到适用教材仍存在困难

调查显示，72.88% 的教师认为目前教材比较丰富，但仍有 71.00% 的教师认为难以找到适合自己的教材。而且，无论在中国任教还是在海外任教，教师要找到适合自己的教材都比较困难。进一步分析找不到合适教材的原因后发现，中国任教教师找不到合适教材最主要的原因是教材缺乏。教材缺乏有两方面的原因：一是教师所需教材针对性强，受众相对较小，出版社难以获得经济效益，因此缺乏编写和出版的动力；二是部分专门用途教材既涉及中文语言知识，又涉及专业领域知识，教材编写难度较大。海外任教教师与中国国家公派教师找不到合适教材最主要的原因是获取渠道不畅。

（三）教材需求多元

教材需求呈现出多元化特征，这在某种程度上也反映了中文教育发展的变化。从教材类型看，视听说教材、课外读物、文化教材是目前教师急需的教材；从教材级别上看，初中高连贯教材、高级教材、中高级教材是教师需求最迫切的教材；从教材适用对象上看，已毕业/在职人士、学前儿童、小学生教材缺口较大。

（四）教师希望教辅材料能够切实为教学提供指导与便利

教学辅助包括纸质教辅材料、数字化教辅材料与教材配套服务。调查显示，课堂活动手册、教师用书、手工素材和测验题集是需求最为迫切的纸质教辅材料；短视频素材、教学课件、动画素材是需求最为迫切的数字化教辅材料；教材课件

（PPT等）和教学游戏/互动软件是教师最需要的教材配套服务。以上教师最需要的教辅材料具有两个特点：首先，与教材紧密相关，能够为教学提供指导。比如教师用书、课堂活动手册、教材课件都与教材有密切的对应关系，可视为教材的拓展与延伸。其次，教师凭借个人力量短时间内难以获得。课堂活动手册、测验题集、成套的教学课件都需要教师通过几年的课程打磨和积累才能获得，短视频和动画素材等受到教师青睐，但开发成本高，技术要求高。海外教师通常是一个学区只有一两位教师，"一个人就是一个团队"，无论是新手教师还是熟手教师都急需此类教辅材料，以提高教学效率，减轻备课负担。

作者：李晓露，中央民族大学/云南大学；宝路，北京语言大学

第四节　学习者使用国际中文教材情况调查

本文关注中文学习者（简称"学生"）对国际中文教材（简称"教材"）的使用情况，希望通过问卷调查[①]，客观呈现学生有关教材的使用取向、使用目的、策略、行为等，并尝试分析教材使用的影响因素，力图从学生使用教材的视角获得一些有价值的结论，为未来教材建设提供参考。

一、调查对象基本情况

1077 位调查对象基本信息汇总见表 3-4-1：

表 3-4-1　调查对象基本信息概况

基本信息	选项	频次	占比
年龄	12 岁以下	62	5.76%
	12—18 岁	268	24.88%
	19—25 岁	613	56.92%
	25 岁以上	134	12.44%
	总计	1077	100.00%

[①] 项目组研制了《国际中文教材使用调查问卷（学生版）》，并于 2022 年 1 月至 2 月通过问卷星、邮件等方式向海内外中文学习者发放，共收回问卷 1105 份，其中有效问卷 1077 份，有效回收率为 97.47%。项目组使用 SPSS 27.0 对数据进行统计分析，其中多选题和多选排序题的卡方拟合优度均呈现出显著性（$p=.000<.01$），意味着各题项内选项间具有明显差异。

续表

基本信息	选项	频次	占比
身份	学龄前儿童或小学生	44	4.09%
	初中生或高中生	267	24.79%
	大学生或研究生	662	61.47%
	已毕业或在职人士	93	8.64%
	其他	11	1.02%
	总计	1077	100.00%
中文学习时长	6个月以下	84	7.80%
	6个月—1年	119	11.05%
	1—3年	452	41.97%
	3年以上	422	39.18%
	总计	1077	100.00%
大洲/地区分布[①]	亚洲（29国）	817	75.86%
	北美地区（2国）	134	12.44%
	欧洲（12国）	51	4.74%
	非洲（13国）	45	4.18%
	拉丁美洲及加勒比地区（9国）	25	2.32%
	大洋洲（2国）	5	0.46%
	总计	1077	100.00%

二、使用情况调查结果与分析

（一）基本使用情况

1. 当前使用的教材种类和名称

题项5为单选题，设置了3个选项："以出版教材为主""以教师提供的讲义为主"

---

① 依据联合国地理方案（UN Geographical Divisions）对世界地理区域的划分标准。

和"不使用教材"。学生学习中使用的教材类型各选项按频次从高到低依次为：以教师提供的讲义为主（547）＞以出版教材为主（496）＞不使用教材（34）。调查显示，目前教师提供的讲义成为学生学习中文最主要的学习资源（50.79%），同时，正式出版的教材仍是学生学习中文的重要学习资源（46.05%）。

题项 6 为填空题，调查对象需写出 1—3 本正在使用的中文教材名称。共有 894 名（83.01%）学生填写了有效信息，共提及教材 1079 本、219 种。其中排在前五位的教材共计 547 本，占所有有效信息的 50.70%。（表 3-4-2）本次调查中调查对象填写的教材多为中国出版，这可能是因为 61.47% 的调查对象为大学生或研究生，其中大部分学生目前就读于中国高校，因此他们所使用的教材多为中国高校教师推荐的中国出版的教材。

表 3-4-2 学生目前使用教材概况（排名前五）

序号	教材名称	编者	出版社	提及次数	占比
1	《博雅汉语》	李晓琪	北京大学出版社	161	14.92%
2	《HSK 标准教程》	姜丽萍	北京语言大学出版社	155	14.37%
3	《汉语教程》	杨寄洲	北京语言大学出版社	114	10.57%
4	《发展汉语》	李泉	北京语言大学出版社	66	6.12%
5	《中文听说读写》	姚道中、刘月华	Cheng & Tsui	51	4.73%
总计				547	50.70%

2. 使用决定权

题项 7 为单选题。调查显示，教材的选用多由教师和学校管理者决定，学生教材决定权较小。教材决定权各个选项的选择频次从高到低依次为：教师（603）＞学校管理者（240）＞学生（93）＞国家/省教育部门（84）＞学区管理者＞（45）＞其他（12）。其中，选择"国家/省教育部门"决定教材选用的调查对象主要来自美国、喀麦隆和越南。

3. 选用考虑因素

题项 8 为多选题。各选项按频次从高到低依次为：符合我的学习目的＞学习效果明显＞教学方式适合我＞有我喜欢的内容＞学习难度适合我＞价格适中＞编写者和出版社很权威＞其他。（表 3-4-3）其中，"其他"选项中主要包括教材难度循序渐进和教材的图片设计。

表 3-4-3　学生选择教材考虑因素各选项情况[①]

选项	频次	普及率	响应率
符合我的学习目的	610	56.64%	25.20%
学习效果明显	597	55.43%	24.66%
教学方式适合我	390	36.21%	16.11%
有我喜欢的内容	349	32.40%	14.42%
学习难度适合我	333	30.92%	13.75%
价格适中	72	6.69%	2.97%
编写者和出版社很权威	55	5.11%	2.27%
其他	15	1.39%	0.62%
总计	2421	224.79%	100.00%

本次调查的对象大部分为年满 18 岁的成年人（69.36%），大都对中文学习有着明确的目标和规划，选用教材时遵循"学完教材我能收获什么——我是否能够很好地使用教材"的考虑顺序。调查显示，是否符合学生学习目的、学习效果是否明显是学生选用教材的首要考虑因素，以上两个选项的普及率分别为 56.64% 和 55.43%，覆盖半数以上调查对象，且响应率分别为 25.20% 和 24.66%。教材的教学方式、内容的趣味性、难度关系到学生的学习过程是否愉悦和有成就感，也是学生选用教材时的重要考量因素，这三个选项的普及率均在 30%—40% 之间，响应率均在 10%—20% 之间，且三个选项数值差异较小。而教材的"价格""编写者和出版社"学生则考虑较少，这表明教材价格总体在学生经济承受范围内，未对学生的教材选择造成直接影响；同时，学生较少以编写者和出版社来衡量教材的权威性。

（二）具体使用情况

1. 使用目的

题项 9 为多选题，各选项频次从高到低依次为：用于复习＞用于做练习和活动＞用于预习＞用于做作业＞用于背诵课文＞用于小测验＞其他。（表 3-4-4）

[①] "普及率"指各选项的选择频次占样本总量的比例，"响应率"指各选项的选择频次占所有选项选择频次之和的比例。

表 3-4-4　学生使用教材目的各选项情况

选项	频次	普及率	响应率
用于复习	644	59.80%	25.41%
用于做练习和活动	641	59.52%	25.30%
用于预习	540	50.14%	21.31%
用于做作业	308	28.60%	12.15%
用于背诵课文	265	24.61%	10.46%
用于小测验	119	11.05%	4.70%
其他	17	1.58%	0.67%
总计	2534	235.30%	100.00%

调查显示，"用于复习""用于做练习和活动""用于预习"三个选项的普及率分别为 59.80%、59.52% 和 50.14%，均高于 50%，覆盖半数以上调查对象，且响应率均高于 20%，因此可将复习、做练习和预习视为学生使用教材最主要的目的。预习和复习主要指对生词、课文、语法点的提前掌握和课后梳理，而练习和活动可能主要是随堂练习与活动，部分教材兼有课本与练习册的功能。"用于做作业"和"用于背诵课文"两个选项的普及率分别为 28.60% 和 24.61%，响应率分别为 12.15% 和 10.46%，这两个选项可视为学生使用教材的次要目的。而学生较少使用教材进行小测试，这可能与大部分教材很少设计测验评估内容有关。

2. **使用观念**

题项 10 为量表题，共有 5 个子题项。此处教材使用观念是指学生对教材角色和教材作用的看法。学生的教材使用观念各子题项均值从高到低依次为：教材是资源＞教材是指南＞教材是权威＞教材是学习负担＞教材越来越无用。（表 3-4-5）"教材是资源"（4.34）和"教材是指南"（4.28）两个选项均值得分最高，这表明学生总体上认可教材的资源价值和指南作用。"教材是权威"选项得分为 3.68，表明学生认可教材的权威性，同时"教材是学习负担"（2.20）和"教材越来越无用"（2.09）两个选项均值较低，表明学生总体对教材持积极态度，认可教材的价值。学生的教材使用观念各选项标准差从高到低依次为：教材越来越无用＞教材是学习负担＞教材是权威＞教材是指南＞教材是资源。此处将"教材是权威""教材是指南"和"教材是资源"视作关于教材价值的积极观念，将"教材是学习负担"和"教材越来越无用"视作关于教材价值的消极观念。调查显示，调查对象在关于教材的消极观念上标准差较大，"教材是学习负担"和"教材越来越无用"标准差分别为 1.22 和 1.25，这表明学生关于教材的消极观念差异较大，而关于教材的积极观念更为趋同。

表 3-4-5　学生教材使用观念调查情况

题项 / 子题项		均值	标准差	最小值	最大值
题项	使用观念	3.32	0.60	1.00	5.00
子题项	教材是权威	3.68	1.12	1.00	5.00
	教材是指南	4.28	0.84	1.00	5.00
	教材是资源	4.34	0.83	1.00	5.00
	教材是学习负担	2.20	1.22	1.00	5.00
	教材越来越无用	2.09	1.25	1.00	5.00

3. 使用认知

题项 11 为量表题，共有 4 个子题项。此处教材使用认知指学生对教材优缺点等方面的了解情况，以及学生使用教材后的感受。学生的教材使用认知各子题项均值从高到低依次为：能说出所用教材中有意思的内容＞能说出所用教材优点＞教材有意思的活动令我印象深刻＞能说出所用教材缺点。（表 3-4-6）"能说出所用教材中有意思的内容"（3.95）、"能说出所用教材优点"（3.80）和"教材有意思的活动令我印象深刻"（3.79）三个选项均值均高于该题均值（3.73）。而"能说出所有教材缺点"得分（3.40）低于该题均值，表明学生在教材使用中较少关注教材的缺点。究其原因，一方面，学生中文水平有限，可能尚未发现教材中的缺点；另一方面，题项 10 显示学生对教材的权威性认可较高，因此使用教材时，他们更多地关注教材的正面信息，而不是教材的不足之处。

表 3-4-6　学生教材使用认知调查情况

题项 / 子题项		均值	标准差	最小值	最大值
题项	使用认知	3.73	0.75	1.00	5.00
子题项	能说出所用教材优点	3.80	0.99	1.00	5.00
	能说出所用教材缺点	3.40	1.07	1.00	5.00
	能说出所用教材中有意思的内容	3.95	0.91	1.00	5.00
	教材有意思的活动令我印象深刻	3.79	1.03	1.00	5.00

4. 使用策略

题项 12 为量表题。该题参考 McDonough & Shaw 针对二语教材提出的教师改编教材的行为分类[①]设置了 5 个子题项。调查显示，该题均值为 2.92，表明学生希望教师改编教材的需求总体上不强，学生较少考虑如何调整教材，可能更多地考虑如何用好教材来提高自己的学习成绩。学生教材使用策略各子题项均值从高到低依次为：应该补充材料＞应该改编练习或活动＞应该删减部分内容＞应该调整教材内容的顺序＞应该重新改写课文。（表 3-4-7）其中，"应该补充材料"选项均值最高（3.35），表明学生也认为教材提供的内容不能完全满足学习要求。

表 3-4-7　学生教材使用策略调查情况

题项 / 子题项		均值	标准差	最小值	最大值
题项	使用策略	2.92	0.90	1.00	5.00
子题项	应该补充材料	3.35	1.13	1.00	5.00
	应该删减部分内容	2.83	1.20	1.00	5.00
	应该调整教材内容的顺序	2.77	1.17	1.00	5.00
	应该重新改写课文	2.71	1.20	1.00	5.00
	应该改编练习或活动	2.93	1.20	1.00	5.00

5. 使用满意度

题项 13 为单选题。各选项的选择频次从高到低依次为：满意（492）＞一般（394）＞很满意（110）＞非常不满意（51）＞不满意（30）。调查显示，10.21% 的学生对教材表示"很满意"，45.68% 的学生对教材表示"满意"，36.58% 的学生对教材满意度"一般"，2.79% 的学生对教材表示"不满意"，4.74% 的学生对教材表示"非常不满意"。这表明超过半数的学生对教材表示满意，但同时教材质量提升仍有较大空间和需求。

6. 最突出的优点

题项 14 为多选排序题。各选项选择频次从高到低依次为：比较符合我的学习目的＞比较符合学区 / 学校的教学要求＞话题和内容比较实用＞教学方法和教学思路比

[①] McDonough, J., Shaw, C. Materials and methods in ELT：A teacher's guide [M]. 2nd ed. Malden, MA：Blackwell Publishing Ltd, 2003.

较好＞难度合适＞容量合适＞中国文化内容丰富＞练习和活动比较好＞本土文化元素丰富＞配套资源比较全＞图片和设计吸引人＞其他。（表3-4-8）

图3-4-8　教材最突出的优点各选项情况

选项	频次	普及率	响应率
比较符合我的学习目的	517	48.00%	19.49%
比较符合学区/学校的教学要求	446	41.41%	16.81%
话题和内容比较实用	437	40.58%	16.47%
教学方法和教学思路比较好	325	30.18%	12.25%
难度合适	202	18.76%	7.61%
容量合适	182	16.90%	6.86%
中国文化内容丰富	169	15.69%	6.37%
练习和活动比较好	165	15.32%	6.22%
本土文化元素丰富	78	7.24%	2.94%
配套资源比较全	67	6.22%	2.53%
图片和设计吸引人	58	5.39%	2.19%
其他	7	0.65%	0.26%
总计	2653	246.34%	100.00%

题项7显示，学生所使用的教材通常由教师和学校决定，学生只有很小的教材自主选用权。大部分教师在为学生选择教材时，会着重考虑教材与学生的适配性，尤其是教材是否能够满足学生的学习需求。因此，目前学生所使用教材的突出优点是比较符合学生的学习目的，"比较符合我的学习目的"选项普及率和响应率位列第一，分别为48.00%和19.49%。"比较符合我的学习目的""比较符合学区/学校的教学要求"及"话题和内容比较实用"三个选项的普及率排在前三位，分别为48.00%、41.41%和40.58%，这三个选项可视作学生眼中教材最突出的三个优点。

7. 最突出的问题

题项15为多选题。各选项选择频次从高到低依次为：图片和设计不吸引人＞内容陈旧＞缺乏中国文化内容＞缺少必要的配套资源＞缺乏本土文化元素＞内容太难＞内容太多＞练习和活动不够好＞教学方法和教学思路不够好＞不符合我的学习目的>内容太少>不符合学区/学校的教学要求>内容太容易>其他。(表3-4-9)其中,"其他"选项主要包括无法在当地购买教材和教材缺少日常内容。

表 3-4-9　教材最突出问题各选项情况

选项	频次	普及率	响应率
图片和设计不吸引人	315	29.25%	14.35%
内容陈旧	273	25.35%	12.44%
缺乏中国文化内容	229	21.26%	10.43%
缺少必要的配套资源	220	20.43%	10.02%
缺乏本土文化元素	194	18.01%	8.84%
内容太难	183	16.99%	8.34%
内容太多	181	16.81%	8.25%
练习和活动不够好	152	14.11%	6.92%
教学方法和教学思路不够好	143	13.28%	6.51%
不符我的学习目的	96	8.91%	4.37%
内容太少	66	6.13%	3.01%
不符合学区/学校的教学要求	64	5.94%	2.92%
内容太容易	50	4.64%	2.28%
其他	29	2.69%	1.32%
总计	**2195**	**203.81%**	**100.00%**

调查显示,"图片和设计不吸引人""内容陈旧""缺乏中国文化内容"三个选项普及率分别为29.25%、25.35%和21.26%,排在前三位,可视作学生眼中目前所用教材最突出的问题。题项14调查结果显示,"图片和设计吸引人""配套资源比较全"和"本土文化元素丰富"排在后三位,对教材突出优点的调查结果与对教材突出缺点的调查结果具有一致性。其中,"缺乏中国文化内容"(21.26%)选项比"缺乏本土文化元素"(18.01%)选项普及率更高,"内容太难"(16.99%)选项比"内容太容易"(4.64%)选项普及率更高,"内容太多"(16.81%)选项比"内容太少"(6.13%)选项普及率更高。

8. 持续使用意愿

题项16为单选题。各选项的选择频次从高到低依次为:应该会(481)>不确定（279）＞一定会（183）＞也许不会（104）＞肯定不会（30）。调查显示，16.99%的学生表示"一定会"继续使用教材，44.66%的学生表示"应该会"继续使用教材，25.91%的学生表示"不确定"是否会继续使用教材，9.66%的学生表示"也许不会"继续使用教材，2.79%的学生表示"肯定不会"继续使用教材。

三、主要结论

（一）学生对教材总体满意

调查显示，目前超过50%的学生对教材表示满意且表示愿意继续使用现用教材，但同时仍有36.58%的学生对教材满意度"一般"，25.91%的学生"不确定"是否会继续使用教材，这表明学生对教材的满意度仍有提高的空间。

（二）成人学习者最关注教材是否符合学习目的

本次调查的对象大部分为年满18岁的成年人（69.36%），大都对中文学习有明确的目标和规划，最关注教材的实际使用效果。是否符合学生的学习目的、学习效果是否明显是学生选用教材时的重要考虑因素。学生认为的教材最突出的优点是"比较符合我的学习目的"，可见教材是否符合学生学习目的是学生评价教材的首要标准。

（三）学生重视教材的资源和指南价值，认可教材的权威性

调查显示，50.79%的调查对象使用教师提供的讲义，46.05%的调查对象使用正式出版的教材。根据进一步了解，在新冠疫情期间，由于大部分中国高校开展线上教学，部分教师将一本或几本教材的电子书分章节发送给学生进行学习，而学生将此类电子书称为"教师提供的讲义"，因此教师提供的讲义比例与出版教材的比例基本持平，但实际上出版教材的比例可能更高。调查显示，学生主要使用教材进行复习、做练习和活动、预习，教材仍在中文学习的各个环节扮演核心角色。"教材是资源""教材是指南""教材是权威"三个选项均值位列前三，表明学生总体认可教材的资源价值、指南作用和权威性。

（四）尚未充分激发学生教材使用中的主动性

学生是教材使用的主体，在学生与教材的互动关系中，学生的需求应受到重视。首先，在选用教材时，尽管调查对象61.47%为成年人，其中也仅有8.64%的调查对象具有教材选择权。其次，学生对教材的选用和评价更多地呈现实用而非有趣的取向，更多地关注教材能否帮助他们达到学习目标，而对教材内容的趣味性等具有一定的容忍度。题项11的结果显示，学生能说出所用教材中有意思的内容及令人印象深刻的活动。但在题项8教材选用考虑因素的调查中，"符合我的学习目的"和"学习效果明显"两个选项的普及率和响应率排在前两位，教材的教学方式、内容的趣味性、学习难度位居其后。学生固然也关注教材的使用效果，但学习过程中是否能体会到成就感、是否获得了愉悦、是否感到自己能够掌握这门语言、是否认可教材的设计等都会影响学生对教材的满意度和持续使用的意愿。这也在一定程度上解释了为什么仍有30%以上的学生对教材满意度仅为"一般"，且持续使用教材的意愿不强。如果教材选用环节和编写环节能够提高学生的参与度，尤其是充分考虑低龄学习者对语言之外的情感需求，那么对培养中文终身学习者、提高中文学习动力、提升教材满意度和持续使用意愿会有一定的积极作用。

（五）学生视角下教材编写中亟待解决的问题

调查显示，从学生视角出发，教材使用中有以下四个突出问题：第一，图片和设计质量有待提升。目前教材插图过于陈旧，缺乏真实性，配色和构图等都未能体现时代感。第二，部分教材出版较早，亟须修订，教材的话题、课文、文化元素、编写理念、活动方式等未能反映时代的发展和教学理念的革新，且语言真实性较低。第三，文化内容的选择与呈现方式有待提升，学生感到教材中文化元素不足。第四，缺少必要的配套资源。低龄学生和成年学生都需要在课后花费大量的时间进行练习，才能掌握课堂上所学的知识，并将语言知识转化为语言技能，这都需要补充生词卡、练习册、汉字本等必要的配套学习资源。

作者：李晓露，中央民族大学 / 云南大学；庞士玉，中央民族大学

第五节　学习者对国际中文教材的需求调查

本节关注中文学习者（简称"学生"）对国际中文教材（简称"教材"）的需求情况，希望通过问卷调查①了解学生对当前教材的需求信息，探测需求的强度，分析需求满足情况，考察影响学生对教材需求的因素，力图从学生需求视角获得一些有价值的结论，以提高教材编写的适用性和科学性。

一、需求情况调查结果与分析

（一）教材信息及教材获取情况

1. 查找教材信息的频率

题项 1 为单选题，对学生主动查找教材信息的频率进行了调查。各选项按频次从高到低依次为：有时会（386）＞偶尔会（301）＞经常会（213）＞从不会（98）＞总是会（79）。（图 3-5-1）本调查将"经常会""总是会"视为主动性强，"有时会""偶尔会"视为主动性一般，"从不会"视为主动性弱。调查显示，大部分学生查找信息的主动性一般，选择"有时会"和"偶尔会"的学生共计 687 人（63.79%），占总调查对象一半以上。这可能与大部分教材由教师指定或推荐、部分教师使用自编教材、学生无须自主查询教材信息有关。

---

① 项目组研制了《国际中文教材需求调查问卷（学生版）》。调查问卷的收取方式、发放时间、收回样本情况、剔除样本情况、最终有效样本量和调查对象的基本信息与《国际中文教材使用调查问卷（学生版）》相同。项目组使用 SPSS 27.0 对数据进行统计分析，其中多选题和多选排序题的卡方拟合优度均呈现出显著性（p=.000<.01），意味着各题项内选项间具有明显差异。

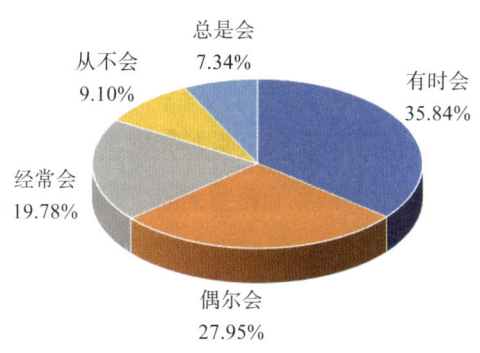

图 3-5-1　学生查找教材信息的频率情况

2. 获取教材信息的方式

题项 2 为多选题,调查了学生获取教材信息的主要方式。学生获取教材信息方式各选项按频次从高到低依次为:教师推荐＞同学/朋友推荐＞YouTube＞Facebook＞图书馆＞网站＞抖音/TikTok＞不需要查找信息＞Instagram＞微信公众号/群＞书店＞其他。(表 3-5-1)选项"其他"中包括的获取方式主要有谷歌、百度,购物网站如淘宝、当当或亚马逊,以及当地的网站。

表 3-5-1　学生获取教材信息各选项情况[①]

选项	频次	普及率	响应率
教师推荐	680	63.14%	29.25%
同学/朋友推荐	386	35.84%	16.60%
YouTube	319	29.62%	13.72%
Facebook	226	20.98%	9.72%
图书馆	193	17.92%	8.30%
网站	176	16.34%	7.57%
抖音/TikTok	128	11.88%	5.51%
不需要查找信息	66	6.13%	2.84%
Instagram	59	5.48%	2.54%
微信公众号/群	39	3.62%	1.68%
书店	37	3.44%	1.59%
其他	16	1.49%	0.69%
总计	2325	215.88%	100.00%

① "普及率"指各选项的选择频次占样本总量的比例,"响应率"指各选项的选择频次占所有选项选择频次之和的比例。

学生获取教材信息呈现出三个特点：首先，以人际交流为主。这可能与教材决定权有关，因为大部分教材由教师决定。中文初学者对教材了解较少，而教师能针对学生当前的学习水平推荐更合适的教材，朋友和同学也可结合自己学习中文的经验推荐教材，因此"教师推荐"（63.14%）和"同学/朋友推荐"（35.84%）是学生获取教材信息最主要的途径。其次，依靠多种网络平台获取信息。视频平台、社交平台、图书销售网站等都提供了教材信息，学生通常有自己获取信息的习惯和偏好，他们倾向于使用自己最熟悉的网络平台检索教材信息。最后，学生较少通过书店获取教材信息（3.44%）。海外经营中文教材的实体书店较少，且目前大多数学生习惯利用网络查询信息并购买图书，因此实体书店提供教材信息的功能较弱。

3. 教材信息的关注点

题项3为多选题，调查学生对教材信息的关注点。学生对教材信息的关注点各选项按频次从高到低依次为：学完能达到什么水平＞有哪些话题＞适用对象＞一共有多少课内容＞价格＞在哪儿能买到＞出版社＞编写者＞其他。（表3-5-2）

表3-5-2 学生对教材信息关注点各选项情况

选项	频次	普及率	响应率
学完能达到什么水平	758	70.38%	29.85%
有哪些话题	525	48.75%	20.68%
适用对象	429	39.83%	16.90%
一共有多少课内容	293	27.21%	11.54%
价格	235	21.82%	9.26%
在哪儿能买到	188	17.46%	7.40%
出版社	56	5.20%	2.21%
编写者	47	4.36%	1.85%
其他	8	0.74%	0.32%
总计	2539	235.75%	100.00%

调查显示，"学完能达到什么水平""有哪些话题"和"适用对象"选项普及率排在前三位，这是学生最关注的三个问题。学生对教材的关注点呈现出关注教材内部信息较多、外部信息较少的特点。学生更关注与教材内容相关的内部信息，包括学

完后能达到什么语言水平、话题、容量等；而对教材的外部信息，如购买途径、出版社、编写者则关注度较低，仅对价格较为关注，"价格"选项的普及率为21.82%，排名第五。

4. 教材获取的难易度

题项4为单选题，调查了学生对教材供给状况的看法。各选项按频次从高到低依次为：不太容易找到我想要的教材（329）>不确定（320）>很容易找到我想要的教材（289）>很难找到我想要的教材（117）>根本找不到我想要的教材（22）。（图3-5-2）调查显示，"不太容易找到我想要的教材""很难找到我想要的教材"和"根本找不到我想要的教材"三个选项占比之和达43.45%，表明目前学生查找自己需要的教材存在一定困难，这可能与学生教材信息获取渠道不畅或教材供给渠道不畅有关。

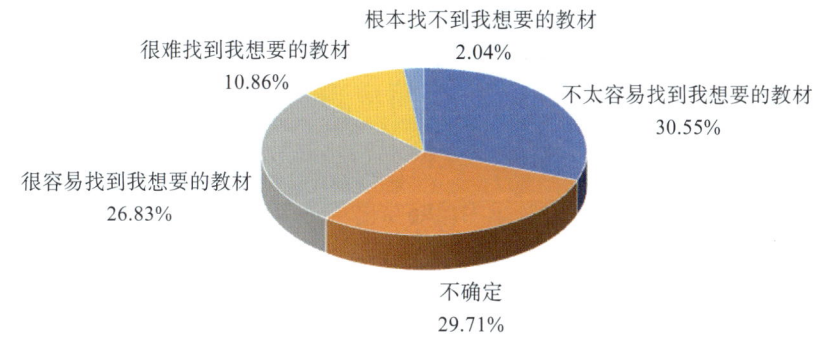

图 3-5-2　学生对教材供给状况的看法

5. 教材获取方式

题项5为多选题，调查了学生获取教材的主要方式。学生获取教材的主要方式各选项按频次从高到低依次为：由学校统一购买>免费下载>复印教材>由任课教师统一购买>从网上自行购买>使用二手教材>从书店自行购买>使用赠书>其他。（表3-5-3）

表 3-5-3 学生获取教材的方式各选项情况

选项	频次	普及率	响应率
由学校统一购买	503	46.70%	24.08%
免费下载	469	43.55%	22.45%
复印教材	357	33.15%	17.09%
由任课教师统一购买	354	32.87%	16.95%
从网上自行购买	167	15.51%	7.99%
使用二手教材	117	10.86%	5.60%
从书店自行购买	62	5.76%	2.97%
使用赠书	53	4.92%	2.54%
其他	7	0.65%	0.335%
总计	2089	193.97%	100.00%

调查显示，选项"由学校统一购买"和"免费下载"排名靠前，普及率分别为 46.70% 和 43.55%，均达到了 40% 以上，可视为学生获取教材的主要方式[①]；选项"复印教材""由任课教师统一购买""从网上自行购买""使用二手教材"的普及率分别为 33.15%、32.87%、15.51% 和 10.86%，均在 10%—40% 之间，可视为学生获取教材的次要方式；选项"从书店自行购买""使用赠书"的普及率仅为 5.76% 和 4.92%，均在 10% 以下，明显低于其他选项，可视为学生获取教材较少使用的方式。

总体来看，教材获取方式可分为两类：低成本获取和高成本获取。调查结果显示，学生更侧重低成本获取教材的方式，而低成本体现在两个方面：首先，体现在低经济成本，包括免费下载、复印教材及使用二手教材等，结合题项 11 学生对价格的看法，44.85% 的学生认为书价偏高，价格高低影响了学生是否买得起教材，因此低经济成本是学生获取教材时的主要考虑因素之一；其次，体现在低时间成本，包括由学校、教师统一购买以及从网上购买，这些方式可以减少学生查找教材的时间。此外，学生对赠书需求少，原因可能在于学生不了解教材获赠渠道，或是赠书与学生的语言水平不符等。

---

① 本调查中普及率 > 40% 的选项，为需求强度高的选项；普及率为 10%—40% 的选项，为需求强度一般的选项；普及率 < 10% 的选项，为需求强度低的选项。

（二）教材需求情况

1. 所需教材的类型

题项 6 为多选题，对学生所需的教材类型进行了调查。学生所需的教材类型各选项按频次从高到低依次为：综合教材＞口语教材＞语法教材＞翻译教材＞听力教材＞阅读教材＞词汇教材＞写作教材＞考试教材＞听说教材＞读写教材＞视听说教材＝文化教材＞汉字教材＞专门用途教材＞课外读物＞语音/拼音教材＞工具书＞其他。（表 3-5-4）

表 3-5-4 学生对不同类型教材的需求情况

选项	频次	普及率	响应率
综合教材	589	54.69%	20.85%
口语教材	258	23.96%	9.13%
语法教材	257	23.86%	9.10%
翻译教材	250	23.21%	8.85%
听力教材	204	18.94%	7.22%
阅读教材	201	18.66%	7.12%
词汇教材	170	15.78%	6.02%
写作教材	158	14.67%	5.59%
考试教材	127	11.79%	4.50%
听说教材	101	9.38%	3.58%
读写教材	100	9.29%	3.54%
视听说教材	87	8.08%	3.08%
文化教材	87	8.08%	3.08%
汉字教材	72	6.69%	2.55%
专门用途教材	48	4.46%	1.70%
课外读物	43	3.99%	1.52%
语音/拼音教材	38	3.53%	1.35%
工具书	25	2.32%	0.88%
其他	10	0.93%	0.35%
总计	2825	262.31%	100.00%

总体来看，选项"综合教材"的普及率为54.69%，覆盖超过半数的调查对象，可视为学生需求最大的教材类型；选项"口语教材""语法教材""翻译教材""听力教材""阅读教材""词汇教材""写作教材""考试教材"的普及率均在10%—40%之间，可视为学生需求较大的教材类型。除此之外，选项"听说教材""读写教材""视听说教材""文化教材""汉字教材""专门用途教材""课外读物""语音/拼音教材""工具书"的普及率均在10%以下，可视为需求较少的教材类型。若题项6选择"专门用途教材"，则跳转至填空题，填写"目前需要哪些专门用途教材"。结果显示，学生所需的专门用途教材主要集中在经贸、商务、医学、科技、旅游、酒店6个领域。

表3-5-5显示，学龄前儿童/小学生、初中生/高中生、大学生/研究生、已毕业/在职人士都对综合教材需求最大。这可能是因为当前开设的中文课程中综合课最多，尤其是海外中文课大多为综合课，因此学生对综合教材的需求最大。学龄前儿童/小学生和已毕业/在职人士对教材的需求体现出"听说领先"的特点，对口语教材和听力教材的需求相较初中生/高中生和大学生/研究生更强。学龄前儿童/小学生和已毕业/在职人士的"口语教材"选项普及率均排在第二位，分别为20.45%和31.18%；已毕业/在职人士的"听力教材"选项普及率排在第三位，为21.51%。学龄前儿童/小学生对"汉字教材"需求突出，选项普及率排在并列第四位，为15.91%，远高于其他三类学生。大学生/研究生对"语法教材"和"翻译教材"的需求相较其他三类学生更高，"语法教材"和"翻译教材"分别排在第二、三位，普及率分别为28.70%和27.95%。

表3-5-5 不同学生对教材类型各选项普及率排序情况

排序	学龄前儿童/小学生		排序	初中生/高中生		排序	大学生/研究生		排序	已毕业/在职人士	
	教材类型	普及率		教材类型	普及率		教材类型	普及率		教材类型	普及率
1	综合教材	59.09%	1	综合教材	43.07%	1	综合教材	58.46%	1	综合教材	60.22%
2	口语教材	20.45%	2	阅读教材	24.72%	2	语法教材	28.70%	2	口语教材	31.18%
2	阅读教材	20.45%	3	写作教材	23.22%	3	翻译教材	27.95%	3	听力教材	21.51%
4	写作教材	15.91%	4	词汇教材	18.35%	4	口语教材	25.23%	4	阅读教材	20.43%
4	汉字教材	15.91%	5	口语教材	17.98%	5	听力教材	21.00%	4	翻译教材	20.43%
4	课外读物	15.91%	6	语法教材	16.48%	6	词汇教材	16.77%	6	语法教材	19.35%
7	翻译教材	13.64%	7	翻译教材	14.61%	7	阅读教材	16.16%	7	写作教材	17.20%

续表

排序	学龄前儿童/小学生		排序	初中生/高中生		排序	大学生/研究生		排序	已毕业/在职人士	
	教材类型	普及率		教材类型	普及率		教材类型	普及率		教材类型	普及率
8	听力教材	11.36%	8	听力教材	13.48%	8	考试教材	12.99%	8	视听说教材	12.90%
8	视听说教材	11.36%	8	读写教材	13.48%	9	写作教材	11.03%	8	文化教材	12.90%
10	听说教材	6.82%	10	视听说教材	10.49%	10	听说教材	9.67%	10	考试教材	11.83%
10	读写教材	6.82%	11	听说教材	9.36%	11	文化教材	8.46%	11	听说教材	6.45%
10	语法教材	6.82%	11	考试教材	9.36%	12	读写教材	8.31%	11	词汇教材	6.45%
10	考试教材	6.82%	13	汉字教材	6.74%	13	视听说教材	6.34%	11	汉字教材	6.45%
14	词汇教材	4.55%	13	文化教材	6.74%	14	汉字教材	6.19%	14	专门用途教材	5.38%
14	语音/拼音教材	4.55%	15	课外读物	6.37%	15	专门用途教材	5.74%	15	读写教材	4.30%
16	文化教材	0.00%	16	语音/拼音教材	4.12%	16	语音/拼音教材	3.47%	15	课外读物	4.30%
16	专门用途教材	0.00%	17	工具书	3.75%	17	课外读物	2.27%	17	语音/拼音教材	2.15%
16	工具书	0.00%	18	专门用途教材	1.87%	18	工具书	1.96%	18	工具书	1.08%
16	其他	0.00%	19	其他	1.12%	19	其他	0.91%	19	其他	0.00%

2. 所需教材的级别

题项 7 为多选题，对学生所需教材的级别进行了调查。学生所需的教材级别各选项按频次从高到低依次为：中高级教材＞初中高连贯教材＞初中级教材＞中级教材＞高级教材＞初级/基础教材＞零起点教材＞其他。（表 3-5-6）

表 3-5-6　学生对不同级别教材的需求各选项情况

选项	频次	普及率	响应率
中高级教材	384	35.65%	19.13%
初中高连贯教材	357	33.15%	17.79%
初中级教材	273	25.35%	13.60%
中级教材	272	25.26%	13.55%
高级教材	256	23.77%	12.76%

续表

选项	频次	普及率	响应率
初级/基础教材	238	22.10%	11.86%
零起点教材	216	20.06%	10.76%
其他	11	1.02%	0.55%
总计	**2007**	**186.36%**	**100.00%**

总体来看,"中高级教材""初中高连贯教材""初中级教材""中级教材""高级教材""初级/基础教材""零起点教材"的普及率均在10%—40%之间,表明学生对以上教材均有需求,且需求强度中等。在设置的选项中,除"其他"外,没有普及率低于20%的选项。

表3-5-7显示,四类学生对不同级别教材的需求呈现出教材级别随年龄增长而递增的特点。学龄前儿童/小学生对"初级/基础教材""初中高连贯教材""初中级教材"需求较强,以上三个选项普及率分别为40.91%、31.82%和31.82%。初中生/高中生对"中级教材""初中高连贯教材""初中级教材"需求较强,以上三个选项普及率分别为32.58%、31.84%和31.09%。大学生/研究生对"中高级教材""初中高连贯教材""高级教材"需求较强,以上三个选项普及率分别为41.54%、34.59%和29.00%。已毕业/在职人士对"中高级教材""高级教材""初中高连贯教材"需求较强,以上三个选项普及率分别为35.48%、32.26%和26.88%。首先,可能因为81.15%的调查对象都已学习中文1年以上(见表3-4-1),已具备一定的中文基础,因此对零基础教材需求较少;其次,随着中高级语言水平中文学习者的不断增多,对中级以上教材的需求也在不断增长;再次,由于初中高级连贯教材可以保证教师教学的连贯性,同时可以使学生保持学习的系统性,符合教学循序渐进的原则,因此也是学生的主要需求之一。

表3-5-7 不同学生对教材级别各选项普及率排序情况

排序	学龄前儿童/小学生		排序	初中生/高中生		排序	大学生/研究生		排序	已毕业/在职人士	
	教材类型	普及率		教材类型	普及率		教材类型	普及率		教材类型	普及率
1	初级/基础教材	40.91%	1	中级教材	32.58%	1	中高级教材	41.54%	1	中高级教材	35.48%
2	初中高连贯教材	31.82%	2	初中高连贯教材	31.84%	2	初中高连贯教材	34.59%	2	高级教材	32.26%

续表

排序	学龄前儿童/小学生		排序	初中生/高中生		排序	大学生/研究生		排序	已毕业/在职人士	
	教材类型	普及率		教材类型	普及率		教材类型	普及率		教材类型	普及率
2	初中级教材	31.82%	3	初中级教材	31.09%	3	高级教材	29.00%	3	初中高连贯教材	26.88%
4	零起点教材	27.27%	4	中高级教材	26.22%	4	中级教材	24.47%	4	零起点教材	24.73%
5	中级教材	11.36%	5	初级/基础教材	23.60%	5	初中级教材	23.41%	5	初级/基础教材	19.35%
6	中高级教材	6.82%	6	零起点教材	18.73%	6	初级/基础教材	20.39%	6	初中级教材	18.28%
6	高级教材	6.82%	7	高级教材	10.86%	7	零起点教材	19.03%	6	中级教材	18.28%
8	其他	2.27%	8	其他	0.00%	8	其他	0.91%	8	其他	4.30%

3. 纸质教辅材料需求

题项 8 为多选题，调查了学生需要的纸质学习辅助材料情况。学生需要的纸质学习辅助材料按频次从高到低依次为：练习册＞练习答案＞字/词/句卡片＞汉字本＞测验题集＞课堂活动手册＞挂图＞手工素材＞其他。（表 3-5-8）"其他"选项中提出的有效信息极少，主要集中在字典及文学材料方面。

表 3-5-8　学生对纸质教辅材料需求各选项情况

选项	频次	普及率	响应率
练习册	511	47.45%	20.39%
练习答案	490	45.50%	19.55%
字/词/句卡片	468	43.45%	18.68%
汉字本	328	30.45%	13.09%
测验题集	318	29.53%	12.69%
课堂活动手册	223	20.71%	8.90%
挂图	86	7.99%	3.43%
手工素材	74	6.87%	2.95%
其他	8	0.74%	0.32%
总计	2506	232.69%	100.00%

总体来看，选项"练习册""练习答案""字/词/句卡片"排名前三，普及率分别为47.45%、45.50%和43.45%，均在40%以上，可视为学生高需求的辅助材料；选项"汉字本""测验题集""课堂活动手册"的普及率分别为30.45%、29.53%和20.71%，均在10%—40%之间，可视为学生中需求的辅助材料；此外，"挂图""手工素材"的普及率分别为7.99%和6.87%，均低于10%，明显低于其他选项，可视为低需求的辅助材料。

表3-5-9显示，学龄前儿童/小学生和初中生/高中生对"字/词/句卡片"需求突出，这两类学生的"字/词/句卡片"选项普及率排名均在第一位，分别为50.00%和45.32%。同时，大学生/研究生和已毕业/在职人士对"字/词/句卡片"的需求也较强，这两类学生的"字/词/句卡片"选项普及率分别排在第三位和第二位，为42.30%和41.94%，这表明四类学生都认为"字/词/句卡片"是重要的纸质教材辅助材料。学龄前儿童/小学生、初中生/高中生、大学生/研究生的"练习册"选项普及率均排在第二位，分别为50.00%、43.07%和49.85%，已毕业/在职人士"练习册"选项普及率排在第三位，为41.94%，这表明四类学习者都认为"练习册"对辅助中文学习具有重要作用。学龄前儿童/小学生对"课堂活动手册"的需求高于其他三类学生，这可能是因为学龄前儿童/小学生更强调"做中学"，即在大量的游戏、练习和活动中掌握语法规则和词汇表达，因此"课堂活动手册"也起到了教材的作用。

表3-5-9 不同学生对纸质教辅材料各选项普及率排序情况

排序	学龄前儿童/小学生 纸质教辅类型	普及率	排序	初中生/高中生 纸质教辅类型	普及率	排序	大学生/研究生 纸质教辅类型	普及率	排序	已毕业/在职人士 纸质教辅类型	普及率
1	字/词/句卡片	50.00%	1	字/词/句卡片	45.32%	1	练习答案	53.63%	1	练习答案	41.94%
1	练习册	50.00%	2	练习册	43.07%	2	练习册	49.85%	1	字/词/句卡片	41.94%
3	课堂活动手册	31.82%	3	汉字本	34.46%	3	字/词/句卡片	42.30%	1	练习册	41.94%
3	汉字本	31.82%	4	练习答案	29.96%	4	测验题集	33.53%	4	汉字本	27.96%
5	练习答案	20.45%	5	测验题集	22.47%	5	汉字本	29.46%	5	测验题集	26.88%

续表

排序	学龄前儿童/小学生 纸质教辅类型	普及率	排序	初中生/高中生 纸质教辅类型	普及率	排序	大学生/研究生 纸质教辅类型	普及率	排序	已毕业/在职人士 纸质教辅类型	普及率
6	测验题集	18.18%	6	课堂活动手册	19.10%	6	课堂活动手册	20.54%	6	课堂活动手册	22.58%
7	挂图	13.64%	7	手工素材	11.99%	7	挂图	7.85%	7	挂图	13.98%
7	手工素材	13.64%	8	挂图	5.62%	8	手工素材	3.78%	8	手工素材	11.83%
9	其他	0.00%	9	其他	0.75%	9	其他	0.76%	9	其他	1.08%

4. 数字化教辅材料需求

题项 9 为多选题，调查了学生需要的配套数字化资源。学生需要的配套数字化资源按频次从高到低依次为：课件（PPT 等）＞电子书＝短视频素材＞例句素材＞图片素材＞录音素材＞电子字/词典＞动画素材＞其他。（表 3-5-10）在"其他"选项中，学生希望提供更多中国电影、电视剧、电子小说类的材料，以及如 Quizlet 等软件。

表 3-5-10 学生对数字化教辅材料需求各选项情况

选项	频次	普及率	响应率
课件（PPT 等）	556	51.62%	20.89%
电子书	379	35.19%	14.24%
短视频素材	379	35.19%	14.24%
例句素材	357	33.15%	13.41%
图片素材	281	26.09%	10.56%
录音素材	264	24.51%	9.92%
电子字/词典	243	22.56%	9.13%
动画素材	193	17.92%	7.25%
其他	10	0.93%	0.38%
总计	**2662**	**247.16%**	**100.00%**

总体来看，选项"课件（PPT 等）"的普及率达到 51.62%，覆盖超过半数的调查对象，可视为学生需求最大的配套数字化资源；选项"电子书""短视频素材""例

句素材""图片素材""录音素材""电子字／词典""动画素材"的普及率均在10%—40%之间,表明学生对以上数字化教辅材料均有一定的需求。总体来看,学生对配套数字化资源的需求更倾向于与课堂教学内容密切相关的配套资源,包括PPT课件、电子书、短视频素材、例句素材。这可能是因为PPT课件、例句等可用于学生课下预习和复习;另外,电子书、短视频等均可以通过网络获取,比较便捷。

表3-5-11显示,学龄前儿童／小学生对"电子书""短视频素材""动画素材"的需求较强,以上三个选项普及率排在前三位,分别为43.18%、43.18%和34.09%。学龄前儿童／小学生对"动画素材"的需求远高于其他三类学生,这可能是因为动画素材活泼有趣,更适合低龄学生。大学生／研究生和已毕业／在职人士的"课件（PPT等）"选项普及率均排在第一位,分别为61.93%和54.84%,这可能是因为"课件（PPT等）"与教材内容对应性强,且其中有许多教师补充的例句和图片,成年学生可直接用于预习、学习和复习。大学生／研究生和已毕业／在职人士的"电子书"选项普及率均排在第二位,分别为37.31%和43.01%,这可能是因为"电子书"可降低学生获取教材的经济成本,同时便于携带。而初中生／高中生通常使用纸质教材,较少使用"电子书"。初中生／高中生对"短视频素材""例句素材""图片素材"的需求较强,以上三个选项普及率分别为39.70%、37.83%和29.21%。

表3-5-11 不同学生对数字化教辅材料各选项普及率排序情况

排序	学龄前儿童／小学生		排序	初中生／高中生		排序	大学生／研究生		排序	已毕业／在职人士	
	数字教辅类型	普及率		数字教辅类型	普及率		数字教辅类型	普及率		数字教辅类型	普及率
1	电子书	43.18%	1	短视频素材	39.70%	1	课件（PPT等）	61.93%	1	课件（PPT等）	54.84%
1	短视频素材	43.18%	2	例句素材	37.83%	2	电子书	37.31%	2	电子书	43.01%
3	动画素材	34.09%	3	图片素材	29.21%	3	短视频素材	32.48%	3	短视频素材	39.78%
4	课件（PPT等）	29.55%	4	课件（PPT等）	28.09%	4	例句素材	32.33%	4	例句素材	30.11%
4	图片素材	29.55%	5	电子书	26.22%	5	录音素材	27.79%	5	电子字／词典	27.96%

续表

排序	学龄前儿童/小学生 数字教辅类型	普及率	排序	初中生/高中生 数字教辅类型	普及率	排序	大学生/研究生 数字教辅类型	普及率	排序	已毕业/在职人士 数字教辅类型	普及率
6	例句素材	22.73%	6	电子字/词典	25.47%	6	图片素材	25.83%	6	录音素材	21.51%
7	录音素材	9.09%	7	动画素材	20.22%	7	电子字/词典	21.60%	7	图片素材	20.43%
7	电子字/词典	9.09%	8	录音素材	19.85%	8	动画素材	16.62%	8	动画素材	12.90%
9	其他	4.55%	9	其他	0.37%	9	其他	0.76%	9	其他	1.08%

5. 教材价格需求

题项 10 为单选题，调查了学生对教材价格的看法。各选项按频次从高到低依次为：当前的价格比较合适（450）＞应适当降低书价（321）＞教材太贵，应大幅降低书价（162）＞应免费赠送教材（77）＞应适当提高书价（67）。（图 3-5-3）本调查将学生对教材的看法归为四类：一是应降价，包括选项"应适当降低书价""教材太贵，应大幅降低书价"，总数达到 44.85%；二是应提价，即选项"应适当提高书价"，占比为 6.22%；三是应维持原状，即选项"当前的价格比较合适"，占比为 41.78%；四是应免费，即选项"应免费赠送教材"，占比为 7.15%。结果显示，认为目前书价高、应降低的学生占比最大，为 44.85%。

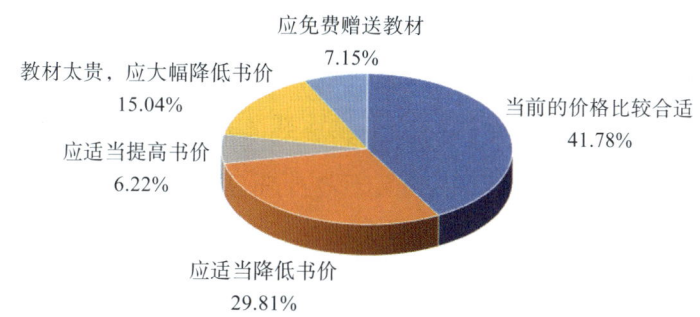

图 3-5-3 学生对教材价格需求各选项情况

二、主要结论

（一）教师和同学推荐是学生获取教材信息的主要途径

学生获取教材信息更侧重人际交流的方式。教师对教材有决定权，并且教师可以根据大纲要求、学生的语言水平、学习进度等为学生推荐具有针对性和实用性的教材。除此之外，学生是教材的使用者，学生能直接感知教材内容的难易程度、练习方式及话题新鲜感等，学生之间有关教材信息的交流可以丰富其对教材的认知及体验感。

（二）学生获取教材存在困难

调查结果显示，"不太容易找到我想要的教材""很难找到我想要的教材"和"根本找不到我想要的教材"三个选项占比之和达43.45%，表明目前学生查找自己需要的教材存在一定困难，这可能与学生教材信息获取渠道不畅或教材供给渠道不畅有关。调查还显示，大部分学生查找信息的主动性不强，63.79%的学生只是"有时会"或"偶尔会"查询教材信息，这表明大部分学生也并不了解目前市场上有哪些可供选择的教材。此外，学生倾向于以较低的成本获取教材，比如复印教材、免费下载教材、使用二手教材等，因此缩小了教材的可选范围，这也给学生获取教材造成了"相对困难"。

（三）综合教材需求最大，各类学生需求各有侧重

学龄前儿童/小学生、初中生/高中生、大学生/研究生、已毕业/在职人士都对综合教材需求最大。与此同时，学龄前儿童/小学生和已毕业/在职人士对教材的需求体现出"听说领先"的特点，对"口语教材"和"听力教材"的需求相较初中生/高中生和大学生/研究生更强；学龄前儿童/小学生对"汉字教材"需求突出；大学生/研究生对"语法教材"和"翻译教材"的需求相较其他三类学生更高。

（四）字/词/句卡片和练习册对学生具有重要作用

学龄前儿童/小学生、初中生/高中生、大学生/研究生和已毕业/在职人士都认为"字/词/句卡片"是重要的纸质教材辅助材料，四类学习者都认为"练习册"对辅助中文学习具有重要作用。学龄前儿童/小学生对"课堂活动手册"的需求高

于其他三类学生，大学生/研究生和已毕业/在职人士对"练习答案"需求最高。

（五）低龄学习者对数字化学习素材需求突出

学龄前儿童/小学生对"电子书""短视频素材""动画素材"的需求较强，其中对"动画素材"的需求远高于其他三类学生。大学生/研究生和已毕业/在职人士对"课件（PPT等）"和"电子书"的需求排在前两位。初中生/高中生对"短视频素材""例句素材""图片素材"的需求较强。

（六）学生对生活化的真实语料需求突出

语言交际能力是在真实情境中运用语言进行社会交往的能力，且交际能力的培养需要运用实际生活中的真实语料。学生对口语教材需求较强，说明学生重视口语表达及交际能力的培养，所以教学内容要结合学生的生活与交际，使之更加实用。在对配套数字化资源的调查中，"短视频素材"是学生需求较大的配套资源之一，因为短视频更新速度快，视频内容大多来源于真实的生活场景，学生通过短视频可以学到真实情境中的口语表达及语言技巧。真实语料可直接用于交际，学生学完能立刻运用。同时，考虑到调查对象的情况，他们从真实语料中可以学会关于不同话题的表达，在中高级可用目的语进行讨论，由此会提高学生学习的兴趣和积极性，也体现了教学中的交际原则。

作者：和蓝静，北京语言大学；李晓露，中央民族大学/云南大学

第四部分 数字篇

主持人：李诺恩，香港中文大学

第一节　国际中文教育数字资源发展概况（2021）[①]

数字资源指的是经过数字化处理，可以在计算机或网络上运用的教学资源，包括以文字、图片、音频、视频等形式呈现的课程资源和数字教材、数字图书、教学课件、教学案例、教学软件等。[②] 自2020年初新冠疫情在全球大规模暴发以来，数字资源对在线教育的重要性日益凸显，海外主要国家及国际组织先后制定了教育数字化战略，推进数字资源建设。2021年受"双减"政策的影响，中国国内教育机构纷纷转向国际中文教育市场，进一步推动了国际中文教育数字资源（简称"中文数字资源"）的建设进程。本节从各大数据库、中文学习网站、社交媒体平台、谷歌和苹果APP应用商店采集相关信息[③]，聚焦海内外中文在线教育平台、中文慕课、中文教学视频三类数字资源，兼及中文数字教材、中文微课、中文APP、中文智慧教室等其他数字资源的发展现状，以及数字技术的应用情况，以期全面反映当前中文数字资源的发展概况。

一、中文在线教育平台

当前，全球中文在线教育平台步入发展"黄金期"。在诸多海外中文在线教育平台中，起步较早的平台大多发源于亚洲，呈现出依靠地缘优势由亚洲市场向其他各

[①] 本节内容为2022年度教育部人文社会科学重点研究基地重大项目"国际中文教育数字资源综合评价理论与方法研究"（批准号：22JJD740016）阶段性成果。
[②] 中华人民共和国教育部办公厅.国家教育数字化战略行动通用术语规范（第一辑）[S].2022-07-15.
[③] 本节数据的查询时间为2022年1月至2月。

大洲辐射的发展态势,且在线教育发展基础较好的北美洲、大洋洲也陆续出现了具有代表性的中文在线教育平台。此外,部分中国教育机构也纷纷转入海外中文教育市场,推出中文教育自主品牌,这在一定程度上带动了全球中文在线教育平台与中文数字课程资源的发展。本节在综合考量平台覆盖国家和学习者数量的基础上,选取海内外具有代表性的15家中文在线教育平台,从基本情况、课程情况、运营情况三方面分析当前中文在线教育平台的发展特点。

(一)基本情况

15家海内外中文在线教育平台的基本情况呈现出三大发展特点:(1)教学对象逐步拓宽,教学服务的针对性增强。大部分中文在线教育平台在创立初期主攻华裔青少年儿童(简称"青少儿")中文教育市场,部分平台目前已将主要教学对象拓展至全球不同背景的青少儿。另有平台开始关注除青少儿以外的其他中文学习者,如成人、企业等,开设了大量针对性较强的个性化中文课程。(2)教学模式由单线发展走向双线融合,从而增强了自身的市场竞争力,实现了长远发展。受全球疫情的影响,部分线下中文教育机构陆续开发线上中文课程,成功转型为中文在线教育平台,如11Chinese、Hackers中文等。此外,疫情防控常态化期间,部分专攻在线教育的平台也开始采取以线上为主、线上线下相结合的教学模式,如LingoAce、"说吧!汉语"等,陆续在世界各地开设线下中文学校。(3)以一对一课程和小班课程为主,不同形式的课程灵活组合。目前,大部分平台可提供一对一课程和小班课程两种形式的在线中文课程,悟空中文和Hackers中文另提供大班课程,哈兔中文采用"双师大讲堂"的形式,将线上中文大课堂与线下教室有机结合,实现线上线下课程与师资的双向循环。此外,Hackers中文、11Chinese、龙凤在线汉语三家平台均提供异步录播视频课程,灵雀中文将AI技术与教学课程相结合,开创了AI+直播课的在线中文教学形式。总体来看,中文在线教育平台致力于提供形式多样的在线中文课程,利用高新数字教育技术创新教学形式,以满足不同教学对象的学习需求。

15家中文在线教育平台基本情况见表4-1-1:

表 4-1-1　中文在线教育平台基本情况

洲别	注册国家	平台名称	成立时间（年）	教学对象	教学模式	教学形式
亚洲	中国	TutorMing	2008	青少儿/成人	线上	1V1/小班课
	中国	哈兔中文	2012	青少儿/成人	线上线下相结合	1V1/小班课/大班课/双师课
	中国	说吧！汉语	2013	全年龄段	线上线下相结合	1V1/小班课
	中国	Lingo Bus	2017	青少儿	线上线下相结合	1V1/小班课
	中国	PPtutor	2018	4—15岁华裔青少儿	线上	1V1/小班课
	中国	比邻中文	2021	3—15岁华裔青少儿	线上	1V1
	印度尼西亚	Cakap	2013	青少儿/成人/企业	线上	1V1/小班课/企业培训课
	韩国	Hackers中文	2014	青少儿/成人/企业	线上线下相结合	录播视频课/大班课/企业培训课
	新加坡	LingoAce	2017	3—15岁青少儿	线上线下相结合	1V1/小班课
	新加坡	灵雀中文	2021	4—16岁青少儿	线上线下相结合	小班课/AI课
北美洲	美国	Outschool	2015	3—18岁青少儿	线上	1V1/小班课
	美国	考拉知道	2017	4—12岁少儿	线上线下相结合	1V1/小班课
大洋洲	新西兰	悟空中文	2016	3—18岁青少儿	线上线下相结合	1V1/小班课/大班课
	澳大利亚	龙凤在线汉语	2017	4—18岁华裔青少儿/成人	线上	1V1/录播视频课
欧洲	英国	11Chinese	2015	4—16岁华裔青少儿	线上线下相结合	1V1/录播视频课

（二）课程情况

15家中文在线教育平台提供的中文课程可分为七大类：（1）中文综合课程，提供听、说、读、写等中文综合技能训练。（2）语言要素课程，涉及语音、词汇、语法、汉字等单项语言要素学习。（3）语言技能课程，专注于单项中文技能教学。（4）中文兴趣课程，以培养学习者的中文学习兴趣为主要目的，将语言、文化知识教学与学习兴趣培养相结合。（5）"中文+职业技能"课程，主要教授与某一特定职业相关的中文知识。（6）中国文化课程，以传播中国文化、培养学习者的跨文化意识为主要目的。（7）HSK、YCT、IB中文等应试辅导课程，围绕各类中文考试大纲开展课程教学。15家中文在线教育平台中，11家平台可提供两种或两种以上类型的中文课程，4家平台仅提供单一类型的中文课程。总体来看，当前中文在线教育平台普遍对中国文化课程和"中文+职业技能"课程的重视度较低，部分平台存在课程类型单一的问题。

当前中文在线教育平台的课程设计依据主要有三方面：（1）以中国国内语文课程标准为参考，如哈兔中文、龙凤在线汉语、比邻中文的课程。（2）以主要教学对象所在国或国际相关教育标准为参考，如PPtutor的国际中文课程设计主要参考美国跨州共同核心课程标准（Common Core State Standards，CCSS）和国际阅读素养进展研究（Progress in International Reading Literacy Study，PIRLS）项目标准。（3）以HSK、YCT或AP中文的考试大纲为参考，如TutorMing、"说吧！汉语"等9家平台的部分中文课程设计均参考HSK、YCT考试大纲。总体来看，中文在线教育平台课程设计具有一定的科学性，能够根据不同教学对象的学习需求设计在线中文课程，并且对相关考试大纲的重视程度较高。

此外，15家中文在线教育平台的课程各具特色（表4-1-2），大致可总结为四个方向：（1）关注中文学习兴趣的培养。如龙凤在线汉语与Outschool采用中文儿歌、绘画等兴趣课程进行中文教学。（2）关注语言学习情境的搭建。多家平台采用沉浸式教学法、情景式教学法设计中文课程。（3）关注本土学习者的需求。Cakap和Hackers中文均面向本土学习者提供本土化中文课程。（4）关注新技术应用和教学模式创建。如哈兔中文利用大数据智能分析技术监控学习进程、推送个性化学习方案，"说吧！汉语"采用翻转课堂模式开展中文教学等。

表 4-1-2　中文在线教育平台课程情况

平台名称	主要课程类型	课程设计依据	课程时长（分钟）	课程特色
TutorMing	中文综合课程／应试辅导课程	HSK 考试大纲	25/45	沉浸式教学法／螺旋式课程／特色主题课程
哈兔中文	中文综合课程／语言技能课程／中国文化课程	义务教育语文课程标准	25	双师大课堂／课程学习数据智能分析
说吧！汉语	中文综合课程／应试辅导课程／"中文＋职业技能"课程／普通话纠音课程	HSK 考试大纲	/	翻转课堂
Lingo Bus	中文综合课程	YCT 考试大纲／中华人民共和国国家通用语言文字法／美国21世纪核心素养框架／美国21世纪外语学习标准	25	全身反应法／支架式教学策略
PPtutor	中文综合课程／语言技能课程	HSK 考试大纲／YCT 考试大纲／美国跨州共同核心课程标准／国际阅读素养进展研究项目标准	25	沉浸式教学／情景式教学法
比邻中文	中文综合课程	义务教育语文课程标准	25	科学 5 步教学法
Cakap	中文综合课程／应试辅导课程	/	45/50	针对印度尼西亚中文学习者提供本土化课程
Hackers 中文	中文综合课程／应试辅导课程	/	45/50	针对韩国中文学习者提供本土化课程
LingoAce	中文综合课程	YCT 考试大纲／英国幼儿早期教育大纲／新加坡《欢乐伙伴》教学大纲	25/55	沉浸式教学
灵雀中文	中文综合课程／语言要素课程／中国文化课程	HSK 考试大纲／YCT 考试大纲／国际中文教育中文水平等级标准／AP 考试大纲	30/45	AI 课程
Outschool	中文综合课程／中文兴趣课程／中国文化课程／应试辅导课程	/	25—60	兴趣与语言相结合

续表

平台名称	主要课程类型	课程设计依据	课程时长（分钟）	课程特色
考拉知道	中文综合课程/语言要素课程/中国文化课程	HSK考试大纲/YCT考试大纲/美国21世纪核心素养框架	25/35/45	启发式情景教学/全身反应法
悟空中文	中文综合课程	HSK考试大纲/YCT考试大纲/IB课程设置标准/美国跨州共同核心课程标准/欧洲语言共同参考框架	30/40/50/60	启发式教学/全身反应法/互动式趣味课堂
龙凤在线汉语	中文综合课程/语言要素课程/中文兴趣课程/中国文化课程/应试辅导课程	HSK考试大纲/YCT考试大纲/九年义务教育全日制小学语文教学大纲/欧洲语言共同参考框架/AP考试大纲	25/45	思维导图教学法/兴趣与语言相结合/对接多国高考
11Chinese	中文综合课程/语言要素课程	/	15/20/30/50	1V1和录播视频课程相结合

（三）运营情况

当前，中文在线教育平台有两大发展趋势：（1）中文在线教育平台越来越多地受到国际教育资本的支持，市场趋于全球化。在本节考察的15家中文在线教育平台中，Outschool等5家平台的中文教学业务覆盖超过100个国家，且相继获得各轮融资，教学规模不断扩大。（2）中文在线教育平台的合作路径更加多元，在线中文教育的课程研发体系愈加完善。中文在线教育平台的合作机构已从中国高校逐步拓宽至企业、出版社、海外教育机构、其他中文教育平台等，充分利用不同机构的优势实现了高质量课程研发。

其中11家中文在线教育平台运营情况见表4-1-3：

表4-1-3 中文在线教育平台运营情况

平台名称	用户数量	覆盖国家	融资情况	主要合作机构
TutorMing	200万+	31	2019年战略投资	中国企业
哈兔中文	3万+	70+	/	中国企业
Lingo Bus	10万+	170	2019年1.5亿美元融资	中国出版社
PPtutor	50万+	120+	2021年A轮融资	中国企业

续表

平台名称	用户数量	覆盖国家	融资情况	主要合作机构
Cakap	/	/	2021年1000万美元B轮融资	/
LingoAce	/	100+	2021年1.6亿美元B、C轮融资	中国出版社
灵雀中文	/	/	2021年160万美元种子融资	中国高校
Outschool	90万+	174	2021年1.1亿美元D轮融资	/
考拉知道	/	50+	/	北美中小学
悟空中文	30万+	118	2020年A轮融资	中国高校
龙凤在线汉语	1.2万+	45	/	/

二、中文慕课

慕课是数字课程资源的重要类型之一。近年来，中文数字平台陆续开设中文慕课板块。以"中文联盟数字化云服务平台"为例，平台注册学员600万，中文慕课近300门16000余节，访问量达3500万人次，辐射全球200多个国家和地区。同时，中文联盟已在47个国家搭建100个中文教学服务平台，建设50个"网络中文课堂""中文学习测试中心"和"中文智慧教室"，与161个国家的1400所学校、机构和企业建立了合作关系。中文联盟合作伙伴学员总数超1000万，已初步形成线上线下融合的国际中文教育新生态，其中文课程数量远超海内外各慕课平台。此外，海内外各大慕课平台的中文课程数量也逐步增多，课程类型日趋多样。本节在综合考量各大洲慕课平台发展规模和平台中文课程情况的基础上，选取海内外10家具有代表性的慕课平台，从中文课程基本情况、中文课程学习人数和中文慕课最新发展特点三方面分析中文慕课发展现状。

（一）基本情况

目前，10家慕课平台的中文慕课数量共计328门。除前文中文在线教育平台提供的七类课程外，中文慕课平台还提供教师发展课程，主要面向汉语国际教育专业的学生和海内外一线中文教师，以提高其中文教学水平为目的，如学堂在线提供的"汉语词汇与词汇教学"课程。总体来看，中国慕课平台的中文课程类型以语言要素课程、应试辅导课程、中国文化课程和教师发展课程为主，以中文综合课程、语言技能课程、"中文＋职业技能"课程为辅。海外慕课平台则以提供中文综合课程和中国文化课程为主。其中，海外慕课平台 Coursera 提供的中文课程类型较为全面，包括中文综合课程、中国文化课程、语言技能课程、应试辅导课程、"中文＋职业技能"课程等。

从中文慕课的开发机构来看，各大慕课平台中文课程开发机构基本以中国高校为主、本土高校为辅。但慕课平台在中文课程研发上对高校的依赖性有所下降，非高校课程日益增多。此外，大部分慕课平台的中文课程需通过付费获得结业证书，少量平台可以免费获得证书。

10 家中文慕课平台课程情况见表 4-1-4：

表 4-1-4　中文慕课平台课程情况

平台名称	中文课程数量（节）	中文课程类型	主要开发机构	结业证书
学堂在线	88	中文综合课程/语言要素课程/语言技能课程/"中文＋职业技能"课程/应试辅导课程/中国文化课程/教师发展课程	中国高校	付费获得
中国大学MOOC	31	中文综合课程/语言要素课程/语言技能课程/应试辅导课程/"中文＋职业技能"课程/中国文化课程/教师发展课程	中国高校	付费获得
好大学在线	10	中文综合课程/中国文化课程	中国高校	付费获得
华文慕课	11	语言要素课程/应试辅导课程/"中文＋职业技能"课程/中国文化课程/教师发展课程	中国高校	免费获得
中国高校外语慕课平台	14	语言要素课程/语言技能课程/应试辅导课程/中国文化课程/教师发展课程	中国高校	免费获得
北语慕课	7	语言要素课程/"中文＋职业技能"课程/中国文化课程	中国高校	免费获得

续表

平台名称	中文课程数量（节）	中文课程类型	主要开发机构	结业证书
Coursera	69	中文综合课程/应试辅导课程、语言技能课程/中国文化课程/"中文+职业技能"课程	中国高校、本土高校、中文联盟	付费获得
edX	54	中文综合课程/中国文化课程/"中文+职业技能"课程	中国高校、中文客	付费获得
FutureLearn	33	中文综合课程/应试辅导课程/中国文化课程	中国高校、本土高校、中文联盟	付费获得
Open2Study	11	中文综合课程/中国文化课程	本土高校	付费获得

（二）学习人数排名前十的中文课程

由慕课平台学习人数较多的中文课程可知，当前海内外慕课平台中文课程的主要受众是初级中文学习者。在排名前十的中文课程中，仅有"Chinese for HSK 4"面向中级中文学习者，其余课程均面向初级中文学习者。此外，同一中文课程在海内外多个慕课平台上线的情况较为常见，但同一中文课程在海外平台往往拥有更多学习者，如"Chinese for Beginners"在 Coursera 上的学习人数多达 110 万，在中国大学 MOOC 只有 288 位学习者。值得注意的是，近年来中国慕课平台中文课程的学习人数迅速增长，比如由北京语言大学提供的"初级汉语语法"课程，上线以后迅速跃居学习人数排名前十的中文课程行列（表 4-1-5）。

表 4-1-5　学习人数排名前十的中文课程①

序号	课程名称	上线平台	开设机构	学习人数（人）	总计（人）
1	中文入门 Chinese for Beginners	Coursera	北京大学	1104498	1104786
		中国大学 MOOC		288	
2↑	Mandarin Chinese Level 1	edX	中文客	89852	89852
3↓	对外汉语 Tsinghua Chinese: Start Talking with 1.3 Billion People	edX	清华大学	81471	84086
		学堂在线		2615	

① 表中"↑"代表该课程与 2020 年相比排名上升，"↓"代表该课程与 2020 年相比排名下降。

续表

序号	课程名称	上线平台	开设机构	学习人数（人）	总计（人）
4↑	Chinese for HSK 1 汉语水平考试（一级）	Coursera	北京大学	75642	76995
		华文慕课		1353	
5↑	Chinese Characters for Beginner 汉字	Coursera	北京大学	71352	75449
		华文慕课		4097	
6↓	Mandarin Chinese 1: Chinese for Beginners 你好，中文（初级）	Coursera	上海交通大学	69829	69829
7↑	More Chinese for Beginners 汉语基础	Coursera	北京大学	54916	54916
8↑	初级汉语语法	中国大学MOOC	北京语言大学	43561	52320
		学堂在线		8759	
9↑	Mandarin Chinese Essentials	edX	中文客	51107	51107
10↑	Chinese for HSK 4	Coursera	北京大学	43878	43878

（三）中文慕课最新发展特点

目前，中国上线慕课数量超过5万门，选课人次近8亿，在校生获得慕课学分人次超过3亿，慕课数量和学习人数均居世界第一。[①] 海外慕课平台慕课数量近2万门，学习人数多达2.2亿。[②] 从各大慕课平台中文课程的发展趋势来看，可总结出两大特点：(1) 中国国内仍以高校中文课程为主导，海外非高校中文课程占比逐渐提高。中国六大慕课平台的主要开发机构均为中国高校，未出现非高校中文课程，而海外Coursera、edX、FutureLearn三大慕课平台2021年新增课程中，非高校课程所占比重与2020年相比分别提升8%、10%和13%（表4-1-6），非高校中文课程的数量也相应增多。(2) 中文教师培训课程有所发展。海外慕课平台Coursera推出职业培训学院Career Academy，学员在完成培训课程后可获得由谷歌、IBM、Meta等公司颁发的入门级专业证书。中国诸多慕课平台也顺应职业培训慕课这一发展趋势，推

[①] 中华人民共和国教育部.我国慕课数量和学习人数均居世界第一 [N/OL]. 中国青年报，2022-03-29. http://www.moe.gov.cn/fbh/live/2022/54324/mtbd/202203/t20220329_611860.html.

[②] Dhawal Shah. By The Numbers: MOOCs in 2021 [EB/OL]. 2021-12-01. https://www.classcentral.com/report/mooc-stats-2021.

出了多门针对国际中文教师的职业培训课程，以提高国际中文教师的教学技能和专业素养。

表 4-1-6　海外慕课平台新增课程概况

注册国家	慕课平台	新增非高校课程占新增课程比重	
		2020 年	2021 年
美国	Coursera	31%	39%
美国	edX	16%	26%
英国	FutureLearn	38%	51%

三、中文教学视频

（一）YouTube

据统计，YouTube 上订阅量过万的中文教学频道有 30 多个，视频总数超过 1 万个，订阅总人数超过 570 万。目前，YouTube 上中文教学视频的发展特点如下：（1）中文教学视频的内容与形式逐渐多样化。Little Fox 中文针对儿童中文学习者，采用动画和儿歌等寓教于乐的形式开展中文教学；KIM MISSION 针对柬埔寨学习者提供当地语言版本的中文拼音学习视频；Yoyo Chinese 采用街头采访的形式，传播中国语言与文化知识；Everyday Chinese 采用动画人物进行中文教学。总体来看，YouTube 中文教学视频全方位涵盖中文语言要素、语言技能、文化教学、HSK 课程等各方面的内容，形式灵活丰富。（2）在线教育企业纷纷进驻 YouTube。Learn Chinese with ChineseClass101.com、Everyday Chinese 等多个中文教学频道均由在线教育企业运营，在 YouTube 提供大量免费中文教学视频，为企业进行线上引流，这在一定程度上带动了中文教学视频的发展。

YouTube 排名前十的中文教学频道基本情况见表 4-1-7：

表 4-1-7　YouTube 排名前十的中文教学频道

中文教学频道	订阅人数	视频总量	频道归属	教学内容
Learn Chinese with ChineseClass101.com	59.3 万	1068	企业	语音、词汇、听力、文化
KIM MISSION	55.2 万	119	个人	拼音、初级课程
Harbin Mandarin	54.7 万	72	个人	短语、口语、语音
Everyday Chinese	49.9 万	380	企业	HSK、词汇、拼音、听力、语法、短语
Little Fox 中文	35 万	1496	企业	动画、儿歌
Yoyo Chinese	34.6 万	445	企业	拼音、短语、街头采访会话、语法、口语、成语
ChineseFor.Us—Learn Mandarin Chinese Online	33.4 万	220	企业	HSK、汉字、拼音、日常会话
Mandarin Corner	30.4 万	258	个人	词汇、拼音
Learn Chinese with Emma	24.2 万	66	个人	词汇、阅读、中文歌曲、旅游会话

从热门中文教学视频（表 4-1-8）来看，YouTube 上的中文教学视频同样主要面向初级中文学习者，热门视频内容集中于基础语言要素及日常会话，且大部分视频含有 beginner、basic 等关键词，明确标明视频的适用学习人群。此外，大部分视频时长少于 10 分钟，面向儿童的视频时长均少于 5 分钟，这反映出中文教学视频充分考虑到了受众的学习特点与需求，符合成人碎片化学习的习惯和儿童注意力持续时间较短的学习特点。

表 4-1-8　YouTube 排名前十的中文教学视频

排名	热门中文教学视频	观看人次	时长
1	How to Greet People in Mandarin Chinese | Beginner Lesson 4 | HSK 1	1913 万	6 分 06 秒
2	Learn Chinese in 30 Minutes—ALL the Basics You Need	1451 万	26 分 23 秒
3	The Carter Family 10: Going to the Dentist（卡特家庭 10：看牙医）| Family | Chinese | By Little Fox	713 万	3 分 49 秒
4	How to Say "Good Afternoon" in Chinese | How To Say Series | ChinesePod	578 万	11 分 46 秒

续表

排名	热门中文教学视频	观看人次	时长
5	Learn Basic Greetings in Mandarin Chinese: Hello, How Are You, Thank You 中文打招呼 Learn Chinese with Emma	568万	3分26秒
6	Learn Chinese Language for Beginners—Self Introduction（学中文：自我介绍 Part 1）with eChineseLearning	431万	10分30秒
7	Learn Chinese, Part 1 ｜ 学中文 ｜ Learning Chinese for Beginner Learner	429万	20分22秒
8	Learn Chinese for Beginners ｜ Beginner Chinese Lesson 1: Self-Introduction in Chinese Mandarin 1.1	422万	9分18秒
9	Materi 1: Perkenalkan Diri—Belajar Bahasa Mandarin Conversation Dasar 1	310万	27分57秒
10	Chinese for Kids ｜ Song to Learn 'Greetings' in 3 Minutes!	253万	2分54秒

（二）TikTok

TikTok上粉丝数量过万的中文教学视频账号有近30个，视频总数超过7100个，粉丝总量约711万，累计视频播放量2100余万次。目前，TikTok上大多数中文教学账号的教学内容以词汇和文化为主，少量账号提供语法教学视频。

TikTok上粉丝数量排名前十的中文教学账号基本情况见表4-1-9：

表4-1-9 TikTok粉丝量排名前十的中文教学账号

账号名称	粉丝量	视频总量	总获赞量	教学内容
jojo_global.admissions	130万	215	550万	词汇
vicki_8888	110万	209	340万	词汇、文化
chineseteachernina	97.96万	200	103万	词汇、语法
candiselin86	80.5万	1680	4.82万	文化
francine.ng	80.09万	647	470万	文化
blingbabyminer	32.24万	161	160万	词汇
chinesewithmia	32.14万	317	230万	词汇、语法
learnchinesewithhua	22.76万	234	51.51万	词汇
silkmandarin	19.27万	231	200万	词汇、文化
jimmyli_chinese	16.89万	19	54.45万	词汇

四、其他数字资源

（一）中文数字教材

据统计，2021年共出版国际中文纸质教材666种。其中，57种教材实现纸电（纸质教材和电子书）同步出版；250种纸质教材拥有数字化配套产品，主要包括音视频、教学课件、教学补充材料、在线练习册等。

北京语言大学出版社、华语教学出版社、北京大学出版社等相继推出了数字教材平台。据统计，2021年"华教社云图书馆"上架国际中文数字教材及读物450余种；"梧桐中文"内含2000余种国际中文数字教材及视频课程，兼容APP和H5浏览方式，可实现点读点视、目录标签、全文检索等功能；"博雅学与练"内含国际中文数字教材130余种。此外，当当云阅读和京东电子书平台分别有160余种和430余种国际中文数字教材供购买下载，海外亚马逊电子书平台提供200余种国际中文数字教材。

（二）中文微课

近年来，顺应学习者的碎片化学习需求，国际中文教育微课迅速普及，成为中文课程资源的重要组成部分。微课赛事是微课建设和应用的主要方式：2021年共举办三场国际中文微课赛事，分别是"第一届全球华文教学微课大赛""第四届全国研究生汉语教学微课大赛"和"2021全球中文教学微课交流展示"。三大赛事共征集微课作品2017份，其中获奖微课作品442份。以举办届次最多的"全国研究生汉语教学微课大赛"为例，个人微课作品数量与获奖作品数量自第二届起连年上升（图4-1-1），说明微课已逐渐成为中文数字资源的重要形式，且微课的教学质量不断提高。

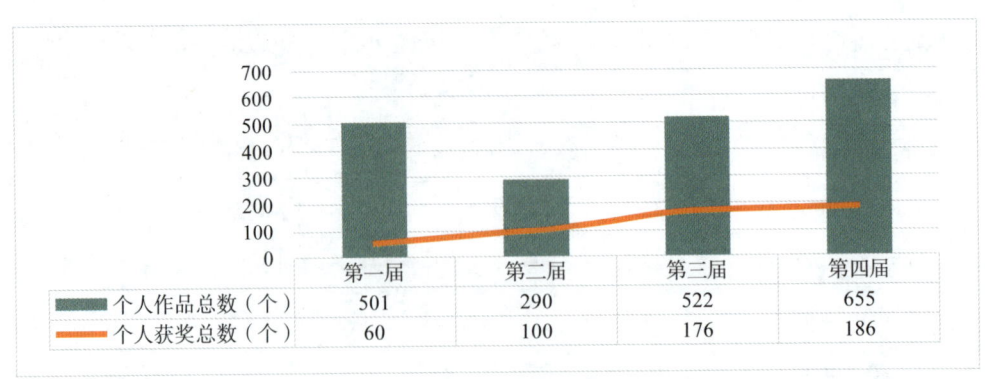

图 4-1-1　历届全国研究生汉语教学微课大赛（个人）作品数量

从教学内容来看,语言教学是中文微课的主要关注点。其中,语法教学微课数量最多,另有少量以词汇、汉字、语音教学为主的微课。与语法教学微课相比,文化教学微课较少,但近年来此类微课的数量增幅较大:在第四届全国研究生汉语教学微课大赛获奖作品中,文化教学微课作品多达64个,与第三届相比增长52.38%。(表4-1-10)

表4-1-10　历届全国研究生汉语教学微课大赛微课获奖(个人)作品数量

届次	语言教学		文化教学
	语法	其他	
第一届	41	14	5
第二届	68	19	13
第三届	97	37	42
第四届	100	23	64

(三)中文 APP

据统计,目前海内外与国际中文教育相关的 APP 共有 364 款,与 2020 年相比增长 8.98%。2021 年,谷歌和苹果 APP 应用商店共上架 54 款中文教学 APP,内容主要以 HSK 专项训练、少儿中文和语言要素学习为主,语言技能学习和综合学习次之,另有少量专项功能类 APP(如中文词典等)和"中文+职业技能"类 APP。(表 4-1-11)

表4-1-11　2021 年新上架中文 APP

类别	HSK专项训练	少儿中文	语言要素	语言技能	综合学习	专项功能	中文+职业技能
数量	16	11	11	8	5	2	1
占比	29.63%	20.37%	20.37%	14.81%	9.26%	3.70%	1.85%

(四)中文智慧教室

2021 年,中文智慧教室的建设工作取得了重要突破:中外语言交流合作中心推出服务全球中文教学的新品牌——"语合智慧教室",并于 2021 年底在美国、希腊、瑞典、新加坡、塞拉利昂、赞比亚等国建立首批 10 家试点。华东师范大学、北京语言大学等高校也陆续成为"语合智慧教室"项目的签约院校,充分利用"语合智慧教室"的高新技术集成优势开展中文教学。

五、数字技术应用

目前，人工智能技术已进一步深入国际中文教育领域，成为数字资源建设的重要发展趋势之一。这一发展趋势在与国际中文教育相关的 APP 中体现得尤为明显。据统计，在 2021 年上架的 54 款相关 APP 中，11 款 APP 采用不同分支的人工智能技术拓宽产品功能范围、优化产品使用体验，占比约为 20.37%。其中，视觉识别技术、语音合成与识别技术、深度学习技术的应用尤为广泛。视觉识别技术主要应用于提供汉字识别和物品识别功能的 APP 中，如 ChineseKit、Chinese Pinyin 可识别机打和手写汉字，Chinese Finder 可识别图片中的物品并显示中文名称等；语音合成与识别技术主要应用于提供听说技能训练的 APP 中，如 AI Business 中文、Mandarin Tones、中文听说训练等可对学习者的中文发音进行评测；深度学习技术被广泛应用于在线中文教育平台的官方 APP 中，如灵雀中文、哈兔中文可通过学习数据分析为学习者提供自适应语言训练等个性化学习内容。

作者：陈天阳，北京理工大学；李诺恩，香港中文大学

第二节 教师使用中文数字资源情况调查[①]

近年来,国际中文教育逐步走向"数字化",数字教学资源日渐丰富。为加快国际中文教育数字教学资源(简称"数字资源")建设,我们亟须了解当前国际中文教师(简称"教师")使用数字资源的具体情况。为此,本节通过问卷调查[②]收集并分析教师对数字资源的使用情况,以期从教师使用数字资源的视角获得一些有价值的结论,为后续数字资源建设提供参考。

一、基本情况

(一)调查对象

1016位调查对象基本信息汇总见表4-2-1:

表4-2-1 调查对象基本信息汇总

基本信息	选项	频次	占比
年龄	30岁及以下	446	43.90%
	31—40岁	364	35.83%
	41—50岁	147	14.47%
	51岁及以上	59	5.81%
	总计	1016	100.00%

[①] 本节内容为2022年度教育部人文社会科学重点研究基地重大项目"国际中文教育数字资源综合评价理论与方法研究"(批准号:22JJD740016)阶段性成果。

[②] 项目组研制了《国际中文教育数字教学资源使用调查问卷(教师版)》,并于2022年1月至2月通过问卷星、邮件等方式向海内外中文教师发放,共收回问卷1032份,其中有效问卷1016份,有效回收率为98.45%。项目组使用SPSS 27.0对数据进行统计分析,其中多选题和多选排序题的卡方拟合优度均呈现出显著性($p=.000<.01$),意味着各题项内选项间具有明显差异。

续表

基本信息	选项	频次	占比
当前身份	中国高校教师	262	25.79%
	中国培训机构教师	142	13.98%
	国际学校教师	79	7.78%
	海外高校教师	39	3.84%
	海外全日制 K-12 学校教师	68	6.69%
	海外本土中文学校（或课后班、周末学校、机构）教师	104	10.24%
	孔子学院中 / 外方院长	11	1.08%
	国家公派出国教师	85	8.37%
	中文教师志愿者	226	22.24%
	总计	**1016**	**100.00%**
教龄	≤1年	200	19.69%
	>1年，且≤5年	318	31.30%
	>5年，且≤10年	211	20.77%
	>10年，且≤15年	135	13.29%
	>15年，且≤20年	74	7.28%
	>20年，且≤25年	33	3.25%
	>25年	45	4.43%
	总计	**1016**	**100.00%**
职称	初级职称	98	9.65%
	中级职称	141	13.88%
	副高级职称	91	8.96%
	高级职称	30	2.95%
	无职称	656	64.57%
	总计	**1016**	**100.00%**
大洲 / 地区分布①	亚洲	691	68.01%
	欧洲	109	10.73%
	北美地区	102	10.04%
	拉丁美洲及加勒比地区	67	6.59%
	非洲	32	3.15%
	大洋洲	15	1.48%
	总计	**1016**	**100.00%**

① 依据联合国地理方案（UN Geographical Divisions）对世界地理区域的划分标准。

调查对象目前任教于 90 个国家和地区。其中，在发达国家和地区任教的教师共 343 位（33.76%），在发展中国家任教的教师共 673 位（66.24%）。[①]

（二）授课模式与数字教学环境

国际中文教学的授课模式和数字教学环境是影响教师使用数字资源的重要外部因素。题项 6 和题项 7 为单选题。由表 4-2-2 可知，当前授课模式为"全部面授"和"大部分面授+少量网课"的教师共 378 位（37.20%），"全部网课"和"大部分网课+少量面授"的教师共 482 位（47.44%），总体来看，当前教师采用网课的情况更为常见；认为当前数字教学环境"非常好"和"比较好"的教师共 654 位（64.37%），认为"非常差"和"比较差"的教师共 49 位（4.82%），可见，当前教师的数字教学环境总体较好，仅有极少数教师的数字教学环境较差。

表 4-2-2 调查对象的授课模式和数字教学环境

调查内容	选项	频次	占比
授课模式	全部面授	237	23.33%
	大部分面授+少量网课	141	13.88%
	面授和网课各占一半	90	8.86%
	大部分网课+少量面授	117	11.52%
	全部网课	365	35.93%
	线上线下混合同步教学	66	6.50%
	总计	1016	100.00%
数字教学环境	非常好	182	17.91%
	比较好	472	46.46%
	一般	313	30.81%
	比较差	41	4.04%
	非常差	8	0.79%
	总计	1016	100.00%

---

① 依据国际货币基金组织（International Monetary Fund）对发达国家和发展中国家的划分标准。

二、使用情况调查结果与分析

（一）基本使用情况

1. 获取途径

题项 8 为多选题，各选项按频次由高到低依次为：网络搜索＞其他教师推荐＞学区或学校推荐＞纸质教材附赠＞出版（或技术）公司宣传推广＞学生建议＞其他。（表 4-2-3）选项"其他"中包括的获取途径主要有：教师自制、资源交流平台推荐（微信公众号、语合中心网站等）、教育机构统一开发。

表 4-2-3 数字资源获取途径各选项情况[①]

选项	频次	普及率	响应率
网络搜索	942	92.72%	42.66%
其他教师推荐	592	58.27%	26.81%
学区或学校推荐	306	30.12%	13.86%
纸质教材附赠	215	21.16%	9.74%
出版（或技术）公司宣传推广	89	8.76%	4.03%
学生建议	52	5.12%	2.36%
其他	12	1.18%	0.54%
总计	2208	217.33%	100.00%

其中，选项"网络搜索"和"其他教师推荐"的普及率分别为 92.72% 和 58.27%，覆盖超过半数的调查对象，可视为当前教师获取数字资源的主要途径。选项"学区或学校推荐"和"纸质教材附赠"的普及率分别为 30.12% 和 21.16%，可视为当前教师获取数字资源的次要途径。选项"出版（或技术）公司宣传推广"和"学生建议"的普及率明显低于其他选项，分别为 8.76% 和 5.12%，说明以上两种途径覆盖的调查对象较少，可视为当前教师获取数字资源的边缘途径。由此可见，数字资源研发者应更加重视资源的宣传推广，将宣传推广渠道与教师获取数字资源的主要途径相结合，重点加强网络、微信公众号、教材附赠的宣传推广，从而促使数

[①] "普及率"指各选项的选择频次占样本总量的比例，"响应率"指各选项的选择频次占所有选项选择总频次的比例。

字资源触及更多的教师群体。

2. 使用决定权

题项9和题项10为单选题。数字教学平台使用决定权的各选项按频次由高到低依次为：教师本人＞教研室主管/院系主管＞教学机构主管＞校长/校董事会＞学区领导/学区董事会＞国家/省教育部门＞学生＞其他。（图4-2-1）选项"其他"中的详细信息主要指向两种情况：（1）不清楚所使用的教学平台具体由谁决定；（2）教师使用两种或两种以上平台，决定权所属不同。

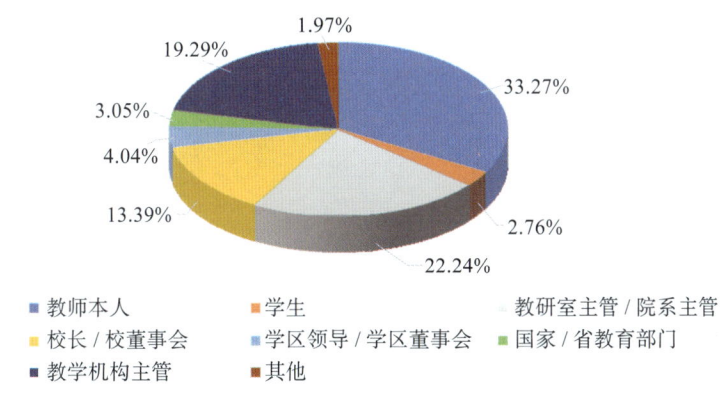

图 4-2-1　数字教学平台使用决定权

图4-2-2显示，数字资源使用决定权的各选项按频次由高到低依次为：教师本人＞教研室主管/院系主管＞教学机构主管＞校长/校董事会＞学生＞学区领导/学区董事会＞国家/省教育部门＞其他。

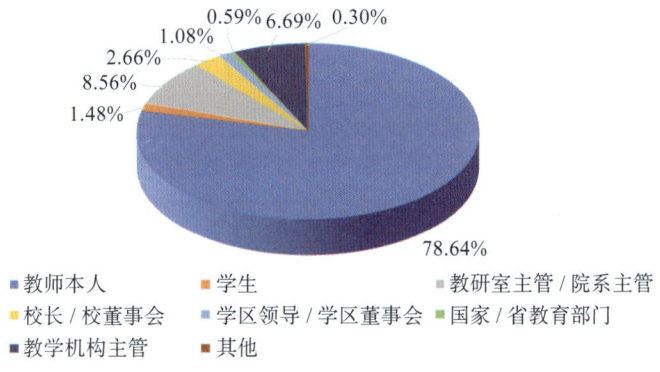

图 4-2-2　数字资源使用决定权

结合图 4-2-1 和图 4-2-2，数字教学平台和数字资源的决定权均集中在教师、教研室主管/院系主管、教学机构主管手中，但数字教学平台的决定权相对分散，数字资源的决定权较为集中。其中，由教师决定使用何种数字教学平台和数字资源的情况最为常见，占比分别为 33.27% 和 78.64%。这说明大部分教师在数字教学平台和数字资源的选择中起主导作用，且教师决定使用何种数字资源的情况多于决定使用何种数字教学平台的情况。由教研室主管/院系主管决定使用何种数字教学平台和数字资源的情况较为常见，占比分别为 22.24% 和 8.56%，且教研室主管/院系主管决定使用何种数字教学平台的情况多于决定使用何种数字资源的情况。由教学机构主管决定使用何种数字教学平台和数字资源的情况也较为常见，占比分别为 19.29% 和 6.69%，且教学机构主管决定使用何种数字教学平台的情况也多于决定使用何种数字资源的情况。

3. 付费意愿

题项 11 为单选题，各选项按频次由高到低依次为：愿意少量付费＞只要质量好愿意付费＞只使用免费资源。（图 4-2-3）选择"只使用免费资源"的教师仅占样本总量的 17.32%，而"愿意少量付费"和"只要质量好愿意付费"的教师共占样本总量的 82.67%，说明在数字资源质量好的前提下，大部分教师愿意为此付费。

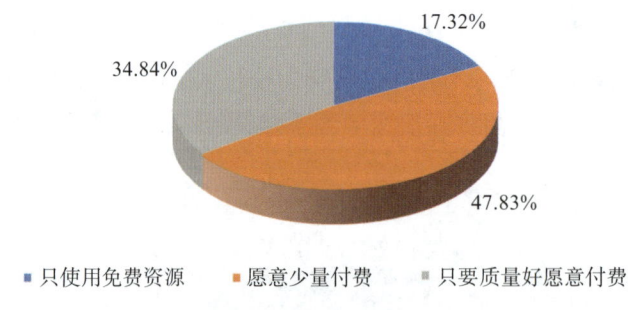

图 4-2-3　数字资源付费意愿

4. 使用比例

题项 12 为单选题，各选项按频次由高到低依次为：大部分数字资源＋少量纸质材料＞数字资源和纸质材料各占一半＞全部使用数字资源＞大部分纸质材料＋少量数字资源。（图 4-2-4）在教学中全部或较多使用数字资源的教师占样本总量的

61.03%，可见数字资源已成为当前教师主要使用的资源形式。

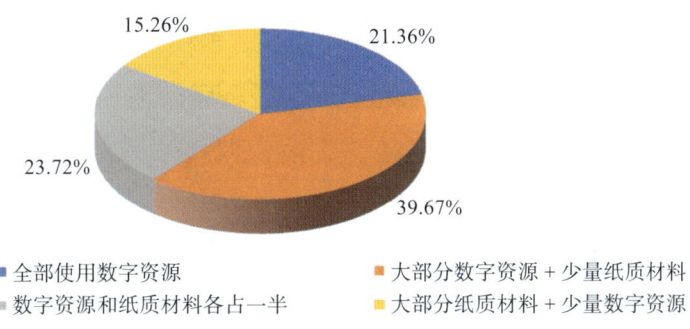

图 4-2-4　数字资源使用比例

此外，有 12 位教师选择"全部使用纸质材料"，未包括在本次调查的有效样本内。我们以附加填空题的形式，要求全部使用纸质材料的教师填写不使用数字资源的原因。具体原因可分为以下两种情况：(1) 教师找不到合适的数字资源；(2) 当地缺乏使用数字资源的条件，包括没有多媒体设备、网络条件差等。由此可见，资源质量和设备条件是影响数字资源普及和使用的重要因素。

5. 使用类型

（1）常用的数字教学平台类型

题项 13 和题项 14 为多选题。在常用的数字教学平台方面，共设置了 13 个选项。各选项的统计结果如表 4-2-4 所示。

表 4-2-4　常用的数字教学平台各选项情况

选项	频次	普及率	响应率
Zoom	509	50.10%	27.89%
腾讯会议	326	32.09%	17.86%
钉钉	179	17.62%	9.81%
Google Classroom	141	13.88%	7.73%
ClassIn	122	12.01%	6.68%
其他	110	10.83%	6.03%
学校平台	108	10.63%	5.92%
Google Meet	88	8.66%	4.82%

续表

选项	频次	普及率	响应率
Microsoft Teams	76	7.48%	4.16%
Skype	51	5.02%	2.79%
学习通	50	4.92%	2.74%
LingoAce	39	3.84%	2.14%
雨课堂	26	2.56%	1.42%
总计	1825	179.64%	100.00%

由表 4-2-4 可知，常用数字教学平台的各选项按频次由高到低依次为：Zoom＞腾讯会议＞钉钉＞Google Classroom＞ClassIn＞其他＞学校平台＞Google Meet＞Microsoft Teams＞Skype＞学习通＞LingoAce＞雨课堂。选项"其他"中列举的常用数字教学平台包括：Edmodo、Chinlingo、ManageBac、Preply、Seesaw、WebEx、Zomo、中文联盟、哈兔中文、唐风汉语、讯飞听见、新东方比邻中文、瞩目、学点云、超星慕课、小画桌、微信或 WhatsApp 等通信软件视频/语音上课等。

总体来看，仅 Zoom 的普及率为 50.10%，覆盖超过半数的调查对象，可视为当前教师最为常用的数字教学平台；腾讯会议和钉钉的普及率分别为 32.09% 和 17.62%，可视为当前教师较为常用的数字教学平台。此外，在常用的数字教学平台设置的 13 个选项中，有 6 个选项的普及率不到 10%，说明除 Zoom、腾讯会议、钉钉以外，其他教师常用的数字教学平台较为分散。

（2）常用的数字教学平台功能

在常用的数字教学平台功能方面，共设置了 11 个选项。各选项的统计结果如表 4-2-5 所示。

表 4-2-5　常用的数字教学平台功能各选项情况

选项	频次	普及率	响应率
课堂讲授	710	69.88%	20.86%
在线课堂互动	663	65.26%	19.48%
在线布置批改作业	392	38.58%	11.52%
提交传输课程资料	378	37.20%	11.11%

续表

选项	频次	普及率	响应率
在线备课	327	32.19%	9.61%
课堂考勤管理	275	27.07%	8.08%
直播课回放	248	24.41%	7.29%
在线教育测试及评分	209	20.57%	6.14%
在线课后辅导答疑	131	12.89%	3.85%
通过电子数据分析学生的学习行为	57	5.61%	1.67%
其他	13	1.28%	0.38%
总计	3403	334.94%	100.00%

由表 4-2-5 可知，常用的数字教学平台功能按频次由高到低依次为：课堂讲授＞在线课堂互动＞在线布置批改作业＞提交传输课程资料＞在线备课＞课堂考勤管理＞直播课回放＞在线教育测试及评分＞在线课后辅导答疑＞通过电子数据分析学生的学习行为＞其他。

选项"课堂讲授"和"在线课堂互动"的普及率分别为 69.88% 和 65.26%，覆盖超过半数的调查对象，可视为当前教师最为常用的数字教学平台功能；选项"课堂考勤管理""直播课回放""在线教育测试及评分""在线课后辅导答疑""通过电子数据分析学生的学习行为"的普及率均低于 30%，可视为当前教师较少使用的数字教学平台功能。其中，"通过电子数据分析学生的学习行为"的普及率仅为 5.61%，这可能与现有的数字教学平台鲜有此类功能密切相关。数字教学平台今后应考虑增加个性化反馈、学习路径记忆、学习行为分析等智能化功能，为教师实现个性化教学提供技术支持。

（3）常用的数字资源类型

题项 15 为多选题，共设置了 9 个选项。各选项的统计结果如表 4-2-6 所示。

表 4-2-6 常用的数字资源类型各选项情况

选项	频次	普及率	响应率
音视频网站或 APP	745	73.33%	22.52%
即时通信工具	625	61.52%	18.89%

续表

选项	频次	普及率	响应率
文件传输及存储工具	589	57.97%	17.81%
教学资源网站或APP	511	50.30%	15.45%
游戏与测试工具	405	39.86%	12.24%
音视频制作工具	232	22.83%	7.01%
教学管理系统	164	16.14%	4.96%
增强现实/虚拟现实	22	2.17%	0.67%
其他	15	1.48%	0.45%
总计	3308	325.60%	100.00%

由表 4-2-6 可知，常用的数字资源类型按频次由高到低依次为：音视频网站或 APP＞即时通信工具＞文件传输及存储工具＞教学资源网站或 APP＞游戏与测试工具＞音视频制作工具＞教学管理系统＞增强现实/虚拟现实＞其他。选项"其他"中列举的常用数字资源类型主要包括：制作电子书的备课工具（如 Book Creator 等）、制作 PPT 和练习题的备课工具（如 Arch Chinese、Nearpod 等）。

选项"音视频网站或 APP""即时通信工具""文件传输及存储工具""教学资源网站或 APP"的普及率均超过 50%，即覆盖超过半数的调查对象，可视为当前教师最为常用的数字资源类型；选项"音视频制作工具""教学管理系统""增强现实/虚拟现实"的普及率均低于 30%，可视为当前教师较少使用的数字资源类型。由此可见，当前音视频资源或 APP、即时通信工具等常用数字资源的数量较多，在内容、功能、形式上均可以给教师提供多样化的选择，这在一定程度上促进了这些资源的广泛使用。而反观"教学管理系统""增强现实/虚拟现实"等较少使用的数字资源，大多尚未在国际中文教育领域普遍应用，"增强现实/虚拟现实"的相关资源更是尚处于开发、实验阶段，资源数量少、可选类型有限是其尚未实现广泛应用的主要原因。

（4）常用的具体数字资源

题项 16—18 采用填空题的形式，分别调查教师在备课和教学中常用的具体网站、移动端 APP、慕课/微课资源。词频统计结果显示，常用的网站按频次由高到低主要有：YouTube（183 次）、百度（172 次）、谷歌（109 次）、Quizlet（61 次）、哔哩哔哩（74 次）、Wordwall（57 次）、Kahoot!（37 次）；常用的移动端 APP 按频次由高到低主要有：微信（164次）、Zoom（72次）、钉钉（50次）、腾讯会议（46次）、谷歌（42次）、哔哩哔哩（37次）、YouTube（36次）、ClassIn（30次）；常用的MOOC/微课资源按频次由高到低主要有：中文联盟慕课/微课（60次）、中国大学MOOC（45次）、北京语言大学慕课（20次）。表示当前不使用慕课/微课资源的教师有584位，占样本总量的57.48%。

由此可见，当前教师在备课和教学中使用以教学为主要功能的数字资源较少，使用直播工具、集成性搜索引擎、综合性视频分享门户较多；使用中文教学专用的数字资源较少，使用适用于一般教学的数字资源较多。

（二）具体使用情况

1. 使用观念

题项19和题项20为单选题，旨在调查教师对数字资源和纸质资源发展趋势的认识和判断，分别表述为："在未来，数字资源会逐渐替代纸质资源""恢复正常教学后，仍将以纸质资源为主"。

由图4-2-5可知，"同意"和"比较同意"题项19表述（"在未来，数字资源会逐渐替代纸质资源"）的教师共占样本总量的62.79%，"不同意"和"不太同意"该表述的教师共占样本总量的26.87%。这说明超过半数的教师认为未来数字资源会逐渐替代纸质资源，对数字/纸质资源的发展趋势持有比较正面积极的态度。

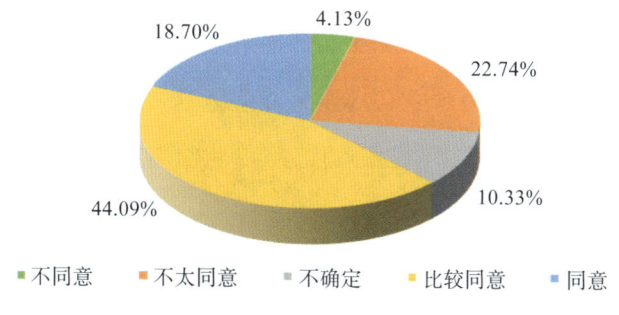

图4-2-5　数字资源为主的使用观念

由图4-2-6可知，"同意"和"比较同意"题项20表述（"恢复正常教学后，仍将以纸质资源为主"）的教师共占样本总量的44.00%，"不同意"和"不太同意"该表述的教师共占样本总量的35.53%，"不确定"该表述的教师占样本总量的20.47%。

这说明接近半数的教师认为短期内仍将以纸质资源为主，对纸质资源的短期发展趋势持有比较正面的使用观念。

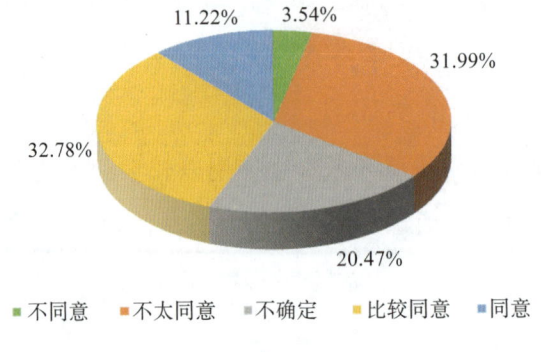

图 4-2-6　纸质资源为主的使用观念

结合图 4-2-5 和图 4-2-6 可以看出，对纸质资源短期发展趋势持有不确定态度的教师，明显多于对数字资源长期发展趋势持有不确定态度的教师；认为纸质资源短期内仍占主要地位的教师，明显少于认为数字资源未来将替代纸质资源的教师。总体来看，教师短期内对教学资源的使用观念略偏向于纸质资源，但此观念倾向明确的教师较少；而从长期看，教师对教学资源的使用观念明显偏向于数字资源，此观念倾向明确的教师较多。

2. 使用目的

题项 21 为多选题。由表 4-2-7 可知，数字资源的使用目的按频次由高到低依次为：激发学生兴趣＞让教学设计更加丰富多彩＞让教学内容更加立体直观＞让课堂教学互动性更强＞让备课更方便＞让课堂管理更方便＞让批改作业更方便＞让测试评分更方便＞其他。

表 4-2-7　数字资源使用目的各选项情况

选项	频次	普及率	响应率
激发学生兴趣	807	79.43%	27.94%
让教学设计更加丰富多彩	784	77.17%	27.15%
让教学内容更加立体直观	675	66.44%	23.37%
让课堂教学互动性更强	285	28.05%	9.87%
让备课更方便	230	22.64%	7.96%

续表

选项	频次	普及率	响应率
让课堂管理更方便	45	4.43%	1.56%
让批改作业更方便	31	3.05%	1.07%
让测试评分更方便	28	2.76%	0.97%
其他	3	0.30%	0.10%
总计	2888	284.27%	100.00%

选项"激发学生兴趣""让教学设计更加丰富多彩""让教学内容更加立体直观"的普及率均超过50%，即覆盖超过半数的调查对象，可视为当前教师使用数字资源的主要目的；选项"让课堂教学互动性更强""让备课更方便"的普及率次之，可视为当前教师使用数字资源的次要目的。而选项"让课堂管理更方便""让批改作业更方便""让测试评分更方便"的普及率均低于5%，结合前文对数字资源常用功能的调查结果来看，"课堂考勤管理""在线教育测试及评分"均为教师较少使用的数字资源功能，这从侧面说明现有的数字资源在课堂管理、测试评分方面功能欠缺、使用便利性不强。

总体来看，教师使用教学资源的目的主要是为了更好地服务学生（选项"激发学生兴趣"）或服务教学（选项"让教学设计更加丰富多彩""让教学内容更加立体直观""让课堂教学互动性更强"），而并非提升自身教学的便利性（选项"让备课更方便""让课堂管理更方便""让批改作业更方便""让测试评分更方便"），呈现出学生需求优先、服务教学为重、自身便利次之的特点。

3. 使用情感

题项22和题项23为单选题，旨在了解教师对使用数字资源的心理倾向和情绪，分别表述为："您对教学中使用数字资源的态度是_____""使用数字资源让我感到焦虑和紧张"。

图4-2-7显示，"非常喜欢"和"比较喜欢"使用数字资源的教师共占样本总量的85.83%，说明85.83%的调查对象对使用数字资源抱有明确的正面态度；"特别不喜欢"和"不太喜欢"使用数字资源的教师仅占样本总量的0.30%。

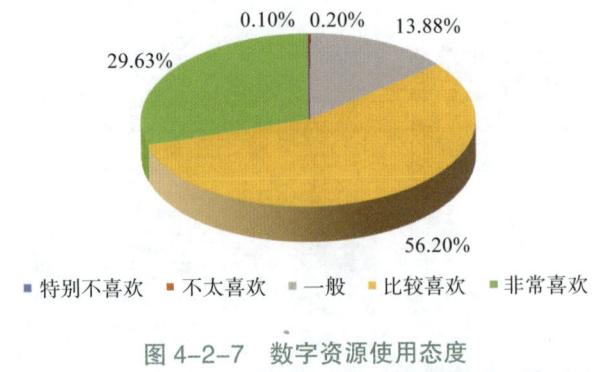

图 4-2-7　数字资源使用态度

图 4-2-8 显示，"不同意"和"不太同意"题项 23 表述（"使用数字资源让我感到焦虑和紧张"）的教师共占样本总量的 73.52%，说明近 3/4 的调查对象对使用数字资源几乎不存在焦虑感，基本已适应使用数字资源进行教学。"同意"和"比较同意"该表述的教师共占样本总量的 11.02%，说明仍有约 1/10 的调查对象对使用数字资源抱有明确的负面情绪。

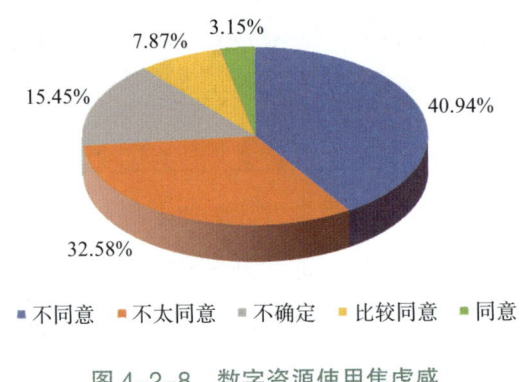

图 4-2-8　数字资源使用焦虑感

结合使用态度的调查结果来看，大部分教师对数字资源持有较为正面的使用情感，态度积极，焦虑感低；仅有少部分教师对使用数字资源抱有负面情绪，这可能与教师自身的使用能力、所选资源的质量、以往的使用体验等多种因素有关。

4. 使用意识

题项 24 为量表题，共设置了 3 个子题项，旨在测量教师在使用新技术、新设备与平台、创新教学模式和方法三方面的主动性。各子题项均值从高到低依次为：我主动学习并使用新技术＞我主动利用数字资源创新教学模式或方法＞我主动使用新的教学设备或平台。（表 4-2-8）这说明调查对象在使用新的教学设备或教学平台方面的意识最为薄弱，在利用数字资源创新教学模式和方法方面的意识较好，在学习和应用新技术方面的意识最好。该题调查结果表明，教师在选定数字教学平台和设备后，主动更换先前选择的情况较少，同时在创新教学、使用新技术方面的主动意识较强。

表 4-2-8　数字资源使用意识调查情况

	题项/子题项	均值	标准差	最小值	最大值
题项	使用意识	4.24	0.67	1.00	5.00
子题项	我主动学习并使用新技术	4.32	0.67	1.00	5.00
子题项	我主动使用新的教学设备或平台	4.18	0.81	1.00	5.00
子题项	我主动利用数字资源创新教学模式或方法	4.23	0.74	1.00	5.00

5. 使用能力

题项 25 为量表题，共设置了 3 个子题项。各子题项均值从高到低依次为：我能熟练运用数字平台和资源的主要功能＞我能解决数字平台和资源在使用中的常见问题＞我能制作中文教学音频、视频、微课等数字资源。（表 4-2-9）这说明调查对象在制作数字资源方面的能力最为薄弱，在解决数字平台和资源的使用问题方面能力较好，在熟练运用数字平台和资源的主要功能方面能力最好。

表 4-2-9　数字资源使用能力调查情况

	题项/子题项	均值	标准差	最小值	最大值
题项	使用能力	3.79	0.78	1.00	5.00
子题项	我能熟练运用数字平台和资源的主要功能	3.94	0.79	1.00	5.00
子题项	我能解决数字平台和资源在使用中的常见问题	3.77	0.86	1.00	5.00
子题项	我能制作中文教学音频、视频、微课等数字资源	3.64	1.04	1.00	5.00

6. 使用效果

题项 26 为量表题，共设置了 7 个子题项。各子题项均值从高到低依次为：让教学内容更加直观生动了＞让教学更加灵活多样了＞让教学更加便利高效了＞让我与学生的教学互动更好了＞让学生的学习投入度更高了＞让学生的中文学习效果更好了＞让学生的自主学习能力提高了。（表 4-2-10）总体来看，教师认为使用数字资源对教学的作用较大，对学生的作用较小。其中，对提升教学内容的直观性和多样性的作用较大，对提升教学过程的便利性和互动性的作用较小；对提升学生投入度的作用较大，对提升学生学习效果和学习能力的作用较小。

表 4-2-10　数字资源使用效果调查情况

	题项/子题项	均值	标准差	最小值	最大值
题项	使用效果	4.22	0.60	2.00	5.00
子题项	让教学更加灵活多样了	4.35	0.60	1.00	5.00
	让教学更加便利高效了	4.30	0.68	1.00	5.00
	让教学内容更加直观生动了	4.39	0.61	1.00	5.00
	让我与学生的教学互动更好了	4.24	0.75	1.00	5.00
	让学生的学习投入度更高了	4.15	0.78	1.00	5.00
	让学生的中文学习效果更好了	4.13	0.75	1.00	5.00
	让学生的自主学习能力提高了	3.96	0.83	1.00	5.00

7. 使用满意度

题项 27 和题项 28 采用单选题的形式，对教师使用数字教学平台和数字资源的满意度分别进行了调查。图 4-2-9 显示，"非常满意"和"满意"目前数字教学平台的教师共 593 位（58.37%），"非常满意"和"满意"目前数字资源的教师共 376 位（37.01%），说明倾向于满意目前数字教学平台的教师较多，倾向于满意目前数字资源的教师较少；"非常不满意"和"不满意"目前数字教学平台的教师共 27 位（2.66%），"非常不满意"和"不满意"目前数字资源的教师共 93 位（9.15%），说明倾向于不满意目前数字资源的教师较多，倾向于不满意目前数字教学平台的教师较少；对数字资源的满意度持中立态度的教师共 547 位（53.84%），明显多于对数字教学平台的满意度持中立态度的教师（396 位，38.98%）。总体来看，当前教师对数字教学平台和数字资源的满意度整体较高，其中，对数字教学平台的满意度明显高于对数字资源的满意度。

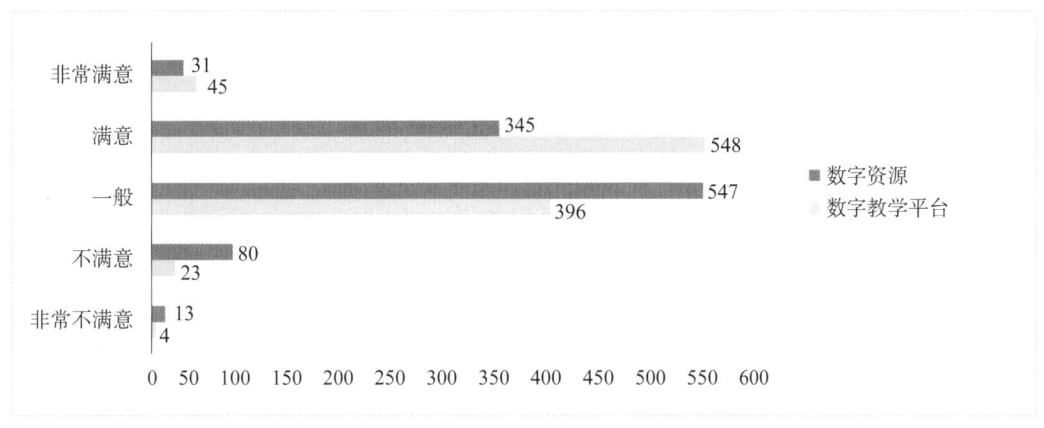

图 4-2-9　数字教学平台与数字资源使用满意度

8. 持续使用意愿

题项 29 和题项 30 采用单选题的形式，对教师持续使用目前数字教学平台和数字资源的意愿分别进行了调查。图 4-2-10 显示，"一定会"和"应该会"持续使用目前数字教学平台的教师共 748 位（73.62%），"一定会"和"应该会"持续使用目前数字资源的教师共 759 位（74.70%），说明倾向于持续使用目前数字资源的教师略多于倾向于持续使用目前数字教学平台的教师；"肯定不会"和"也许不会"持续使用目前数字教学平台的教师共 75 位（7.38%），"肯定不会"和"也许不会"持续使用目前数字资源的教师共 47 位（4.63%），说明倾向于不再持续使用目前数字教学平台的教师略多于倾向于不再持续使用目前数字资源的教师；对持续使用目前数字资源持中立态度的教师共 210 位（20.67%），略多于对持续使用目前数字教学平台持中立态度的教师（193 位，19.00%）。总体来看，教师对目前数字教学平台和数字资源的持续使用意愿整体较强。比较而言，对数字资源的持续使用意愿略强，对数字教学平台的持续使用意愿略弱。

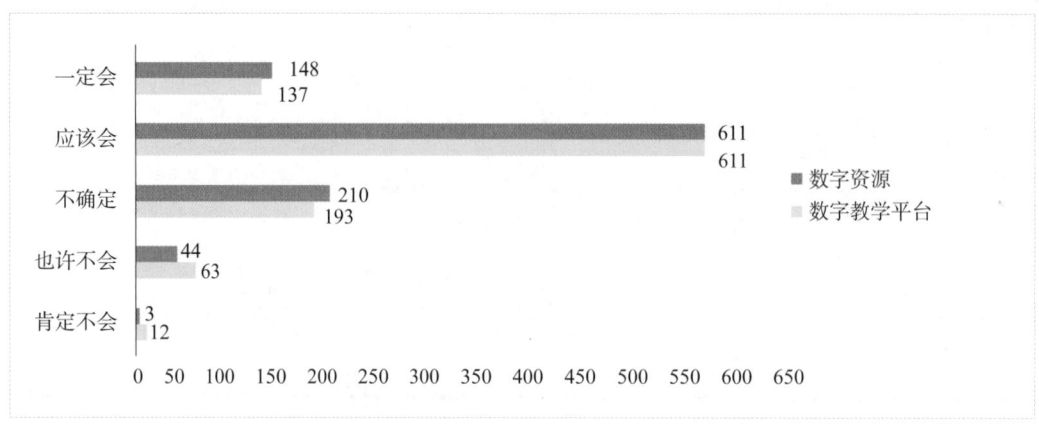

图 4-2-10　数字教学平台与数字资源持续使用意愿

三、主要结论

（一）数字资源获取途径多样

当前教师获取数字资源的主要途径是网络搜索、其他教师推荐，次要途径是学区或学校推荐、纸质教材附赠，其他途径包括：出版（或技术）公司宣传推广、学生建议、教师自制、资源交流平台推荐、教育机构统一开发。从调查结果可以看出，当前教师获取数字资源信息的渠道仍有不足，研发单位应在现有基础上加大数字资源的宣传推广力度，使已开发的数字资源触及更多的教师人群。

（二）教师在数字资源使用中掌握主要决定权

教师在使用数字教学平台与资源上均有较大的使用决定权，且在数字资源上的使用决定权远远高于数字教学平台。信息系统接受研究表明[①]，教师在使用新兴技术或技术产品时的自愿性会影响其使用态度、使用行为及持续使用意愿。同时，关于持续使用意愿的调查也显示，数字教学平台的持续使用意愿低于数字资源的持续使用意愿，这从侧面印证了使用决定权对持续使用意愿的影响。因此，在决定使用哪

---

① Venkatesh, V., Morris, M. G., Davis, G. B., et al. User acceptance of information technology: Toward a unified view[J]. MIS Quarterly, 2003, 27 (3): 425-478.

个数字教学平台时,学校或教研室主管可参考教师的意见与建议,从而提升教师在数字教学过程中的积极性。

(三)教师对数字资源的付费意愿较强

大部分教师愿意为数字资源付费或少量付费。免费的数字资源固然可以吸引更多的教师使用,但考虑到数字资源开发周期长、成本高等因素,适当对数字资源收费无可厚非。但值得注意的是,付费数字资源只有以质量过关为前提,才可为大部分教师所接受。因此,亟须建立科学、完善的数字资源组织管理体系,基于市场需求甄别优质数字资源,合理拟定价格,确保资源内容满足教师期待,从而提升数字资源的二次传播能力。

(四)数字资源已成为教师使用的主要资源形式

数字资源已在国际中文教学中普遍使用,且大部分教师使用数字资源的比例远远高于纸质材料,很多教师抱有"在未来,数字资源会逐步替代纸质资源"的使用观念。随着在线教学的不断普及,数字资源的重要性和优势将愈发凸显。在推广数字资源的过程中,设备条件和资源质量是亟待解决的两大问题。一方面,许多在发展中国家任教的教师缺乏使用数字资源的网络条件、设备条件,不得不削减其在教学中使用数字资源的比例;另一方面,找不到合适的数字资源是部分教师仍然选择纸质材料的主要原因。

(五)教师所使用的数字资源类型多样,但功能尚未完全利用

在常用的教学平台方面,当前教师使用的数字教学平台多集中于Zoom、腾讯会议、钉钉,其他常用的数字教学平台则较为分散。在常用的教学平台功能方面,使用"课堂讲授""在线课堂互动""在线布置批改作业""提交传输课程资料""在线备课"功能的教师较多,使用"课堂考勤管理""直播课回放""在线教育测试及评分""在线课后辅导答疑""通过电子数据分析学生的学习行为"功能的教师较少。部分数字教学平台功能并不全面,仅能实现在线讲授、实时互动等基础功能,这是教师使用平台功能存在明显偏向的重要原因。

在常用的数字资源类型方面,使用音视频网站或APP、即时通信工具、文件传输及存储工具、教学资源网站或APP的教师较多,使用音视频制作工具、教学管理系统、增强现实/虚拟现实的教师较少;使用集成性搜索引擎、综合性视频分享门

户的教师较多，使用以教学为主要功能的数字资源的教师较少；使用适用于一般教学的数字资源的教师较多，使用针对中文教学的数字资源的教师较少。

（六）教师对数字资源持有较为正面的使用情感

大部分教师对数字资源抱有正面的、积极的使用态度，但小部分教师对使用数字资源感到焦虑。一方面，相关机构应积极组织使用数字资源的相关培训，提高教师的数字资源使用能力，从而消除教师的使用焦虑感；另一方面，教师应调动自身积极性，观摩数字示范课程，学习使用方法与技巧，并在教学中尝试使用不同类型的数字资源，从而消除自身的使用焦虑感。

（七）教师的数字资源使用意识较强，但使用能力有所欠缺

当前教师对数字资源的使用意识整体较好，但使用能力尚显不足，尤以制作数字资源的能力最为欠缺。由此可见，教师的数字资源使用能力还需进一步提升。除学校和教师应充分发挥自身主观能动性、提升数字资源使用能力外，相关数字资源研发单位可推出个性化资源制作模板，降低教师自主制作数字资源的难度，为教师快速制作不同内容的系列资源提供便利。

（八）教师对数字资源的满意度较高，且持续使用意愿较强

在满意度方面，教师对数字教学平台和数字资源的满意度整体较高。但当前教师认为，数字资源在提升教学互动性、使教学更加便利高效、使教学更加灵活多样、使教学内容更加直观生动方面的作用较好，而在提升学生学习效果、提高学生自主学习能力、提升学生投入度方面的作用并不理想。未来的数字资源开发应立足"学生视角"，提升学生的资源使用体验与效果，从而带动教师满意度的提升。在持续使用意愿方面，教师对数字教学平台和数字资源的持续使用意愿整体较强。但当前部分数字教学平台功能不全，教师可使用的平台功能受限，影响了教师持续使用数字教学平台的意愿。因此，亟须开发教学功能完善、学科特色突出的数字教学平台，提升教师对数字教学平台的持续使用意愿。

作者：李诺恩，香港中文大学

第三节 教师对中文数字资源需求的调查[①]

本节关注国际中文教师(简称"教师")对国际中文教育数字教学资源(简称"数字资源")的需求情况,希望通过问卷调查[②],全面、详细地收集并分析一线教师对数字资源的需求信息,力图从教师需求视角获得一些有价值的结论,为后续数字资源建设提供参考。

一、需求情况调查结果与分析

(一)数字教学平台需求

1. 内容需求

题项1为多选排序题。各选项平均综合得分由高到低依次为:加大课程配套教学资源建设＞增加适用于中文教学的辅助软件＞改善平台的功能及稳定性＞提供适用于中文教学的评估工具＞进行教学平台和工具使用的培训和指导＞加强线上技术服务支持＞其他。(图4-3-1)选项"其他"中提供了部分需求的详细信息,主要有:(1)增加平台配套的辅助教学工具,如多语种字典、汉字书写工具等;(2)整合现有数字资源并免费共享给教师;(3)提供针对性强的数字资源,如针对语法点的练习、与教材配套的课件和音视频等;(4)加强平台操作的简便性;(5)加强平台互动性功

[①] 本节内容为2022年度教育部人文社会科学重点研究基地重大项目"国际中文教育数字资源综合评价理论与方法研究"(批准号:22JJD740016)阶段性成果。
[②] 项目组研制了《国际中文教育数字教学资源需求调查问卷(教师版)》,调查问卷的收取方式、发放时间、样本回收情况、样本剔除情况、最终有效样本量和调查对象的基本信息与《国际中文教育数字教学资源使用调查问卷(教师版)》相同。项目组使用SPSS 27.0对数据进行统计分析,其中多选题和多选排序题的卡方拟合优度均呈现出显著性(p=.000<.01),意味着各题项内选项间具有明显差异。

能的建设，如教师可在平台上自由分享教学资源、交流教学经验。

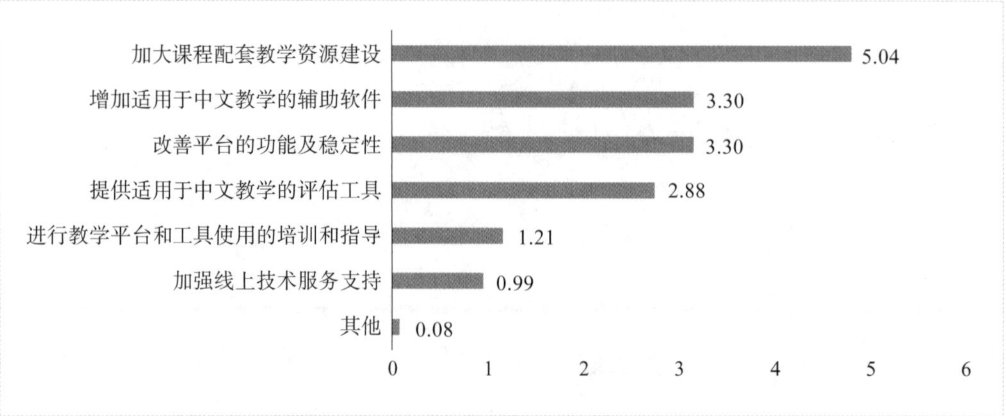

```
加大课程配套教学资源建设                              5.04
增加适用于中文教学的辅助软件          3.30
改善平台的功能及稳定性                3.30
提供适用于中文教学的评估工具       2.88
进行教学平台和工具使用的培训和指导  1.21
加强线上技术服务支持               0.99
其他                              0.08
                0    1    2    3    4    5    6
```

图 4-3-1　数字教学平台内容需求各选项平均综合得分[①]

选项"加大课程配套教学资源建设"的平均综合得分为 5.04，显著高于其他选项，可视作教师对数字教学平台的主要需求；选项"增加适用于中文教学的辅助软件""改善平台的功能及稳定性""提供适用于中文教学的评估工具"的平均综合得分分别为 3.30、3.30 和 2.88，可视作教师对数字教学平台的次要需求；选项"进行教学平台和工具使用的培训和指导""加强线上技术服务支持"的平均综合得分较低，分别为 1.21 和 0.99，可视作教师对数字教学平台的边缘需求。总体来看，数字教学平台应突出自身的"教学性"，与即时通信平台、音视频会议平台区别开来，充分结合学科特色，以服务教学为建设核心，在保障各项功能稳定运行的前提下，加强配套教学资源的丰富性与多样性、纳入更多教学辅助工具与软件，从而优化教师的使用体验。

2. 功能需求

题项 2 为多选排序题，各选项平均综合得分由高到低依次为：在线课堂互动＞课堂讲授＞在线备课＞在线教育测试及评分＞在线布置批改作业＞提交、传输课程资料＞课堂考勤管理＞通过电子数据分析学生学习行为＞直播课回放＞在线课后辅导答疑＞其他。（图 4-3-2）选项"其他"中列举的数字教学平台功能需求主要是对选项"通过电子数据分析学生学习行为"的细化，具体内容总结如下：提供平台的

[①] 在多选排序题中，平均综合得分反映选项的综合排名情况，得分越高表示综合排序越靠前。具体计算方法为：选项平均综合得分 =（∑ 频数 × 权值）/ 本题填写人次（权值由选项被排列的位置决定）。

记录和监管功能，使教师能够从学生的学习时长、回答问题频次、作业完成率等方面分析学生的学习情况，提供基于智能数据反馈学习情况的功能。

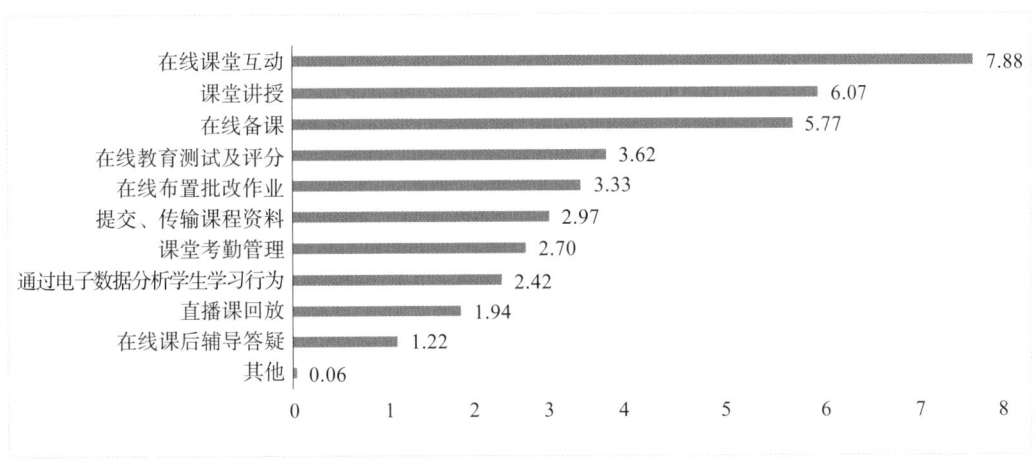

图 4-3-2　数字教学平台功能需求各选项平均综合得分

选项"在线课堂互动"的平均综合得分为 7.88，显著高于其他选项，需求最大；选项"课堂讲授""在线备课""在线教育测试及评分""在线布置批改作业"的平均综合得分均高于 3 分，需求较大；选项"提交、传输课程资料""课堂考勤管理""通过电子数据分析学生学习行为"的平均综合得分在 2 到 3 分之间，需求较小；选项"直播课回放""在线课后辅导答疑"的平均综合得分仅为 1.94 和 1.22，需求最小。

总体来看，教师对平台的需求更倾向于课堂教学功能。其中，课堂互动是提升第二语言课堂教学效果的关键所在，但在线上教学中，师生互动常常存在时空上的障碍。因此，教师亟须在线课堂互动功能，提高师生、生生的互动频率和质量，从而保证教学效果。此外，课堂讲授、在线备课、在线教育测试评分及在线布置批改作业均是课堂教学的重要环节，其平均综合得分也较高。而与课堂教学功能相比，教师对直播课回放和在线课后辅导答疑这类课后拓展功能的需求较小。

（二）数字资源需求

1. 数字资源特征

题项 3 为多选排序题，各选项平均综合得分由高到低依次为：获取方便＞检索方便＞免费使用＞更新及时＞素材丰富，可选择性强＞能够下载＞与教学平台的兼容性强＞能够在线播放或使用＞链接准确，响应及时＞其他。（图 4-3-3）选项"其他"中包含的主要需求涉及数字资源的内容层面,如趣味性强、质量高、与教材的适配性强等。

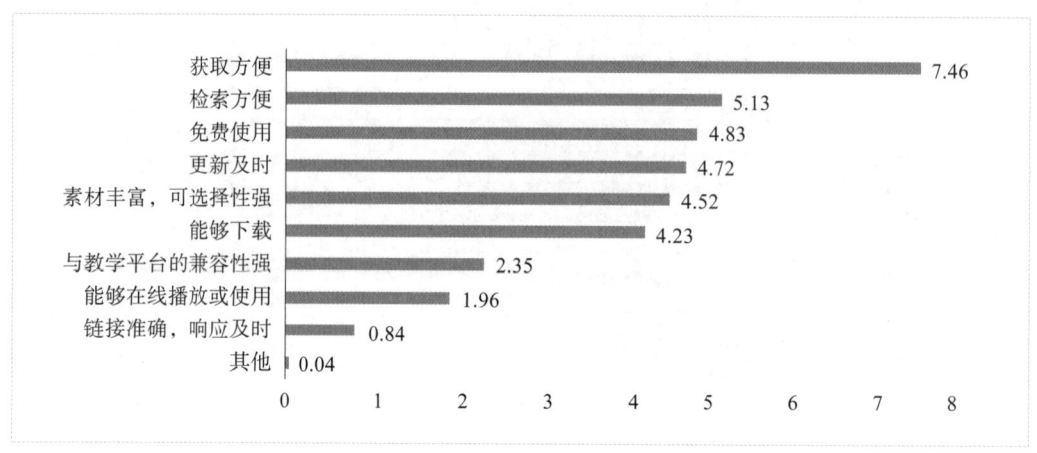

图 4-3-3 数字资源特征需求各选项平均综合得分

选项"获取方便"的平均综合得分为 7.46,显著高于其他选项,需求最大;选项"检索方便""免费使用""更新及时""素材丰富,可选择性强""能够下载"的平均综合得分分别为 5.13、4.83、4.72、4.52 和 4.23,需求较大;选项"与教学平台的兼容性强""能够在线播放或使用""链接准确,响应及时"的平均综合得分分别为 2.35、1.96 和 0.84,需求较小。

总体来看,教师更关注使用成本和资源内容两个方面。其中,使用成本包括以"获取方便""检索方便"为代表的时间成本和以"免费使用"为代表的经济成本。当前数字资源虽然在数量上已经形成了一定的规模,但分散在不同的资源平台上,导致教师在查找、检索资源的过程中耗费了大量时间和精力,且部分资源需要付费获取,增加了教师的经济负担。因此,缩减资源使用的经济成本和时间成本是教师对数字资源的重要需求。此外,选项"更新及时""素材丰富"反映出教师对资源内容连贯性和丰富性的重视。当前数字资源存在更新不及时或者不更新的现象,导致资源内容陈旧,缺乏连贯性和时效性。选项"其他"中提及的需求也均与资源内容高度相关,可见教师对数字资源的内容十分重视。

2. 数字资源类型

题项 4 为多选题,各选项频次由高到低依次为:PPT 课件＞音视频＞网络游戏类资源＞数字教材＞在线试题＞扩展性语言材料＞在线作业＞有关课程内容的讲解

微课>其他。(表 4-3-1)

表 4-3-1　数字资源类型需求各选项情况①

选项	频次	普及率	响应率
PPT 课件	762	75.00%	25.53%
音视频	526	51.77%	17.62%
网络游戏类资源	346	34.06%	11.59%
数字教材	340	33.46%	11.39%
在线试题	332	32.68%	11.12%
扩展性语言材料	264	25.98%	8.84%
在线作业	206	20.28%	6.90%
有关课程内容的讲解微课	205	20.18%	6.87%
其他	4	0.39%	0.13%
总计	2985	293.80%	100.00%

选项"PPT 课件""音视频"普及率显著高于其他选项，分别为 75.00% 和 51.77%，均覆盖了超过半数的调查对象，可视作当前教师需求较大的数字资源类型；选项"扩展性语言材料""在线作业""有关课程内容的讲解微课"的普及率分别为 25.98%、20.28% 和 20.18%，即覆盖调查对象的比例均低于 30%，可视作当前教师需求较小的数字资源类型。

总体来看，教师对课堂教学必备资源和趣味性较强的资源需求较大。其中，需求量较大的课堂教学必备资源包括"PPT 课件""数字教材""在线试题"。这三类课堂教学必备资源的专业性、系统性较强，如果教师自制此类数字资源，将需要花费大量的时间和精力，这可能是需求较大的主要原因。而教师对"扩展性语言材料""有关课程内容的讲解微课"这两类课后拓展型资源的需求较小，这与数字教学平台功能的调查结果在一定程度上相吻合。此外，教师对"音视频""网络游戏类资源"需求也较大，这两类数字资源趣味性较强，与课堂教学必备资源的专业性互为补充，在保证教学效果的前提下，能够提升学生的学习积极性。

---

① "普及率"指各选项的选择频次占样本总量的比例，"响应率"指各选项的选择频次占所有选项选择总频次的比例。

3. 适用语言水平

题项 5 为多选题，各选项频次由高到低依次为：初中高连贯的资源＞零起点资源＞中高级资源＞高级资源＞初级/基础资源＞初中级资源＞中级资源＞其他。（表 4-3-2）选项"其他"中包含的数字资源主要是：针对中文水平考试（HSK）的初级资源和针对中文水平口语考试（HSKK）的初级口语资源。

表 4-3-2 数字资源适用语言水平需求各选项情况

选项	频次	普及率	响应率
初中高连贯的资源	550	54.13%	23.77%
零起点资源	403	39.67%	17.42%
中高级资源	349	34.35%	15.08%
高级资源	310	30.51%	13.40%
初级/基础资源	299	29.43%	12.92%
初中级资源	207	20.37%	8.95%
中级资源	171	16.83%	7.39%
其他	25	2.46%	1.08%
总计	2314	227.75%	100.00%

选项"初中高连贯的资源"普及率最高，为 54.13%，覆盖超过半数的调查对象，可视作当前教师需求最大的数字资源。其余选项可归为非连贯性资源，从零起点资源到高级资源，教师的需求呈现"U"型趋势：零起点资源和中高级/高级资源的需求较大，初级/初中级/中级资源的需求相对较小。

总体来看，当前教师对初中高连贯资源的需求最大。初中高连贯的资源覆盖所有教学层次，可以帮助教师在学生语言水平逐步提高的过程中保持教学的连贯性和系统性。而且，连贯资源具有可拆分性，同一套资源可以拆分给不同水平的学生使用，便于教师"一站式"获取针对不同级别的数字资源。在非连贯性资源方面，零起点资源的需求量最高，这可能与零起点中文教学普及面最广有关。此外，这类资源往往需要兼顾学生的学习兴趣培养、语言基础知识的直观性与系统性等，对资源制作水平要求较高，因此需求量较大。同时，中高级/高级资源的需求也相对较高，原因可能是处于该语言水平的学生大多对系统性学习有较高的要求，加之部分学生有职业中文学习的需求,而当前市面上系统性、职业针对性强的中高级/高级资源较少,因此造成教师对此类资源的需求较高。

4. 适用对象

题项 6 为多选题,各选项频次由高到低依次为:已毕业/在职人士＞学前儿童＞中学生＞小学生＞大学生＞其他。(表 4-3-3)选项"其他"中包含的相关需求主要针对具体职业的中文学习者,如物流工作者、商务人士、导游等。

表 4-3-3 数字资源适用对象需求各选项情况

选项	频次	普及率	响应率
已毕业/在职人士	508	50.00%	24.74%
学前儿童	426	41.93%	20.75%
中学生	398	39.17%	19.39%
小学生	389	38.29%	18.95%
大学生	311	30.61%	15.15%
其他	21	2.07%	1.02%
总计	**2053**	**202.07%**	**100.00%**

选项"已毕业/在职人士"的普及率远高于其他选项,覆盖半数的调查对象,需求最大;选项"学前儿童"的普及率位列第二,为 41.93%,需求较大;其余选项可归为在读学生,从中学生、小学生到大学生,选项的普及率呈现逐渐下降的趋势。

近年来,"中文+职业技能"的教学需求日益旺盛,以往的中文教学及数字资源主要关注语言知识传授和语言技能提升两个方面,缺乏职业针对性,无法满足在职人士的需要,导致针对已毕业/在职人士的数字资源成为主要需求。此外,教学对象低龄化是中文教学近年来的另一个发展趋势,这一现象使适用于学前儿童的数字资源需求迅速增长。而在读学生随着年龄的增长,他们的自主学习能力不断增强,可以自主查找所需数字资源。因此,从中学生、小学生到大学生,教师对相应数字资源的需求不断减少。

5. 素材库类型

题项 7 为多选题,各选项频次由高到低依次为:汉字教学资源库＞语法教学资源库＞视听资源库＞词汇教学资源库＞图片库＞语音教学资源库＞例句库＞跨文化资源库＞教学案例库＞阅读资源库＞口语语料库＞写作语料库＞其他。（表 4-3-4）选项"其他"的需求主要有：翻译资源库和汉外对比分析库。

表 4-3-4　数字资源素材库类型需求各选项情况

选项	频次	普及率	响应率
汉字教学资源库	542	53.35%	12.31%
语法教学资源库	514	50.59%	11.67%
视听资源库	480	47.24%	10.90%
词汇教学资源库	443	43.60%	10.06%
图片库	438	43.11%	9.95%
语音教学资源库	394	38.78%	8.95%
例句库	301	29.63%	6.84%
跨文化资源库	299	29.43%	6.79%
教学案例库	284	27.95%	6.45%
阅读资源库	266	26.18%	6.04%
口语语料库	250	24.61%	5.68%
写作语料库	188	18.50%	4.27%
其他	4	0.39%	0.09%
总计	4403	433.36%	100.00%

选项"汉字教学资源库""语法教学资源库"的普及率分别为 53.35% 和 50.59%，均覆盖超过半数的调查对象，可视作当前教师需求最大的数字资源素材库类型；选项"视听资源库""词汇教学资源库""图片库""语音教学资源库"的普及率均在 30%—50% 之间，可视作当前教师需求较大的数字资源素材库类型；选项"例句库""跨文化资源库""教学案例库""阅读资源库""口语语料库""写作语料库"的普及率均低于 30%，覆盖调查对象的比例较小，可视作当前教师需求较小的数字资源素材库类型。

总体来看，教师对语言基本要素数字资源素材库的需求较大，如词汇、汉字、语法、语音语料库等；对专项语言技能数字资源素材库的需求较小，如写作、口语、阅读语料库等。一方面，语言基本要素是专项语言技能发展的基础，这导致教师对语言基本要素素材库的需求整体高于对专项语言技能素材库的需求；另一方面，数字资源可以形象、直观地呈现中文的语法结构，以及汉字的笔顺、结构、演变等，有助于解决学生的学习难点，因此，在语言基本要素的数字资源素材库中，教师对语法和汉字素材库的需求尤为强烈。

（三）配套服务需求

题项 8 为多选题，各选项频次由高到低依次为：数字资源如 H5、微课制作培训＞利用数字资源创新教学模式的培训或研讨＞数字资源功能的使用培训＞平台和资源的试用＞新的数字资源上线的资讯＞其他。（表 4-3-5）

表 4-3-5　数字资源配套服务需求各选项情况

选项	频次	普及率	响应率
数字资源如 H5、微课制作培训	665	65.45%	27.23%
利用数字资源创新教学模式的培训或研讨	569	56.00%	23.30%
数字资源功能的使用培训	421	41.44%	17.24%
平台和资源的试用	405	39.86%	16.58%
新的数字资源上线的资讯	373	36.71%	15.27%
其他	9	0.89%	0.37%
总计	2442	240.35%	100.00%

选项"数字资源如 H5、微课制作培训"的普及率最高，为 65.45%，覆盖半数以上的调查对象，可视作当前教师需求最大的数字资源配套服务；选项"利用数字资源创新教学模式的培训或研讨""数字资源功能的使用培训"普及率较高，分别为 56.00% 和 41.44%，可视作当前教师需求较大的数字资源配套服务；选项"平台和资源的试用""新的数字资源上线的资讯"普及率较低，分别为 39.86% 和 36.71%，可见教师对此类数字资源配套服务的需求较小。

总体来看，教师对数字资源配套服务的需求集中在数字资源制作和使用培训两个方面。交互式课件、微课越来越多地应用于日常教学，但制作上述数字资源要求教师掌握动画设计、音效设计、音视频剪辑等多种数字技术，导致数字资源制作培训成为教师急需的配套服务之一。数字资源使用培训，包括功能使用培训和教学模式创新培训两个方面，二者相辅相成：教师只有掌握了数字资源的基本功能才能实现教学模式的创新，而教学模式的创新又能够带动数字资源高级功能的广泛应用。

此外，与其他类型的配套服务相比，教师虽然对"平台和资源的试用""新的数字资源上线的资讯"需求较小，但两个选项的普及率均在30%以上，仍是数字资源配套服务建设不可忽视的重要方面。新资源的试用可以帮助教师检验数字资源的质量以及与教学需求的适配性，发现资源使用中可能会出现的问题，为教师选择数字资源的决策提供重要参考；而数字资源上线的资讯可以帮助教师拓宽了解资源产品的渠道，掌握数字资源发展的最新动向。

二、主要结论

（一）数字教学平台内容与功能需求偏重于课堂教学

在数字教学平台内容需求的调查中，课程配套的教学资源、教学辅助软件、教学评估工具是教师的主要需求；在数字教学平台功能需求的调查中，教师更关注平台在课堂互动、授课、备课、测试评分等教学环节上的功能性。总体来看，教师对数字教学平台的需求均集中在与课堂教学相关的内容和功能上。因此，未来数字教学平台建设应明确自身定位，在内容、功能层面突出平台的教学性，重点提高课堂教学资源的丰富性和课堂教学功能的完整性，以此提升自身的市场竞争力。

（二）低获取成本的课堂教学资源亟待补充

在数字资源类型需求的调查中，教师对PPT课件、音视频和数字教材等课堂教学必备的数字资源有较高需求。同时，在数字资源特征需求的调查中，教师更关注与获取成本有关的资源特征，对检索方便、获取时间成本低的资源需求较高，部分教师有少量付费的意愿，但对免费使用、获取经济成本低的数字资源仍有大量需求。因此，未来数字资源建设应进一步加强资源整合与共享，增强资源的易获取性和适用性。

（三）低龄化与职业化数字资源的需求较高

在数字资源适用对象的调查中，普及率最高的两项为已毕业/在职人士和学前儿童，说明教师对职业化和低龄化数字资源的需求较大。未来数字资源建设应考虑开发针对不同年龄、不同学段的数字资源素材库,重点搭建适用于低龄儿童的数字资源库,提供大量卡通图片、动画、游戏、互动课件等趣味性强的数字资源,提高数字资源在低龄儿童群体中的适用性。此外,目前职业中文相关的数字资源较少。为满足"中文+职业技能"教学的需要,高校和机构等应加强"中文+职业技能"数字资源建设,尽快补充相关资源,为教师教授体系化的教学内容、实践科学化的教学方法提供支持。

(四)语言基本要素类素材库需求较高,专项技能类素材库需求较低

在数字资源素材库的类型需求调查中,教师更看重语音、汉字、词汇、语法等语言基本要素类素材库。因此,数字资源开发应围绕语言基本要素,加大素材库的建设力度,重点关注汉字和语法素材库建设,在设计资源时考虑纳入汉字动画、汉字故事、汉外语法对比等数字资源,使教师在使用汉字或语法教学资源时能够更加得心应手。

(五)数字资源服务需求集中在资源制作和使用环节

在数字资源配套服务需求的调查中,教师的关注点集中在资源的制作和使用环节上。数字资源建设应将数字资源的制作与使用培训作为配套服务的重要内容,同时满足教师数字资源获取、数字能力提升、教学经验分享等多种需求。此外,平台与资源的试用也是配套服务中不可或缺的部分。数字资源研发团队可以推出资源试用、使用培训、教学模式创新指导的一体化服务,更好地推广最新上线的数字资源产品。最后,在利用数字资源创新教学模式的过程中,数字资源平台应与高校教学与科研力量合作,针对如何创新教学模式进行系统、全面的探讨,并将相关研究成果试验性地应用到实际教学中,构建科学、完善的教学模式创新路径。

作者:李诺恩,香港中文大学;蒋汶芯,北京语言大学

第四节　学习者使用中文数字资源情况调查[①]

中文学习者（简称"学生"）使用国际中文教育数字学习资源（简称"数字资源"）的相关情况，已成为影响其数字化学习效果的重要因素。为此，本节通过问卷调查[②]，收集并分析学生使用数字资源的相关情况，以期为后续数字资源建设提供参考。

一、基本情况

（一）调查对象

1250 位调查对象基本信息汇总见表 4-4-1：

表 4-4-1　调查对象基本信息汇总

基本信息	选项	频次	占比
年龄	12 岁以下	48	3.84%
	12—18 岁	208	16.64%
	19—25 岁	766	61.28%
	25 岁以上	228	18.24%
	总计	1250	100.00%

[①] 本节内容为2022年度教育部人文社会科学重点研究基地重大项目"国际中文教育数字资源综合评价理论与方法研究"（批准号：22JJD740016）阶段性成果。

[②] 项目组研制了《国际中文教育数字教学资源使用调查问卷（学生版）》，并于2022年1月至2月通过问卷星、邮件等方式向海内外中文学习者发放，共收回问卷1264份，其中有效问卷1250份，有效回收率为98.89%。项目组使用 SPSS 27.0 对数据进行统计分析，其中多选题和多选排序题的卡方拟合优度均呈现出显著性（p=.000<.01），意味着各题项内选项间具有明显差异。

续表

基本信息	选项	频次	占比
身份	学前儿童/小学生	34	2.72%
	初中生/高中生	180	14.40%
	大学生/研究生	858	68.64%
	已毕业/在职人士	178	14.24%
	总计	1250	100.00%
中文学习时长	≤6个月	92	7.36%
	>6个月，且≤1年	162	12.96%
	>1年，且≤3年	422	33.76%
	>3年	574	45.92%
	总计	1250	100.00%
大洲/地区分布[①]	亚洲	894	71.52%
	欧洲	66	5.28%
	北美地区	124	9.92%
	拉丁美洲及加勒比地区	44	3.52%
	非洲	112	8.96%
	大洋洲	10	0.80%
	总计	1250	100.00%

调查对象来自65个国家和地区。其中，来自发达国家和地区的学生共266位（21.28%），来自发展中国家的学生共984位（78.72%）。[②]

（二）学习模式

调查对象的学习模式能够反映当前主要的中文课程形式。题项5为单选题。由表4-4-2可知，当前学习模式为"全部面授"和"大部分面授+少量网课"的学生共422位（33.76%），"全部网课"和"大部分网课+少量面授"的学生共654位（52.32%）。总体来看，当前学生通过网课学习中文的情况更为常见，但中文面授方式所占比例仍然不低。

---

① 依据联合国地理方案（UN Geographical Divisions）对世界地理区域的划分标准。
② 依据国际货币基金组织（International Monetary Fund）对发达国家和发展中国家的划分标准。

表 4-4-2　调查对象的学习模式

选项	频次	占比
全部面授	240	19.20%
大部分面授 + 少量网课	182	14.56%
面授和网课各占一半	86	6.88%
大部分网课 + 少量面授	116	9.28%
全部网课	538	43.04%
线上线下混合同步教学	88	7.04%
总计	1250	100.00%

（三）数字学习环境

数字学习环境是影响学生使用数字资源的重要外部因素之一。题项 6 为量表题，共设置了 2 个子题项，要求学生对其网络条件和设备条件分别做出评价。由表 4-4-3 可知，调查对象的设备条件好于网络条件，他们在网络条件方面差异较大，在设备条件方面差异较小。总体来看，当前学生的数字学习环境整体较好，但部分学生使用数字资源的网络条件并不理想。

表 4-4-3　数字学习环境调查情况

	题项 / 子题项	均值	标准差	最小值	最大值
题项	数字学习环境	4.09	0.88	1.00	5.00
子题项	我有稳定、快速的网络	3.82	1.14	1.00	5.00
	我有使用方便的数字设备（电脑、手机、iPad 等）	4.37	0.89	1.00	5.00

（四）社会支持

来自主要社会关系的支持是影响学生使用数字资源的另一重要外部因素。题项 7 为量表题，共包含 3 个子题项，分别调查学生使用数字资源受到家庭、教师、同学和朋友支持的情况。各子题项均值从高到低依次为：老师支持＞家庭成员支持＞同学和朋友支持。这说明学生的数字资源使用行为受到来自教师的支持力度最大，来自家庭成员的支持力度较大，来自同学和朋友的支持力度较小。

表 4-4-4　数字资源社会支持调查情况

	题项 / 子题项	均值	标准差	最小值	最大值
题项	社会支持	4.11	0.89	1.00	5.00
子题项	家庭成员支持我运用数字平台 / 资源进行中文学习	4.04	1.12	1.00	5.00
	我的老师支持我运用数字平台 / 资源进行中文学习	4.28	0.90	1.00	5.00
	我的同学和朋友支持我运用数字平台 / 资源进行中文学习	4.02	1.08	1.00	5.00

二、使用情况调查结果与分析

（一）基本使用情况

1. 获取途径

题项 8 为多选题，各选项按频次由高到低依次为：教师或学校推荐＞自行网络搜索＞同学或朋友推荐＞纸质 / 数字教材附赠＞其他。（表 4-4-5）选项"其他"中包括的获取途径主要是家庭成员推荐。

表 4-4-5　数字资源获取途径各选项情况[①]

选项	频次	普及率	响应率
教师或学校推荐	856	68.48%	35.05%
自行网络搜索	760	60.80%	31.12%
同学或朋友推荐	478	38.24%	19.57%
纸质 / 数字教材附赠	332	26.56%	13.60%
其他	16	1.28%	0.66%
总计	2442	195.36%	100.00%

选项"教师或学校推荐"和"自行网络搜索"的普及率分别为 68.48% 和

---

① "普及率"指各选项的选择频次占样本总量的比例，"响应率"指各选项的选择频次占所有选项选择总频次的比例。

60.80%，覆盖超过半数的调查对象，可视为当前学生获取数字资源的主要途径。选项"同学或朋友推荐"和"纸质/数字教材附赠"的普及率分别为38.24%和26.56%，可视为当前学生获取数字资源的次要途径。总体来看，各选项的普及率总和为195.36%，平均每位学生约有两种数字资源获取途径，说明学生的数字资源获取途径并不单一。

2. 使用比例

题项9为单选题，各选项按频次由高到低依次为：数字资源和纸质材料各占一半＞大部分数字资源＋少量纸质材料＞大部分纸质材料＋少量数字资源＞全部使用数字资源＞全部使用纸质材料。（图4-4-1）由此可见，数字资源与纸质材料混合使用是当前学生使用资源的主要形式，其中使用数字资源的比重更大。

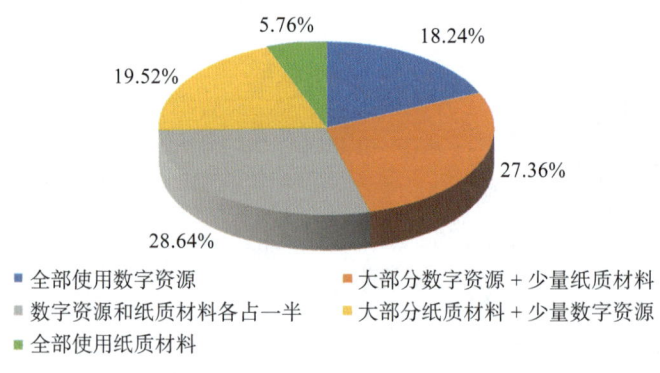

图 4-4-1　数字资源使用比例

我们以附加填空题的形式，要求全部使用纸质材料的学生填写不使用数字资源的原因。具体原因可分为以下三种情况：（1）教师或学校没有提供数字资源；（2）学生自身不习惯使用数字资源；（3）学生认为数字资源的使用效果不理想。由此可见，对于数字资源使用意识和主观能动性不强的学生，教师和学校的推荐至关重要。

3. 使用类型

（1）常用的数字学习平台类型

题项10为多选题，共设置了13个选项。各选项的统计结果如表4-4-6所示。

表 4-4-6　常用的数字学习平台各选项情况

选项	频次	普及率	响应率
Zoom	536	42.88%	22.04%
腾讯会议	474	37.92%	19.49%
钉钉	282	22.56%	11.60%
Google Meet	240	19.20%	9.87%
Google Classroom	234	18.72%	9.62%
学习通	188	15.04%	7.73%
其他	140	11.20%	5.76%
学校平台	90	7.20%	3.70%
Microsoft Teams	70	5.60%	2.88%
雨课堂	70	5.60%	2.88%
ClassIn	64	5.12%	2.63%
Skype	36	2.88%	1.48%
LingoAce	8	0.64%	0.33%
总计	2432	194.56%	100.00%

由表 4-4-6 可知，常用数字学习平台的各选项按频次由高到低依次为：Zoom＞腾讯会议＞钉钉＞Google Meet＞Google Classroom＞学习通＞其他＞学校平台＞Microsoft Teams＝雨课堂＞ClassIn＞Skype＞LingoAce。选项"其他"中列举的常用数字学习平台包括：中文联盟、腾讯课堂、Seesaw、Umeet、LingoDeer、各类通信软件视频/语音上课（如微信、WhatsApp、Zalo、Discord 等）。

在常用的数字学习平台设置的 13 个选项中，Zoom、腾讯会议的普及率分别为 42.88% 和 37.92%，可视为当前学生最为常用的数字学习平台。钉钉、Google Meet、Google Classroom、学习通的普及率均在 10%—30% 之间，可视为当前学生较为常用的数字学习平台。总体来看，各选项的普及率总和为 194.56%，平均每位学生使用约两种数字学习平台，说明当前学生使用的数字学习平台并不单一。此外，有 6 个选项的普及率不到 10%，说明除了最为常用和较为常用的学习平台外，其他学生常用的数字学习平台较为分散。

（2）常用的数字资源类型

题项 11 为多选题，共设置了 11 个选项。各选项的统计结果如表 4-4-7 所示。

表 4-4-7　常用的数字资源类型各选项情况

选项	频次	普及率	响应率
数字教材（纸质教材的 PDF 版本、在线数字教材等）	912	72.96%	19.96%
教师的 PPT 课件或网络 PPT 课件	904	72.32%	19.79%
音视频网站或 APP（YouTube、抖音、哔哩哔哩等）	544	43.52%	11.91%
在线游戏与测试资源（HSK 模拟测试、Quizlet、Kahoot!、Quizizz 等）	490	39.20%	10.73%
即时通信工具（Facebook Messenger、微信、WhatsApp 等）	488	39.04%	10.68%
纸质/数字教材附赠资源（配套音频光盘、在线配套音视频等）	484	38.72%	10.60%
中文学习网站或 APP（多邻国等）	254	20.32%	5.56%
文件传输及存储工具（网盘、电子邮箱等）	224	17.92%	4.90%
中文课程网站（慕课、微课网站、edX 等）	188	15.04%	4.12%
增强现实/虚拟现实	44	3.52%	0.96%
其他	36	2.88%	0.79%
总计	4568	365.44%	100.00%

由表 4-4-7 可知，常用的数字资源类型各选项按频次由高到低依次为：数字教材＞教师的 PPT 课件或网络 PPT 课件＞音视频网站或 APP ＞在线游戏与测试资源＞即时通信工具＞纸质/数字教材附赠资源＞中文学习网站或 APP ＞文件传输及存储工具＞中文课程网站＞增强现实/虚拟现实＞其他。选项"其他"中主要包括教师提供的练习题或作业。

选项"数字教材""教师的 PPT 课件或网络 PPT 课件"的普及率分别高达 72.96% 和 72.32%，大幅度超过 50%，即覆盖超过半数的调查对象，可视为当前学生最为常用的数字资源类型；选项"音视频网站或 APP""在线游戏与测试资源""即时通信工具""纸质/数字教材附赠资源"的普及率均高于 30%，可视为当前学生较为常用的数字资源类型；选项"中文学习网站或 APP""文件传输及存储工具""中文课程网站""增强现实/虚拟现实"的普及率均低于 30%，可视为当前学生较少使用的数字资源类型。

总体来看，各选项的普及率总和为 365.44%，平均每位学生使用近四种类型的数字资源，说明当前学生使用的数字资源类型呈现出多元化的特点。由选项频次可见，数字教材和 PPT 课件是学生主要使用的数字资源类型，这与线下多媒体课堂中学生主要使用的数字资源类型十分相似，是学生开展各种形式的数字学习必备的课堂学习资源。次常用的资源是娱乐性或互动性强的课后拓展类数字资源，如音视频网站、在线游戏资源、即时通信工具。当前学生较少使用中文学习网站或 APP、中文课程网站，这两类数字资源与音视频网站、在线学习资源、即时通信工具虽同属课后拓展类资源，但由于专业性、系统性较强，需要学生具备一定的中文基础和较强的自主学习能力，因此娱乐性或互动性强的课后拓展类数字资源更受学生青睐。

（二）具体使用情况

1. 使用观念

题项 12 为量表题，共包含 3 个子题项，旨在调查学生对资源使用难易度方面的认知。各子题项均值由高到低依次为：学习如何使用中文数字资源非常容易＞通过使用中文数字资源很容易提高我的中文水平＞找到适合我的中文数字资源非常容易。（表 4-4-8）这说明学生认为学习如何使用数字资源最为容易，通过数字资源提高中文水平比较容易，而找到适合自身的数字资源不太容易。

表 4-4-8 数字资源使用观念调查情况

	题项 / 子题项	均值	标准差	最小值	最大值
题项	使用观念	3.62	0.93	1.00	5.00
子题项	学习如何使用中文数字资源非常容易	3.75	1.03	1.00	5.00
	找到适合我的中文数字资源非常容易	3.50	1.11	1.00	5.00
	通过使用中文数字资源很容易提高我的中文水平	3.61	1.07	1.00	5.00

总体来看，学生的数字资源使用观念均值仅为 3.62，显著低于其他使用维度，且子题项 2（"找到适合我的中文数字资源非常容易"）的均值仅为 3.50，说明学生认为当前数字资源的易用性不强，部分学生存在难以找到适合自己的数字资源的观念。

2. 使用目的

题项 13 为多选题，共设置了 7 个选项。各选项按频次由高到低依次为：让中文学习更加生动、有趣＞获取更多语料和知识＞让中文学习更加快捷、方便＞提高我的中文应试能力＞了解更多中国文化＞增强与教师、同学的互动＞其他。（表 4-4-9）选项"其他"中包括的使用目的主要有：（1）与中国人合作贸易；（2）在中国完成专业学位，如医学学士课程；（3）了解更多关于中国的信息。

表 4-4-9 数字资源使用目的各选项情况

选项	频次	普及率	响应率
让中文学习更加生动、有趣	678	54.24%	23.28%
获取更多语料和知识	664	53.12%	22.80%
让中文学习更加快捷、方便	642	51.36%	22.05%
提高我的中文应试能力	388	31.04%	13.32%
了解更多中国文化	280	22.40%	9.62%
增强与教师、同学的互动	240	19.20%	8.24%
其他	20	1.60%	0.69%
总计	2912	232.95%	100.00%

选项"让中文学习更加生动、有趣""获取更多语料和知识""让中文学习更加快捷、方便"的普及率均在50%以上，覆盖超过半数的调查对象，可视为当前学生使用数字资源的主要目的。选项"提高我的中文应试能力""了解更多中国文化""增强与教师、同学的互动"的普及率均低于50%，可视为当前学生使用数字资源的次要目的。总体来看，学生的数字资源使用以趣味性与便捷性、扩充知识为导向，而提升应试能力、了解中国文化、增强互动不是学生使用数字资源的主要出发点。

3. 使用情感

题项14和题项15为单选题，旨在了解学生在使用数字资源过程中的心理倾向和情绪，分别表述为"使用数字资源进行中文学习是愉悦的""使用数字资源进行中文学习让我感到焦虑和紧张"。

由图4-4-2可知，针对题项14，"不同意"和"不太同意"该题项表述的学生共占样本总量的10.72%，"同意"和"比较同意"该题项表述的学生共占样本总量的61.12%。总体来看，超过半数的调查对象明确认为使用数字资源能给他们带来愉悦感。

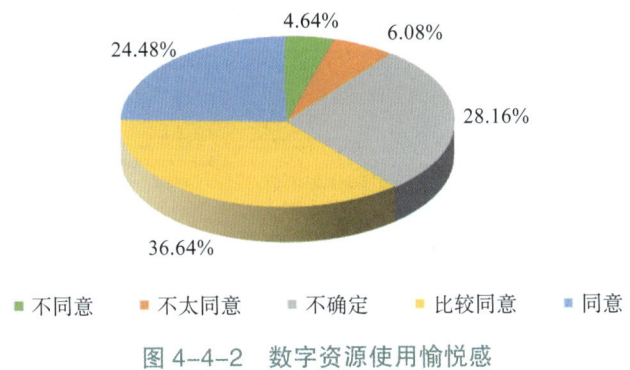

图 4-4-2　数字资源使用愉悦感

由图 4-4-3 可知，针对题项 15，"不同意"和"不太同意"该题项表述的学生共占样本总量的 35.04%，说明 35.04% 的调查对象对使用数字资源几乎不存在焦虑感，基本已适应使用数字资源进行学习；"同意"和"比较同意"该题项表述的学生共占样本总量的 37.92%，说明 37.92% 的调查对象对使用数字资源抱有明确的焦虑感。

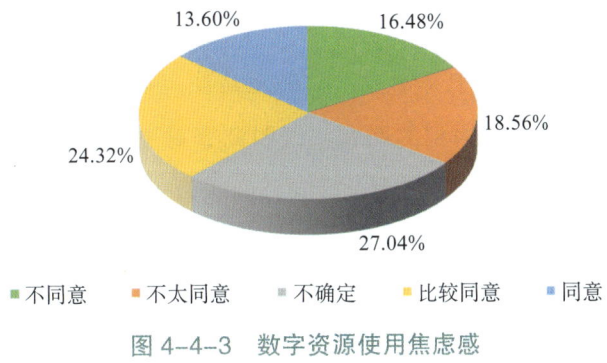

图 4-4-3　数字资源使用焦虑感

总体来看，学生使用数字资源的学习体验并不理想，约 10% 的学生在数字资源使用过程中缺乏愉悦感，近 40% 的学生焦虑感较高。负面使用情感会使学生对使用数字资源产生排斥心理。

4. 使用意识

题项 16 为量表题，共设置了 4 个子题项，旨在测量学生使用数字资源的主动性。各子题项均值由高到低依次为：我主动使用教师在课程中要求我使用的数字资源＞我主动使用教师／同学推荐的数字资源＞我主动寻找并尝试使用数字资源＞我主动推荐我的同学／朋友使用数字资源。（表 4-4-10）这说明调查对象在使用教师和课程规定的数字资源方面意识最好，在使用他人推荐的数字资源方面意识较好，在推荐他人使用数字资源、主动寻找数字资源方面意识较为薄弱。

表 4-4-10　数字资源使用意识调查情况

题项 / 子题项		均值	标准差	最小值	最大值
题项	使用意识	3.80	0.80	1.00	5.00
子题项	我主动寻找并尝试使用数字资源	3.72	1.02	1.00	5.00
	我主动使用教师/同学推荐的数字资源	3.88	0.97	1.00	5.00
	我主动使用教师在课程中要求我使用的数字资源	4.02	0.92	1.00	5.00
	我主动推荐我的同学/朋友使用数字资源	3.60	1.12	1.00	5.00

总体来看，学生具备一定的数字资源使用主动性，但局限于课程规定或使用他人推荐的数字资源，主动寻找数字资源、与他人交流数字资源的意识较为欠缺。

5. 使用能力

题项 17 为量表题，共包含 3 个子题项，分别调查学生数字资源整体的使用能力、数字资源主要功能的使用能力、数字资源使用问题的解决能力。由表 4-4-11 可知，我能成功使用数字资源进行中文学习 = 我能成功使用数字资源的主要功能 > 我能成功解决中文数字资源学习中遇到的问题，说明调查对象的数字资源整体使用能力和主要功能使用能力较好，解决使用中遇到问题的能力较差。

表 4-4-11　数字资源使用能力调查情况

题项 / 子题项		均值	标准差	最小值	最大值
题项	使用能力	3.83	0.93	1.00	5.00
子题项	我能成功使用数字资源进行中文学习	3.87	1.03	1.00	5.00
	我能成功使用数字资源的主要功能	3.87	1.00	1.00	5.00
	我能成功解决中文数字资源学习中遇到的问题	3.74	0.93	1.00	5.00

6. 使用效果

题项 18 为量表题，共设置了 5 个子题项。由表 4-4-12 可知，调查对象认为使用数字资源让我的自主学习能力提高了 = 让我的学习更加便利高效了 > 让我的学习更加生动有趣了 > 让我的学习效果更好了 > 让我与老师和同学的互动更好了。总体来看，学生认为当前数字资源的整体使用效果并不理想，在提升自身自主学习能力、学习便利性与趣味性方面的作用略好，在提升学习效果和互动性方面的作用较差。

表 4-4-12 数字资源使用效果调查情况

题项/子题项		均值	标准差	最小值	最大值
题项	使用效果	3.69	0.93	1.00	5.00
子题项	让我的学习更加便利高效了	3.76	1.03	1.00	5.00
	让我的学习更加生动有趣了	3.70	1.07	1.00	5.00
	让我与老师和同学的互动更好了	3.57	1.16	1.00	5.00
	让我的自主学习能力提高了	3.76	1.06	1.00	5.00
	让我的学习效果更好了	3.66	1.05	1.00	5.00

7. 质量认知

数字资源的充足性及与学生需求的适配性是评价资源质量的重要方面。题项 19 为量表题，共设置了 2 个子题项。由表 4-4-13 可知，现有数字资源可以为我的中文学习提供充足的材料＞现有数字资源可以满足我的中文学习需求，说明学生认为当前数字资源的充足性较好，但与其学习需求的适配性较差。

表 4-4-13 数字资源质量认知调查情况

题项/子题项		均值	标准差	最小值	最大值
题项	质量认知	3.77	0.99	1.00	5.00
子题项	现有数字资源可以为我的中文学习提供充足的材料	3.83	1.00	1.00	5.00
	现有数字资源可以满足我的中文学习需求	3.71	1.10	1.00	5.00

8. 持续使用意愿

题项 20 为量表题，共设置了 3 个子题项。由表 4-4-14 可知，未来我将尝试使用最新的中文数字资源＞未来我将使用中文数字资源＞未来我将尝试更多地使用中文数字资源。总体来看，学生对数字资源的整体使用意愿较强，尤其对新的数字资源的期望较大。

表 4-4-14 数字资源使用意愿调查情况

	题项 / 子题项	均值	标准差	最小值	最大值
题项	持续使用意愿	3.86	0.95	1.00	5.00
子题项	未来我将使用中文数字资源	3.86	1.05	1.00	5.00
	未来我将尝试使用最新的中文数字资源	3.90	0.99	1.00	5.00
	未来我将尝试更多地使用中文数字资源	3.83	1.05	1.00	5.00

三、主要结论

（一）学生具备使用数字资源的良好外部条件

当前学生普遍具备使用数字资源的设备条件和网络条件，但在网络条件方面的差异较大，部分学生存在网络条件不理想的情况，这可能会影响其使用数字资源的学习体验和效果。当前学生的数字资源使用行为受到的社会支持情况较好，其中，教师、同学和朋友能够为学生使用数字资源提供较大的支持。

（二）教师与学校是学生获取数字资源的重要途径

当前学生获取数字资源的主要途径是教师或学校推荐、自行网络搜索。由此可见，教师和学校在学生获取数字资源的过程中发挥着重要的作用。一方面，教师和学校的推荐可以培养学生的数字资源使用意识，帮助本存在排斥心理的学生逐步尝试并接受使用数字资源进行中文学习；另一方面，教师和学校推荐的数字资源能够在一定程度上保证学生所用资源的质量，改善学生的数字资源使用体验，提升数字资源使用效果。

（三）数字资源成为主要资源形式，学生已具备基本的使用意识与能力

目前接近半数的学生在中文学习中全部或较多使用数字资源，仅有约 25% 的学生全部或较多使用纸质材料。由此可见，数字资源已经被大部分学生群体所接受，成为学生主要使用的资源形式。学生的使用意识和使用能力各子题项均值较高，说

明当前学生已具备一定的使用意识和基本的使用能力。但在使用意识方面，大部分学生仍局限于使用他人推荐或课程规定的数字资源，主动寻找数字资源、与他人交流数字资源的意识较为薄弱。

（四）常用的数字学习平台较为集中，常用的数字资源类型丰富多样

当前学生常用的数字学习平台较为集中，主要包括 Zoom、腾讯会议、钉钉、Google Meet、Google Classroom、学习通六大平台，使用其他数字学习平台的学生比例较小。上述六大平台中，前四个均属于音视频即时通信平台，仅有 Google Classroom 和学习通是服务于课堂学习、知识传播活动的专门型学习平台，能够提供更多适用于学习活动的功能，如测试评分功能、学习行为记录功能等。

学生使用的数字资源类型丰富多样，平均每位学生使用近四种不同类型的数字资源。其中，课堂必备资源的使用比例最大，包括教材和 PPT 两种类型。在课后拓展类数字资源中，娱乐性或互动性强的数字资源类型更受学生的青睐，如音视频网站、在线游戏资源、即时通信工具；而使用专业性、系统性强的课后拓展类数字资源的学生较少，如中文学习网站或 APP、中文课程网站。

（五）学生使用数字资源以趣味性、便捷性、扩充知识为导向

当前学生使用数字资源的主要目的集中在提高中文学习的趣味性、便捷性，获取更多语料和知识，而抱有提高中文应试能力、了解更多中国文化、增强与教师和同学的互动三类目的的学生较少。由此可见，后续数字资源建设应迎合市场需求，重点强化各类数字资源的趣味性，融入更多的动画、游戏等元素，使数字资源的呈现方式更加立体；还应注重提升各类数字资源的丰富性，在考虑不同学生学习需求的基础上加入更多真实语料，兼顾各类语言要素、技能训练、文化知识的内容，从而加强数字资源的教学服务能力。

（六）部分学生对使用数字资源抱有焦虑感

生动有趣的资源内容、丰富创新的资源形式、简便明确的使用流程等均能优化学生的资源使用体验，为学生的使用过程带来愉悦感。调查发现，61.12% 的调查对象明确表示使用数字资源能够为其带来愉悦感，但仍有 37.92% 的调查对象对使用数字资源抱有焦虑感。结合使用能力的调查结果来看，学生报告的使用焦虑感并非主要来源于其自身使用能力的欠缺，很大程度上可能是受到外部因素的影响，如资

源质量不理想、使用后的学习效果不明显、使用过程中对操作方法和操作技巧存在困惑等。

（七）数字资源质量与使用效果仍有提升空间

学生对数字资源的质量评价和使用效果评价各题项均分较低。在质量评价方面，学生对数字资源与其学习需求适配性的评价较低；在使用效果方面，学生对数字资源在提升学习效果和互动性方面的作用评价较低。总体来看，学生认为当前数字资源的质量还不够理想。

作者：李诺恩，香港中文大学

第五节　学习者对中文数字资源需求的调查[①]

本节关注中文学习者（简称"学生"）对国际中文教育数字学习资源（简称"数字资源"）的需求情况，希望通过问卷调查[②]，全面、详细地收集并分析学生对数字资源的需求信息，力图从学生需求视角获得一些有价值的结论，为后续数字资源建设提供参考。

一、需求情况调查结果与分析

（一）数字学习平台需求

1. 内容需求

题项 1 为多选题，各选项按频次由高到低依次为：改善平台的功能及稳定性＞加大课程配套学习资源建设＞提供适用于中文学习的评估/测试工具＞增加适用于中文学习的辅助软件＞加强学习平台和工具使用的指导＞增强线上技术支持服务＞其他。（表 4-5-1）选项"其他"中包含的需求主要有：提升平台的易用性、增强平台的趣味性等。

[①] 本节内容为 2022 年度教育部人文社会科学重点研究基地重大项目"国际中文教育数字资源综合评价理论与方法研究"（批准号：22JJD740016）阶段性成果。
[②] 项目组研制了《国际中文教育数字学习资源需求调查问卷（学生版）》，调查问卷的收取方式、发放时间、收回样本情况、剔除样本情况、最终有效样本量和调查对象的基本信息与《国际中文教育数字学习资源使用调查问卷（学生版）》相同。项目组使用 SPSS 27.0 对数据进行统计分析，其中多选题和多选排序题的卡方拟合优度均呈现出显著性（$p=.000<.01$），意味着各题项内选项间具有明显差异。

表 4-5-1　数字学习平台需求各选项情况①

选项	频次	普及率	响应率
改善平台的功能及稳定性	742	59.36%	25.52%
加大课程配套学习资源建设	562	44.96%	19.33%
提供适用于中文学习的评估/测试工具	546	43.68%	18.78%
增加适用于中文学习的辅助软件	436	34.88%	14.99%
加强学习平台和工具使用的指导	312	24.96%	10.73%
增强线上技术支持服务	274	21.92%	9.42%
其他	36	2.88%	1.24%
总计	2908	232.64%	100.00%

各选项中,"改善平台的功能及稳定性"是普及率最高的选项,达到59.36%,覆盖面较广,可以视作学生对数字学习平台的主要需求。选项"加大课程配套学习资源建设""提供适用于中文学习的评估/测试工具""增加适用于中文学习的辅助软件"的普及率分别为44.96%、43.68%和34.88%,具有一定的覆盖面,可以视作学生对数字学习平台的次要需求。选项"加强学习平台和工具使用的指导""增强线上技术支持服务"的普及率仅为24.96%和21.92%,明显低于其他选项,可以视作学生对数字学习平台的边缘需求。由此可见,数字学习平台的研发者应当从功能稳定性和资源丰富性两方面加强平台建设,优化学生的使用体验,从而巩固并扩大受众群体。

2. 功能需求

题项2为多选题,各选项按频次由高到低依次为:在线听课＞在线课堂互动＞预习新课＞在线学习测试及评分＞在线完成提交作业＞直播课回放＞接收课程资料＞在线查看教师的反馈＞在线课后辅导答疑＞记忆分析我的学习行为＞其他。(表4-5-2)在选项"其他"中,调查对象提出的主要功能需求还包括多语种翻译功能。

---

① "普及率"指各选项的选择频次占样本总量的比例,"响应率"指各选项的选择频次占所有选项选择总频次的比例。

表 4-5-2　数字学习平台功能需求各选项情况

选项	频次	普及率	响应率
在线听课	494	39.52%	15.86%
在线课堂互动	478	38.24%	15.35%
预习新课	404	32.32%	12.97%
在线学习测试及评分	356	28.48%	11.43%
在线完成提交作业	292	23.36%	9.38%
直播课回放	290	23.20%	9.31%
接收课程资料	258	20.64%	8.29%
在线查看教师的反馈	210	16.80%	6.74%
在线课后辅导答疑	196	15.68%	6.29%
记忆分析我的学习行为	120	9.60%	3.85%
其他	16	1.28%	0.51%
总计	3114	249.12%	100.00%

各选项中，"在线听课""在线课堂互动""预习新课"排名靠前，普及率分别为39.52%、38.24%和32.32%，均超过30%，可以视作当前学生对数字资源学习平台功能的主要需求。选项"在线学习测试及评分""在线完成提交作业""直播课回放""接收课程资料"的普及率分别为28.48%、23.36%、23.20%和20.64%，均在20%—30%之间，可以视作学生对数字学习平台功能的次要需求。选项"在线查看教师的反馈""在线课后辅导答疑""记忆分析我的学习行为"的普及率仅为16.80%、15.68%和9.60%，均在20%以下，显著低于其他选项，说明其所覆盖的调查对象较少，可视作学生对数字学习平台功能的边缘需求。由此可见，一方面，在数字学习平台的各类功能中，学生更加需要的是课程收听和互动的相关功能；另一方面，"记忆分析我的学习行为"这一选项的普及率仅为9.60%，大大低于其他选项，这可能是由于当前平台鲜有此类功能或此类功能尚不完善，相关学习行为分析的功能仍需进一步开发和优化，方可为学生提供更加智能化、个性化的学习体验。

(二) 数字资源需求

1. 数字资源特征

题项3为多选排序题，各选项平均综合得分由高到低依次为：免费使用＞获取简便＞能够下载＞更新及时＞检索方便＞素材丰富，可选性强＞能够在线播放或使用＞与教学平台的兼容性强＞链接准确，响应及时＞其他。（图4-5-1）选项"其他"中包含的主要需求有：操作简单、能够离线使用等。

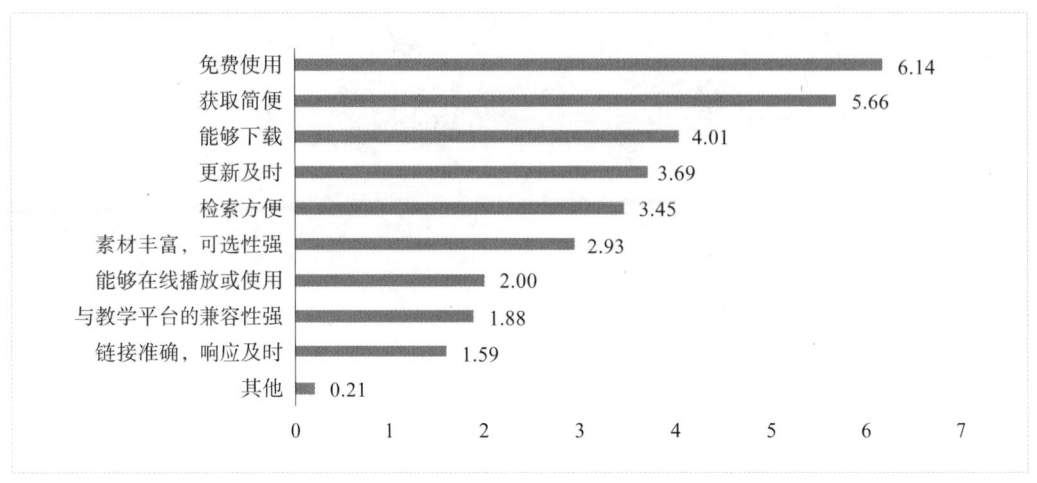

图4-5-1　数字资源特征需求各选项平均综合得分[①]

各选项中，"免费使用""获取简便"的平均综合得分分别为6.14和5.66，在所有选项中位列前两位，且得分显著高于其他选项，可以视作当前学生对数字资源特征的主要需求。选项"能够下载""更新及时""检索方便""素材丰富，可选性强"的平均综合得分分别为4.01、3.69、3.45和2.93，在所有选项中排名中等，可以视作学生对数字资源特征的常见需求。选项"能够在线播放或使用""与教学平台的兼容性强""链接准确，响应及时"的平均综合得分仅为2.00、1.88和1.59，在所有选项排名靠后，且得分显著低于其他选项，可视作学生对数字资源特征相对边缘的需求。可见，数字资源的使用成本是学生最为关心的问题。

2. 数字资源类型

题项4为多选排序题，各选项平均综合得分由高到低依次为：PPT课件＞音视频＞在线作业＞在线试题＞数字教材＞扩展性语言材料＞有关课程内容的讲解微课＞网络游戏类学习资源＞系统的中文视频课程＞其他。（图4-5-2）选项"其他"中包含的主要需求是：社交互动类学习资源（如可以匹配共同学习的本地语伴、可

---

① 在多选排序题中，平均综合得分反映选项的综合排名情况，得分越高表示综合排序越靠前。具体计算方法为：选项平均综合得分＝（Σ 频数 × 权值）/ 本题填写人次（权值由选项被排列的位置决定）。

以实现与母语者交流的学习资源）。

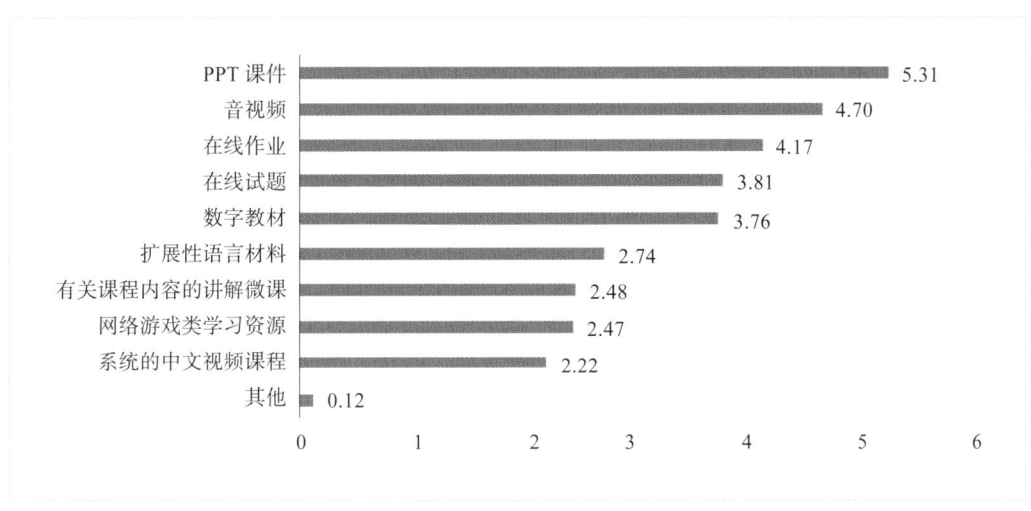

图 4-5-2　数字资源类型需求各选项平均综合得分

各选项中，"PPT 课件""音视频"的平均综合得分分别为 5.31 和 4.70，在所有选项中位列前两位，且得分显著高于其他选项，可以视作当前学生对数字资源类型的主要需求。选项"在线作业""在线试题""数字教材"的平均综合得分分别为 4.17、3.81 和 3.76，在所有选项中排名中等，可以视作学生对数字资源类型的常见需求。选项"扩展性语言材料""有关课程内容的讲解微课""网络游戏类学习资源""系统的中文视频课程"的平均综合得分仅为 2.74、2.48、2.47 和 2.22，在所有选项中排名靠后，且得分相对偏低，可视作学生对数字资源类型的边缘需求。由此可见，学生的需求倾向于与课堂学习内容直接相关的数字资源类型。其中，PPT 课件和音视频资料在课堂学习过程中应用率较高，其平均综合得分也排在前两位；在线作业、试题、数字教材等资源也与课堂学习内容关系密切，相应的平均综合得分也较高。而网络游戏类资源和扩展性语言材料等资源属于拓展类资源，在课堂学习中的应用相对较少，仅对课堂学习内容起到补充作用，且可供参考和选择的数量有限，导致其需求量不大。

3. 适用语言水平

题项 5 为多选题，各选项按频次由高到低依次为：中高级资源＞中级资源＞初中高连贯的资源＞高级资源＞初中级资源＞初级 / 基础资源＞零起点资源＞其他。（表 4-5-3）选项"其他"中包含的主要需求有：高级以上的数字资源、特定领域的中文课程数字资源等。

表 4-5-3　数字资源适用语言水平需求各选项情况

选项	频次	普及率	响应率
中高级资源	464	37.12%	17.66%
中级资源	426	34.08%	16.21%
初中高连贯的资源	418	33.44%	15.91%
高级资源	384	30.72%	14.61%
初中级资源	336	26.88%	12.79%
初级/基础资源	298	23.84%	11.34%
零起点资源	290	23.20%	11.04%
其他	12	0.96%	0.46%
总计	2628	210.24%	100.00%

各选项中,"中高级资源""中级资源""初中高连贯的资源""高级资源"四个选项的普及率分别为37.12%、34.08%、33.44%和30.72%,均超过30%,说明这几种语言水平的数字资源需求量相对较大。选项"初中级资源""初级/基础资源""零起点资源"的普及率分别为26.88%、23.84%和23.20%,均在20%—30%之间,说明学生对这些级别的数字资源有一定的需求。在设置的选项中,除"其他"外,没有普及率低于20%的选项。由此可见,学生对数字资源语言水平的需求更多地集中在中级以上,但各选项的普及率差距不大,说明学生对各个语言水平的数字资源均有需求。

4. 素材库类型

题项6为多选排序题,各选项平均综合得分由高到低依次为:语法学习资源库>词汇学习资源库>汉字学习资源库>语音学习资源库>口语语料库>例句库>图片库>写作语料库>视听资源库>阅读资源库>跨文化资源库>其他。(图4-5-3)

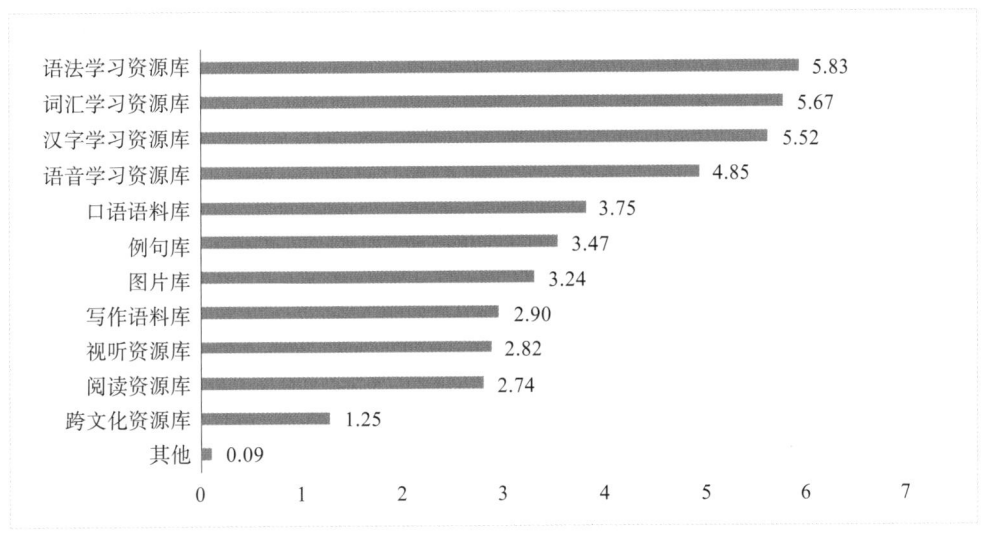

图 4-5-3　数字资源素材库需求各选项平均综合得分

各选项中,"语法学习资源库""词汇学习资源库""汉字学习资源库""语音学习资源库"的平均综合得分分别为 5.83、5.67、5.52 和 4.85,在所有选项中位列前四位,且得分显著高于其他选项,反映了学生对数字资源素材库的主要需求类型。选项"口语语料库""例句库""图片库""写作语料库""视听资源库""阅读资源库"的平均综合得分分别为 3.75、3.47、3.24、2.90、2.82 和 2.74,在所有选项中排名中等,反映了学生对数字资源素材库的次要需求类型。这其中又以"口语语料库""例句库""图片库"三个选项的得分相对偏高,属于学生对数字资源素材库的常见需求类型。"跨文化资源库"的平均综合得分仅为 1.25,除"其他"外,在所有选项中位列最后,且得分显著低于其他选项,属于学生对数字资源素材库的边缘需求类型。由此可见,学生对数字资源素材库的需求主要是用于语音、语法、词汇和汉字等语言基本要素的学习,而对跨文化交际等深层次文化要素学习的需求不高。究其原因,可能是由于语音、语法、词汇、汉字等要素是学习中文的基础,因此,学生的重视程度更高,需求量更大。此外,在各项语言技能的数字资源素材库中,"口语语料库"的平均综合得分高于写作、视听、阅读等其他语言技能的数字资源素材库,说明在各项语言技能中,学生更重视自身口语交际能力的发展。

(三)配套服务需求

题项 7 为多选题。各选项按频次由高到低依次为:数字学习平台/资源功能的使用指导＞其他学习者使用数字学习平台/资源的经验分享＞新的数字学习平台/资源上线的资讯＞数字学习平台/资源的试用＞其他。(表4-5-4)

表4-5-4 数字资源配套服务需求各选项情况

选项	频次	普及率	响应率
数字学习平台/资源功能的使用指导	642	51.36%	32.42%
其他学习者使用数字学习平台/资源的经验分享	460	36.80%	23.23%
新的数字学习平台/资源上线的资讯	436	34.88%	22.02%
数字学习平台/资源的试用	416	33.28%	21.01%
其他	26	2.08%	1.31%
总计	**1980**	**158.40%**	**100.00%**

各选项中，除"其他"外，没有普及率低于30%的选项，可见学生对数字资源服务的整体需求量较大。其中，"数字学习平台/资源功能的使用指导"普及率最高，达到了51.36%，是唯一普及率超过50%的选项，覆盖面较广，可以视作学生对数字资源服务的主要需求。选项"其他学习者使用数字学习平台/资源的经验分享""新的数字学习平台/资源上线的资讯""数字学习平台/资源的试用"的普及率分别为36.80%、34.88%和33.28%，均超过了30%，具有一定的需求量，可以视作学生对数字资源服务的次要需求。在所设选项中，学生在数字资源服务方面最主要的需求是"使用指导"，说明当前在数字学习平台和资源的建设过程中，资源的"使用指导"常常被忽略，或者更新不及时；而其他选项的普及率差别较小，且均在30%以上，说明学生对数字资源服务的需求十分多元。

二、主要结论

（一）平台功能与内容需求多元，功能稳定性与配套资源需求强烈

当前数字学习平台的主要功能包括在线听课、在线课堂互动、预习新课、在线学习测试及评分等。从学生的需求情况来看，"在线听课""在线课堂互动""预习新课"等为主要需求，但普及率均未超过40%，多数选项的普及率集中在20%—40%之间，

说明当前学生对数字学习平台功能的需求较为分散，呈现出多元化的特点。但在平台内容需求方面，"改善平台的功能及稳定性""加大课程配套学习资源建设""提供适用于中文学习的评估/测试工具"三个选项的普及率分别达到了 59.36%、44.96% 和 43.68%，说明功能稳定性和配套资源建设是当前学生对数字学习平台内容的主要需求，也是数字学习平台建设亟须加强的方面。特别是"改善平台的功能及稳定性"，其选项普及率高达 59.36%，说明数字学习平台功能的不稳定已成为当前影响学生使用体验的主要问题。

（二）对低获取成本的数字资源需求旺盛

调查显示，学生对低经济成本和低时间成本的数字资源有强烈需求，特别是免费使用和获取简便的数字资源。对此，数字资源研发团队可以采用开发学习激励体系等方式降低学生应付的费用；可以开放更多的免费和试用资源，特别是在基础功能和基础资源模块实现免费，如平台的课堂互动、文件传输功能及课堂使用率较高的 PPT 课件、视频资源等，以保证学生能以较低的成本获取常用的数字资源和功能；可将付费项目集中于适用群体有限的拓展类功能；还应尽可能缩短响应时长、减少广告投放，以降低学生获取数字资源的时间成本。通过上述方式，在降低学生资源获取经济成本、时间成本的同时，还能提升学生使用资源的积极性。此外，可以通过搭建数字学习资源集成平台的形式，将资源进行整合，改善获取资源的便捷性，提高学生的资源检索效率。

（三）课堂学习类与课后拓展类资源需求差异较大

课堂学习过程中必不可少的课堂学习类数字资源需求量较大，如音视频、PPT 课件和在线作业、试题等，而网络游戏类学习资源、课后拓展类资源的需求量则相对较少。当前教师在课堂教学中对拓展类资源的使用不够充分，学生对此类数字资源了解较少，导致需求量偏低。对此，数字资源开发者应加大拓展类资源的开发力度，增加资源数量，提升资源质量，同时加大推广力度，以拓宽此类资源的使用范围。

（四）学生对知识和技能类资源需求较高

调查发现，语音、语法、词汇和汉字学习资源素材库是需求量最高的四个选项，同时，口语、写作、视听和阅读资源库也是得分较高的常见需求。可见，学生比较重视中文知识和技能类数字资源。在所有选项中，平均综合得分最低的是跨文化资源库，仅为1.25分。结合调查对象的基本情况来看，多数调查对象为中文学习时长在1年以上的学生，占比达到79.68%，其中，学习时长在3年以上的学生占比达到45.92%，说明参与调查的学生大多具有一定的中文学习基础。在此情况下，跨文化资源库需求的平均综合得分仍显著低于其他选项，可见学生在中文学习过程中对文化的重视程度还远远不够。

（五）适用于中级以上语言水平的数字资源需求量较大

调查发现，中高级资源、中级资源和高级资源的普及率较高，均超过30%，说明中级以上的数字资源需求量较大。结合调查对象的基本情况来看，初中及初中以上学历的学生占比高达97.28%，其中大学生和研究生的占比为68.64%；中文学习时长在1年以上的学生占比达到79.68%，学习时长在3年以上的学生占比为45.92%。这说明多数调查对象具有一定的自主学习能力和中文学习基础，对数字资源的自主使用意识较高，因此中级以上语言水平的数字资源需求量较大。

（六）学生急需数字资源相关功能的使用指导

在配套服务需求调查中，学生对资源功能使用指导的需求最为强烈，普及率高达51.36%，且学生对资源使用经验分享的需求也较为强烈，说明当前学生在资源使用过程中缺乏使用方法和技巧的相关指导，急需来自官方或其他学习者的使用示范。随着数字学习平台和资源功能的不断完善升级，学生对此类资源配套服务的需求必将进一步增强。

作者：周沐，北京语言大学

第五部分　国别篇

主持人：李敬欢，新疆师范大学

第一节　德国中文教学资源发展状况①

　　1833年,威廉·夏德(Wilhelm Schott)举办关于中国文化和中文知识的讲座,首次在柏林大学开设并教授中国语言和哲学课程,开启了德国中文教学的历史。如今,在基础教育阶段,德国的中文教学覆盖500多所中小学②(包括小学、中学和职业学校)。截至2020年底,德国有121所中学将中文列为选修课,其中有些学校将中文列为高考科目,北莱茵-威斯特法伦州以34所学校开展中文教育位居榜首。然而,德国学习中文的中学生长期停滞在5000人左右。在高等教育阶段,2021年,德语区(以德国为主,还包括瑞士等)26所开设中文学历课程(含本科和硕士)的高校中,本科阶段共开设32个中文相关专业,其中1/3的专业设置贯穿整个本科学习过程;硕士阶段共开设31个中文相关专业,大部分专业设置为4个学期。高等教育阶段共4000多名学生学习中文(本科3980名、硕士620名),而教师数量却远远不够,平均每所学校仅一两名中文教师,师生比为1:110③。在中德两国共同努力下,目前德国16个州已建立19所孔子学院④,分布于德国多个地区,德国几乎每所教授中文课程的中学在中国都有友好学校。

---

① 本文节选并翻译自三份报告:Andreas Guder(顾安达)和Vincent Burckhardt(文森特·布克哈特)于2021年共同撰写的《本科和硕士阶段中文学科调查结果》(Chinesisch sprechen, schreiben, forschen? Ergebnisse einer Erhebung zum Chinesischunterricht in chinawissenschaftlichen Bachelor- und Masterstudiengängen,简称《本硕报告》);顾安达和游文浩撰写的《德国中学中文教学概况》(Chinesischunterricht an Sekundarschulen in Deutschland,简称《中学报告》);顾安达、游文浩、Andrea Frenzel(安德里亚·弗伦策尔)和Ariane S. Willems(阿丽亚娜·威廉姆斯)四位作者共同撰写的《支持中文!》(Macht mehr Chinesisch!)。《支持中文!》原文参见https://bildungsnetzwerk-china.de/fileadmin/user_upload/download-bereich/08_macht_mehr_chinesisch_2021.pdf。
② 参见https://bildungsnetzwerk-china.de。
③ 师生比(teacher-student ratio)是指学校教师人数与培养学生人数的比例关系。本节指公职中文教师和学习中文学生的比例。
④ 参见http://www.konfuzius-institute.de。

一、发展背景

（一）外语教育政策为中文进入国民教育体系奠定基础

德国是最先在中学开设现代外语课程的国家之一，也是最早制定现代外语教育政策的国家。德国最早关于外语的政策是联邦文化教育部长联席会议（Kultusministerkonferenz der Länder，简称KMK）于1955年2月17日在杜塞尔多夫通过的《联邦德国教育事业一体化协议》，这是第一次以协议的形式在各个联邦中学设置现代外语课程。1964年10月28日在汉堡通过的《联邦德国教育事业一体化协议修订稿》（简称《汉堡协议》），详细规定了不同中学不同年级开设外语课的各种情况，要求第一外语作为必修课程，同时规定了第二外语和第三外语作为选修课的学校类型和情况，将外语学习提升到了一个新的高度。为适应经济发展的需要，该协议分别于1971年、1994年、1999年和2001年多次修订补充。

（二）国家统一考试、教学大纲推动中文教学进入国民教育体系

KMK在完善《汉堡协议》的同时，制定了各个外语学科统一的考试要求，以规范考试。1976年6月1日，KMK颁布了《高中毕业考试统一要求》。1980年2月首先制定了《高中毕业考试统一要求：希腊语》后，听取各方意见，于1988年12月1日颁布了英语、德语、法语、意大利语、西班牙语等语种的统一考试要求，之后又于1998年4月14日颁布了《高中毕业考试统一要求：中文》（*Einheitliche Prüfungsanforderungen in der Abiturprüfung Chinesisch*）。该要求明确了中文课程的整体目标，并规定了中文毕业考试对学生语言能力和知识方面的要求，同时说明笔试和口试的目标、题型及评价标准，并给出了两份样卷。此后，德国10个联邦州陆续颁布了中文教学大纲①。

（三）课程及语言参考框架影响教学资源建设

《支持中文！》中提出："核心课程框架以及大纲为特定学科及跨学科学习制定教学目标，同时也规定各州考试内容及考试规范，该框架在中文的学科发展中同样发挥着核心作用。"德国要求学生毕业时，第二外语口语及书面表达能力应达到《欧洲

---

① 参见 https://www.fachverband-chinesisch.de/chinesisch-als-fremdsprache/curricula。

语言共同参考框架》(简称《欧框》)B2 水平,较晚学习的语言应达到 B1 水平。由于中文的特殊性,对中文设置了相对较低的学习目标。该报告描述了基础阶段中文四项语言技能及跨文化交际能力应达到的《欧框》级别及对应课时,如表 5-1-1 所示。

表 5-1-1　中文应达到的《欧框》级别与对应课时[①]

等级	听力	口语	阅读	写作	语用	跨文化交际
A1	300 课时	300 课时	300 课时	450 课时	150 课时	150 课时
A2	450 课时	450 课时	300 课时	450 课时	450 课时	150 课时
B1	450 课时	600 课时	450 课时	450 课时	未涉及	300 课时

二、发展情况

(一)基础教育阶段

1. 纸质教材

《支持中文!》提出"教材是语言教学的焦点",并在《中学报告》一文中以问卷的形式对中文教学资源展开调查,调查结果如下。

目前德国基础教育阶段的中文教材可以分为以下三类:

(1)德语区的汉学家及语言教师编写的本土教材,如:《同道》《懂不懂?》《中国话》《中文口语、阅读、写作》等。

(2)在中国出版而后翻译成德语的中文教材,如《轻松学中文》《你行》《跟我学汉语》等。

(3)在其他国家出版而后翻译成德语的中文教材,如《你说呢?》(法语)、《走遍中国》(英语)等。

整体来看,《同道》和《轻松学中文》是使用频率最高的两种教材,《你说呢?》是

[①] 表中的课时是累计课时数,如听力要达到 A1 水平,总共需要 300 课时。

最常用的辅助教材。此外，将近 1/3 的受访教师①使用自编教材，或者使用各种教材的汇编。5—7 年级使用《轻松学中文》和《跟我学汉语》的频率最高，因为这两本教材插图丰富、色彩鲜艳、单元简短，很适合初级阶段的学生；8、9 年级使用《轻松学中文》的频率最高，德国本土教材《同道》和法国出版的《你说呢？》紧跟其后。（表 5-1-2）

表 5-1-2 初阶② 使用频率较高的中文教材（5-9 年级）

年级	教材信息	使用学校数量
5—7年级	《轻松学中文》（*Erste Schritte in Chinesisch*）（马亚敏、李欣颖编著，2008 年）	9
	《跟我学汉语》（*Wir Lernen Chinesisch*）（陈绂、朱志平主编，2009 年）	4
	《快乐汉语》（第 2 版）（*Kuaile Hanyu*）（李晓琪等编，2014 年）	2
	《你说呢？》（*Ni shuo ne?*）（Arnaud Arslangul、Claude Lamouroux、Isabelle Pillet 编著，2009 年）	2
	《同道》（*Tongdao*）（Barbara Guber-Dorsch 等编著，2015 年）	1
	《同道》（*Tongdao*）作为辅助教材	1
8、9年级	《轻松学中文》（*Erste Schritte in Chinesisch*）（马亚敏、李欣颖编著，2008 年）	9
	《同道》（*Tongdao*）（Barbara Guber-Dorsch 等编著，2015 年）	9
	《你说呢？》（*Ni shuo ne?*）（Arnaud Arslangul、Claude Lamouroux、Isabelle Pillet 编著，2009 年）	8
	《你说呢？》（*Ni shuo ne?*）作为辅助教材	4
	《你行》（*Ni Xing*）（姜丽萍，2013 年）	4
	《你行》（*Ni Xing*）作为辅助教材	1
	《跟我学汉语》（*Wir Lernen Chinesisch*）（陈绂、朱志平主编，2009 年）	4
	《汉语——说、读、写》（*Chinesisch—sprechen, lesen, schreiben*）（Hans-Christoph Raab 主编，2016 年）	4
	《懂不懂》（*Dong bu Dong*）（Antje Benedix 主编，2008 年）	2
	《HSK 标准教程》（*HSK Standard Course*）（姜丽萍主编，2014 年）	1

---

① 受访的 40 位教师来自 9 个联邦州，且来自 121 所把中文确定为选修课的学校，其中北威州的教师人数最多。这些中文教师通过 Fachverband Chinesisch e.V. 董事会的邮件邀请参与调查，并将调查链接转发给其他学校的教师。（原文并没有提具体是哪些老师，因此只能给出类似"部分"以及具体的比例这样的描述。）

② 德国教育分为学前教育、基础教育、高等教育。基础教育包括小学和中学，中学又分为初阶和进阶，即初中和高中。

进阶使用频率最高的中文教材是《同道》，使用其他教材的数量也在不断增加。（表 5-1-3）部分受访教师提出："因为没有合适的口语考试教材，我们学校使用的中文教材都是自己编写的。"由于受访教师来自不同的州和学校，除了问卷既设选项以外，还提到很多其他类型的教材，类型丰富，包括语法教材、文化教材、文学作品、杂志、工具书及各种卡片，同时也会使用照片、连环画、聊天记录等真实语料。

表 5-1-3 进阶使用频率较高的中文教材（10—13 年级）

教材信息	使用学校数量
《同道》（*Tongdao*）（Barbara Guber-Dorsch 等编著，2015 年）	27
《同道》（*Tongdao*）作为辅助教材	4
其他教材	15
《轻松学中文》（*Erste Schritte in Chinesisch*）（马亚敏、李欣颖编著，2008 年）	7
《你说呢？》（*Ni shuo ne?*）（Arnaud Arslangul、Claude Lamouroux、Isabelle Pillet 编著，2009 年）	5
《你说呢？》（*Ni shuo ne?*）作为辅助教材	8
《汉语——说、读、写》（*Chinesisch—sprechen, lesen, schreiben*）（Hans-Christoph Raab 主编，2016 年）	3
《中国话》《中国字》（柯佩琦、曹克检编著，2008 年）	3
《懂不懂》（*Dong bu Dong*）（Antje Benedix 主编，2008 年）	2
《懂不懂》（*Dong bu Dong*）作为辅助教材	1
《跟我学汉语》（*Wir Lernen Chinesisch*）（陈绂、朱志平主编，2009 年）	2
《走遍中国》（*China entdecken*）（丁安琪主编，2010 年）	2
《HSK 标准教程》（*HSK Standard Course*）（姜丽萍主编，2014 年）	2
《开始！》（*Kaishi!*）（Klett Augmented，2019 年）	1
《新实用汉语课本》（*Neues Praktisches Chinesisch*）（刘珣主编，2009 年）	1
《你说呢？》（*Ni shuo ne?*）作为辅助教材	3
《你行》（*Ni Xing*）作为辅助教材	1
《快乐汉语》（第 2 版）（*Kuaile Hanyu*）作为辅助教材	1

2. 数字资源

《中学报告》对中文数字资源使用情况做了充分调查，调查结果总体可以归为四个部分。一是对数字资源使用类型进行调查（表 5-1-4）。75% 的受访教师在课堂上使用数字资源，其中最常用的是中文教学视频、中文学习小程序、纸质教材附带的 DVD/CD 以及学习 APP。60% 的教师使用学校免费提供的学习平台，如 Moodle。51% 的教师使用电子书及学习小程序，且大部分是自费。只有 1/4 的教师表示会采取数字化考试，其中有一半以上是自费；1/2 的教师允许在考试及课堂测试时使用 Pleco 汉语词典或类似的软件。这些数字资源的提供方式按从高到低排列依次为：学校免费提供＞自费使用＞家长资助使用＞不使用。

表 5-1-4　中文数字教学资源类型（单位：人）

类型	学校提供	父母资助使用	教师自费
课本配套光盘	17	0	10
学习软件	7	1	19
电子书和小程序	4	0	15
视频软件，如 YouTube、Netflix 等平台	12	0	21
教学平台，如 Moodle	23	0	1
Word、Excel、OpenOffice 等办公软件	26	0	9
创意活动中使用的设备和软件，如图像、视频、音频编辑软件	16	0	12
数字化考试或测验	5	0	7
其他数字教学材料和方式	5	1	12

二是对数字资源设备使用评价进行调查（硬件设施如耳机、电脑、软件、网络等）。结果显示，仅有少部分受访教师认为"品质很好/很差"，大部分教师认为"品质中等"。三是对数字资源的使用频率进行调查，分为"程度"和"频次"两个维度，最高的均为"在课堂上使用教学视频或幻灯片"。四是调查数字资源可以促进学生的哪些能力。受访教师表示，数字化教学不仅可以大幅扩大学生的词汇量，提高听说读写等语言技能，同时也可以提高学生的数字素养及跨文化交际能力，学生也可以通过电影或视频更多地了解社会文化百科知识。

3. 主要问题

在基础教育阶段，尽管数字资源不断发展，但是目前符合教学大纲的数字资源太少，且数字资源缺乏资金支持，部分数字资源需教师自费购买。纸质教材方面，由于学生人数不多,出版纸质教材成本太高,编者和出版社都很难盈利。过去十年,德国中文教材数量增多,可选择的教材也随之增加,但是受访教师表示,目前教材仍有很多方面需要改进,并提出以下不足:(1)口语和书面表达能力方面的学习目标不明确;(2)语法解释不充分,缺少拼音注释;(3)缺乏文字背景知识;(4)课文与词汇之间缺乏一致性;(5)中国出版的教材与德国当地课程要求不符;(6)缺乏合适的听力练习;(7)没有拼音的阅读文本太少;(8)与数字技术联系不紧密;(9)缺乏中国国情知识;(10)缺乏进阶教材。

(二)高等教育阶段

1. 纸质教材

《本硕报告》显示,《新实用汉语课本》是本科中文教学的首选教材,目前有9所高校使用德文版或英文版的《新实用汉语课本》,且从第1学期延续到第4学期。有5所学校4个学期均使用英文版《中文听说读写》,还有3所学校分别使用《博雅汉语》《汉语教程》《精彩汉语》以及汉堡本土教材《德国人学中文》。柏林自由大学自2020年起开始改用第4版的《走遍中国》。除了这些使用较多的教材以外,还有一些教材仅有1所学校使用。(表5-1-5)

表5-1-5 本科阶段常用的中文教材(按使用数量排序)

教材信息	使用高校数量
《新实用汉语课本》(Neues Praktisches Chinesisch)(刘珣主编,2009年,北京语言大学出版社)	9
《中文听说读写》(第3版)(Integrated Chinese)(姚道中、刘月华主编,2009年,Cheng & Tsui)	5
《博雅汉语》(Boya Chinese)(李晓琪主编,2004年,北京大学出版社)	3
《精彩汉语》(Chinesisch einmal ganz anders)(Shih-chang Hsin、Barbara Mittler主编,2019年,Oliver Evers China Buchhandel und-verlag)	3
《德国人学中文》(Chinesisch für Deutsche)(Ruth Cremerius,2004年,Buske)	3
《汉语教程》(第3版)(Hanyu Jiaocheng)(杨寄洲编著,2016年,北京语言大学出版社)	3

中级阶段(即从第4学期到第5学期)的中文教学,课程和教材的多样性特征明显增强,这也表明中文课程在中级阶段可以有不同的方向。中级阶段教材使用频

率较高的是《新丝路中级速成商务汉语》（Ⅰ、Ⅱ）、《成功之路》，以及教师汇编教材。（表 5-1-6）

表 5-1-6　本科阶段使用的中级中文教材（按教材外文名排序）

教材信息
《当代中文课程 5》（*A Course in Contemporary Chinese 5*）（邓守信主编，2018 年，Linking Publishing）
《中文报刊阅读教程（德文注释）》（*Aktuelle Texte aus chinesischen Zeitungen und Zeitschriften: Mit deutschen Erläuterungen*）（周上之、Susian Staehle 编著，2004 年，北京大学出版社）
《中文极短篇小说》（1、2）（*Ausgewählte chinesische Kurzgeschichten lesen und diskutieren 1&2*）（Susian Stähle 主编，2013 年，Shaker Media GmbH）
《博雅汉语》（*Boya Chinese*）（李晓琪主编，2004 年，北京大学出版社）
《公司汉语》（第 2 版）（*Business Chinese*）（李立、丁安琪、王睿编著，2018 年，北京大学出版社）
《成功之道》（第 2 版）（*Business Chinese for Success*）（袁芳远编著，2014 年，北京大学出版社）
《走遍中国·学生用书 4》（*China entdecken-Lehrbuch 4*）（齐少艳、谭秋瑜编著，2017 年，Chinabooks E. Wolf）
《经理人汉语》（*Chinese for Managers*）（张晓慧总主编，2005 年，外语教学与研究出版社）
《跨文化交际》（*Intercultural Communication*）（祖晓梅著，2015 年，外语教学与研究出版社）
《汉语交际课程》（*Konversationskurs Chinesisch*）（Kanmin Wang 主编，2008 年，Buske）
《中文教科书 2：高级汉语》（*Lehrbuch der Chinesischen Sprache 2: Hochchinesisch für Fortgeschrittene*）（倪少峰主编，2017 年，Buske）
《新实用汉语课本》（*Neues Praktisches Chinesisch*）（刘珣主编，2009 年，北京语言大学出版社）
《新视野：中国文化三十讲》（*New Concept Chinese Culture*）（宋兴无、王晓华主编，2011 年，北京大学出版社）
《新丝路——中级速成商务汉语》（Ⅰ、Ⅱ）（*New Silk Road Business Chinese 1&2*）（李晓琪主编，2009 年，北京大学出版社）
《新目标汉语口语课本》（*New Target Chinese Spoken Language*）（毛悦主编，2012 年，北京语言大学出版社）
《变化中的中国》（上、下）（*Reading Into a New China 1&2*）（李端端、Irene Liu 编著，2010 年，Cheng & Tsui）
《读报纸，学中文——汉语报刊阅读（初级）》（*Reading Newspapers, Learning Chinese: A Course in Reading Chinese Newspapers and Periodicals · Elementary*）（吴成年主编，2015 年，北京大学出版社）
《成功之路》（*Road to Success*）（邱军主编，2008 年，北京语言大学出版社）

续表

教材信息
《中国人的故事》（上、下）（*Stories of the Chinese 1&2*）（余宁等编著，2009年，北京语言大学出版社）
《说汉语，谈文化》（第2版）（*Talking about Chinese Culture*）（吴晓露、程朝晖主编，2008年，北京语言大学出版社）

尽管目前高校重点学习现代汉语，但仍有超过1/2的学校开设古代汉语课程，14所学校将古代汉语设为必修课，8所为选修课。古代汉语教材使用情况如表5-1-7所示。有3所学校将Unger主编的《中国古典文学导论》和Shadick主编的《文言文入门》两本教材作为古代汉语入门教科书。分别有两所学校使用Fuller主编的《中国文学导读》和Rouzer主编的《新实用中国文学入门》。此外，还有学者专门开发了古代汉语的电子学习平台。

表5-1-7 本科阶段古代汉语课程所使用的教材（按教材外文名排序）

《中国文学导读》（*An Introduction to Literary Chinese*）（Fuller, Michael A. 主编，2004年，哈佛大学出版社）
《古代汉语》（*Antikchinesisch*）（Gassmann, Robert & Behr, Wolfgang 编著，2013年，Peter Lang）
《新实用中国文学入门》（*A New Practical Primer of Literary Chinese*）（Rouzer, Paul 主编，2007年，哈佛大学出版社）
《文言文入门》（*A First Course in Literary Chinese*）（Shadick, Harold 主编，1968年，Cornell University Press）
《中国古典文学导论》（*Einführung in das klassische Chinesisch*）（Unger, Ulrich 主编，1987年，Harrassowitz）
《古代汉语》（校订重排本）（*Gudai Hanyu*）（王力主编，1999年，中华书局）

2. 数字资源

新冠疫情给中文教学带来了很大影响，线下教学转为线上，在线教学平台如Zoom、WebEx及BigBlueButton相继引入德国中文教学。然而在调查期间，这些平台在德国使用时间较短或刚刚开始使用，因此缺少全面的使用数据。在接受调查的26所高校中，有17所学校在课堂上使用数字资源，包括音频、视频、在线教学平台（如Moodle、ILIAS、OLAT、Blackboard）、Quizlet之类的学习工具、Kahoot!等基于游戏的课堂互动平台。柏林高校使用数字化资源的频率尤其高，并已建成自己的在线教学平台，如StudOn、eChinese。据调查，目前有10所院校给学生布置线上作业，一般从第二学年开始，但占比不大（大多为20%，苏黎世的高校仅在第一学年布置50%的线上作业）。在硕士阶段，只有杜伊斯堡-埃森和海德堡两个城市的高校布置线上作业，占比为20%。

3. 主要问题

在高等教育阶段，目前可供选择的纸质教材很多，但缺乏中国概况类的中文教材，如介绍基本国情、文化背景知识及专门性文化知识的教材。硕士阶段的教材选择情况也基本如此，因为硕士阶段学生培养重点不同，有的侧重语言技能，有的侧重学术研究，因此目前还没有任何一个机构可以为硕士阶段的中文教学提供可靠的教材。如《本硕报告》中所述："高级阶段缺乏包括文学类在内的高质量教材，也缺乏能够满足硕士阶段高质量语言教学要求的高素质教师。以往会有专门的教授讲授这类内容，但如今寥寥无几，目前的语言教师通常不能胜任教授课文的任务。""我选用鲁迅和林语堂的文章，一方面可以帮助学生加深对中国哲学、人性、政治、文化和社会等内容的理解，另一方面可以帮助学生区分现代汉语口语和书面语的不同，从而提高学生的阅读能力和口语表达能力。"除纸质教材存在的问题外，当下由于疫情影响，在线中文教学面临的最大问题和挑战，一是缺乏可靠的技术支持，二是在线教学的可持续性有待探索。

三、主要特点

（一）纸质教材来源广泛，选用灵活

纸质教材的特点主要表现在以下三个方面：第一，德国本土中文教材相对丰富，如《同道》《懂不懂》《德国人学中文》等。8—13年级使用《同道》较多，该教材结构完整，有利于发展学生的语言技能。在实际教学中，教师会根据所学内容决定是否要补充其他教材内容，《同道》同时也作为重要的辅助教材使用。第二，引入并翻译别国中文教材，如引入中国教材《博雅汉语》《新实用汉语课本》《轻松学中文》等，引入法国教材《你说呢？》及英国教材《走遍中国》等。第三，教师汇编教材普遍。根据《中学报告》，教师汇编教材的原因可以归为三点：首先，有些教材的内容枯燥过时，与时代脱轨，教材内容与学生当前的语言水平不符；其次，缺少初中高连贯教材；最后，缺少某个教学阶段或者某一类型学校的中文教材，比如有教师表示，所在学校/州没有适合小学阶段的中文教材或者没有适合职业高中的中文教材。

（二）纸质教材覆盖范围较广，种类相对齐全

德语区汉语教学协会根据目标群体，将德国中文教材分为普通教材、大学汉学或中国学课程教材、小学初中教材、只用汉语拼音的强化教材几类[1]。由此可以看出，德国中文教材不仅涵盖的教学阶段较为全面，而且教材类型也很丰富。从《中学报告》一文可以发现，德国的中文教材不仅限于语法类、语言技能类，还包括文化类（如 A Survey of China〔《中国概况》〕）、文学作品类（如《中国那些事》）、各类杂志（如 Magazin des Konfuzius-Instituts）、字词典等工具书（如 Zur Erläuterung von Schriftzeichen），以及各种卡片、插图、漫画等。

（三）中文学习网络平台建设全面

德国的中文学习网络平台大致分为三类：第一类是资源网络平台，如 ChiLLL（Chinesisch-Links zum Lehren und Lernen）。这是一个资源整合网站，内容涵盖语法、词汇、汉字、发音、文章、播客、视频、字典、数字化教学工具和社会文化背景知识等。目前，该网站共收集了 70 多种不同的网络资源。除此之外，还有与纸质教材配套的 CD 及学习软件等。第二类是网络教学平台，如 Zoom、Moodle、Quizlet 等。第三类是网络学习工具平台，如视频平台 Netflix、YouTube 及 Pleco 汉语词典等。

（四）中文教学资源仍有较大改善空间

纸质教材的主要问题有：选择多，但使用分散且受限制，如巴伐利亚州的中文教材只能使用《同道》，引入别国的中文教材与大纲不符；某些类型的教材仍然欠缺；课后练习内容少且偏简单等。数字资源的主要问题有：数字资源质量不理想，一部分数字资源需要教师自费购买，数字教材与纸质教材联系不够紧密等。针对上述问题，《支持中文！》中提出了如下对策：第一，教材应根据目标群体的需求进行调整。编者应根据不同年龄教学对象的需要，对未来基于数字化及面向标准的教材进行调整。目前尤其缺乏低年级和高中阶段的教材，除了练习册之外，还需要更多

---

[1] 参见 https://www.fachverband-chinesisch.de/chinesisch-als-fremdsprache/lehrmaterialien。

关于听力理解和书面语教学的材料。此外，还需要包含中国国情和社会文化方面的教材，最好能以数字化方式获取。第二，为教材研发提供资助。由于书写系统和汉语拼音的原因，制作德语注释版中文教材的成本相对较高；并且中文在德国并不普及，受众多样，对出版商来说，开发中文教材几乎不盈利。因此，想要研制适合目标群体的中文教材，需要提供额外的资助。第三，建立教材数据库。收集针对不同目标群体、能力和学习目标的教材和真实语料，特别是用于准备高中考试的中文教材。

作者：〔德〕顾安达，德国柏林自由大学；和蓝静（编译），北京语言大学

第二节 喀麦隆中文教学资源发展状况

喀麦隆中文教育发端于1996年中国教育部与喀麦隆高教部合作建立的"喀麦隆汉语培训中心",当年即开始招生授课。喀麦隆是非洲大陆最早开展中文教育的国家之一。[①] 2007年在该培训中心的基础上,由原国家汉办授权浙江师范大学与雅温得第二大学共建喀麦隆雅温得第二大学孔子学院(简称"雅二大孔院"),喀麦隆的中文教育由此进入蓬勃发展阶段。雅二大孔院首创"一院多点"的办学模式,以孔子学院为中心,辐射到周边大、中、小学,中文教学实现了从小学到中文专业硕士的全学段覆盖,累计培养中文学习者超过13万人。[②] 2008年,喀麦隆开设了中西非地区第一个中文师范类专业,培养层次覆盖至硕士阶段,已累计培养出350余名本土中文教师。2012年,喀麦隆中等教育部正式将中文纳入国民教育体系;截至2021年7月,喀麦隆共有21所高校开设中文专业或中文课程[③];截至2020年8月,全国学习中文人数达3万多人[④];截至2022年1月,喀麦隆全国有250多所中学开设中文课[⑤]。总体来说,喀麦隆的中文教学起步较早,从发展历史、发展速度、学生规模、本土化程度、教学层次等方面来看,均处于非洲中文教学发展的前列。

一、发展背景

喀麦隆独立之后,继续沿用殖民时期较为宽松的语言教育政策,这为外语教育

---

① 张笑贞.雅温得第二大学孔子学院"一院多点"模式探究[J].浙江师范大学学报(社会科学版),2012,37(6):57-60.
② 吴强.喀麦隆中文教育向师资本土化发展[J].中国投资(中英文),2021(Z1):114-115.
③ 参见https://sukulu.news/enseignements-secondaires-plus-de-15-000-eleves-apprennent-le-mandarin-au-cameroun/,2021年7月2日。
④ 杜迪.疫情下的喀麦隆汉语教育现状及发展趋势[C].新形势下的全球中文线上教学:反思与展望.北京,2020.
⑤ 数据来源于喀麦隆中等教育部官员佳妮博士。

营造了较大的发展空间。2011年中国驻喀大使与喀麦隆中等教育部部长达成协议，在全国范围内选择14所中学作为中文课试点学校，从2012年9月开始开展中文教学，并颁布了《汉语作为喀麦隆高考的一项考试》的法令（No. 2146/11/MINESEC/SG/IP-LALE），这标志着中文正式纳入喀麦隆国民教育体系。2013年，中文成为喀麦隆初中毕业会考科目；2016年，又成为喀麦隆高考科目。为规范中文教学工作，喀麦隆中等教育部制定了一系列措施。

首先是制定中文教学大纲。中等教育部颁布了《喀麦隆中等教育部汉语教学指导书（意见）》指导中文教学工作，大纲规定中文教学的总目标是围绕五个模块（喀麦隆公民意识和国际公民意识，家庭与社会生活，环境、健康与福利，经济生活，媒体与通信）来培养学生的语言能力，并针对不同学段做出了详细规定（表5-2-1）①。

表 5-2-1 喀麦隆中等教育阶段中文教学安排

教学阶段	教学目标	教学方法	课时安排	课型
初三年级 初四年级	1.学生应该记住的教学内容； 2.使学生灵活运用所学内容； 3.根据解决问题的方法和能力评价学生	功能教学法	每周3小时	综合课
高一年级	1.培养学生的语言技能； 2.培养学生的智力和公民意识； 3.培养学生的社会语言技能	功能教学法	每周4小时	综合课
高二年级 高三年级	1.让学生学习优秀的中国文学和思想； 2.让学生了解中国的社会现状； 3.培养学生的思辨、推理和综合能力； 4.培养学生多样的语言表达能力； 5.注重中喀文明的交流和互补	目标教学法	每周4小时	综合课

其次是建立中文考试标准。中文考试由中等教育部外语组负责，针对会考及高考制定了详细的规定，如2016年政府颁发了《确立汉语作为高考题目》的法令（72/16/MINESEC/SG/IGE/ESG/IP-LAL/S-LVII），对高考中文科目的内容做出了详细规定。② 同时，中等教育部设立汉语总督学（National Inspector of Chinese Language Teaching）一职，负责监管中文教学工作，未来政府将从本土师资培养、修订中文

---

① KELLY NAAHBISSI CHO（开莉）.喀麦隆中学初级汉语教材调查分析——以《你好喀麦隆》第二册为例[D].杭州：浙江大学，2019.
② 佳妮.喀麦隆汉语教学现状、问题与对策研究[D].北京：北京语言大学，2020.

课程大纲、中文教材的本土化、全国中文教学监督、职业中文教育与教师培训五个方面进一步推动中文教学本土化。①

二、发展情况

（一）纸质教材开发情况

目前喀麦隆有两套本土中文教材，一套是中等教育部指定用书《你好喀麦隆》，另一套是本土教师自编教材《让我们学习汉语吧》。

1. 喀麦隆首套本土中文教材——《你好喀麦隆》

（1）教材概况

2013年，杜迪（Nama Didier Dieudonne）、徐丝兰（Ghislaine Tidjon）、吴修奎、徐丽华等中外专家共同组成编委会开始编写喀麦隆首套本土中文教材——《你好喀麦隆》(*Bonjour Cameroun*)，同年由中方资助在当地 AFRICAINE D'EDITION 出版社首次出版。该套教材依照喀麦隆中等教育部制定的中文教学大纲编写，注释语言为法语，包括喀麦隆社会、家庭、环境、经济等与生活相关的内容，符合喀麦隆学习者的认知特征及母语特点；同时将喀麦隆的本土文化与中国文化进行对比，有利于学习者更好地把握中文知识。该书适合法语为母语的中文初学者使用，每课包括教学目标、生词、课文、汉字、补充生词、语法、语音、语法练习、说一说、写一写、中国文化、喀麦隆文化等内容。经过四年修订，2017年浙江教育出版社和喀麦隆D&L出版社联合出版了第2版，目前一共出版四册，现为喀麦隆中等教育部指定教材。未来中等教育部还将进一步完善该教材，编写教师用书、练习手册，录制课文录音等配套资源。2020年12月，该书主编杜迪博士获得第十四届中华图书特殊贡献奖，成为非洲地区唯一获奖者。②

---

① 中外语言交流合作中心. 我与喀麦隆中文教学本土化 [EB/OL]. 2021-06-17. http://www.chinese.cn/zhuanti/202106/17/17_347_1.html.
② 第十四届中华图书特殊贡献奖颁奖仪式在京举办 [N/OL]. 中国日报，2020-12-18. http://cn.chinadaily.com.cn/a/202012/18/WS5fdc6238a3101e7ce973612b.html.

（2）教材特点

《你好喀麦隆》开创了喀麦隆本土中文教材发展的新局面。作为全国公立中学唯一指定教材，该书在当地使用范围广，使用人数多。教材主要具有三个特点：

第一，明确了受众群体。该套教材的受众主要是接受中等教育的喀麦隆青少年学生。四册教材中每课的话题都和青少年学习生活密切相关，如"我们是学生""你们在哪个学校上学？""我要学文科""你有什么爱好？""雅温得离杜阿拉远吗？""为什么不能打孩子？""中国艺术"等，涵盖了喀麦隆中学生的日常学习、社会生活、人类话题及兴趣爱好等。教材还涉及中国文化内容，能够更好地激发喀麦隆青少年学生对中文学习的兴趣。

第二，融入了本土文化。首先，课本内容符合当地的社会文化习俗。大部分词汇都能反映当地文化，如当地的人名、地名、节日名称等。涉及的文化点也体现了喀麦隆的日常生活习俗、国情、交际文化及成就文化。话题背景也设定在喀麦隆，如第一册第 5 课"你们在哪个学校上学？"中，小法、伊萨都在当地 Lycée Classique 学校上学；再如第二册第 3 课"听说你搬家了"，将教材背景设置在雅温得市中心 Bastos。其次，考虑到学生以法语为母语的学习特点，由易到难排列中文语音知识点，用法语相近音注释语音，用法语解释生词和语法。最后，该套教材符合中文教学大纲的规定，每册课本均按照规定的五个模块进行编写，以第一册为例，具体见表 5-2-2。

表 5-2-2 《你好喀麦隆》与喀麦隆中学中文课程大纲对应情况

中文教学总目标	课题范围	课文标题
模块一：公民身份	第 1—4 课	1. 你好！ 2. 你叫什么名字？ 3. 我们是学生 4. 你是哪里人？
模块二：家庭与社会生活	第 5—8 课	5. 你们在哪个学校上学？ 6. 我家有六口人 7. 生日快乐 8. 今天星期五
模块三：环境、健康与福利	第 9—10 课	9. 我爱我的身体 10. 你喜欢吃什么？
模块四：经济生活	第 11—12 课	11. 我爸是医生 12. 苹果多少钱？

续表

中文教学总目标	课题范围	课文标题
模块五：媒体与通信	第 13—15 课	13. 这是你的电脑吗？ 14. 打摩的不安全，你们打的去吧！ 15. 雅温得离杜阿拉远吗？

第三，强化了民族身份。喀麦隆有 200 多个族群，内部又面临着英语区与法语区的分裂倾向。为促进多元族群及英法区民众的民族认同，培养所有喀麦隆人的民族意识，喀麦隆国家宪法提出了喀麦隆人的民族认同。在《你好喀麦隆》教材中，多次提到喀麦隆人这一民族身份，喀麦隆中等教育部希望通过该教材强化喀麦隆人的民族认同感，使其具有凝聚民族成员的力量，共同克服喀麦隆分裂的社会危机。

2.《让我们学习汉语吧》

喀麦隆另一套本土中文教材是《让我们学习汉语吧》(Apprenons le Chinois)，该书是法、英两种语言注释的中文系列教材，2016 年由喀麦隆首位本土中文教师张宝玲及其学生李泽西一起编写完成，雅二大孔院的三位教师负责校对，在网站上提供配套的 MP3 音频文件。但该书编排的科学性不足，错误较多，所以一般仅作为中文教学的补充材料使用。

（二）数字资源开发情况

自 2015 年起，雅二大孔院在雅温得第一大学开设《空中汉语》广播节目，内容分为"日常中文教学、中国俗语、汉语新闻、每周文化欣赏"四个板块，每周广播 30 分钟，以英汉双语播送。该节目也成为喀麦隆民众了解中国文化、学习中文的重要窗口。

为进一步丰富本土化中文数字资源，2020 年雅二大孔院在汉考国际的支持下开始了《你好喀麦隆》第一册的微课录制工作。截至 2022 年 2 月，第一册的课程已录制完成，进入审核阶段。每篇课文约有 3—6 个相关视频，每个视频约 10 分钟左右，每个视频都由生词、语法点、练习、汉字、总结几部分组成。录制工作完成后将刻成光盘，同时上传至中文联盟网站免费开放。

（三）纸质教材使用情况

1. 基础教育阶段中文教学资源本土研发与中国引进相结合

由于经济、科技发展水平有限，同时受网络、电力等因素的影响，喀麦隆中文教育主要采用纸质教材。在开发本土教材之前，普遍使用的教材是刘珣主编的《新实用汉语课本》。当前喀麦隆使用的纸质教材主要有两种类型：一种是从中国引进的教材，一种是本土中文教材。

喀麦隆中等教育部颁布的《普通中等教育官方教科书清单（2021—2022）》规定《你好喀麦隆》为中文选修课的指定教材。目前中学所使用的为该教材的第2版，具体情况见表5-2-3。[①]

表 5-2-3　喀麦隆中教部指定中文教材《你好喀麦隆》具体情况

教材名称	出版年	适用年级	课程内容
《你好喀麦隆》第一册	2017	初三	5个单元15课
《你好喀麦隆》第二册	2017	初四	5个单元12课
《你好喀麦隆》第三册	2017	高一	6个单元18课
《你好喀麦隆》第四册	2017	高二、高三	6个单元17课

本土教材《你好喀麦隆》主要适用于初中、高中学段，不能满足其他学段的教学需求，所以《跟我学汉语》《发展汉语》等由中国引进的系列教材也是常被选用的教材。一些小学、幼儿园开设中文课程，主要目的是培养学生对中文的兴趣，教授一些简单的中文儿歌、对话等，因此会选用《快乐汉语》（李晓琪等主编，2003年）、《汉语乐园》（第2版）（张健主编，2014年）等适合低龄儿童的教材作为参考。

2. 高等教育阶段主要使用中国引进教材

由于高等教育阶段开设中文课的高校数量在全国高校总量中占比不大，目前喀麦隆尚无针对高等教育阶段的本土中文教材，高校使用的中文教学资源主要是引进中国出版的教材。喀麦隆开设中文课程的主体有两类：一类是高校与孔子学院共同开设，由孔子学院选择教材。由于疫情影响，雅二大孔院只有8个教学点正常运转，各教学点使用的教材各不相同，《新实用汉语课本》是高等教育阶段较为常用的教材。另一类是高校自行聘请本土中文教师开设，由任课教师选择教材，如雅温得高等商

---

① 参见 https://www.minesec.gov.cm/web/index.php/en/。

业学院的教师选用《你好喀麦隆》和《发展汉语》系列教材。

高等教育阶段教材具体使用情况见表 5-2-4：

表 5-2-4　高等教育阶段教材使用情况[①]

机构名称	使用教材
马鲁阿大学 （文学院、高等师范学院）	《新实用汉语课本》（第 2 版）（刘珣主编，2010 年） 《HSK 标准教程》（姜丽萍主编，2014 年） 《成功之路·起步篇 1》（杨楠编著，2008 年） 《发展汉语（第 2 版）·初级综合Ⅰ》（荣继华编著，2012 年） 《发展汉语（第 2 版）·初级综合Ⅱ》（徐桂梅编著，2012 年） 《阶梯汉语》（第 3 册）（周小兵主编，2004 年） 《当代中文（法语版）》（吴中伟主编，2010 年） 《轻松汉语》系列教材（王尧美主编，2006 年） 《体验汉语基础教程》（姜丽萍主编，2006 年） 《跟我学汉语》（陈绂、朱志平主编，2014 年） 《博雅汉语》系列教材（李晓琪主编，2004 年） 《长城汉语》（马箭飞主编，2005 年） 《认知语言学入门（第 2 版）》（*An Introduction to Cognitive Linguistics*，〔德〕温格瑞尔、〔德〕施密德著，2008 年） 《国际汉语汉字与汉字教学》（王秀荣著，2013 年） 《国际汉语语音与语音教学》（宋海燕著，2013 年） 《国际汉语词汇与词汇教学》（刘座箐著，2013 年） 《实用现代汉语语法》（增订本）（刘月华等著，2001 年） 《现代汉语概论（留学生版）》（修订本）（刘焱等编著，2009 年） 《法汉汉法翻译训练与解析》（李军主编，2007 年） 《中国历史常识》（吕思勉著，2018 年） 《中国地理常识》（国务院侨办、国家汉办主编，2007 年） 《中国文学史》（第 2 版）（袁行霈主编，2005 年） 《中国当代文学史新稿》（第 3 版）（董健、丁帆、王彬彬主编，2017 年） 《中国近代史》（吕思勉著，2013 年） 《中国通史》（吕思勉著，2015 年）
布埃亚大学	《新实用汉语课本》《HSK 标准教程》《法汉汉法翻译训练与解析》
喀麦隆高等翻译学院 （雅温得、杜阿拉校区）	《HSK 标准教程》《成功之路·起步篇 1》 翻译课：《法汉汉法翻译训练与解析》 语法课：《现代汉语实用语法分析》（朱庆明编著，2012 年）
雅二大国际关系学院	《HSK 标准教程》《新实用汉语课本》
雅温得高等商业学院	《你好喀麦隆》 《发展汉语（第 2 版）·初级综合》（Ⅰ、Ⅱ）

[①] 数据来源：雅二大孔院中方院长吴强、马鲁阿大学本土教师周丽彤博士、雅二大孔院本土教师提莲博士、雅温得高等商业学院本土教师胡天佑、雅二大孔院志愿者教师贺宇；邓子琦. 喀麦隆马鲁阿地区高校汉语教学情况调查研究 [D]. 大连：辽宁师范大学，2019.

（四）数字资源使用情况

喀麦隆通信技术条件落后，网络信号不稳定，经常出现断网、断电的情况，因此数字资源使用率不高。喀麦隆覆盖率最高的信息传播渠道是收音机和电视机，收音机普及率为80%—90%，电视机普及率为30%—40%，所以在新冠疫情防控期间，为保证中学阶段中文课的正常教学秩序，中等教育部采用线上线下相结合的授课方式，与每个省的国家无线电台和电视台签订合同，由5位本土中文教师负责录制课程，在Cameroon Radio Television（CRTV）播出，每次课程时间半小时到一小时，这是保证学生持续学习中文课程最直接、最有效的手段。[①]

一些教学设备较为完善的中文教学点也逐步尝试数字化教学，如Les Dégourdis（勒狄古迪）小学曾尝试利用微型投影仪、蓝牙音响和手机进行教学，即将手机画面投射到墙上，使用手机应用软件HelloChinese辅助教学。但总体来说，该教学阶段使用数字化教学手段的仍较少。

在高等教育阶段，喀麦隆中文学习者能利用的数字资源也较少。新冠疫情期间，各学校借助WhatsApp、Zoom、钉钉等网络平台授课，此外还有一些常用的中文移动学习软件，如DeepL Translate、Dictionnaire、Pleco汉语词典、瀚品汉英词典（Hanping Lite）、Bravolol、HelloChinese等，但是缺少专门针对喀麦隆学习者开发的中文学习网站。

三、主要特点

（一）首创本土中文教材

《你好喀麦隆》作为喀麦隆首套本土中文教材，对本国和非洲地区的中文教育都具有重要意义。首先，很多国家目前只有未正式出版的本土教师自编教材，随意性较大，系统性、科学性不足，而《你好喀麦隆》由喀麦隆中等教育部组织编写，遵循中文教学大纲和教材编写原则，教材的系统性、科学性较好。其次，该书立足本土文化，结合中国文化，符合本国学习者的认知特点。作为全国中学中文课的官方指定教材，近年来在中等教育部的大力推广下，各中学均以此套教材作为教学用书，

[①] 杜迪. 疫情下的喀麦隆汉语教育现状及发展趋势[C]. 新形势下的全球中文线上教学：反思与展望. 北京，2020.

使用人群广，对当地中学的中文教育起到了很好的促进作用。最后，该书不仅是喀麦隆首套本土中文教材，而且已经开发出了配套的微课视频，为其他非洲国家发展中文教育提供了参考和借鉴，能推动更多非洲国家研发本土中文教学资源。

（二）教学资源仍短缺

总体来看，喀麦隆仍存在教学资源短缺的问题，主要表现在三个方面：第一，中文教材数量少。该国中文教材市场尚不成熟，教材难找、难买，如许多教师并不知道《你好喀麦隆》已出版至第四册，还有很多学生买不齐、买不到课本。第二，本土教材编排不够成熟。《你好喀麦隆》虽然由中外专家共同编写，但仍存在许多问题，如部分内容编写不合理，也没有配套的考试用书、教师用书等。该系列的四册书对应5个年级，一般高三年级需要教师自行寻找合适的教学材料，给教学带来了不便。第三，教材类型单一。当前喀麦隆的中文教育深入学历教学、非学历教学、中小学教育、高等教育、成人教育各个层次，而截至目前，该国仅有两套入门级综合型本土教材，其中一套为中等教育阶段指定用书，而高等教育阶段和基础教育阶段还未研发出本土教材，也缺少针对不同学习需求编写的专项教材。

（三）数字化程度不高

在数字资源开发方面，《你好喀麦隆》仅录制了第一册微课，其余几册暂未开始录制；同时也缺少针对喀麦隆学习者的本土中文学习网站，学生多依赖课堂和手机应用软件，数字化教学并不普及。虽然孔子学院在多媒体教学设备方面具备部分数字化教学的优势，但喀麦隆大、中、小学整体教学设施较为落后，无法满足数字化教学的需求，教学手段以传统方式为主，数字资源的开发、使用均处于起步阶段。

综合来看，喀麦隆国民教育体系中的中文教学虽然发展较快，但仍不够成熟，与西班牙语、德语等外语科目相比仍存在较大差距。虽然在喀麦隆中等教育部的推动下制定了中文教学大纲，设立了专门的管理部门，并编写了喀麦隆首套本土中文教材在全国推广，但问题也比较突出。如教材仍以中方出版的为主；本土教材种类单一，教材购买渠道不畅，教材编排不成熟；对数字资源的开发和应用都停留在起步阶段。总体来说，喀麦隆中文教学资源开发任重道远，应加快本土化进程，汇聚各方力量，为实现喀麦隆中文教育的可持续高质量发展共同努力。

作者：陈宏、刘慧佳，天津大学；吴强，浙江师范大学

第三节　墨西哥中文教学资源发展状况

墨西哥中文教育起步较晚，直到 1972 年中墨两国建交前后，中文教育才逐渐发展起来。截至 2021 年底，墨西哥共有 6 所孔子学院和 1 所孔子课堂。自孔子学院设立以来，墨西哥中文教育迅速发展。以墨西哥国立自治大学孔子学院为例，该孔子学院设立之初仅有 80 名学员，目前已发展到每年 1200 名学生。① 奇瓦瓦自治大学孔子学院 2019 年共开设 127 个教学班，注册学员达 2022 人，拥有 4 个骨干分支教学点。② 在尤卡坦州，学习中文的人数也在不断增长，2020 年，尤卡坦自治大学孔子学院共有 1331 名注册学员。③ 除孔子学院以外，墨西哥的高校和中小学也纷纷开设了中文课程。据统计，目前墨西哥大约有 50 多所大学、20 多所中小学开设了中文课。④

新冠疫情暴发后，墨西哥中文教育基本转为线上教学。尽管线上教学使得师生无法面对面交流，对教学效果产生了一定影响，但是线上教学形式更为灵活，教学资源也更加丰富。以墨西哥国立自治大学孔子学院为例，因教学场地有限，教学设备落后，线下课堂教学形式相对单一，数字资源使用较少，转为线上教学后，线下教学的不足有所改善。

---

① 孔子学院事业部. 疫情时刻见真情——第五届墨西哥汉语教学国际研讨会成功举行 [EB/OL]. 2020-03-18. http://news.blcu.edu.cn/info/1034/19065.htm.
② 参见北京第二外国语学院官网：http://kzxy.bisu.edu.cn/col/col18849/index.html。
③ 参见尤卡坦自治大学孔子学院 2020 年发展报告：https://portalinsitucionalsa.blob.core.windows.net/cms/institutoconfucio/documentos/Reporte%20Anual%202020.pdf。
④ 陈豪. 西班牙语国家的汉语教学——现状与政策 [J]. 当代外语研究，2018（5）：23-29.

一、发展背景

（一）教育体制制约中文教育及教学资源的发展

长期以来，墨西哥缺少全国统一的外语政策。以墨西哥第一大外语——英语为例，直到2009年，墨西哥公共教育部才制定了《国家基础教育英语课程大纲》(*Programa Nacional de Inglés en Educación Básica*)，将英语教学纳入小学教育阶段。但是，作为新兴外语的中文尚未纳入墨西哥国民教育体系，也没有得到墨西哥官方政策的统筹规划，这与墨西哥复杂的教育管理体制有很大关系。

墨西哥作为联邦制国家，实行教育分权，地方政府在教育决策中具有极大的自主权。在基础教育阶段，墨西哥联邦政府、地方政府和教师工会三大主体制定和实施教育决策。从20世纪70年代起，墨西哥对基础教育实行分权改革，将部分教育管理权由中央转向地方，地方政府在教育决策方面的话语权逐步加大。除联邦政府和地方政府以外，墨西哥教师工会在基础教育管理方面的影响也很大。墨西哥教师工会拥有超过150万名成员，遍布墨西哥各个州县，对墨西哥现行的公立教育制度以及国内政治选举都发挥着巨大的影响力。[1] 在高等教育阶段，墨西哥高等教育由多个体系构成，主要包括公立自治大学系统、技术学院系统和私立院校系统。公立大学数量多，办学规模大，且在公立大学中，78%为自治机构[2]，拥有很大自主权。

基于上述背景，联邦政府的教育管理权比较微弱，无法从国家层面对中文教育进行规划并推动中文教育纳入国民教育体系，这也造成墨西哥中文教育基础发展薄弱，教学资源比较匮乏，尤其是缺乏本土教学资源。

（二）中文教育发展现状制约教学资源开发

由于缺乏顶层设计，墨西哥中文教育发展主要依赖民众的热情和各教学机构的力量，中文课程多为选修课或兴趣课，为非学历教育。另外，由于学习中文带来的就业机会不够多，经济收益还不显著，学生学习中文的动机不强，生源流失率较高。整体上，墨西哥中文教育存在起步晚、发展慢、底子薄的特点，而墨西哥薄弱的中

---

[1] 张林，崔庆. 墨西哥培尼亚政府教育改革过程研究——基于制度分析和发展框架的视角 [J]. 浙江外国语学院学报，2015（3）：90-96.
[2] 薄云. 拉美私立高等教育发展研究：以巴西、墨西哥、阿根廷和智利为个案 [M]. 厦门：厦门大学出版社，2017.

文教育基础也进一步制约了中文教学资源的开发。对墨西哥中文教育机构的调查发现,墨西哥中文教学资源仍以纸质教材为主,数字资源较少,不过线上教学丰富了教学形式和教学资源。疫情后,墨西哥中文教学中对数字资源的利用正逐渐增多。在面向墨西哥中文教师和学习者的问卷调查中发现,25%的被调查者表示中文教学纸质资源和数字资源的使用各占一半,21%表示数字资源的使用多于纸质资源,另有14%表示中文教学中全部使用数字资源。(图 5-3-1)

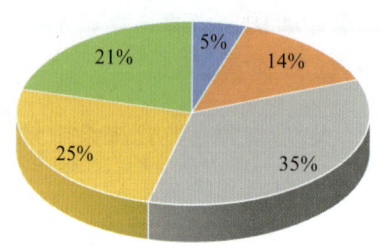

图 5-3-1　墨西哥中文教学资源使用情况

墨西哥中文教育中,纸质教材以中国国内编写的通用型教材为主,本土教学资源匮乏。当地使用的通用型教材中,面向少儿的主要有《汉语乐园》《快乐汉语》《跟我学汉语》《轻松学中文》《轻松学汉语》等,面向成人的主要有《汉语教程》《HSK 标准教程》《新实用汉语课本》《今日汉语》《体验汉语》《当代中文》等。(表 5-3-1)

表 5-3-1　墨西哥中文教学使用的主要教材

适用对象	教材名称	出版社	编者	出版年
面向少儿	《汉语乐园》	北京语言大学出版社	刘富华等	2005
	《快乐汉语》(第 2 版)	人民教育出版社	李晓琪	2014
	《跟我学汉语》	人民教育出版社	陈绂、朱志平	2009
	《轻松学中文》(少儿版)	北京语言大学出版社	马亚敏、李欣颖	2011
	《轻松学汉语》(少儿版)(第 2 版)	三联书店(香港)有限公司	马亚敏	2015

续表

适用对象	教材名称	出版社	编者	出版年
面向成人	《汉语教程》(修订本)	北京语言大学出版社	杨寄洲	2006
	《HSK标准教程》	北京语言大学出版社	姜丽萍	2014
	《新实用汉语课本》(第2版)	北京语言大学出版社	刘珣	2010
	《今日汉语》(第2版)	外语教学与研究出版社	王晓澎等	2013
	《体验汉语》	高等教育出版社	编写组	2005
	《当代中文》	华语教学出版社	吴中伟	2003

二、发展情况

(一)开发情况

总体而言,墨西哥本土中文教学资源十分匮乏。墨西哥学院亚非研究中心中国研究专业的教师编写了部分中文类书籍,但多为介绍中国文学作品的著作、诗歌选集、有关社会文化的著作,涉及中文教学和语言研究的著作只有三本,且全部为语法研究。除此之外,墨西哥国立自治大学外语教学中心(现为国立语言、语言学与翻译学院)的教师曾编写过两套面向墨西哥学习者的中文教学资源。详细信息见表5-3-2。

表 5-3-2 墨西哥本土开发的中文教学资源

教材名称	出版社	编者	出版年	资源类型	资源特征
《基础汉语语法》(Gramática del Chino Elemental)	墨西哥学院	Chen Liansheng(中国)	1981	纸质	第一本为墨西哥中文学习者量身定制的中文语法书
《现代汉语语法的四项研究》(Cuatro Estudios Sobre la Gramática del Chino Moderno)	墨西哥学院	Russell Maeth	1991	纸质	/

续表

教材名称	出版社	编者	出版年	资源类型	资源特征
《实用汉语语法》（*Gramática Práctica del Chino*）	墨西哥学院	Liljana Arsovska	2011	纸质	/
《汉语课本》（*Chino para Hispanohablantes*）	墨西哥国立自治大学	李潍籍（中国）	1998、2009（第3版）	纸质+CD	主要在墨西哥国立自治大学外语教学中心使用，目前该中心使用的教材以中国编写的通用型教材《汉语教程》为主，《汉语课本》仅为辅助教材
《只要功夫深，铁棒磨成针》（*O Cómo Usar el Diccionario Chino-Español*）	墨西哥国立自治大学	墨西哥国立自治大学外语教学中心本土中文教师	2011	DVD	设计目的在于教会墨西哥中文学习者学会如何使用汉语—西班牙语词典

（二）使用情况

1. 基础教育阶段

大部分中小学选择与孔子学院或中文培训机构合作的形式开设中文课，由合作机构为其规划课程，委派中文教师任教，教学资源也由合作机构或中文教师提供。墨西哥中小学使用的教材基本为中国国内编写的通用型教材，主要包括：北京语言大学出版社的《汉语乐园》《轻松学中文》，人民教育出版社的《快乐汉语》《跟我学汉语》。个别学校使用三联书店（香港）有限公司出版的《轻松学汉语》（少儿版）。

2. 高等教育阶段

目前，墨西哥开设中文课程的高校有50多所，各高校使用的中文教材也以中国国内编写的通用型教材为主，主要包括：北京语言大学出版社出版的《HSK标准教程》《汉语教程》《新实用汉语课本》、外语教学与研究出版社出版的《今日汉语》、高等教育出版社出版的《体验汉语》、华语教学出版社出版的《当代中文》。

3. 孔子学院（课堂）

孔子学院（课堂）是墨西哥中文教育的主要力量。目前，墨西哥孔子学院（课堂）使用的中文教材，面向成人的主要有《汉语教程》《新实用汉语课本》《今日汉语》《HSK 标准教程》，面向少儿的主要有《轻松学中文》《快乐汉语》《跟我学汉语》和《汉语乐园》，均为中国国内编写的通用型教材。（表 5-3-3）

表 5-3-3　墨西哥孔子学院（课堂）中文教材使用情况

机构名称	所在大学	中国合作单位	中文教材
墨西哥国立自治大学孔子学院	墨西哥国立自治大学	北京语言大学	《汉语教程》
新莱昂自治大学孔子学院	新莱昂自治大学	对外经济贸易大学	《新实用汉语课本》《今日汉语》，正逐步改换为《HSK 标准教程》
奇瓦瓦自治大学孔子学院	奇瓦瓦自治大学	北京第二外国语学院	《新实用汉语课本》《今日汉语》《HSK 标准教程》
尤卡坦自治大学孔子学院	尤卡坦自治大学	中山大学	成人：《HSK 标准教程》 少儿：《轻松学中文》
墨西哥城孔子学院	华夏中国文化学院	江西师范大学	成人：《今日汉语》 少儿：《快乐汉语》《跟我学汉语》《汉语乐园》
加勒比大学孔子课堂	加勒比大学	/	《HSK 标准教程》
瓜达拉哈拉大学孔子学院	瓜达拉哈拉大学	北京城市学院	计划用《HSK 标准教程》

三、主要特点

（一）通用型教材整体使用效果良好

如前文所述，墨西哥中文教育使用的教材以中国国内编写的通用型教材为主，本土中文教学资源较少，少量的本土中文教学资源也以语法研究为主，中文教材较少。为考察通用型教材在当地的适配性和使用效果，我们编制了《墨西哥中文教材评价问卷》（简称《问卷》），并采用随机抽样的方法，向墨西哥中文教材使用者发放，最终收回问卷 100 份，其中教师 32 份、学生 68 份。问卷采用李克特五级量表形式，以量表的中间值 3 为参照值进行统计检验，当样本均值显著高于中间值时，表明中文教材使用者对教材的评价较好，反之则认为教材评价不理想。对问卷结果进行分析，发现使用者对中文教材的整体评价均值为 3.74，显著高于中间值，说明通用型教材在墨西哥整体使用效果良好。

（二）通用型教材存在的问题

1. 部分教材在当地获取难度较大

《问卷》共包含"对教材的整体评价""实际问题""教材适配性""教材的版面设计""教材的语言知识""教材的语言技能""教材的练习和活动""教材的语言材料""教材的话题和内容"9 个维度。（表 5-3-4）其中"实际问题"维度均值最低（3.19），该维度包含两个问题：教材在当地是否容易获取？教材的价格是否合理？调查结果说明，教材使用者认为在墨西哥获取中文教材依然存在一定困难。

表 5-3-4　教材评价问卷各维度题项的均值和标准差

维度	均值	标准差
对教材的整体评价	3.74	0.91
教材适配性	3.74	0.92
教材的练习和活动	3.68	0.9
教材的语言材料	3.67	0.98
教材的语言知识	3.62	0.86
教材的语言技能	3.59	0.9
教材的版面设计	3.55	1.04
教材的话题和内容	3.54	0.94
实际问题	3.19	1.06

本次调研的通用型中文教材共有 9 种，分别为：《汉语教程》《HSK 标准教程》《今日汉语》《新实用汉语课本》《轻松学中文》《快乐汉语》《跟我学汉语》《当代中文》和《汉语乐园》。对每套教材在"实际问题"维度的得分进行统计发现，《HSK 标准教程》《快乐汉语》《跟我学汉语》《汉语乐园》的均值均低于中间值，分别为 2.95、2.79、2.67 和 1.50（表 5-3-5），说明上述教材在墨西哥获取的难度比较高。

表 5-3-5　不同教材在"实际问题"维度题项的均值和标准差

教材名称	均值	标准差
《汉语教程》	3.44	1.04
《HSK 标准教程》	2.95	0.91
《今日汉语》	3.47	0.83
《新实用汉语课本》	3.58	1.18
《轻松学中文》	3.50	0.71
《快乐汉语》	2.79	0.95
《跟我学汉语》	2.67	1.04
《当代中文》	3.50	0.71
《汉语乐园》	1.50	0.67

墨西哥目前使用的中文教材中，面向成人的中文教材主要为《汉语教程》和《HSK 标准教程》。《HSK 标准教程》因教材新、与 HSK 考试挂钩等特点，正被越来越多的机构采用，成为主流教材，但是在当地较难买到。面向低龄学习者的教材主要为《汉语乐园》《快乐汉语》《跟我学汉语》《轻松学中文》，相较于成人中文教材，面向低龄学习者的教材在当地更不易获得。

2. 面向低龄中文学习者的教材亟须重视

目前，墨西哥面向低龄中文学习者的教材主要有《轻松学中文》《跟我学汉语》《快乐汉语》《汉语乐园》，4 套教材的评价均值为 3.41，略低于面向成人学习者的 5 套教材的评价均值（3.57）。同时，调查显示，《轻松学中文》的评价均值为 3.90，在 9 套教材中位列第一，可见面向低龄中文学习者的教材在使用效果方面呈现出较大差异。（表 5-3-6）在墨西哥中文教学逐步低龄化的趋势下，这类教材亟须得到格外重视。

表 5-3-6　不同教材在所有题项的均值和标准值

教材名称	均值	标准差
《轻松学中文》	3.90	0.54
《汉语教程》	3.76	0.89
《新实用汉语课本》	3.59	1.00

续表

教材名称	均值	标准差
《HSK 标准教程》	3.53	0.69
《今日汉语》	3.51	0.62
《当代中文》	3.44	0.11
《快乐汉语》	3.42	0.53
《汉语乐园》	3.17	0.30
《跟我学汉语》	3.13	0.64

3. 大部分教材没有西班牙语注释

墨西哥使用的中文教材中,只有《今日汉语》是面向西班牙语国家编写的中文教材,目前除《新实用汉语课本》《汉语乐园》《轻松学中文》有西班牙语版本外,其他教材均没有西班牙语注释,这给墨西哥中文学习者带来了一定的困难。墨西哥民众的英语普及率不高,根据墨华堂 2018 年 11 月的数据,墨西哥在其统计的 88 个非英语母语国家中,英语水平排名第 57 位,是拉丁美洲英语水平较低的国家。① 很多中文教学机构的负责人和教师都不断提出诉求,希望《HSK 标准教程》等通用型教材尽快推出西班牙语注释版本。

(三)教学资源形式单一,数字化程度不高

墨西哥中文教学特色不够突出,中文教学资源形式较为单一,以纸质教材为主。纸质教材种类也比较单一,主要为综合课教材,基本没有分技能训练的教材,也没有诸如商务中文、翻译中文、旅游中文等多用途中文教材。另外,在墨西哥学习中文带来的经济效益还不够明显,学生学习动机有待加强。在这种情况下,十分有必要结合学习者的实际需求,开设"中文+职业技能"课程,开发相应的教学资源,以便增强中文学习者的就业能力。

目前,墨西哥数字资源的开发尚处于空白阶段。疫情暴发后,墨西哥中文教育转为线上教学,教师授课仍依赖纸质教材,数字资源主要由中文联盟提供,或者由教师自己在网络上搜索获得。这些资源缺乏一定的系统性和针对性,且很多教学资

---

① 墨华堂. 拉美英语水平大比拼,结果墨西哥……[EB/OL]. 2018-11-08. https://mp.weixin.qq.com/s/flrMK4PbUPHh1POC8bT54w.

源为面向英语母语者的资源。疫情带来了教育形式的变革，线上教学已是大势所趋。因此，应鼓励墨西哥中文教学机构组织中墨专家团队，开发适合当地的数字资源。

作者：王兰婷，北京语言大学、天津师范大学，曾任职于秘鲁天主教大学孔子学院和墨西哥国立自治大学孔子学院；田桃，四川省遂宁市第二中学校，曾任职于墨西哥城孔子学院

第四节　葡萄牙中文教学资源发展状况

葡萄牙人学习中文的历史可以追溯到1594年的澳门圣保禄学院，学习者主要是入华传教的耶稣会士。据统计，由葡萄牙首都里斯本到澳门传教的耶稣会士一共有430人，其中有200人在澳门圣保禄学院学习过中文。[①] 如今，中葡两国经济、贸易和文化往来日益密切，葡萄牙人民学习中文的热情与日俱增，中文教育在葡萄牙取得了良好的发展。

一、发展背景

（一）中文教育在葡萄牙各教育阶段全面发展

20世纪90年代初，在葡华人开始创办中文培训班；90年代末，葡萄牙政府批准设立华文学校，社会机构开始创办汉语课程。1991年，米尼奥大学开设免费的中国语言和文化课程，该校在1997年成立东方语言文化中心，以中日语言和文化教学为目标。1998年，阿威罗大学把中国语言文化列入大纲必修课。1999年，里斯本政治与科学高等学院开设汉语课程。[②] 从2000年开始，随着中葡经济贸易关系的日益密切和孔子学院的建立，中文教育得到了迅速发展。2004年米尼奥大学开设东方学本科专业，2005年米尼奥大学建立第一所孔子学院，2006年莱里亚理工学院开设中葡翻译本科专业，2007年里斯本大学开设葡萄牙第二所孔子学院，2008年里斯本大学文学院开设亚洲研究本科专业。此后，2014年阿威罗大学孔子学院、2014年里斯

[①] 孔繁清，徐威，胡波. 澳门汉语国际教育在中欧交往中的历史表现——从基督教在澳门的传播说起[J]. 江苏师范大学学报（哲学社会科学版），2019，45（6）：100-105+124.

[②] 里斯本大学孔子学院院长王锦程2021年11月5日在"西班牙和葡萄牙第三届汉语教师特训班的讲座"上提出。

本圣·托马斯学校孔子课堂、2015年科英布拉大学孔子学院、2019年波尔图大学孔子学院、2019年波尔图国际学校孔子课堂纷纷成立。2019年4月,《中国孔子学院总部与葡萄牙共和国教育部关于在葡萄牙中学教育中开展汉语教学的合作协议》正式签署。目前葡萄牙已有13所公立中学先后开设汉语教学点。[1] 葡萄牙中文教育正处于历史最好阶段。[2] 至此,葡萄牙中文教育在基础教育、中等教育、高等教育及社会教育层面都得到了迅速发展,这也使得中文教学资源,特别是本土教学资源的需求不断增加。

(二)中文教育纳入葡萄牙部分城市国民教育体系

葡萄牙长期以来与欧盟语言政策保持一致,即实行多元化的语言政策,强调外语学习的必要性。根据2002年3月欧洲理事会的决定,"每个孩子都应该从小学习两门外语,并且在未来,每个欧盟公民都应该掌握至少三种语言"。葡萄牙主要实行"1+2"的语言教学政策,"1"表示母语,"2"表示两种外语。[3]

2012年和2016年,圣若昂-达马德拉市和埃斯皮尼奥市分别将中文作为在基础教育阶段的必修课纳入两市国民教育体系。2015年,中国驻葡萄牙大使黄松甫与葡萄牙教育科学部部长克拉托共同签署了《关于葡萄牙公立学校开展汉语教学试点项目的协议》。根据协议,从2015年9月开始,葡萄牙全国19个城市21所公立学校约400名高中生在原国家汉办选派的汉语教师帮助下学习汉语。[4] 该协议提出后,2015/2016学年中文课程被列为葡萄牙中等教育阶段的第三外语选修课程。[5] 学生除了可以选择德语、西班牙语、法语、英语外,还可以选择中文课程。这也对符合课程设计和教学要求的本土中文教学资源的开发提出了更高的要求,同时教学大纲、考试大纲、教辅材料和课外读物等配套教学资源的开发也成为重要发展方向。

---

[1] 赵本堂大使出席第十四届"汉语桥"世界中学生中文比赛(葡萄牙赛区)暨首届葡萄牙中学生演讲比赛[EB/OL]. 2021-09-28. http://pt.china-embassy.org/sgjs/dshdju/202109/t20210928_9593773.htm.

[2] 里斯本大学孔子学院院长王锦程在"里斯本第四届中国研究会议"(4ª Sessão dos Encontros de Estudos sobre a China)"上提出。参见 http://nihaoportugal.pt/2020/02/14/ensino-de-mandarim-em-portugal-vive-a-melhor-fase-da-historia/.

[3] 傅荣,王克非. 欧盟语言多元化政策及相关外语教育政策分析[J]. 外语教学与研究, 2008(1):14-19+80.

[4] 驻葡萄牙大使黄松甫与葡教育科学部部长克拉托签署开展汉语教学试点项目的协议[EB/OL]. 2015-07-15. https://www.fmprc.gov.cn/web/gjhdq_676201/gj_676203/oz_678770/1206_679570/1206x2_679590/201507/t20150717_9345613.shtml.

[5] 参见葡萄牙教育总局网站:https://www.dge.mec.pt/lingua-estrangeira-i-ii-ou-iii-formacao-geral;参见葡萄牙新闻门户网站SAPO:https://sol.sapo.pt/artigo/399085/alunos-do-secundario-vao-aprender-mandarim-ja-no-proximo-ano-letivo, 2015年6月25日。

（三）华侨华人日益融入主流社会

根据葡萄牙移民局数据，截至 2019 年底，中国在葡萄牙的移民合计 27839 人，占葡萄牙 59 万移民的 4.7%，华侨华人主要分布在里斯本和波尔图地区。近年来，旅葡华侨华人不仅在数量上持续增长，而且日益融入葡萄牙主流社会。[①] 这也使得旅葡华侨华人子女的华文教育需求不断增加，成为中文教育在葡萄牙发展的重要因素。华文教学资源成为今后葡萄牙本土教学资源建设的重要内容。

二、发展情况

（一）开发情况

1. 萌芽阶段

早期葡萄牙本土中文教学资源出现在澳门，主要供葡萄牙来华传教士学习使用。16 世纪罗明坚、利玛窦编写了第一部有关葡语和汉语的词典《葡华辞典》，该词典一直为手稿，直到 2001 年才有影印本问世，现藏于罗马耶稣会档案馆。词典分三栏列出葡语条目、拉丁字母的汉语注音和汉语条目，澳门圣保禄学院使用该词典教授欧洲来华的耶稣会士学习中文。该词典是世界上第一部中文和西方语言对照的中文学习词典，它是中欧文化交流的成果，在中文教育历史上具有重大意义。[②] 17 世纪葡萄牙传教士曾德昭的《大中国志》是汉学史上的名著，其中一章介绍了中国语言文字，包括汉字产生的年代、汉字数量、笔画构成、造字法、字体等[③]，并著有《葡汉字汇》，现藏于里斯本国立图书馆[④]。19 世纪澳门土生葡人玛吉士依据《康熙字典》编纂了一部《汉葡词典》，可惜没有正式出版发行。他还编撰出版了葡文本的《官话和粤语会话》等数种语言类著作。[⑤] 澳门圣保禄学院和若瑟堂书院都曾为在华神职人员设立中

[①] 对外投资合作国别（地区）指南：葡萄牙（2021 年版）[EB/OL]. http://www.mofcom.gov.cn/dl/gbdqzn/upload/putaoya.pdf.
[②] 张西平.《葡华辞典》中的散页文献研究 [J]. 北京行政学院学报，2016（1）：116-128.
[③] 刘亚辉. 曾德昭《大中国志》中的汉字字体名称研究 [J]. 洛阳师范学院学报，2017，36（4）：31-35.
[④] 吴志良，杨允中.《澳门百科全书》[M]. 北京中国大百科全书出版社，1999：341.
[⑤] Jorge Forjaz. Famílias Macaenses [M]. Vol. 2, Macau：Instituto Cultural de Macau, 1996：577；赵利峰，吴震. 澳门土生葡人汉学家玛吉士与《新释地理备考》[J]，暨南学报（哲学社会科学版），2006（2）：131-136+152.

文相关课程，中文课本由江沙维神父负责编写，澳门公共图书馆藏有江沙维出版的 8 部有关汉语、葡语和拉丁语等语言的对照字典和文法书，其中有关中文教学的出版物主要包括：1829 年的《汉字文法》、1831 年的《洋汉合字汇》、1833 年的《汉洋合字汇》、1836 年的《辣丁中国话本》和 1841 年的《辣丁中华合字典》。[①] 这一时期的中文教材主要都是为成年人编写的，内容以日常生活和政商实务为主。同时，第一部正式出版的葡汉词典和汉葡词典也在这一时期出现，它们是 1831 年的《葡汉文典》和 1833 年的《汉葡字典》，均由若阿金·阿丰索贡萨尔维斯神父在澳门·若泽学院出版[②][③]。

2. 发展阶段

21 世纪以来，葡萄牙本土中文教材逐渐增多，正式出版的中文教材包括词典、语法教材、汉字教材、综合教材等，涵盖了中文学习的各个年龄段。正式出版的葡萄牙本土中文教材如表 5-4-1 所示：

表 5-4-1　正式出版的葡萄牙本土中文教材

教材名称	作者	出版社	出版年	简介
《葡萄牙人学中文》（Lições de Chinês para Portugueses）	王锁瑛、鲁晏宾	Centro Científico e Cultural de Macau, I.P.	2006	共两册，是面向葡萄牙语国家的中文教材，每册 30 课。内容包括汉字书写、普通话教学、语音教学等，每一课都包含一个关于中国文化主题的葡萄牙语介绍，是一套综合性教材。随书附有课文录音 CD 和动画。2013 年出版的第 3 版更名为《葡语世界学中文》（Lições de Chinês em Língua Portuguesa）
《儿童汉语：课本及练习册》（Lições de Chinês para Crianças: Texto e Exercícios）	Instituto Confúcio da Universidade do Minho	Instituto Confúcio da Universidade do Minho	2009	共两册，适用于葡萄牙小学生及中文初学者，强化汉字认读，配有练习册和光盘

---

① 参见澳门公共图书馆网站：https://www.library.gov.mo/zh-hant/library-collections/special-collections/ancient-texts?ancient=book_183。
② 参见葡萄牙卡蒙斯学院《语言的交汇：葡萄牙作家的中文译者及译著》，2020 年。
③ 林若翰. 葡中字典的历史和书目一瞥 [J/OL]. RC 文化杂志，澳门文化学会出版，中文版第 6 期. http://www.icm.gov.mo/rc/viewer/10006/122.

续表

教材名称	作者	出版社	出版年	简介
《汉语—葡萄牙语/葡萄牙语—汉语学术词典》（ *Dicionário Académico de Chinês-Português / Português-Chinês* ）	Porto Editora	Porto Editora	2010	收录超过 25500 个词条和例子，针对来自不同领域的学生、教师和专业人士，是一部有价值的工具书
《中文很简单！》（ *Chineasy - O Chinês é Fácil!* ）	Shaolan	Casa das Letras	2015	通过图片学习最常用的汉字，使读者可以轻松掌握基本概念和词语，轻松了解中国文化。配有 APP，可供下载学习
《汉语语法（葡萄牙语版）》（ *Gramática de Língua Chinesa para Falantes de Português* ）	Ran Mai, Carlos Morais e Urbana Pereira	Universidade de Aveiro	2019	以葡萄牙语编写，系统而简明地介绍了中文的历史、中国文字的演变、中国目前的语言状况以及普通话的特点。本书从对比的角度介绍语法内容，辅以实例，并对最常见的错误进行了专门分析
《中文一二三》（第 2 版）（ *Chinês... Um, Dois, Três: 2ª Edição* ）	Ran Mai, Yilan Shen e Carlos Morais	Universidade de Aveiro	2021	现已出版三册，是专门为葡萄牙小学生设计的中文和中国文化教材，参考 YCT（中小学生汉语水平考试）一级和二级大纲编写，计划出版四册

除教材外，2015 年 10 月，葡萄牙教育和科学部颁布了《面向葡萄牙学习者的汉语课程大纲》，编者为中国和葡萄牙从事一线中文教学的教师，这意味着葡萄牙中小学中文教学正逐渐步入正轨。另外，里斯本大学孔子学院自主编写了含有教学指导细则的本土化中文课程大纲《里斯本大学孔子学院汉语课程实施大纲》，于 2016 年完成。该大纲吸收了《欧洲语言共同参考框架》的理念，沿用葡萄牙外语教学大纲的基本格式，并结合结构型教学大纲和任务型教学大纲的核心内容，内容包括六个部分：教学总目标、交际话题及任务、教学内容、考核与测评、推荐教学资源、相关说明。[1]

---

[1] 桑勇. 葡萄牙孔子学院汉语课程大纲本土化研究——《里斯本大学孔子学院汉语课程实施大纲》编制实践 [J]. 汉语国际传播研究，2019（1）：57-65.

（二）使用情况

如今，葡萄牙已在基础教育、中等教育和高等教育阶段，以及社会兴趣班和华文学校广泛开设中文课程，下面结合葡萄牙中文教学现状分析教学资源的使用情况。

1. 基础教育阶段

葡萄牙基础教育是从 1 年级到 9 年级（一般为 6—15 岁），分为三个阶段：1—4 年级、5—6 年级、7—9 年级。2012 年，圣若昂-达马德拉市政府与阿威罗大学发起"基础教育中的中文教学"项目，共有 13 所中小学参加，中文课程正式纳入该市教育体系。2016 年，埃斯皮尼奥市政府与阿威罗大学孔子学院签署协议，在基础教育阶段引入中国语言文化课程，并于 2017/2018 学年正式将中文课程纳入该市教育体系。至此，中文课程成为两市基础教育第一阶段（3 年级和 4 年级）小学生必修课，基础教育第二、三阶段小学生选修课。主要教材选用阿威罗大学出版的本土系列教材《中文一二三》。

2. 中等教育阶段

中等教育阶段的教学对象一般是 16—18 岁的青少年（10—12 年级）。根据《关于在葡萄牙公立学校开展汉语教学试点项目的协议》，自 2015 年 9 月起，葡萄牙 19 个城市 21 所公立学校将中文课程列为葡萄牙中等教育阶段的第三外语选修课程。2019 年 4 月，随着《中国孔子学院总部与葡萄牙共和国教育部关于在葡萄牙中学教育中开展汉语教学的合作协议》正式签署，葡萄牙已有 13 所公立中学先后开设中文教学点。此外，阿尔加维大学、阿威罗大学、埃武拉大学、里斯本大学、米尼奥大学、卡斯特洛·布兰科理工学院、莱里亚理工学院和维塞乌理工学院也签署了"汉语教学合作协议"，为其所在辖区范围内的中学中文课程项目提供协助，中国驻葡萄牙大使馆、语合中心及高校负责教师的选派和管理，各公立中学及葡萄牙教育局负责教学活动的开展和监督等工作。中等教育阶段主要选用的教材是人民教育出版社的《跟我学汉语（葡萄牙语版）》（陈绂、朱志平主编，2010 年）。

3. 高等教育阶段

葡萄牙高等教育阶段的中文教育起步较晚，但中文课程门类丰富，很多高校已经开设了与中文和中国文化相关的本硕学位课、必修课或选修课。

米尼奥大学是葡萄牙开设中文相关课程较早的大学，该大学自 1991 年起开设免费的中文和中国文化课程，1997年成立东方学中心，2004年9月正式设立东方学本科课程，2009年设立中葡跨文化研究硕士课程。中文教材以北京语言大学出版社《新实用汉语课本》（第2版）（刘珣主编，2010年）系列教材为主。

阿威罗大学2004年将中文列为语言与经贸关系本科专业课程，中文成为该专业必修语言方向的选择之一。2016年开设中国研究硕士课程。中文课程主要采用本土教材《葡语世界学中文》和《汉语语法（葡萄牙语版）》。

2008年，里斯本大学亚洲研究本科专业设立，中文成为可选方向的必修课程。2012年，里斯本大学与葡萄牙天主教大学、澳门科学文化中心、孔子学院联合开办亚洲研究硕士专业，中文是可选语言课程。2016里斯本大学设立翻译硕士专业，科技领域的汉葡及葡汉翻译课程成为母语非中文学生的课程。中文课教材以北京语言大学出版社的《新实用汉语课本》（第2版）为主，商贸汉语课使用北京大学出版社的"新丝路商务汉语"系列教材（李晓琪主编，2009年），语言文化课选用北京语言大学出版社的《汉语口语速成·高级篇》（马箭飞主编，1999年）和北京大学出版社的《汉语高级口语教程》（杨寄洲、贾永芬编著，2007年），旅游汉语课选用高等教育出版社的《体验汉语·旅游篇》（张如梅、艾辛编，2006年）。

4. 孔子学院（课堂）

米尼奥大学孔子学院社会班以《新实用汉语课本》为主，小学兴趣班主要以自编教材《儿童汉语：课本及练习册》、北京语言大学出版社的《汉语乐园》（刘富华等编，2005年）为主，中学兴趣班以《跟我学汉语（葡萄牙语版）》和《长城汉语》（马箭飞主编，2005年）为主。

阿威罗大学孔子学院、波尔图大学孔子学院、科英布拉大学孔子学院语言兴趣班以北京语言大学出版社的《HSK标准教程》（姜丽萍主编，2014年）为主。

里斯本大学孔子学院语言班以《新实用汉语课本》为主，以北京语言大学出版社的《发展汉语》（第2版）（李泉主编，2011年）为辅，商务汉语课主要使用北京大学出版社的"新丝路商务汉语"系列教材，语言文化课选用北京语言大学出版社的《汉语口语速成·高级篇》和北京大学出版社的《汉语高级口语教程》，旅游汉语课选用高等教育出版社的《体验汉语·旅游篇》。[①]

[①] 傅磊珂. 葡萄牙里斯本大学孔子学院汉语教学现状调查研究[D]. 南宁：广西民族大学，2018.

除纸质教材外，葡萄牙各孔子学院都在积极开发数字教学资源，主要表现为各孔子学院纷纷开发了线上课程，利用新的信息和通信技术进行中文教学。例如：阿威罗大学孔子学院、波尔图大学孔子学院、米尼奥大学孔子学院都定期在微信或Facebook发布微课内容，同时各孔子学院也会在微信或Facebook定期发布有关中文和中国文化知识的内容。从2016年起，里斯本大学孔子学院制作的中文微课在YouTube上线，通过搭建在线教学平台，线下和线上课程并行。

5. 华文教育机构

葡萄牙中文教学机构还包括华侨华人开设的中文学校。这类学校以教授当地中国华侨华人子女汉字、中文和中小学各科课程为主。其中，较早开设的里斯本中文学校自2000年创立以来，一直从事中文和中国文化相关课程的教育，也代表着葡萄牙华文教育的整体情况，里斯本中文学校、波尔图中文学校、科英布拉中文学校等8所主要中文学校以暨南大学华文学院为海外华侨华人子弟编写的教材《中文》（修订版）（暨南大学华文学院编，2007年）和人民教育出版社出版的《标准中文》（修订版）（课程教材研究所编著，2006年）为主，以《中华字经》（郭保华著，2000年）和自编教材为辅。

作者：尹雪璐，葡萄牙阿威罗大学；甄钊，葡萄牙杜罗大学；陈晨（通讯作者），天津师范大学，曾任职于西班牙莱昂大学孔子学院

第五节　西班牙中文教学资源发展状况[①]

西班牙的汉学研究始于16世纪中叶[②]，研究领域主要集中在历史、翻译、社会学和政治学等方面。1973年中西两国建交以后，西班牙的中文教育开始稳步发展。自1978年格拉纳达大学首次开设中文课起，中文教育正式进入西班牙的学术研究视野，西班牙高校陆续设立东亚研究中心，开设学士和硕士课程。2006年，中国第一所塞万提斯学院在北京成立；2007年，西班牙在首都马德里成立了第一所孔子学院——马德里孔子学院，进一步促进了两国的语言文化交流，有力推动了西班牙的中文教育进程。2012年，"知华讲堂"（Cátedra China）成立，为西班牙的中国学研究提供信息分析和交流的网络平台，并通过定期出版杂志，发表文章、报告及采访，向西班牙各界介绍中国的历史文化和发展现状，促进西班牙和欧洲民众对中国的了解，树立正确"中国观"，为增进中西两国民心相通、合作互信打下了坚实基础，也为西班牙中文教育的发展建立了重要的文化认知窗口。随着中文教育在西班牙影响力的逐步提升，截至2019年，西班牙共有200余所中小学开设中文课程，5万余人学习中文，参加汉语水平考试（HSK）人数居欧洲第一。[③]

一、发展背景

（一）国家层面对中文教育的政策支持有待推进

欧盟教育政策的核心价值目标是推动经济和政治一体化进程，加强欧洲公民共

[①] 本节内容为2020年度国际中文教育研究课题重点项目"西语国家本土化中文教学资源动态数据库建设"（批准号：20YH11B）和2021年度一般项目"西班牙中文教育本土化发展与转型升级研究"（批准号：21YH04C）阶段性成果。

[②] 管永前.从传教士汉学到"新汉学"——西班牙汉学发展与流变述略[J].国际汉学，2020（3）：150-157+205-206.

[③] 郭求达，冯俊伟.中文教学在西班牙结硕果[N/OL].人民日报海外版，2019-01-18. http://paper.people.com.cn/rmrbhwb/html/2019-01/18/content_1904758.htm.

同身份认同的建构，提高作为欧洲公民的政治素养和觉悟。[1]西班牙作为欧盟重要成员国之一，一直以来致力于推动多语言、多文化社会的建设，将第一外语课程列为基础教育阶段的必修课，同时鼓励各自治区开设多语种的第二外语选修课程。

培养欧洲公民的基本素养，使学生习得欧洲语境中的必要生存技能，是西班牙关于外语教育的传统立法理念。2014年2月和12月，西班牙教育部分别颁布了第126/2014号《初等教育大纲法令》和第1105/2014号《中等教育大纲法令》，着重强调在初等教育阶段开设外语课程的必要性，并列出五种欧洲语言作为第一外语课程的可选语种，分别是德语、法语、英语、意大利语和葡萄牙语，中文不在其中。[2]根据西班牙教育和职业培训部2021年发布的外语教育年度报告，英语在小学阶段的选择率为99%，初中阶段为98.3%，是普及程度最高的第一外语。

由此可见，西班牙的外语教育仍然以欧洲语言为核心，其中英语占主导地位。目前西班牙并未颁布全国性的法规政策支持包括中文在内的非欧洲语言教育。由于国家层面的政策支持不足，中文不在西班牙第一外语语种的选择范围内，短期内也难以纳入西班牙国民教育体系。中文教育在西班牙各教育阶段暂未形成较大规模，还需多方共同努力，从国家层面积极推进西班牙的中文教育发展进程。

（二）部分自治区已着力发展中文教育

西班牙的教育事务主要由中央和自治区教育行政机构共同管理，各自治区享有一定的自主权。随着西班牙中文学习需求的日益增长，西班牙部分自治区开始重视中文教育的发展，积极制定法案，从立法层面推动中文课程在当地中小学的开展。目前已有三个大区将中文列入其课程体系下的自主课程。

安达卢西亚自治区于2011年与孔子学院总部/国家汉办签署协议，在该大区中小学引进和推广中文课程。目前，该大区的8个省先后建立了孔子课堂，与当地37所公立中小学合作，2019—2020学年，全区中文学习人数超过3600人。[3]同时，该大区教育厅于2018年正式发布《小学阶段中文教学大纲》，以指导、规范该大区的中文教学工作。该大纲是在《欧洲语言共同参考框架》（简称《欧框》）的框架下，

---

[1] 李晓强.论欧盟教育政策的价值目标及其面临的挑战[J].外国教育研究，2008（7）：19-22.
[2] 陈旦娜，魏婧，常世儒.西班牙外语教育政策对当地中文教育的影响[J].天津师范大学学报（社会科学版），2022（1）：29-35.
[3] 参见安达卢西亚大区教育厅官网：https://www.juntadeandalucia.es/educacion/portals/web/plurilinguismo/programa-de-aulas-confucio.

基于《国际汉语教学通用课程大纲》制定的，大纲量化各级别的语法和词汇，并提供若干相应等级的例句供教师参考。

卡斯蒂利亚-莱昂自治区教育厅也积极推动中文纳入该大区的教育体系，于2018年8月发布了《中学阶段中文与中国文化课程大纲》。该大纲确定了中文课程的教学目标、课程标准和课程内容，并规定了中文必修课程的教学时数。[①]

加泰罗尼亚大区中文教学的开展由来已久，但直到2020年5月才正式出台《中学阶段中文教学大纲》（简称《加泰大纲》），将中文纳入该地区的外语教学体系。该大纲以《欧框》为基础，由口语交际、阅读理解、书面表达、社会文化及态度和多语能力五个维度构成，并突出强调语言与中国文化和社会的相关性。此外，《加泰大纲》对词汇、语法及语言功能提出了具体的要求，是结构和功能并重的语言大纲。

尽管西班牙目前在国家层面还没有相关法律条款支持中文教育的发展，但以上三个自治区根据自身情况和需求，已从立法层面推动中文课程进入当地中小学教育体系；且由于拥有法规政策的支持和语言大纲的指导，也开发了相应的本土中文教学资源。从整体上看，中文在以上地区发展势头良好，而其他大区尚未针对中文教育设立明确的法规和语言大纲，中文课程的开设具有较强的主观性和随意性，这也在一定程度上延缓了当地中文教学资源的建设进程。

二、发展情况

（一）纸质教材开发与使用情况

1. 基础教育阶段

根据对西班牙4个大区65所中小学[②]的走访及问卷调查，目前西班牙中小学使用的中文教材大多是由中国编写的通用型儿童中文教材（表5-5-1）。

[①] 陈晨，李乾超，杨湫晗. 西班牙中文教育发展现状与前瞻[J]. 天津师范大学学报（社会科学版），2021（3）：16-23.

[②] 其中马德里大区26所、加泰罗尼亚大区4所、卡斯蒂利亚-莱昂大区5所、安达卢西亚大区30所。

表 5-5-1　西班牙中小学中文教材使用情况

自治区	非本土教材	本土教材
马德里大区	《YCT标准教程》（苏英霞，2015） 《快乐汉语》（李晓琪等，2003） 《轻松学中文》（西班牙文版）（马亚敏、李欣颖，2014）	《儿童学汉语》 （Kidsway to Chinese） （MACMA，2013）
加泰罗尼亚大区	《轻松学中文》《快乐汉语》 《今日汉语》（王晓澎等，2003）	/
卡斯蒂利亚-莱昂大区	《YCT标准教程》《轻松学中文》 《轻松学汉语》（西班牙语少儿版）（马亚敏，2010）	/
安达卢西亚大区	《YCT标准教程》《快乐汉语》 《汉语乐园》（刘富华等，2005）	《十二色汉语笔记》 （梁金莲等，2018）

非本土教材中，仅有《今日汉语》是为西班牙语使用者编写的，且未对学习者的适用年龄段进行明确划分。《YCT标准教程》是英文版教材，其他则是"一版多本"的西班牙语翻译版教材。由于编写和出版都在中国国内，这些教材的体例和内容无法完全适应当地的教学情况，难以满足当地的中文学习需求。因此，针对西班牙儿童的本土中文教材开发具有必要性和紧迫性。

目前西班牙有两套为当地儿童编写的中文教材。一是玛柯玛（MACMA）中文教育集团开发的《儿童学汉语》（Kidsway to Chinese），于2013年出版。这是一套故事型教材，由玛柯玛集团的西班牙籍和中国籍中文教师团队共同编写。[1] 该集团为这套教材开发了配套网站，提供与课本相关的数字资源。此外，该集团还研发了教学APP，可以在平板电脑上使用。这款教学APP不仅包含一般的阅读和听说练习，还囊括了大量与听、说、写相关的游戏。[2] 目前与该集团合作开设中文课程的中小学已超过60所，学生人数超过2000人。[3]

二是安达卢西亚自治区加迪斯孔子课堂的教师团队编写的《十二色汉语笔记》，于2018年发布。该教材一共分为六册，分别对应小学六个年级。每册按颜色分为两部分，分别对应上下两个学期。学生通过对"十二色"内容的学习，最终可达到YCT二级要求的中文水平。[4] 该教材专门针对该大区的中小学课堂编写，虽然未正

---

[1] 周筠汀.海外本土化儿童汉语教材故事型课文初探——以西班牙汉语教材《Kidsway to Chinese》为例[D].北京：中央民族大学，2018.
[2] 郑敏娟.西班牙马德里地区小学汉语教学发展现状研究[D].广州：广州大学，2018.
[3] 陈晨，李乾超，杨湫晗.西班牙中文教育发展现状与前瞻[J].天津师范大学学报（社会科学版），2021（3）：16-23.
[4] 丁爽.孔子课堂教师风采——记西班牙安达卢西亚孔子课堂公派教师梁金莲[EB/OL].2019-12-31. http://gjjl.cczu.edu.cn/2019/1231/c14051a224966/page.htm.

式出版，但是大区教育厅已将其选为教育厅官方网站上的推荐中文教材，供教师和学生下载使用。为考察《十二色汉语笔记》的使用情况，我们走访了安达卢西亚大区的 30 个中文教学点，发现使用这套本土教材的教学点有 9 个，覆盖率为 30%。

2. 高等教育阶段

1978 年格拉纳达大学首次开设中文课，拉开了西班牙高等教育阶段现代中文教育的序幕。目前西班牙 50 所公立大学中，有 27 所大学开设了中文课程，占公立大学总数的 54%。其中，马德里自治大学、马德里康普顿斯大学、巴塞罗那自治大学、格拉纳达大学、塞维利亚大学[①]、萨拉曼卡大学等 6 所大学在"翻译学""东亚学"或"现代语言学"专业下开设了与中文教育相关的本科专业，将中文列为必修课程。

如表 5-5-2 所示，开设中文专业的 6 所西班牙大学中，有 5 所大学（83.3%）的中文必修课都使用中国出版的通用型教材。其中，《新实用汉语课本》是西语注释版本；《走遍中国》仅第 1 册为西语注释版本；马德里自治大学使用的《汉语和中国文化》是耶鲁大学出版的美国中文教材，仅提供英语注释版本。

表 5-5-2　西班牙公立大学中文必修课教材使用情况

大学	专业（中文方向）	非本土教材	本土教材
马德里自治大学	亚非学研究	《汉语和中国文化》（Encounters: Chinese Language and Culture）（Cynthia Y. Ning 等，2011）	/
马德里康普顿斯大学	语言文学专业	《HSK 标准教程》（姜丽萍主编，2014）	/
巴塞罗那自治大学	东亚学研究	《走遍中国》（西班牙语版）（丁安琪主编，2020）	/
巴塞罗那自治大学	翻译专业	《新实用汉语课本》（西班牙语版）（刘珣主编，2009）	《学中文，做翻译》（第 6 版）（Lengua china para traductores）（Helena Casas Tost 等，2020）
格拉纳达大学	现代语言文学	《新实用汉语课本》	/
格拉纳达大学	翻译专业	《新实用汉语课本》	《中西翻译课本》（Manual de traducción Chino / Castellano）（Laureano Ramírez Bellerín 著，2004）

---

① 塞维利亚大学的东亚学专业是与马拉加大学合办的。

续表

大学	专业（中文方向）	非本土教材	本土教材
萨拉曼卡大学	东亚学研究	《新实用汉语课本》	/
塞维利亚大学	东亚学研究	《今日汉语》	/

《学中文，做翻译》和《中西翻译课本》是仅有的两种西班牙本土教材，是翻译系的主干中文教材。《中西翻译课本》是西班牙当地出版社GEDISA 2004年出版的，以语法和词法讲授为主，旨在帮助以西班牙语为母语的翻译者克服中西翻译的重点和难点；《学中文，做翻译》是西班牙巴塞罗那自治大学2007年出版的，是针对中西翻译专业学生的专项中文教材，目前有两册，基本覆盖初级和部分中级语法，虽仅在巴塞罗那自治大学使用，但也被其他大学列为参考书目，具有较为广泛的影响力，2020年已出版至第6版。

另外，部分汉学家和当地出版社联合出版了一些实用的本土工具书。这些工具书的相继出版也丰富了西班牙中文学习者的学习资料，如《汉语语法》（*Gramática china*）（徐曾惠等，1997）、《加泰兰语—汉语/汉语—加泰兰语简明词典》（*Diccionari Català-Xinès / Xinès-Català*）（周敏康，1999）、《西汉—汉西辞典》（袖珍版）（*Diccionario POCKET Chino. Español-Chino / Chino-Español*）（周敏康，2015）、《中文语法》（*Gramática de la lengua china*）（Po-Ching Yip等，2015）等。

3. 官方语言学校

官方语言学校是西班牙政府资助的官方机构，旨在为所在城市提供多样的语言教学服务。1911年，第一所官方语言学校在马德里开办，如今西班牙的官方语言学校及其分支机构已发展到将近450所，为16岁以上的居民提供了23门语言课程。由于语言政策上的"欧洲中心"倾向，英语、法语、德语长期在官方语言学校外语教育中处于强势地位，不过近年来，中文课程在官方语言学校的注册人数持续上升。截至2020年底，共有21所官方语言学校开设了中文课程，遍布10个自治区，学习中文的人数达到了2412人，远超其他亚洲语言。

西班牙各官方语言学校自主编写了中文课程大纲，并根据实际教学情况自行挑选中文教材。根据表5-5-3，从教材种类上看，官方语言学校目前使用的中文教材共有 8 套，其中 6 套由中国编写出版。《新实用汉语课本》《轻松学中文》和《走遍中国》（第 1 册）是西语注释版；《HSK 标准教程》《博雅汉语》和《发展汉语（第 2 版）·中级口语》均采用英语注释，没有西语注释版。从教材使用情况来看，21 所官方语言学校中，仅有 6 所学校（28.6%）的部分级别使用西班牙本土教材；在非本土教材中，《新实用汉语课本》有 12 所学校（57.1%）选用，是官方语言学校使用频率最高的中文教材。

表 5-5-3　西班牙官方语言学校中文教材使用情况

自治区	开设中文课的官方语言学校数量	非本土教材	本土教材
加利西亚大区	4	《新实用汉语课本》《走遍中国》	/
马德里大区	3	《新实用汉语课本》	/
瓦伦西亚大区	3	《新实用汉语课本》《轻松学中文》	《汉语》（Eva Costa 等，2004）《汉语之路》（陈晨等主编，2019）
阿斯图里亚斯大区	2	《HSK 标准教程》	/
安达卢西亚大区	2	《轻松学中文》	/
卡斯蒂利亚-莱昂大区	2	《走遍中国》	/
阿拉贡大区	1	《博雅汉语》（李晓琪主编，2004）	《汉语》
穆尔西亚大区	1	《走遍中国》《博雅汉语》《新实用汉语课本》	《汉语之路》
加泰罗尼亚大区	1	《发展汉语（第 2 版）·中级口语（Ⅰ）》（路志英编著，2011）	《汉语》
纳瓦拉大区	1	《新实用汉语课本》	《汉语》
加那利群岛	1	《新实用汉语课本》《HSK 标准教程》	《汉语》

西班牙当地出版的本土中文教材仅有《汉语》和《汉语之路》两套。《汉语》系列教材是西班牙本土自主编写的第一套中文教材，由巴塞罗那德拉桑内斯官方语言学校的中文教师 Eva Costa 及国内西语学者孙家孟联合编写，于 2004 年出版并在巴塞罗那官方语言学校投入使用，目前一共出版三册。该套教材主要参考欧洲外语教

学体系和旧版 HSK 考试标准，强调四种基本语言技能的训练。《汉语之路》是西班牙孔子学院编写的第一套综合性本土中文教材，由西班牙籍和中国籍教师团队共同编写，于 2019 年出版，目前发行了教材和练习册各两册。该套教材主要参考《欧框》，采用结构与功能并行的方式编写①，并将现代化的中国文化融入其中。值得一提的是，该教材包含 HSK 考试内容，兼顾了西班牙学习者的"考证"需求。

4. 孔子学院（课堂）

自 2007 年起，西班牙陆续设立了 9 所孔子学院②及 12 所孔子课堂，为西班牙中文教育的普及和发展铺平了道路。

目前西班牙各孔子学院主要使用中国编写的通用型教材（表 5-5-4）。面向成人学习者的通用型教材共 5 套，以《HSK 标准教程》和《新实用汉语课本》为主；面向少儿学习者的通用型教材共 6 套，以《YCT 标准教程》和《快乐汉语》为主。《汉语之路》是唯一一套在孔子学院使用的本土中文教材，共有 3 所孔子学院使用。在目前正式运营的 8 所孔子学院中，本土教材使用率为 37.5%。

表 5-5-4 西班牙孔子学院中文教材使用情况

机构	面向成人学习者的教材	面向少儿学习者的教材
马德里孔子学院	《HSK 标准教程》	《YCT 标准教程》 《轻松学汉语》
巴塞罗那孔子学院	《汉语之路》 《HSK 标准教程》	《轻松学中文》 《轻松学汉语》
卡斯蒂利亚拉曼查大学孔子学院	《HSK 标准教程》 《走遍中国》 《汉语之路》	《YCT 标准教程》
莱昂大学孔子学院	《汉语之路》 《HSK 标准教程》	《YCT 标准教程》
格拉纳达大学孔子学院	《新实用汉语课本》	《快乐汉语》 《跟我学汉语》 《汉语乐园》
萨拉戈萨大学孔子学院	《今日汉语》 《HSK 标准教程》	《快乐汉语》 《YCT 标准教程》

---

① 李乾超，杨湫晗.西班牙本土化初级汉语教材编写理念与实践——以莱昂大学孔子学院自编教材《汉语之路》为例 [J].云南师范大学学报（对外汉语教学与研究版），2020，18（4）：83-92.
② 塞维利亚大学孔子学院是 2021 年 7 月新批准建立的，目前尚未正式运营，暂无数据。

续表

机构	面向成人学习者的教材	面向少儿学习者的教材
瓦伦西亚大学孔子学院	《新实用汉语课本》 《博雅汉语》	《快乐汉语》 《汉语乐园》 《跟我学汉语》
拉斯帕尔马斯大学孔子学院	《HSK标准教程》	《YCT标准教程》

（二）数字资源开发与使用情况

数字资源在西班牙教育领域的应用十分广泛。如西班牙塞万提斯学院从2000年起，就开始陆续推出西班牙语网络课堂（AVE）、数字教材、在线评估系统等网上辅助教学资源，是世界上最早使用网络教学平台的语言文化机构之一。在中文教育方面，虽然数字资源开发进展较为缓慢，但近年来陆续推出了一些在线中文教学资源，在新冠疫情期间发挥了重要作用。西班牙现有中文数字资源大致可以分为以下两类。

1. 多媒体教学资源

多媒体教学资源多为辅助性的，包括教材配套视频、音频及课堂教学活动示例等。除了《儿童学汉语》的配套数字资源外，还有两个大区开发了线上中文教学资源。

2020年，安达卢西亚大区的孔子课堂以《YCT标准教程》的课文为基础，制作课程视频并上传至大区教育厅网络平台。课程视频中加入了简单的课后练习，以方便学生在网络课程之外进行相关的语音和听力训练。目前该网络视频课程已涵盖《YCT标准教程》第1册和第2册。

加泰罗尼亚大区教育厅于2020年出台了《中学阶段中文教学大纲》，并在官网上发布了与大纲相对应的中文教学资源包，按照年级和学期进行了细分，内容包括语法点、生词、推荐的课堂活动和练习等虚拟辅助教学资源，可指导教师进行课堂教学。

2. 教学资源搜索平台

目前西班牙有两个中文教学资源搜索平台，均由巴塞罗那自治大学开发，通过对现有网络资源的整合与分类，形成了面向不同领域的中文资源搜索平台。

一是西班牙中文文学作品翻译资源数据库[①]，于2019年开始研发。该平台集中并

[①] 参见西班牙中文文学作品翻译资源数据库官网：https://dtieao.uab.cat/txicc/lite/。

优化了西班牙出版的中文文学作品译本信息，包括书籍简介、作者及译者简介、出版社信息及评论等，并保持持续更新，用户可方便快捷地搜索资源。一方面，该平台为西班牙的中文研究者和学习者提供了丰富的动态信息及教学资源；另一方面，也推动了中国文化在西班牙社会层面的传播。

二是汉语教学与习得技术资源库[①]，于2021年正式开放。该平台将网络上的中文教学资源集中起来，并在资源库中进行整合归类，建立了一个规模大、分类全、检索便捷的搜索引擎，为不同需求的中文教师及学习者提供中文教学与研究服务。值得注意的是，资源库中呈现的每条教学资源，都经过专家的鉴别和注释，在保证质量的同时，极大地提高了查找数字化中文教学资源的效率。另外，用户也可以对平台现有资源进行打分及评论，以多方交互的形式共同完善网站的资源建设。

作者：李乾超，西班牙巴塞罗那大学；杨湫晗，西班牙巴塞罗那自治大学；陈晨（通讯作者），天津师范大学，曾任职于西班牙莱昂大学孔子学院

---

① 参见汉语教学与习得技术资源库官网：https://dtieao.uab.cat/txicc/echinese/zh-hans/。

第六节　新西兰中文教学资源发展状况[1]

新西兰是较早将中文纳入国民教育体系的西方发达国家之一，中文首先进入高等教育阶段，然后进入基础教育阶段。1966年，奥克兰大学率先开设中文专业，是中文进入高等教育的发端。1995年，新西兰教育部颁布《新西兰中文课程大纲》，中文被正式纳入外语教学体系。1998年，教育部正式将中文列为全国大学入学考试外语科目之一。1999年，中文考试大纲正式公布。2000年，教育部将中文列入中考外语考试科目之一。

在中新两国的共同努力下，目前新西兰已建立3所孔子学院，下设31个孔子课堂，提供多层次、多类别的中文教学，开展形式多样的文化活动，推广HSK和YCT等中文水平考试。孔子学院本土化程度高，社会影响力大，已逐步发展成为当地中文教学的示范中心、中文考试中心、本土师资培训中心。孔子学院的品牌项目"汉语助教"每年为新西兰输送公派教师和志愿者，解决了当地师资短缺的问题。截至2019年底，该项目规模已达每年150人，覆盖全国377个中小学教学点。

在国民教育体系中，小学和初中阶段（1—8年级），中文为第一大外语，2020年学习人数为42599人；高中阶段（9—13年级），中文为第四大外语，2020年学习人数为6368人；大学阶段，中文为第四大外语，2020年学习人数为365人。[2] 中文学习者主体集中于基础教育阶段，呈现出低龄化趋势。

过去十余年间，新西兰中文教育发展迅速，尤其在基础教育阶段实现了跨越式发展，开设中文课程的学校越来越多，社会各界对中文学习的态度非常积极，对孔子学院和志愿者项目持欢迎态度。但同时，新西兰中文教育中遇到的一些发展瓶颈仍需突破，如中文课程大纲建设、本土师资队伍建设、教学资源建设等。

---

[1] 本节内容为"新西兰皇家学会（Royal Society of New Zealand）Marsden Fund 研究项目"（批准号：19-UOA-212）阶段性成果。

[2] 数据来源：新西兰教育部年度外语学习人数统计。

一、发展背景

(一)中小学教育特点

新西兰中小学奉行"全人教育"理念,这一理念体现在教学大纲、课程设置、教学活动等细节中。"有指导大纲、无统编教材"是新西兰基础教育阶段的主要特点。教师根据教育部制定的指导性大纲,围绕要求学生掌握的知识范围和关键能力来安排教学内容,包括中文课在内的所有科目均是如此。因此,教材并非中小学中文教学的必需品,可供教师灵活组织和使用的教学素材和资源更为实用。

新西兰没有国家层面的外语政策,小学阶段(1—6年级)采取全科教学,教育部没有外语教学要求,是否提供外语课程由学校自主决定。大部分小学在开设外语课程、配备专职外语教师方面面临经费短缺、师资不足的困境。2008年教育部实施新规,要求初中阶段(7—8年级)学生选修一门外语,至于开设何种外语,由学校校长和董事会决定。针对初中和高中(9—13年级)的外语教学,教育部提供指导性课程大纲,仅供参考,对课时、内容和程度、教学规范、评估测试等不做具体规定和要求。

11—13年级学生可自由选择科目,以应对NCEA(National Certificate of Educational Achievement,新西兰中学教育成绩证书课程)考试。由于不同的高等教育课程对学生的入学要求不同,所以学生需要考虑他们离校后去工作还是接受高等教育,并以此决定选择哪些科目,相应获得什么样的文凭。如果学生选择中文课,就会和学习其他课程一样,每周学习5课时,以保证获得学分,通过NCEA考试。

1995年颁布的《中文课程大纲》(*Chinese in the New Zealand Curriculum*)以1993年《新西兰国家课程大纲》(*The New Zealand Curriculum*)为编制依据。该大纲制定年代久远,对语言能力的目标要求较低,知识内容有限,缺乏时代性、针对性和指导性,已不能满足新西兰中文教育的新发展和新需求,更遑论对教材编写的指导作用。鉴于此,奥克兰孔子学院组织编写了一套符合1—8年级中文课程特点的指导性教学大纲《新西兰1—8年级中文教学纲要》(*A Chinese Language Framework for New Zealand Schools for Primary Schools Year 1-8*),于2018年正式发布,向全国开设中文的中小学校推广。一些孔子课堂和教学点的志愿者教师会参考此大纲,选用合适的教材来组织教学内容。

（二）中小学中文教学特点

小学和初中的中文项目多采用体验式的语言兴趣班形式，周课时少，学习量小，目的是培养学生对中文的兴趣，强调参与度和趣味性。教学内容和教学材料的选择，由中文课教师自主决定。

基于兴趣课的定位和课时少的实际情况，主题式教学和游戏教学法在中文教学中较为普遍。教师先确定阶段性授课主题（如动物、颜色、家庭成员、购物等），围绕主题制订每一课教学计划，根据教学计划组织教学资源，制作词卡、任务单、音视频等教学材料，并灵活加以运用。游戏教学法符合新西兰低龄学生在实践探索中学习知识的要求，丰富的游戏活动可以训练学生的注意力，同时让中文学习变得轻松有趣，让学生在快乐学习中掌握和运用中文。

传统的纸质教材并不能满足当地的需求，中小学更偏向于使用数字资源，方便在电脑、平板电脑、多媒体设备上进行展示和练习。中小学生也倾向于选择可实现无纸化教学的科目，他们认为这样既方便又有趣。中文课教师在自行组织教学材料、制作教具和词卡时，花费的精力和时间往往较多，且只能在局部范围内使用，大范围资源共享较少。

总体而言，从新西兰中小学中文教学的特点看，教学资源类、游戏类、活动类的中文教材或数字资源更具实用性和开发价值。

二、发展情况

（一）基础教育阶段

1. 纸质教材使用情况

（1）教材选用灵活多样

作为英联邦国家，新西兰沿袭英式教育体制。学生从 5 岁开始读一年级，基础教育为 13 年制。教育部公布参考性大纲，由学校自行决定所需开设的科目和教学内容。各校办学条件、学生情况、中文教学历史等差异较大，教学资源使用倡导从需求出发，因校制宜，因而呈现出多元化、分散化的特点。（表 5-6-1）

表 5-6-1　新西兰基础教育阶段学制及对应的中文教材使用概况

年龄	NZQA 等级	新西兰学制		中文教材
5—6	Primary 小学	1 年级		很少用教材，多为自编讲义，部分志愿者参考《汉语乐园》《美猴王汉语》《轻松学中文》等教材和课程大纲组织教学内容
6—7		2 年级		
7—8		3 年级		
8—9		4 年级		
9—10		5 年级		
10—11		6 年级		
11—12	Intermediate 初中	7 年级		
12—13		8 年级		
13—14		High School / College 高中	9 年级	多使用本土教师自编讲义；部分使用《进步》《你好》等英语国家本土教材
14—15			10 年级	
15—16	NCEA LEVEL 1		11 年级　IGCSE 剑桥	根据学校提供的不同高考形式，教师参考 NCEA、IB、剑桥等中文考试大纲选择教学内容
16—17	NCEA LEVEL 2		12 年级　AS (Advanced Subsidiary) / IB Diploma	
17—18	NCEA LEVEL 3		13 年级　Foundation /A-Level / IB 大学预科	

中小学阶段教材选用灵活度高，没有固定的中文教材。1—10 年级大都使用自编讲义，部分教师会使用英语国家出版的本土中文教材，教材使用种类并不多。中国出版的中文教材，内容、形式和容量等方面在当地的适用性不太高，如《汉语乐园》《美猴王汉语》《轻松学中文》等，不过志愿者教师会将其作为教学参考。

部分学校在孔子学院创办（2007 年）之前就有中文项目。这类学校数量虽少，但基础较好，聘有经验丰富的本土中文教师，使用本土教师自编讲义较多。在孔子学院支持下新开设中文项目的学校，没有本土中文教师，由孔子学院派出的志愿者担任汉语助教。他们有些会根据奥克兰孔子学院编制的指导性教学大纲，并参考

《汉语乐园》《美猴王汉语》《汉语风》等教材，选取适合学生的教学内容，组织教学材料，以周为单位开展中文教学。

活动类教材，如《中文百宝箱》《动感中文》《好极了！中文初学者课堂活动》等，提供丰富的活动资源，为学生营造出良好的学习语境，教师可参考教材中的活动，运用多种有效的教学技巧，如体演、角色扮演、游戏、韵律歌谣、看图说话等来提升学生的中文语言能力，很适合新西兰低龄学生。以《中文百宝箱》为例，全书分为12个月，按照各年级每月的课程主题和月份主题，设计相应的语言、文化、会话等课堂活动，月份主题以文化为主线，包括每月的重要节日、中西文化比较等，而且主题设计活动与其他学科内容相呼应。这些特点与新西兰外语教学倡导的"沟通、贯连、文化对比、学以致用"理念和"主题式教学法"一致，因此在中小学使用较多。

高中阶段，学生开始修读 NCEA 课程，11 年级修读 NCEA 一级证书，12 年级修读 NCEA 二级证书，13 年级修读 NCEA 三级证书。部分学校加设剑桥考试系统（IGCSE）、A-Level 或 IB 考试体系。根据学生选择的上述不同考试方向，教师参考各方向的中文考试大纲选择教学内容和教学材料，帮助学生备考。（表 5-6-2）

表 5-6-2 新西兰中小学较常使用或参考的教材

类别	教材（中英文名称、编者、出版社、出版时间）
综合类	《美猴王汉语》（*Monkey King Chinese*）（刘富华等，北京语言大学出版社，2006 年）
	《汉语乐园》（*Chinese Paradise*）（刘富华等，北京语言大学出版社，2005 年）
	《汉语风》（*Chinese Breeze*）（刘月华、储诚志，北京大学出版社，2007 年）
	《华语阅读金字塔·1级》（*Sinolingua Reading Tree Level 1*）（鲍思冶、曾凡静等，华语教学出版社，2016 年）
	《快乐汉语》（李晓琪等，人民教育出版社，2003 年）
	《轻松学中文》（*Easy Steps to Chinese*）（马亚敏、李欣颖，北京语言大学出版社，2006 年）
	《中学中文》（*Secondary School Chinese*）（Marcus Reoch, William Minter & Leah Russell, Dragons Teaching, 2016 年）
	《你好》（*Ni Hao*）（林淑满、Paul Fredlein, ChinaSoft Australia, 1991 年）

续表

类别	教材（中英文名称、编者、出版社、出版时间）
活动类	《中文百宝箱》（*Chinese Treasure Chest*）（林宛芊等，Cengage Learning，2009年）
	《动感中文》（*Rhythms and Tones*）（Pauline Huang & Robin Harvey, ChinaSprout，2010年）
	《好极了！中文初学者课堂活动》（*Hao Ji Le! Activities for Beginners—Chinese*）（Margaret Fuary & Deborah Kessler, Curriculum Corporation，2002年）
考试类	《英国初中标准中文》（全3册）（*Edexcel GCSE Chinese*）（Ian Hua Yan, Linying Liu, Michelle Tate, Lisa Wang, etc., Pearson Education, UK, 2009年）
	《爱汉语》（全4册）（*iChinese*）（李琛、鲍思冶、吴星华，Cengage Learning, U.S.A，2015年）

（2）常用教育体系和学生特点相似国家的中文教材

新西兰教育体系、学生特点、教育模式与澳大利亚非常相似。昆士兰大学林淑满等编写的《你好》在部分新西兰高中使用较多。该教材于1991年出版，目前已再版4次。教材分为入门、初级、中级、高级4册，配有学生用书、练习册、教师用书和多媒体教学软件。

英国中学使用最广泛的本土教材《英国初中标准中文》（*Edexcel GCSE Chinese*）是一套从初中零起点到起步的中文教材，按照英国GCSE中文考试大纲编写，采用"结构—功能—文化"相结合的编写理念。该教材适合新西兰的学生特点、教师特点和学制特点，能较好地满足新西兰的教学需求。全书采用主题式教学，有中英文转换练习，全英文介绍中国文化，全彩印刷，插图丰富活泼，因此在新西兰11—16岁学生的中文教学中较为常用。

2. 网络平台/APP开发与使用情况

（1）专门的中文资源网络平台

新西兰首个专门的中小学中文教学资源网站"Kiwi汉语"2021年7月正式上线，向当地中文教育工作者免费提供教学资源。网站由奥克兰孔子学院策划主持，新西兰中文教师协会组织资源编写团队，新西兰北亚卓越研究中心提供支持。

新西兰本土中文教师分散于全国各地中小学，他们编写和积累了不少特色教学课件和资源，但往往各自为政，缺少协作分享。新冠疫情对新西兰中文教育生态产生了很大影响，疫情暴发后，大量中文教学活动转至线上。面对新挑战，本土教师互帮互助，积极应对，有效保障了中文教学的持续稳定开展。"Kiwi 汉语"教学资源网站在此背景下应运而生。

网站目前已上线的第一期在线资源由 8 位本土教师参与开发，内容覆盖 1—13 年级，结合新西兰本土文化及中小学中文教学特点编写。这些教学资源内容丰富，有寓教于乐的课堂活动、详细完备的课堂计划，还有构思独特的课堂练习，涵盖听说读写各项技能训练。除了原创教学资源，网站还收集整理了歌曲、视频和游戏等实用资源。这些课件和教学资源大多经过新西兰中小学课堂教学实践的检验，适用性广，针对性强。通过网站教学资源的共享，既可帮助新手教师增强教学实践能力，也有利于本土中文教师整体教学水平的提高。据统计，从 2021 年 7 月上线至 2022 年 1 月，网站访问量超过 3300 次，用户达 940 人。"Kiwi 汉语"资源网站建设不仅是新西兰本土中文教师的有效实践，也是新西兰中文教学本土化的一项成果。

（2）其他常用的网络平台 /APP

新西兰中小学中文教学中使用较多的网络平台包括：在线教学网络平台、中文学习工具网络平台和中文学习资源网络平台。（表 5-6-3）

表 5-6-3　新西兰中小学中文教学中使用较多的网络平台 /APP

名称	网址	开发信息	主要内容 / 特色
Education Perfect	https://www.educationperfect.com	新西兰 Shane & Craig，2007 年	综合型学习资源网络平台，付费。中文学习资源丰富，适合初级到高级各种水平的学习者，可用来训练中文听说读写技能，也可作为教学各环节的辅助工具，使用最广泛
Te Kura	https://www.tekura.school.nz	新西兰政府，2009 年	新西兰最大的在线教育平台。按照国家课程大纲提供 1—13 年级各种门类的课程，学生可灵活选择特定课程修学分或参加全课程。其中文课程包括 NCEA 一级、二级、三级
Edpuzzle	https://www.edpuzzle.com	美国 Imagine K12，2013 年	免费资源网站。教师利用内置视频库编辑与中文课内容相关的视频，也可在该工具内利用视频平台搜索短片，还可使用 Edpuzzle 工具编辑定制教学需要的视频
Yes-Chinese	http://www.yes-chinese.com	中文天下文化传播有限公司，2006 年	综合性中文学习网站，分为中文教材、互动课程、云教室、教学资源、教学工具五个板块。资源板块提供汉语水平等级考试学习资料。220 所海外学校通过"千校计划"成为其合作伙伴，个人用户遍及 152 个国家

续表

名称	网址	开发信息	主要内容/特色
Quizlet	https://quizlet.com	美国 Andrew Sutherland，2005 年	兼容 PC 端和移动端，是卡片式、个性化的词语学习工具，使用便捷
Kahoot!	https://kahoot.com	挪威科技大学，2013 年	基于游戏的学习平台，互动性、兼容性好。在编辑测试题时，可使用文字或添加图片视频。有小组竞赛模式，学生喜欢以这种游戏竞赛方式积极参与到中文课堂中

Education Perfect 是新西兰本土开发的综合性学习网站，包括 17 种语言和科学、物理等科目，其中文内容适合各学段的学习者，可用来训练中文听说读写能力，也可作为预习、复习和上课的辅助工具。其主要功能有：①提供丰富的学习资源，包括初级到高级阶段成体系的中文学习材料、汉语水平考试资料、重点词汇和语法总结等，教师可根据上课内容编写并上传资料，学生根据教师编制的资料进行学习。②方便布置家庭作业，教师在系统中可在线检查学生完成作业的情况，节省大量课堂时间。③方便测试学生的词汇熟悉度。新西兰主题式教学强调词汇教学，教师在上新课后，会利用该网站进行词汇测试，了解学生对词汇的掌握程度。系统会自动生成报告，教师根据测试结果对难点词汇进行重点讲解。④监督学习进度。在课堂上使用 Education Perfect 时，教师可在系统上查看学习进程，避免学生利用移动设备做无关的事情。教师因特殊原因不能上课时，可让学生用此工具自学和复习，教师能远程跟踪进展，监督学情。[1]

Kahoot! 在中小学中文课堂很受欢迎。这个基于游戏的学习平台操作简单，以游戏竞赛的方式带动学生积极参与课堂活动，互动性、兼容性强。新西兰一些中小学有"BYOD（bring your own device）学习日"，学生通常会带来不同类型的电子设备。部分网络教学工具兼容性差，无法同时在各种不同的电子设备上使用，Kahoot! 则可通过各种电子设备（PC、iPad、iPhone、安卓手机等）进行游戏问答、讨论或问卷调查，对拥有不同类型电子设备的新西兰学生来说灵活且实用。Kahoot! 的常用功能还包括课堂测试，学生完成全部测试后可看到自己的班级排名，教师可根据系统生成的反馈报告了解学生的学习情况。

---

[1] 廉成．新西兰汉语教学中网络工具的应用——以新西兰基督城男子中学为例 [D]．武汉：华中科技大学，2018．

（二）高等教育阶段

1. 高校中文项目教学资源发展历程

新西兰有 8 所公立大学，目前有 7 所开设中文项目。最早提供正规中文课程的高等教育机构是奥克兰大学。1966 年，奥克兰大学成立中文组，首次在新西兰高等教育体系中提倡采用中国当时的新标准——汉语拼音和简体字进行中文教学。项目成立早期，修读课程的几乎为清一色的欧洲裔新西兰学生，他们抱着对新中国的好奇心开始了中文学习之旅，并无任何职业考量。[①] 当时学习中文的主要目的在于研读中国经典和文学作品，对使用中文进行交流的需求并不高。

奥克兰大学早期中文教学的教材主要来自美国和中国，如 1948 年出版的赵元任为哈佛大学中文部编写的《国语入门》(*Mandarin Primer: An Intensive Course in Spoken Chinese*)、1958 年出版的邓懿主编的《汉语教科书》、1995 年北京语言学院出版的《基础汉语课本》，以及 1999 年出版的刘珣主编的《实用汉语课本》等。20 世纪 80 年代末，随着新西兰政府颁布新移民法案，奥克兰大学中文项目中的华人子弟和国际学生开始增多，学习的需求和目标也日趋多元化。2009 年，奥克兰大学中文组几位教师合作编写了《基石汉语》(*Fundamental Chinese*)，按"语文分开"的方法进行初级阶段的中文教学。该教材分为两册，听说能力与读写能力分开教学。高级阶段则继续使用教师自编教材，广泛涉及中国哲学、政治、历史等话题。

随着中国经济进入高速发展期，学习者对使用中文进行交流的需求日益旺盛，对了解中国人真实生活的意愿不断提高，因而"语文并进"的教学模式成为近十年的新主流。目前奥克兰大学采用《中文听说读写》第 4 版，同时使用 Web APP 进行线上线下混合式教学。奥克兰大学中文项目成立至今，一直是新西兰全国高校中规模最大的，每年学生人数均在 400 人左右。奥克兰大学的中文课程设置与教学模式为其他几所大学带来了启发与影响。

继奥克兰大学中文项目后，1974 年维多利亚大学也开设了中文项目。1977 年维多利亚大学出版了《报刊中文》，该教材是其中文项目开创者之一 Theresa Wong 为本校二年级学生编写的，文章选自《人民日报》《大公报》等报刊，内容均为手写和打字机打字。这套教材开创了新西兰自编教材的先河，其后陆续有更多中文教职人

---

① 王丹萍. 新西兰汉语教育发展与研究 [M]. 张西平. 国际汉语教育史研究（第 2 辑）. 北京：商务印书馆，2020.

员根据自身研究专长编写相关的中文教学材料，扩展了学生看待中国语言与文化的视野与深度。近年来，维多利亚大学也积极探索线上线下相结合的教学模式，充分利用视听说等教学材料鼓励学生进行自主学习。

继维多利亚大学之后，1989年梅西大学成立了中文项目，并专注于开发自编课件与函授课程平台，长期与北京语言大学合作进行远程教学。1991年怀卡托大学、1993年奥塔哥大学、1994年坎特伯雷大学及奥克兰理工大学先后成立中文项目，开始为本地大学生教授中文课程。此外，在20世纪90年代末，因改革开放后中国经济快速发展，一批理工学院先后开办了以实用为主的中文项目，例如：基督城理工学院（Christchurch Polytechnic Institute of Technology，1988）、联合理工学院（Unitec Institute of Technology，1992）、东部理工学院（Eastern Institute of Technology，1994）和马努卡理工学院（Manukau Institute of Technology，1995）等。由于各理工学院的中文课程教育目标不同，使用的中文教学资源也大不相同，多依靠本学院教师自编学习材料。

综上，新西兰开设中文项目的高校因所在地区人口基数不同、办学规模不同，中文项目规模也各不相同。目前各高校均设有初级阶段的中文教学，中高级班学生的人数则不尽相同。

2. 高校中文项目教学资源发展方向

整体而言，新西兰各高校中文课程目前尚未与《国际中文教育中文水平等级标准》挂钩，HSK考试在新西兰高校中尚未普及，因而相关配套教材，如《HSK标准教程》等，很难进入新西兰高校。由表5-6-4可见，使用《新实用汉语课本》的有三所高校，基本沿用项目创建初期的教学模式。两所高校于2020年前后转用美国常用高校教材《中文听说读写》（第4版）。由于各高校人力资源有限，更换教材和发展配套教学资源等难以在缺乏经费支持的情况下展开，因而教材选择上趋于保守。

表5-6-4 新西兰高校中文教学中使用的主要教材

序号	大学名称	所在地区	主要教材	编者
1	奥克兰大学	奥克兰	《中文听说读写》	姚道中、刘月华
2	奥克兰理工大学	奥克兰	《现代中文》（漫画）	Li-Hsiang Yu Shen & Sue-Ann Ma
3	梅西大学	奥克兰	自编教材	Michael Li 等

续表

序号	大学名称	所在地区	主要教材	编者
4	怀卡托大学	罗托罗瓦	《新实用汉语课本》	刘珣
5	维多利亚大学	惠灵顿	《新实用汉语课本》	刘珣
6	坎特伯雷大学	基督城	《中文听说读写》	姚道中、刘月华
7	奥塔哥大学	但尼丁	《新实用汉语课本》	刘珣

近十年来，除正规大中小学教育机构外，新西兰其他职业技术学院、社区语言服务中心、商业机构等大都开设了中文培训课程。新西兰警察、海关等政府机构也在近两年陆续开设了中文项目，入境新西兰的中国游客有机会听到海关工作人员使用中文交流。这些项目均属短期定制课程，因此教学材料均由授课教师编写。如能委托新西兰高校专业人士编写符合本地需求的专门用途中文教材，必能极大提升中文在日益密切的中新贸易中的作用。

此外，从新西兰高等教育中文教学发展来看，2020年全国共有大学生380090人，高校共开设16门外语课程，修读外语课程的学生总人数为2755人（占0.72%），其中修读中文人数为365人（占选修外语大学生总数的13%）[1]，位居外语课程总人数第四。可见，中文在新西兰高等教育中仍有较大的发展空间，亟待更多更全面的教学资源建设。2018年新西兰政府开始讨论制定实施第二语言政策[2]，确保中学阶段学生至少必修一门优势外语（priority language）。如该项法案通过，新西兰政府将会投入更多资源鼓励本地学生学习外语，体验不同文化。那么，在高等教育阶段也就会有更多中高水平的学生继续中文学习，极大地扩充大学阶段的中文学习人数及中文项目规模，对中文教学资源的需求也必将增多。

作者：央青，中央民族大学，曾任职于新西兰奥克兰孔子学院；
王丹萍，新西兰奥克兰大学

---

[1] Statistics relating to participation in language courses（Year 2018）[EB/OL]. 2019. https://www.educationcounts.govt.nz/statistics/tertiary-education/participation.
[2] Education（Strengthening Second Language Learning in Primary and Intermediate Schools）Amendment Bill 2018（99-1）[EB/OL]. 2018-09-21. https://www.parliament.nz/en/pb/bills-and-laws/bills-digests/document/52PLLaw25731/education-strengthening-second-language-learning-in-primary.

第七节　英国中文教学资源发展状况

2022 年是中英建立大使级外交关系 50 周年，中国与英国的关系不断向前发展，双方政治、经济、文化、教育等各领域合作进一步深化。英国中文教育有着悠久的历史，英国也是最早将中文纳入其国民教育体系的西欧国家之一。就融入程度而言，中文在英国国民教育体系中处于深度融入的初级阶段。[1] 在高等教育阶段，2017 年全英范围内 135 所大学中有 114 所开设了中文课程，占比约为 85%。2019—2020 学年，英国大学现代外语委员会（简称 UCML）的调研显示，提供反馈的 46 所大学几乎都开设了中文课程。2020 年 8 月，英国有 41 所大学提供中国研究相关专业的学位教育，约占全国大学的 25%。[2] 在 UCML2021 年的调研中，汉语首次超过意大利语，成为英国大学外语专业名列第四的语种。[3] 在基础教育阶段，2021 年英国参加普通中等教育证书考试（General Certificate of Secondary Education，简称 GCSE）中文考试的学生为 3648 人，比 2020 年的 2891 人增长了 26%[4]，比 2011 年的 2104 人增长了 73%[5]。截至 2021 年 6 月，全英共建有 30 所孔子学院、164 个孔子课堂，学习汉语的注册学生达到 13 万[6]，居欧洲各国之首。

---

[1] 张新生，李明芳.英国中文教育近年发展情况述评[J].国际汉语教学研究，2022（1）：4-14+25.
[2] Shei, C., McLellan Zikpi, M., Chao, D.-L. The Routledge Handbook of Chinese Language Teaching[M]. London：Routledge, 2019：565-580.
[3] University Council of Modern Languages. Survey of Language Provision in UK Universities in 2021[EB/OL]. 2021-07-01. https://university-council-modern-languages.org/wp-content/uploads/2021/07/UCML-AULC-Survey-2021-Report.pdf.
[4] Joint Council for Qualifications. GCSE Other Modern Foreign Languages Entries Summer 2020-21[EB/OL]. https://www.jcq.org.uk/wp-content/uploads/2021/08/GCSE-Other-MFL-Entries-Summer-2021.pdf.
[5] Teresa Tinsley, Kathryn Board. The Teaching of Chinese in the UK[EB/OL]. 2014-08-01. https://www.britishcouncil.org/sites/default/files/alcantara_full_report_jun15.pdf.
[6] 驻英国大使郑泽光在"汉语桥"比赛全英大区赛决赛线上开幕式上的致辞《共享汉语之美，共扬合作之力》[EB/OL]. 2021-06-26. https://www.fmprc.gov.cn/dszlsjt_673036/202106/t20210627_9139845.shtml.

一、发展背景

（一）外语教育政策为中文进入国民教育体系提供条件

英国由英格兰、苏格兰、威尔士和北爱尔兰四个地区组成，实行地区自治的教育体制。英国《1988年教育改革法》（Education Reform Act 1988）将《国家课程大纲》（National Curriculum）引入英格兰、威尔士和北爱尔兰地区。该法案将英国的基础教育义务教育（5—16岁）分为4个关键阶段（Key Stage，KS）。

以英格兰为例：第一关键阶段KS1为5—7岁（小学1—2年级）；第二关键阶段KS2为7—11岁（小学3—6年级）；第三关键阶段KS3为11—14岁（中学7—9年级）；第四关键阶段KS4为14—16岁（中学10—11年级）；第五关键阶段KS5为16—18岁，不属于义务教育阶段。

英格兰、威尔士和北爱尔兰的学生应在11年级结束前参加GCSE考试，在第五关键阶段参加"普通教育高级程度证书"考试（General Certificate of Education Advanced Level，简称A-Level考试）。

英国各个地区外语教育政策不同。在英格兰，现代外语在中学第三关键阶段为法定必修科目，在第四关键阶段则为选修科目，在GCSE考试中并不是必考科目。自2014年9月起，外语成为小学第二关键阶段必修科目。威尔士实施"双语（英语和威尔士语）+1门外语"的语言教育政策，现代外语在中学第三关键阶段为必修科目，在第四关键阶段为选修科目。[1] 在北爱尔兰，外语目前只有在中学第三关键阶段是必修科目。苏格兰实施"语言教育1+2战略"，外语在中学1—3年级为必修科目。

综上所述，在英国四个地区，外语在第三关键阶段均为法定必修科目，英国政府对于现代外语的选择没有强制性要求，学校可以根据自身的情况和学生的需求选择开设哪种外语课程[2]，这为中文进入国民教育体系提供了条件。

（二）孔子学院配合地区外语教育政策推动中文教学资源发展

在外语教育方面，英国长期落后于其他欧洲国家。2004年9月，英格兰地区的

---

[1] British Council. Language Trends Wales 2021—Language Teaching in Secondary Schools and Post-16 Colleges[EB/OL]. 2022-09-07. https://wales.britishcouncil.org/sites/default/files/language_trends_wales_report_2021.pdf.

[2] Robert Long, Shadi Danechi. Language teaching in schools (England) [EB/OL]. 2022-09-07. https://researchbriefings.files.parliament.uk/documents/CBP-7388/CBP-7388.pdf.

现代外语在 GCSE 考试中被改为选修科目，从那时起，选择在第四关键阶段学习外语并参加 GCSE 外语考试的学生人数开始大幅下降。[①] 2015 年习近平主席访问英国，开启了中英关系的"黄金时代"，英国领导人和政府开始大力推动中文教育的发展，这也推动了英国中文教学资源的建设。

2016 年，英国教育部发起了为期 5 年的"中文培优项目"（Mandarin Excellence Programme，简称 MEP 项目）。截至 2020 年 4 月，英格兰地区有 76 所中学的 7000 多名学生在此项目下开始了中文学习。截至 2021 年 9 月，参与 MEP 项目的学生人数达到 8000 人，目前该项目已经确定将延长至 2024 年。"中文培优项目"由伦敦大学学院教育学院孔子学院（简称 IOE 孔子学院）和英国文化教育协会（British Council，简称 BC）共同实施。该项目建立了英格兰最大的中小学在线数字中文教学资源库，提供形态丰富的数字教学资源。

为了应对不断减少的外语学习人数，威尔士政府于 2015 年 12 月发布了名为《全球未来：威尔士现代外语 2015—2020 促进计划》（*Global Futures: A Plan to Improve and Promote Modern Foreign Languages in Wales 2015-2020*）的外语教育战略，采取一系列措施促进外语教育的发展并取得了初步成果。威尔士地区的孔子学院是该项计划的合作伙伴。目前，威尔士 3 个孔子学院与 50 所中小学开展合作，孔子课堂的数量从 2015 年的 11 个增加到了 2019 年的 19 个。[②] 威尔士的外语教育政策也丰富了以威尔士语为教学语言的中文教学资源建设，2022 年 3 月，威尔士三一圣大卫大学孔子学院推出了首个面向威尔士语学习者的中文网络课程"生存汉语"（Survival Chinese, Welsh Medium Online Course）。2020 年，班戈大学孔子学院也在线开设了面向公众的汉语会话课和 HSK 初级公开课。

苏格兰政府在 2011 年提出"语言教育 1+2 战略"，即除了母语之外，每个学生还应学习两门外语，小学一年级开始有机会学习第一门外语，五年级开始学习第二门外语，中文在备选外语之列。苏格兰中小学孔子学院在苏格兰国家语言中心（Scotland's National Centre for Languages，简称 SCILT）的战略指导下积极开展中文教学工作，截至 2018 年，已经在苏格兰各地建立了 46 个孔子课堂，在苏格兰 21 个行政区的 409 所学校开展中文教学。苏格兰中小学孔子学院积极研发本土中文教

[①] Ofsted. Research review series: languages[EB/OL]. 2021-06-07. https://www.gov.uk/government/publications/curriculum-research-review-series-languages/curriculum-research-review-series-languages#fn:5.
[②] Welsh Government. Global Futures 5-year summary report 2015-2020[EB/OL]. https://gov.wales/sites/default/files/publications/2020-12/global-futures-5-year-summary-report-2015-2020.pdf.

学资源，建立了在线中文教学资源库。①

北爱尔兰政府 2012 年发布了《面向未来的语言——北爱尔兰语言战略》（Languages for the Future — Northern Ireland Languages Strategy），该战略没有规定外语为小学阶段的必修语言，而是提出了相关建议：学生应在早期教育阶段尽可能地拥有学习除母语外的两种语言的机会，所有中学生都应该在整个中学阶段学习一门英语以外的语言。②奥斯特大学孔子学院是北爱尔兰地区唯一一家孔子学院，与该地区 160 所大中小学开展合作③，面向整个北爱尔兰地区开展中文教学及中国文化传播活动。奥斯特大学孔子学院教师授课大多使用自制的中文教学资源，通过教学资源建设讲好中国故事。

（三）中文测试标准的建立引领中文教学资源发展

课程标准是当前海外中文教育标准体系的主体部分。英国中等教育目前执行的是中文测试标准。④英国的 GCSE 考试由不同的考试局分别组织进行，每个考试局制定自己的考试大纲、编写考题并开发相应的教学资源。目前英国 GCSE 中文考试由英国资格评估与认证联合会（简称 AQA 考试局）和英国培生爱德思国家职业学历与学术考试机构（简称 Edexcel 考试局）组织。苏格兰地区的中学中文考试由学历管理委员会（简称 SQA 委员会）组织。

AQA 考试局和 Edexcel 考试局于 2017 年分别发布了《AQA 英国 GCSE 普通中等教育证书中文考试大纲》和《Edexcel 英国 GCSE 普通中等教育证书 9-1 中文普通话 / 粤语考试大纲》。Edexcel 考试局还同时发布了《Edexcel 英国 A-Level 普通教育高级程度证书中文考试大纲》。英国中等教育阶段中文测试标准的建立引领了中文教学资源的发展，两个考试局分别出版了一系列与考试配套的本土中文教材并建立了相关的数字教学资源库。⑤⑥

---

① Confucius Institute for Scotland's Schools [EB/OL]. https://www.strath.ac.uk/humanities/confuciusinstituteforscotlandsschools/.
② LLAS，Department of Education Northern Ireland. Languages for the Future—Northern Ireland Languages Strategy [EB/OL]. 2012. https://www.education-ni.gov.uk/sites/default/files/publications/de/languages-for-the-future.pdf.
③ 张美芳总领事出席奥斯特大学孔院线上庆祝中国新年活动 [EB/OL]. 2022-02-02. http://belfast.china-consulate.gov.cn/chn/zlghd/202202/t20220202_10638301.htm.
④ 梁宇，王祖嫘，邵亦鹏. 基于数据库的海外中文教育标准体系建设研究 [J]. 天津师范大学学报（社会科学版），2022（1）：14-20.
⑤ 参见 AQA GCSE Chinese Teaching resources: https://www.aqa.org.uk/subjects/languages/gcse/chinese-spoken-mandarin-8673/teaching-resources。
⑥ 参见 Pearson Edexcel GCSE Chinese Teaching and Learning Materials：https://qualifications.pearson.com/en/qualifications/edexcel-gcses/chinese-2017.coursematerials.html#%2FfilterQuery=category:Pearson-UK：Category%2FTeaching-and-learning-materials。

二、早期发展情况

（一）汉学家的著作为英国本土中文教材发展奠定了坚实的基础

据统计，从 16 世纪到 1924 年，西方研究汉学的学者共有 7737 人，曾经发表或出版 20 篇/部以上著作者 113 人，其中英国汉学家 37 人。[①] 19 世纪的大量传教士、外交官和商人是英国中文教学的先锋力量，他们编写了许多早期的中文教材，为英国中文教学的资源发展奠定了基础。这些中文教学资源主要包括汉语教科书、汉语语法和汉英词典等工具书。

通过网络查询，我们共收集到 19 世纪初期到 20 世纪上半叶汉学家编撰的教材 78 种，其中综合类教材 22 种、工具书 25 种、语法教材 9 种、口语教材 8 种、汉字教材 7 种、语音教材 2 种、文化阅读类教材 5 种。

（二）英国早期汉学家及代表性中文教材

罗伯特·马礼逊（Robert Morrison，1782—1834）是第一位来中国的西方新教传教士，他是 19 世纪英国汉学家中的先锋人物。马礼逊在 1815 年出版了一本以英语语法系统为构架的语法教材《通用汉言之法》（*A Grammar of the Chinese Language*），这是第一部英文版汉语官话口语语法著作，也是马礼逊唯一的一部汉语语法著作。他编撰的《华英字典》（*A Dictionary of the Chinese Language, in Three Parts*）是中西历史上第一部公开出版的英汉对照字典。[②] 整部《华英字典》富含中国历史、文化、政治、宗教、习俗等方面的内容，堪称一部中西文化的百科全书。[③] 1825 年，马礼逊在伦敦创办研习所，开始教授中文，成为英国历史上第一位中文教师。[④] 伦敦东方语言学校（London Oriental Institution）[⑤]也成为英国历史上第一个招收学生专门教授中文的语言学校。马礼逊和外交官托马斯·斯当东（George Thomas Staunton，1781—1859）合作促进了英国大学第一个中文教席的建立。伦敦大学学院在 1837 年设立中文教席，牧师塞缪尔·基德（Samuel Kidd，1804—1843）成为英国历史上第一

[①] 阚维民.剑桥汉学的形成与发展[J].国际汉学，2004（1）：192-218.
[②] 张西平.西方人早期汉语学习史的研究初论[J].海外华文教育，2001（4）：12-22.
[③] 谭树林.《华英字典》与中西文化交流[J].中华文化论坛，2003（1）：141-144+147.
[④] 赵杨.英国中学汉语教学现状与制约因素[J].海外华文教育，2009（3）：45-51.
[⑤] 谭树林.马礼逊与中西文化交流[M].杭州：中国美术学院出版社，2004：224.

位大学中文教授，任期5年。①马礼逊之后还有大量的英国传教士、外交官和学者投身汉学研究，他们出版了大量中文教材，对英国中文教材的发展起到了不可替代的作用。

艾约瑟（Joseph Edkins，1823—1905）在1853年和1857年分别编写了两本语法书：《上海方言口语语法》（*A Grammar of Colloquial Chinese: As Exhibited in the Shanghai Dialect*）和《汉语官话口语语法》（*A Grammar of the Chinese Colloquial Language, Commonly Called the Mandarin Dialect*）。《汉语官话口语语法》达到了这一阶段语法研究的巅峰，这本教材首次提出南京官话、北京官话和西部官话的划分并分析了语音拼写情况，比以往任何教材的内容都详细，书中还针对马礼逊语法教材中的缺陷对汉语短语进行了详细分析，探讨了词语之间的外部关系并深入探讨了汉语的独特性。②

威妥玛（Thomas Francis Wade，1818—1895）是剑桥大学任命的第一位汉学教授，也是剑桥汉学的创始人。他在1867年担任外交官时编写了一部供西方人学习汉语官话的教材《语言自迩集》（*Yü-yen Tzŭ-erh Chi*），成功发展了用拉丁字母拼写汉字的方法，一般称作"威妥玛拼音"或"威式拼音"（Wade System），成为中国地名、人名及事物名称外译之译音标准。③威妥玛还为外交官编写了《文件自迩集》，这是一本实用性很强的中文书面语教材，包括75篇公文、信件、公牍等。威妥玛的学生翟理斯（Herbert Allen Giles，1845—1935）后来在编写《华英字典》（*A Chinese-English Dictionary*，1892年）时对威妥玛拼音加以修订和简化，形成了"威妥玛-翟理斯式拼音"（Wade-Giles Romanization）。除了《华英字典》外，翟理斯还编写《汉言无师自明》（*Chinese Without a Teacher*，1872年）、《百个最好的汉字》（*The Hundred Best Characters*，1919年）等中文教材。《汉言无师自明》是一本速成类的中文教材，淡化语法观念，强调实际应用。④

詹姆斯·萨默斯（James Summers，1828—1891）是伦敦国王学院的第二位中文教授，于1852年就职。他在1853年出版了自己的第一部中文教学相关作品《中国语言与文学讲义》（*Lecture on the Chinese Language and Literature*），随后在1863

---

① 熊文华.英国汉学史[M].北京：学苑出版社，2007：251-252.
② 岳岚.晚清时期西方人所编汉语教材研究[D].北京：北京外国语大学，2015.
③ 张德鑫.威妥玛《语言自迩集》与对外汉语教学[J].中国语文，2001（5）：471-474.
④ 于锦恩.民国时期汉语国际传播研究[M].北京：中国社会科学出版社，2021.

年和1864年相继出版了《汉语手册》(*A Handbook of the Chinese Language*)和《中文基础》(*The Rudiments of the Chinese Language: With Dialogues, Exercises, and a Vocabulary*)。萨默斯的《中文基础》可以看作是英国国别化本土教材的雏形，为其后国别化教材的编写及对外汉语教学提供了思路上的历史思考向度。[①]

1840年鸦片战争后，不平等条约的签订使外国人扩大了在中国的活动范围，这为他们的中文学习提供了法律上的保障。很多外国传教士、商人、医生和外交人员进驻到五个通商口岸并编写了大量方言教材。[②] 艾约瑟编写的《上海方言口语语法》是第一部西方来华传教士编写的汉语方言语法专著。麦都思（Walter Henry Medhurst，1796—1857）编写的《福建方言字典》(*A Dictionary of the Hok-këèn Dialect of the Chinese Language*，1832年）是西方人研究福建方言的第一部著作。罗伯聃（Robert Thom，1807—1846）的《华英说部撮要》(*The Chinese Speaker*，1846年）是首部为外国人编撰的北京话口语教材。值得一提的是，这一时期还出版了一本专门用途教材《医学英华字释》(*A Medical Vocabulary in English and Chinese*，1858年），由马礼逊的女婿合信医生（Benjamin Hobson，1816—1873）编写，这是最早的英汉医学术语辞典。

1924—1929年，老舍先生在伦敦大学亚非学院任教时，曾参与编写世界上最早的多媒体中文教材《言语声片》(*Linguaphone Oriental Language Courses: Chinese*)，教材所有配套音频均由他本人录制。

综上所述，19世纪初到20世纪上半叶，大量传教士、外交官和学者来到中国，在各种目的驱动下编写了类别多样、内涵丰富的汉语教材（表5-7-1）。这些教材大多采用中外合作的编写方式，也经历了不断成熟和发展的过程，为当代英国中文教学资源建设奠定了坚实的基础，也值得今天编写国际中文教育本土教材借鉴。

[①] 林馨，刘姝墨，张洁琳，方环海.英国汉学中汉语国别化教材初探——萨默斯《中文基础》(1864) 述评 [J]. 海外华文教育，2012 (4)：426-434.

[②] 岳岚.晚清时期西方人所编汉语教材研究 [D]. 北京：北京外国语大学，2015.

表 5-7-1 英国早期代表性本土中文教材

名称	编者	出版社	出版年	类别
《中国言法》（Elements of Chinese Grammar）	马士曼（Joshua Marshman）	塞兰坡印刷所（Serampore: Printed at the Mission Press）	1814	语法
《通用汉言之法》（A Grammar of the Chinese Language）	马礼逊（Robert Morrison）	塞兰坡印刷所（Serampore: Printed at the Mission Press）	1815	语法
《上海方言口语语法》（A Grammar of Colloquial Chinese: As Exhibited in the Shanghai Dialect）	艾约瑟（Joseph Edkins）	上海美华书馆（Shanghai: Presbyterian Mission Press）	1853	语法
《汉语手册》（A Handbook of the Chinese Language）	詹姆斯·萨默斯（James Summers）	牛津大学出版社（Oxford: University Press）	1863	语法
《语言自迩集》（Yü-yen Tzǔ-erh Chi）	威妥玛（Thomas Francis Wade）	伦敦特吕布纳出版社（London: Trübner）	1867	综合
《福建方言字典》（A Dictionary of the Hok-këèn Dialect of the Chinese Language）	麦都思（Walter Henry Medhurst）	澳门英国东印度公司出版社（Macao: the Honorable East India Company's Press）	1832	工具书
《华英字典》（A Dictionary of the Chinese Language, in Three Parts）	马礼逊（Robert Morrison）	澳门英国东印度公司出版社（Macao: the Honorable East India Company's Press）	1815	工具书
《言语声片》（Linguaphone Oriental Language Courses: Chinese）	卜道成（J. Percy Bruce）、叶女士（E. Dora Edwards）、老舍（Chien Chun Shu）	英国灵格风语言中心（Linguaphone Institute）	1924—1929	综合

三、当代发展情况

中文已在各阶段全面纳入了英国国民教育体系，随着 GCSE 中文考试大纲的发布、"中文培优项目"的成功实施、开设中文课程的高校越来越多及孔子学院的不断壮大，在过去 20 年里，英国本土中文教学资源建设取得了一定成果。通过自建数据库，我们共收集到 1980 年—2022 年 3 月英国正式出版的本土中文教材 201 种，其中基础教育阶段中文教材 127 种、高等教育阶段中文教材 61 种、自学类中文教材 13 种。从出版时间上来看，1982—2000 年出版本土中文教材 3 种，2001—2010 年出版 67 种，2011—2021 年出版 124 种，2022 年 1—3 月出版 7 种，呈持续上升趋势。

（一）基础教育阶段

1. 开发情况

如表 5-7-2 统计数据所示，基础教育阶段正式出版的 127 种本土中文教材中，纸质教科书（62 种）最多，纸质教辅（47 种）次之，数字资源（18 种）最少。需要说明的是，109 种纸质教科书和教辅中，47 种教材配套了音频教学资源，6 种教材推出了电子书。按教学层次划分，初中教材最多，小学和高中次之，幼儿园最少，这也和英国的外语教育政策相一致，每个教学层次均有正式出版的或未出版的数字教学资源。按照学习者水平划分，初级教材最多，中级教材次之，高级教材最少。按照教学用途划分，通用型教材最多，应试型教材次之，专门用途教材最少。统计表明，71 种应试型教材中 GCSE 中文考试教材最多，IGCSE 中文考试和 A-Level 中文考试教材紧随其后，IB 国际文凭考试和剑桥 Pre-U 考试本土教材最少。

表 5-7-2 基础教育阶段正式出版的本土中文教材

教材性质		教材数量（种）	占比
纸质教科书		62	49%
纸质教辅	教师用书	18	37%
	练习册	22	
	汉字挂图	1	
	工具书	4	
	答案册	2	
数字资源	多媒体教学资源	15	14%
	CD 音频	3	

中文大纲的发布促进了本土教学资源的发展。Edexcel 考试局于 2003 年开始举办 GCSE 中文考试，2008—2009 年发布 GCSE 中文考试大纲，出版了配套教材《英

国初中标准中文》(*Edexcel GCSE Chinese*)。该教材由英国专长学校联合会孔子学院（IOE 孔子学院前身）与英国培生教育集团合作出版，曾在 2010 年第五届孔子学院大会上获"优秀国际汉语教材"奖。Edexcel 考试局于 2017 年发布 GCSE 新版中文大纲并出版了新版配套教材。2017 年的新版教材仍然由 IOE 孔子学院和培生教育集团合作出版，中外汉语教师合作编写，覆盖了新大纲的全部内容。[①]AQA 考试局也于 2017 年发布 GCSE 中文考试新大纲并对在新大纲指导下出版的中文教材进行了认证。（表 5-7-3）

表 5-7-3 英国考试局出版或认证的 GCSE 考试中文教材

名称	编者	出版社	出版年
《英国初中标准中文·学生用书》（*Edexcel GCSE Chinese · Student Book*）	Hua Yan, Linying Liu, Michelle Tate, Lisa Wang, Yu Bin and Xiaoming Zhu	培生集团（Pearson）	2009
《英国初中标准中文·教师用书》（*Edexcel GCSE Chinese · Teacher's Guide*）	Michelle Tate	培生集团（Pearson）	2010
《英国初中标准中文（9-1）·学生用书（新版）》（*Edexcel GCSE [9-1] Chinese · Student Book [New Edition]*）	Hua Yan, Linying Liu, Michelle Tate, Lisa Wang, Yu Bin and Xiaoming Zhu	培生集团（Pearson）	2017
《英国初中标准中文教师用书（新版）（数字资源）》（*Edexcel GCSE Chinese Teacher's Guide [Digital] [New Edition Copy]*）	Hua Yan, Linying Liu, Michelle Tate, Lisa Wang, Yu Bin and Xiaoming Zhu	培生集团（Pearson）	2017
《英国普通中等教育证书中文考试教科书 1》（*AQA GCSE Chinese Textbook 1*）	William Minter, Leah Russell	Dragons Teaching 出版社	2016
《英国普通中等教育证书中文考试练习册 1》（*AQA GCSE Chinese Workbook 1*）	William Minter, Leah Russell	Dragons Teaching 出版社	2016
《英国普通中等教育证书中文考试教科书 2》（*AQA GCSE Chinese Textbook 2*）	William Minter, Leah Russell	Dragons Teaching 出版社	2018
《英国普通中等教育证书中文考试练习册 2》（*AQA GCSE Chinese Workbook 2*）	William Minter, Leah Russell	Dragons Teaching 出版社	2018

基础教育阶段其他代表性本土中文教材包括:《英国中文初中会考写作复习指

---

① 参见 https://www.pearsonschoolsandfecolleges.co.uk/secondary/subjects/modernlanguages/edexcel-gcse-9-1-chinese/edexcel-gcse-chinese-9-1-student-book-new-edition-1#productsL。

南》（*GCSE Chinese Writing Revision Guide*）（Kan Qian、Alice Webb 等主编，2018 年）、《英国高中补充会考中文（简体）》（*Chinese for AS* [Simplified characters]）（Xiaoming Zhang、Eileen Lee 主编，2019 年）、《进步》（*Jin Bu*）（Yu Bin、Xiaoming Zhu 等主编，2010 年）和《快乐汉语》（李晓琪主编，2003 年）等。《快乐汉语》是原国家汉办与英国文化教育协会的合作项目，也曾在 2010 年第五届孔子学院大会上获"优秀国际汉语教材"奖。该教材已经获得授权在英国本土出版。基础教育阶段教材还包括剑桥大学出版的国际中学教育普通证书考试（简称 IGCSE）系列教材，如《剑桥 IGCSE 中文作为外语课本》（*Cambridge IGCSE Mandarin as a Foreign Language Coursebook*）（Martin Mak、Xixia Wang 等主编，2017 年），以及霍德集团出版的国际文凭大学预科课程（简称 IBDP）教材《国际文凭预科课程中文作第二语言》（第 2 版）（*Mandarin B for the IB Diploma* [Second Edition]）（Yan Burch 主编，2019 年）。

2. 使用情况

英国国家课程大纲对教材的使用没有强制规定，中小学教师选用教材较为灵活。小学阶段的中文教师大多自编教材，中学阶段多使用英国本土编写的中文教材及中国编写的教材。英格兰、威尔士和北爱尔兰地区的中小学大多选用《进步》《快乐汉语》《轻松学汉语》（第 3 版）（*Chinese Made Easy*）（马亚敏、李欣颖编著，2015 年）、《HSK 标准教程》（*HSK Standard Course*）（姜丽萍主编，2014 年）、《YCT 标准教程》（*YCT Standard Course*）（苏英霞主编，2015 年），以及其他自编教材。苏格兰地区的中小学教师大多选用《HSK 标准教程》和自编教材。

英国基础教育阶段的中文教师数字教学环境总体较好，教室有智能设备和网络，几乎所有教师都会自制多媒体 PPT 课件进行教学。新冠疫情暴发后，教学资源总体上经历了从单一的纸质教材向多元化数字资源转变的过程。中小学教师会应用中文教学网站和 APP 开展教学，或者利用这些网站制作数字资源辅助教学，包括视频资源、慕课、在线练习、在线作业和数字教材等，常用网站如 YouTube、英国广播公司（BBC）中文学习网、主席日报（The Chairman's Bao）在线中文学习平台，Quizlet 和 Padlet 等线上中文学习工具也很常用。

（二）高等教育阶段

1. 开发情况

通过自建数据库，我们搜集到英国高等教育阶段正式出版的本土中文教学资源61种，其中纸质教科书36种、纸质教辅15种、纸质工具书9种、数字资源1种。60种纸质教材中，有33种教材配备了配套音频，占比为55%。大学的本土中文教材有7个系列，如外语教学与研究出版社与英国麦克米伦公司联合研发并出版的《走遍中国》(Discover China)系列教材、英国开放大学阚茜博士编写的《汉语口语——初学者汉语完全课程》(Colloquial Chinese—The Complete Course for Beginners)系列教材、英国伦敦理启蒙大学张新生教授编写的《步步高中文》(Chinese in Steps)系列教材、供英国外交官学习使用的《信心汉语》(Confidence Chinese)(Tong Yan主编，2007年)系列教材等。其中，《步步高中文》在2010年第五届孔子学院大会上获"优秀国际汉语教材"奖。

高等教育阶段的本土中文通用型教材有43种，专门用途教材有11种。专门用途教材集中在商务和旅游两个领域，包括《步步高商务汉语》(Chinese for Business Leaders)(Linda M. Li、Yi Yang等主编，2018年)、《高级商务汉语》(Advanced Business Chinese)(Linda M. Li主编，2007年)系列教材，以及《商务汉语必学话题20课》(Business Chinese 20 Essential Topics)(Yinghong Huang、Carrie Wei主编，2017年)、《中国商务文化——怎样与中国人做生意》(When in China: A Guide to Chinese Business Culture—New Edition)(卢红主编，2015年)、《为中国准备好！酒店及旅游汉语》(China Ready! Chinese for Hospitality and Tourism)等单本教材。2021年出版的《为中国准备好！酒店及旅游汉语》是英国市场上第一种面向旅游行业、服务中国游客的中文教材。同年出版的文化类教材《社会视角》(Social Perspective: An Intermediate-Advanced Chinese Course)是面向中高级学生的通过探索当代中国社会现象来进行语言教学的教材。

英国汉语教学研究会(British Chinese Language Teaching Society，简称BCLTS)成员编写了大量高等教育阶段的本土教材，以伦敦大学亚非学院佟秉正先生(P. C. T'ung)和卜立德教授(D. E. Pollard)编写的《汉语口语》(Colloquial Chinese)为代表。该教材于1982年由Routledge出版社首次出版繁体版，1983年出版简体版，在伦敦大学亚非学院中文专业沿用至今。《汉语口语》将多种教学理念融会贯通，对英国中文教学资源建设产生了深远的影响，目前英国GCSE和A-Level中文考试大纲以及《步步高中文》都采用《汉语口语》的句型教学体系。英国大学中文系教师还出版了一系列自学类教材，如伦敦大学亚非学院宋连谊教授的《自学——中文读写》（*Read and Write Chinese Script: Teach Yourself*）（Song Lianyi 主编，2010 年）。

英国高等教育阶段代表性本土教材见表 5-7-4：

表 5-7-4　英国高等教育阶段代表性本土教材

类型	名称	编者	出版社	出版年	编者所在学校
教科书	《汉语口语》（*Colloquial Chinese*）	佟秉正（P. C. T'ung）、卜立德（D. E. Pollard）	劳特利奇出版社（Routledge）	1982	伦敦大学亚非学院
	《走遍中国》（*Discover China*）	丁安琪（Ding Anqi）、Lily Jing、Xin Chen	麦克米伦出版社（Macmillan Education）	2010	华东师范大学
	《步步高中文》（第 1 册）（第 1 版）（*Chinese in Steps*）（*Vol.1*）（*Edition 1*）	张新生（George X. Zhang）、李明芳（Linda Li）、宣力（Lik Suen）	常青图书（Cypress Books）	2005	英国伦敦理启蒙大学
	《自学——完全中文 初级—中级》（*Complete Mandarin Chinese Beginner to Intermediate Course*）	庞朝霞（Zhaoxia Pang）、Ruth Herd	自学（Teach Yourself）	2021	伦敦大学亚非学院
	《汉语口语——初学者汉语完全课程》（*Colloquial Chinese—The Complete Course for Beginners*）	阚茜（Qian Kan）	劳特利奇出版社（Routledge）	2021	英国开放大学
	《为中国准备好！酒店及旅游汉语》（*China Ready! Chinese for Hospitality and Tourism*）	项骅（Catherine Hua Xiang）、王暄（Xuan Lorna Wang）	劳特利奇出版社（Routledge）	2021	伦敦政经大学
	《社会视角》（*Social Perspective: An Intermediate-Advanced Chinese Course*）	宁夷（Yi Ning）、邵伟（Wei Shao）、Zhengrong Yang、Esther Tyldesley	劳特利奇出版社（Routledge）	2021	卡迪夫大学、利兹大学
工具书	《牛津初学者中文辞典》（*Oxford Beginner's Chinese Dictionary*）	袁博平（Boping Yuan）、Sally K. Church	牛津大学出版社（Oxford University Press）	2006	剑桥大学
	《中文常用词辞典》（*A Frequency Dictionary of Mandarin Chinese: Core Vocabulary for Learners*）	肖忠华（Richard Xiao）、Paul Rayson、Tony McEnery	劳特利奇出版社（Routledge）	2009	兰卡斯特大学

2. 使用情况

英国伦敦大学亚非学院（School of Oriental and African Studies，简称SOAS）是英国第一所设置中文和中国研究教席的学院。SOAS的中文教学自20世纪80年代至今一直选用佟秉正的《汉语口语》。英国部分大学中文系选用美国出版的《中文听说读写》（*Integrated Chinese*）（姚道中、刘月华等主编，2008年第3版）、中国出版的《新实用汉语课本》（*New Practical Chinese Reader*）（刘珣主编，2010年第2版）和本土教材《步步高中文》；部分语言中心选用本土教材《走遍中国》和《步步高中文》，以及中国出版的《当代中文》（*Contemporary Chinese*）（吴中伟主编，2014年修订版）和《HSK标准教程》等教材。

英国剑桥大学出版社和牛津大学出版社还出版了大量中国历史、文化、文学类教材和读物。

许多开设中文专业的大学建设了自己的中文教学资源网站并推出了慕课。如剑桥大学为中文专业的本科生建设了入学前的线上中文基础学习资源包[①]；英国开放大学推出了线上中文课程，包括初级汉语、中级汉语及中国商务文化课程。

（三）华人社区学校

1. 开发情况

目前英国主要有两个组织在开展针对华人的中文教学，分别是英国中文学校联会（UK Federation of Chinese Schools，UKFCS）和英国中文教育促进会（UK Association for the Promotion of Chinese Education，UKAPCE）。UKFCS自编教材有《齐来学中文》（*Let's Learn Chinese*，2008年）系列教材、《英国华文课本》（*UK Chinese Textbook*，1993/2003年），以及《GCSE中文听讲读写练习册（附模拟试卷）》（*GCSE Chinese Revision Exercises with Mock Examination Papers*，2011年）、《AS Level中文听讲读写练习册》（*AS Level Chinese Revision Exercises*，2009年）等考试教材。《英国华文课本》第1版出版于1993年，最新版出版于2003年，在英国华人社区学校使用广泛。

---

① 参见剑桥大学官网：https://www.ames.cam.ac.uk/undergraduates/undergraduate-resource/chinese-part-ia-information-incoming-students。

2. 使用情况

英国华人学校主要选用的教材包括暨南大学华文学院为海外华人编写的《中文》系列教材、英国中文学校联会开发的《齐来学中文》系列教材、《快乐汉语》系列教材,以及《HSK标准教程》和《YCT标准教程》等。

UKAPCE创建了在线中文教学专区,供英国中文教师分享数字资源。UKFCS也建设了在线中文教学网站,共享电子课本及其他教学资源。

(四)孔子学院(课堂)

1. 开发情况

孔子学院对英国中文教育的发展起到了重要的推动作用。英国多所孔子学院开发了自编教材,大部分教材没有正式出版,多在孔子学院内部课程及下设中小学孔子课堂使用。

伦敦大学学院教育学院孔子学院(简称IOE孔子学院)由伦敦大学学院教育学院与北京大学及北大附中合作建立,2007年7月成为全球第一所以中小学为基础的孔子学院,2017年被授予"示范孔子学院"称号。截至2022年3月,IOE孔子学院建有45个孔子课堂,为超过9000名学生提供中文教学。孔子学院联合英国培生集团出版了一系列中文教材,如《英国初中标准中文(9-1)·学生用书(新版)》和《进步》,同时还开发了大量数字教学资源。[①]

IOE孔子学院建立了IOE孔子学院小学中文教学资源库(IOE CI Primary Mandarin Toolkit)、中小学中文教学资源库(Mandarin Resources for Schools,简称MARS)和中小学中文教学年会资源库(Conference Workshops),为全英中小学教师免费提供中文教学资源。(表5-7-5)"中文培优项目"使用IOE孔子学院出版的本土教材、专属的在线教学资源库及线上教师交流论坛。

---

① 参见UCL IOE:https://ci.ioe.ac.uk/。

表 5-7-5　IOE 孔子学院数字教学资源库

教学资源库	网址	建立时间	内容
IOE 孔子学院小学中文教学资源库（IOE CI Primary Mandarin Toolkit）	https://ciioeprimary.com	2019 年	按照语言、文化、游戏、图书、网站、应用等主题分类，包括教案、教学 PPT、教学法、考试资料等多种小学中文教学资源
中小学中文教学资源库（Mandarin Resources for Schools）	https://ci.ioe.ac.uk/mars-homepage/	2020 年	该教学资源库为"中文培优项目"专属教学资源库，收录了 385 种由 IOE 孔子学院教师和"中文培优项目"参与学校本土教师制作的教学资源，并按照考试种类、教材种类、资源种类、话题、语言技能、年级进行了分类，为教师查找教学资源提供了极大便利
中小学中文教学年会资源库（Conference Workshops）	https://ci.ioe.ac.uk/conference-workshops/	2020 年	收录了 IOE 孔子学院全英中文教学年会中展示和分享的中文教学资源

　　苏格兰中小学孔子学院由思克莱德大学、苏格兰国家语言中心和天津市教委合作成立，是全英首个政府间主导的孔子学院，2012 年 6 月正式启动运行。[①] 由于中文纳入了苏格兰外语教育体系，苏格兰中小学孔子学院的教师深入苏格兰中小学任教。苏格兰中小学没有统一的中文教材，因此孔子学院的中外教师联合建立了中文教学资源库。该教学资源库共分为 24 个主题，包括教学大纲、课件、练习、游戏、视频、音频等教学资源 700 多个。孔子学院还聘请本土教育专家对教学资源进行分类，依照苏格兰当地中文教学情况，逐级增加教学内容，以便加快推动苏格兰中文教学大纲的完成。新冠疫情暴发后，苏格兰中小学孔子学院和苏格兰国家语言中心合作制作了一系列动画、电子书和课件等数字教学资源，同时开发了一套面向初级学生的"发现中国"（Discover China）网络在线课程。

　　英国其他孔子学院也开发了丰富多彩的本土中文纸质及数字教学资源，如曼彻斯特大学孔子学院开发了一系列本土中文教材，虽尚未正式出版，但已应用于孔子学院"初级汉语会话 1—3 级"课程及"中级汉语会话 4 级"课程中。赫尔大学孔子学院建立了网络"中文教学短视频库"，从 2020 年到 2022 年 4 月共推出 218 期短视

[①] 驻英国大使刘晓明在苏格兰中小学孔子学院成立 5 周年庆典上的讲话：《传承合作与友谊，深化交流与互鉴》[EB/OL]. 2017-09-19. https://www.fmprc.gov.cn/dszlsjt_673036/201709/t20170920_5343680.shtml.

频，播放量约 12 万次，用鲜活的形式展示了中文的魅力。

英国开放大学与北京外国语大学合作建立的全球第一所网络孔子学院于 2022 年 5 月正式揭牌，该孔子学院依托英国开放大学的网络平台优势，为来自不同地区和背景的学习者提供在线中文教学服务，也助力了英国中文数字教学资源的发展。

2. 使用情况

英国孔子学院大多选用中外语言交流合作中心提供的教材，如《HSK 标准教程》《YCT 标准教程》《发展汉语》《新实用汉语课本》；部分孔子学院选用英国本土教材《步步高中文》《走遍中国》，以及《掌握中文：初学者完全教程》（*Mastering Chinese: The Complete Course for Beginners*）（Catherine Hua Xiang 主编，2010 年）等。英格兰地区、威尔士地区和北爱尔兰孔子学院下设孔子课堂多选用《进步》《英国初中标准中文（9-1）·学生用书（新版）》等教材，苏格兰地区孔子课堂普遍使用自编教材。

英国中文教育历史积淀深厚，中文教学资源的发展有着良好的基础。随着中英两国各领域交流与合作的进一步深化，英国政府采取了一系列举措推动中文纳入国民教育体系，中方也在中文教育和师资方面提供了专业支持，从而使英国在现阶段形成了较为完整的中文教育体系。当然，我们也要看到，虽然英国中文教学资源目前处于蓬勃发展的阶段，但仍然面临着一系列问题和挑战，如《国际中文教育中文水平等级标准》和当地标准接轨较难、本土中文教材发展不均衡及数字化中文教学资源较分散单一等，还有待中英双方进一步合作开发。

作者：于泓珊，天津师范大学，曾任职于英国赫尔大学孔子学院；
张新生，英国伦敦理启蒙大学；李欣雨，天津师范大学

第八节　越南中文教学资源发展状况

越南的中文教学有着悠久的历史，早在汉代就有郡守治学、倡儒学礼的记载。越南中文教学覆盖中小学、职业教育、大学及几百所社会教育机构。[①] 截至2021年，越南460所高等教育机构（包括224所大学和236所大专）[②] 中，有30所大学外语系设立了中文专业，中越教育机构开展了27个中文教育合作项目，10余所高校开设公共中文课程，近100所大学与大专院校把中文作为第二语言选修课程。[③] 在越南高校的外语教学中，中文已经成为第二大外语，地位仅次于英语。由越南教育与培训部发布的越南2018年度高等教育外语专业招生计划中，英、中、日的招生人数位列前三位，分别为英语20884人（70%）、中文4095人（14%）、日语1960人（7%）。越南教育与培训部2016年报告中指出，河内、河江、老街、海防、广宁、和平、太原、芹苴、胡志明市9个省市把中文作为第一外语，在28个初中学校和18个高中学校开设中文课程，学生数量达到12000人左右。[④] 开设中文课程的中学一般是省重点中学，开设中文课程的小学则多集中在中越边境和越南南部华人集中的区域，该区域大多数中小学的中文教学性质都转为中文作为外语的教学，华人子女大多已经没有中文基础。职业学校中的中文课多为选修课。[⑤] 在社会教育机构中，中文学习需求多样，教学层次复杂，常开设HSK考前辅导、速成口语、经贸中文等课程。

[①] 武日成，严廷胜. 越南高考须知手册[M]. 河内：越南教育出版社，2018.
[②] 越南有多少所大学[EB/OL]. 2022-03-27. https://thptsoctrang.edu.vn/viet-nam-co-bao-nhieu-truong-dai-hoc/.
[③] 数据来源于2021年12月18—19日在越南河内举办的"2021年新时代国际中文教育国际学术研讨会"。
[④] 中文、俄语在越南的教学情况[EB/OL]. 2016-11-01. http://vietnamnet.vn/vn/giao-duc/tuyen-sinh/tieng-nga-tieng-trung-dang-duoc-day-o-viet-nam-nhu-the-nao-337213.html.
[⑤] 阮氏玉征. 越南高校汉语课程设置的分析和思考[D]. 北京：中央民族大学，2012.

一、发展背景

（一）基础教育阶段的中文教育政策

1992 年，越南教育与培训部公布了《A、B、C 级德语、日语、汉语教学大纲》，但是汉语只在基础教育的特长外语学校①和外语高校教授，并没有进入普通基础教育的学校和非外语专业高校。2001 年 11 月 27 日，为贯彻越共九大会议精神，越南政治部颁布了《融入世界经济》的 07-NQ/TW 号决议，特别强调人才培养方案要重视外语教学，在此背景下，中文教育呈现出快速发展的态势。

2002 年，越南《初中中文教学大纲》把中文作为越南中学外语教学语种之一。随后颁布的《高中中文教学大纲》把中文列入高考科目，这是中文融入越南国民教育体系的重要标志。2006 年，越南教育与培训部颁布了 16/2006/QD-BGDĐT 号文件《基础教育教学大纲》，详细规定了中文作为一门外语课程的课时数为每周 3 课时。2006 年颁布的《国民教育外语教学计划》提出建设汉语、法语、俄语和日语的十年必修制教学大纲。2012 年 3 月，越南教育与培训部颁布《中小学华语课程大纲》，作为越南华人教授中文、编写教材的依据，指出中小学中文教学主要是为了培养学生的中文交际能力，向学生讲授中文基础知识技能及华族文化知识，发展学生人格，提高越南公民意识，继承与发展越南华人文化。

2018 年的《总体基础教育教学大纲》将中文作为越南基础教育阶段七种第二外语之一，目前中文是少数华族学生集中的学校或是边境城市学校初高中的第一外语，其余学校大都规定第一外语为英语。2021 年 4 月 16 日，越南政府颁布 11/CT-TTG《关于高中毕业考试和大学招生的指导意见》，其中规定，获得有效 HSK 考试证书的学生可免除高考的英语科目。该政策使得原本选择英语为外语的学生转而选择中文。2021 年 7 月 1 日，越南教育与培训部颁布《中国语基础教育教学大纲》（19/2021/TT-BGDĐT），中文由第二外语升至第一外语，地位显著提高。

（二）高等教育阶段的中文教育政策

中越两国高校在 20 世纪 90 年代就已形成了密切的交流与合作机制。2004 年

---

① 1972 年 9 月 7 日，越南民主共和国总理范文同（Phạm Văn Đồng）颁发《改进并加强基础教育的外语教学》的 251-TTg 号决定，规定要加强外语教学，在基础教育阶段"建立特长外语学校"。

10月25日，越南教育与培训部颁布《高等教育本科层次外语领域教学框架》，其中包括了中文教学框架，规定学生无论有无中文基础，都可以进入越南高校学习中文专业，不同的学校可以自行设定中文专业的发展方向、编写自己的中文教学大纲。2006年，越南教育与培训部参照欧洲外语能力标准，颁布《越南六级外语能力框架》，对外语的能力标准进行描述。2014年1月又进行调整，其等级标准分为三等（初、中、高）六级（一级至六级），每等两级，六级标准与《欧洲语言共同参考框架》（简称《欧框》）的A1至C2相对照。但是，此框架适用对象多为英语学习者，对中文教学的适用性有限。中文会听说和会读写之间的差异与表音文字语言相比非常大，《欧框》的语言能力在具体活动上的表述和分级都存在局限。[①]

二、发展情况

（一）纸质教材

调查发现，越南目前的中文教学以使用纸质教材为主，教师对数字媒体技术的关注普遍不够，数字资源匮乏。

1. 总体情况

据统计，目前由越南出版社出版发行的中文教材达299种。根据编著主体划分，有越南教育与培训部主持研发与编写的统编教材，主要用于国民教育体系内基础教育阶段的中文教学，也有高校教师、社会人士为满足各种中文教学需求而自主编写的教材；根据编著规范性划分，有较正规的、完全自主编写的本土教材，有剪辑摘录的非正规教材，也有在中国引进教材里加上注释或翻译的教材；根据学习目标划分，有语言教材（包括现代中文普通话教材、练习册、工具书等，还包括古代中文教材和地域方言类教材）、中国文化教材和专门用途教材等（表5-8-1）。

[①] 张新生.《欧洲语言共同参考框架》与国际汉语水平等级标准[J].国际中文教育（中英文），2021，6（2）：65-73.

表 5-8-1　根据学习目标划分的越南中文教材

根据学习目标分类 类型 / 数量（种）	根据语言性质或专门 领域分类 类型 / 数量（种）	内容小类	数量 （种）	占比 （%）
语言教材 / 243	现代中文普通话教材 / 231	综合	50	77.3
		口语	124	
		听力	13	
		语法	12	
		汉字	11	
		其他	21	
	古代中文教材 / 2	文言文	1	0.7
		古代中文语法	1	
	地域方言类教材 / 10	粤语、潮州话、客家话、温州话等	10	3.3
专门用途教材 / 49	旅游中文	/	20	16.4
	商务 / 经贸中文	/	14	
	其他	/	15	
中国文化教材 / 7	文化教材	/	7	2.3
总计			299	100

从出版情况来看，越南多家出版机构积极参与中文教学资源建设，但大部分集中在胡志明和河内两大城市，青年出版社、年轻出版社、胡志明综合出版社、教育出版社和文化通讯出版社出版的中文教材数量位居前五。（表 5-8-2）

表 5-8-2　越南中文教材出版社地域分布

所在城市	名称	出版中文教材 数量（种）	合计（种）
胡志明市	青年出版社	46	170
	年轻出版社	43	
	胡志明综合出版社	39	
	文化通讯出版社	24	
	胡志明市出版社	9	

续表

所在城市	名称	出版中文教材数量（种）	合计（种）
胡志明市	胡志明市国家大学出版社	3	170
	西贡文化出版社	3	
	金瓯出版社	1	
	综合出版社	1	
	文化艺术出版社	1	
河内	教育出版社	26	105
	百科辞典出版社	18	
	鸿德出版社	15	
	河内国家大学出版社	13	
	统计出版社	8	
	时代出版社	6	
	河内百科出版社	5	
	社会科学出版社	4	
	人文社会科学大学出版社	2	
	河内出版社	2	
	社会劳动出版社	2	
	民智出版社	2	
	外语与信息技术大学出版社	1	
	师范大学出版社	1	
岘港	岘港出版社	13	13
同奈	同奈出版社	6	6
清化	清化出版社	3	3
海防	海防出版社	2	2

2. 基础教育阶段

由越南教育与培训部主持编写的专门面向越南小学的中文教材《华语》，于1998年出版发行，2000年重印10000册，至2016年已经重印14次。虽多次重印发行，但该教材至今仍然没有练习册、教师用书、多媒体光盘等配套资源。中学中文教材《中文》2006年出版发行，也一直沿用至今。除了这两套普遍使用的教材外，小学阶段还有两套较常用的教材：《小学中文》和《儿童中文》。中学阶段还引进了中国学者编写的教材。但是，越南本土自编、中越合编及引进的基础阶段的中文教材数量仍然停留在个位数的水平。

越南中小学阶段的中文教育主要有两类：第一类是由华文社团创办的华文学校，集中在华人集中的城市和边境城市；第二类是直属普通中小学校的华文中心，集中在胡志明市和周边城市。两类华文学校规模都较小，因此面向中小学生编写的中文教材也较少，常用教材见表 5-8-3[①]：

表 5-8-3 越南基础教育阶段常用中文教材（含中国出版教材）

教材名称	编者	研发机构	出版社	出版年	教学对象	注释语言
华语（共14册）	阮国超等	越南教育与培训部	越南教育出版社	1998	小学生	越南语
汉语会话301句（越南语版）	康玉华、来思平编著；张文界、黎克乔录译	北京语言大学	北京语言大学出版社	2002	中学生	越南语
中文（6—12册）	越南教育与培训部	越南教育与培训部	越南教育出版社	2006	中学生（6—9册初中，10—12册高中）	越南语
汉语口语速成（第2版）	马箭飞	北京语言大学	北京语言大学出版社	2005	中学生	英语
儿童中文（共3册）	马成才	越南教育与培训部	同奈出版社	2009	小学生	越南语
小学中文（8册课本及配套练习册）	龚宁珠	越南教育与培训部、云南大学	云南大学出版社、越南教育出版社	2013	小学生	越南语

越南基础教育阶段的中文教材也存在一定的问题。以基础教育阶段最常用的中文教材《华语》和《中文》为例，两种教材词汇量过少，词汇的重现率普遍偏低，语法项目数量少且难度低，仅从语言输入的句法结构和词汇数量来看，中文水平远

---

① 刘振平.南亚和东南亚国家汉语教学研究[M].北京：中国社会科学出版社，2017.

未能达到中级水平。此外，这两种教材"知识文化"的比例高于"交际文化"，且存在现当代话题少、寓言说教多等问题。

3. 高等院校及社会培训机构

越南高校和社会培训机构的中文教学层次多，学生需求复杂，但是教材使用却没有层次区别，大部分机构都使用中国大陆出版的教材，如《桥梁》（陈灼主编，2000年第2版）、《汉语教程》（杨寄洲主编，1999年）、《实用汉语语法》（房玉清主编，2008年第二次修订本）等，个别机构使用中国台湾、香港地区或越南教师编写的教材。但由于学校类型、专业类型和学生类型及需求十分复杂，教材的编写与使用五花八门，缺乏系统性、衔接性和规范性。此外，教材还存在以下问题：

（1）摘录合成的教材多，重复出版严重

依据陈传俊对越南本土教材的统计[①]，在市面上收集到的299种中文教材中，由越南教育与培训部主持研发的统编教材和由社会人士编写的较规范的本土中文教材共77种，只占教材资源的1/4，其余3/4的教材或是作者摘录选编合成的资料集，或在中国教材的基础上改编而成，编者加上不同的重难点注释和越南语翻译就形成了不同的版本，教材版本重复较多。比如《汉语教程》，有陈氏清廉版本，还有张文界与黎克乔录版本，其中陈氏清廉的版本又有2004年版、2009年版和2011年版3种，而2011年版的由4家不同的出版社（河内国家大学出版社、百科辞典出版社、文化通讯出版社、民智出版社）出版；再如《汉语会话301句》，有6位译者分别在8年里由6家出版社出版了9个版本。[②]

（2）以句子汇编形式出版的口语教材多

以句子汇编形式出版的口语教材，绝大多数既没有难度等级划分，也没有配套练习，编写缺乏科学规范，教材内容也多雷同。表5-8-4显示，以"××场景下汉越/越汉会话……句"形式编写的教材就有30余种。

---

① 陈传俊. 越南本土汉语教材研究[M]. 北京：中央民族大学出版社，2018.
② 阮光武. 汉语教材在越南的编写和使用情况考察分析[D]. 北京：北京外国语大学，2014.

表 5-8-4 "××场景下汉越/越汉会话……句"系列口语教材

序号	中文书名	越南语书名	作者/译者	出版社	出版年
1	汉语口语九百句	900 Câu đàm thoại tiếng Hoa	陈明庆	年轻出版社	2002
2	越南人自修中国普通话 365 句	365 Câu tiếng phổ thông Trung Quốc cho người Việt Nam tự học	黎金玉雪	社会科学出版社	2002
3	中越实用会话 1200 句	1200 Câu giao tiếp Hoa - Việt	关平、玉璘	青年出版社	2002
4	汉语会话 301 句	301 Câu đàm thoại tiếng Hoa	张文界、黎克乔录	青年出版社	2002
5	360 汉语会话·汉语旅游	360 Câu đàm thoại tiếng Hoa du lịch	陈明勇、宝英	青年出版社	2003
6	华越交接八百句	800 Câu giao tiếp Hoa - Việt	李鸿	年轻出版社	2003
7	中文口语 900 句	900 Câu đàm thoại tiếng Hoa	严育芳	年轻出版社	2004
8	现代中文常用样句	Những mẫu câu thường dùng trong tiếng Hán hiện đại	张文界、黎克乔录	胡志明综合出版社	2004
9	360 汉语会话·汉语交际社会	360 Câu đàm thoại tiếng Hoa giao tiếp xã hội	陈明勇、宝英	青年出版社	2005
10	360 汉语会话·汉语商务	360 Câu đàm thoại tiếng Hoa mua sắm	陈明勇、宝英	青年出版社	2005
11	汉语会话三千句	3000 Câu đàm thoại tiếng Hoa	周明、春辉	年轻出版社	2006
12	华越会话 500 句——经营场景	500 Câu đàm thoại Hoa-Việt để kinh doanh tiếp thị-bán hàng	小芳	青年出版社	2006
13	汉越贸易交际 900 句	900 Câu giao tiếp thương mại Hoa-Việt	秋姮	百科辞典出版社	2006
14	通用中文交际 2800 句	2800 Câu giao tiếp tiếng Hoa thông dụng	太诗	胡志明综合出版社	2007
15	一千句中越文交际语	1000 Câu giao tiếp Hoa Việt	周明、兰英	年轻出版社	2007

续表

序号	中文书名	越南语书名	作者/译者	出版社	出版年
16	中越会话一千八	1800 Câu đàm thoại tiếng Hoa	青岚	青年出版社	2007
17	汉语会话两千句	2000 Câu đàm thoại tiếng Hoa	永进	胡志明市出版社	2007
18	通用中文会话2500句	2500 Câu đàm thoại tiếng Hoa thông dụng	陈氏素馨	青年出版社	2007
19	办公室中文会话2500句	2500 Câu đàm thoại tiếng Hoa trong công sở	张正、胡进勋	青年出版社	2007
20	广东话和普通中文会话300句	300 Câu hội thoại tiếng Quảng Đông và tiếng phổ thông	俊英	胡志明市出版社	2007
21	汉越会话3500句	3500 Câu đàm thoại Hoa-Việt	周氏红燕	百科辞典出版社	2007
22	通用汉语交际四千句	4000 Câu giao tiếp tiếng Hoa thông dụng	嘉陵	百科辞典出版社	2007
23	现代中文交际通用会话1300句	Giao tiếp tiếng Hoa hiện đại-1300 Câu đàm thoại thông dụng	英明	青年出版社	2007
24	实用中文会话1500句	1500 Câu đàm thoại tiếng Hoa thực dụng	胡敬华、文光	青年出版社	2008
25	汉语会话301句	301 Câu đàm thoại tiếng Hoa	张文界、黎克乔录	同奈出版社	2008
26	1028句基本中文会话	1028 Câu đàm thoại tiếng Hoa cơ bản	广文组	文化通讯出版社	2010
27	外贸交际500句	500 Câu giao tiếp thương mại tiếng Hoa	青霞	民智出版社	2010
28	洽谈500句·商贸	Tiếng Hoa thương mại mậu dịch 500 mẫu câu đàm phán	Saigonbook	岘港出版社	2010
29	汉语会话301句	301 Câu đàm thoại tiếng Hoa	阮氏明红	青年出版社	2011
30	八千句越汉生活用语	8000 Mẫu câu đàm thoại Việt-Hoa thông dụng	THE ZHISHI	河内国家大学出版社	2013
31	职场中文会话自学2500句	Tự học 2500 câu đàm thoại tiếng Hoa trong công sở	胡进勋、黎维英	青年出版社	2013

（3）中文教材侧重的技能不均衡

越南中文教材注重口语技能的培养，口语教材占全部教材数量的近60%，阅读、听力、翻译、写作等其他技能训练类教材只占20%左右。越南口语教材呈现出以功能分类、按句型范式编写、自学短期速成教材多的特点。

（4）专门用途类教材与短期速成类教材多

专门用途中文教材主要包括商务贸易和旅游领域的中文教材（图5-8-1）。此类教材的受众以在职学习者居多，他们只是将中文作为简单交流的辅助工具，对语言学习的层次不求高，而是求快速和实用。这符合越南社会在职学员的学习特点，但也造成了中文学习短期速成的功利心理，以及大量本土教材编写不规范现象与教材利用率低的资源浪费现象。

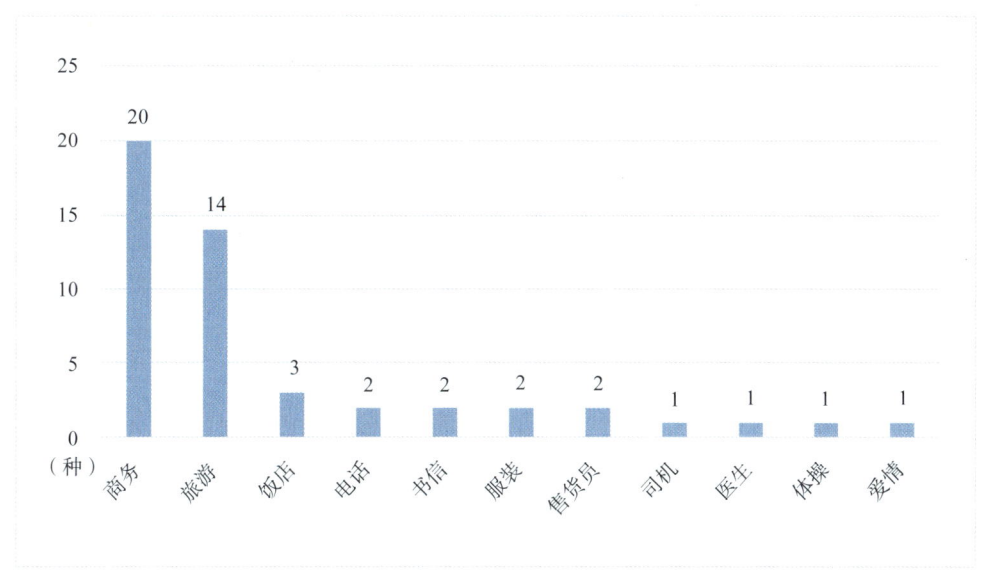

图5-8-1　专业用途中文教材分类及数量

（5）主要依靠引进中国教材

因为缺乏高级阶段本土中文教材，高校和社会培训机构主要依靠从中国引进的教材进行中文教学，这其中又以北京语言大学1999年出版的《汉语教程》系列教材最受欢迎。该教材编排了大量练习，配有教师用书，使用起来非常方便。需要中越双语双文化背景才能编订的教学资料大多由越南高校中文系的教师自行编写，多以讲义形式为主，如汉越/越汉翻译类、语言对比类和文学文化比较类等，各个学校自编教材的比例约为20%—30%。越南大部分本土教材编写不规范，在语言表达方面有时不符合中国人的表达习惯，常有语法错误，但因其内容有本土文化特色，编写范式符合越南人外语学习习惯，所以也在越南中文教育教学资源中占有一席之地，常作为课堂之外的学习材料使用。

（二）其他中文教学资源

1. 中文论坛[①]

据调查，越南有50多个规模较大的中文交流论坛，各论坛内容丰富，用户量均在万人以上。值得一提的是中文爱好者论坛，拥有近30万名用户，除中文学习信息外，还提供与中国历史、文化、电影、文学等相关的信息，并分享留学和旅游中国的经验。

2. 中文交流公众号[②]

在Facebook上用越南语分别搜索"tiếng Trung（中文）""tiếng Hoa（华语）"和"tiếng Hán（汉语）"三个关键词，共有73个中文交流公众号，其中48个拥有上万名用户，公众号"学习汉语"用户最多，达59万名。

3. 华文媒体

越南的中文报刊和中文电视节目非常丰富。（表5-8-5）越南中文媒体是越南华人群体交流信息的重要平台，也是越南华人、在越南的中国商人彼此交流和沟通的平台。越南的华文媒体主要集中在胡志明市及越南南部和西南部地区，受众群体主要是掌握中文的人士和中文爱好者。

表5-8-5　越南华文媒体一览

类型	名称
政治类报纸	《西贡解放日报》
	《人民报》
	《太原报》

[①] 胡得国英. 汉语在越南传播状况分析 [J]. 国际传播，2018（5）：76-84.
[②] 胡得国英. 汉语在越南传播状况分析 [J]. 国际传播，2018（5）：76-84.

续表

类型	名称
经济类报纸	《越南经济时报》
	《华人黄金篇》
	《会讯》
	《越南台商》
	《法律咨询指南》
文学类报纸杂志	《越华文学艺术》
	《越南华文文学》
华语学习杂志	《华语世界》
汉语版的网上报纸	华文报纸的网络版
越南中央电视台	教科频道（VTV 2）
越南地方电视台	海防电视台（THP）、平阳电视台（BDTV）、胡志明电视台（HTV）、同奈电视（DNRTV）等

4. 中国的影视剧

越南民众对中国有关宫廷、历史、情感、功夫等题材的电视剧及电影很感兴趣，甚至部分电视剧在越南播出时的收视率与中国国内基本持平。越南热播的中国电视剧排名显示，《知否知否应是绿肥红瘦》《倚天屠龙记》《致我们单纯的小美好》《甄嬛传》《流星花园》《三生三世十里桃花》《琅琊榜》等榜上有名，收视率极高，说明越南民众与中国观众对影视作品的喜好比较接近。

只要能有针对性地科学选取、恰当使用，这些传统媒体和新媒体的丰富资源都可以作为越南中文教育的资源，为具有终身学习、碎片化学习特点的中文学习提供一种新的思路和方案。

作者：侬斐，红河学院；李敬欢，新疆师范大学；〔越〕武氏辰，北京语言大学

第六部分 专题篇

主持人：金旋，天津大学

第一节 基于《国际中文教育中文水平等级标准》的教学资源建设

2021年4月,教育部、国家语言文字工作委员会正式发布《国际中文教育中文水平等级标准》(GF 0025—2021)(简称《等级标准》),自2021年7月1日正式实施。该标准由中外语言交流合作中心(简称"语合中心")研制,由国家语言文字工作委员会语言文字标准规范审定委员会审定。① 《等级标准》一经发布,便受到学界业界的广泛关注,基于《等级标准》的教学资源建设也迅速展开。

一、建设情况

(一)语合中心"2021年度《等级标准》教学资源建设项目"

为推动国际中文教育教学资源建设高质量发展,进一步推动国际中文教学资源标准化建设,促进资源创新发展,语合中心于2021年11月11日发布了"2021年度《等级标准》教学资源建设项目"申报指南,面向全球组织开展申报工作。② 经专家评审和语合中心认定,2022年4月8日语合中心公布了"2021年度《等级标准》教学资源建设项目"立项公告,确定立项236个。

1. 内容类型

立项项目按内容类型可分为7类:综合技能类、专项技能类、专项要素类、"中文+职业技能"类、文化国情类、读物类和工具书类。其中,综合技能类项目数量

---

① 中华人民共和国教育部,国家语言文字工作委员会.国际中文教育中文水平等级标准:GF 0025—2021[S].北京:北京语言大学出版社,2021.
② 参见《中外语言交流合作中心2021年度〈国际中文教育中文水平等级标准〉教学资源建设项目立项公告》。

最多，共计 49 项，占比约为 21%；文化国情类次之，共计 47 项；专项要素类、"中文＋职业技能"类立项数量相同，各有 42 项，占比均为 18%；专项技能类、读物类和工具书类数量相对较少，分别为 23 项、17 项和 14 项；其他 2 项。

2. 申报单位

项目申报单位多元，位列前四的分别是高等院校、教育企业、孔子学院和出版社，高校是项目申报的主力军，共获批 177 项，占比为 75%。其中，北京语言大学立项最多，共计 23 项；山东大学共立 11 项，位居第二；北京师范大学、福建师范大学各立 5 项；天津大学、华东师范大学、重庆交通大学各立 4 项。教育企业次之，共 33 项，占比为 14%。孔子学院和孔子课堂共立 10 项。人民教育出版社、商务印书馆等 6 家出版机构获立 8 项。西安博爱国际学校、美国夏威夷中文教师协会、JIANJIN LIMITED 和湖南教育电视台也参与其中。此外，有 2 个项目由两家机构共同申报，即由浙江师范大学和浙江金融职业学院合作立项的"面向非洲中学生中文分级读物编写"，由吉林外国语大学和五洲网络公司合作立项的"冰雪中文教学资源建设"。

3. 教学对象

此次所立项目覆盖对象广泛，涵盖了从儿童、青少年到成人各个年龄段。以成人为教学对象的项目超过一半，共 126 项，占比为 53%；以青少年为教学对象的项目共 69 项，占比为 29%；以儿童为教学对象的项目共 23 项，占比为 10%；还有 14 个项目的目标受众涵盖了全部年龄段。

4. 成果形式

236 项教学资源建设项目中，产出 1 种成果的有 90 项，产出 2 种成果的有 60 项，产出 3 种成果的有 57 项，产出 4 种成果的有 28 项，产出 5 种成果的有 2 项。共预计产出的 503 种成果中包含纸质教材、数字教材、音像制品、电子课件、微课慕课、教学平台和其他共 7 种形式，其中纸质教材 139 种，占比为 28%；数字教材 75 种，占比为 15%；音像制品 56 种，占比为 11%；电子课件 100 种，占比为 20%；慕课微课 87 种，占比为 17%；教学平台 45 个，占比为 9%；其他 1 个。（图 6-1-5）

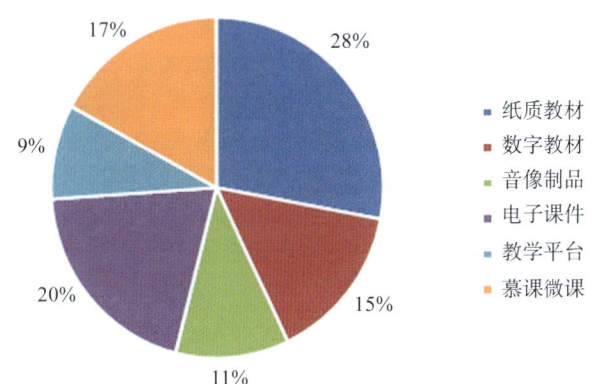

图 6-1-5 《等级标准》教学资源项目预计成果形式及占比

（二）其他《等级标准》资源建设项目

除上述语合中心的专项《等级标准》教学资源建设项目以外，语合中心、汉考国际教育科技（北京）有限公司（简称"汉考国际"）、各相关出版社、高等院校等高度重视《等级标准》教学资源建设，先后围绕《等级标准》召开专题研讨会，为相关研究课题提供立项资助，推动《等级标准》的实际应用及相关教学资源建设，主要表现在课题立项、会议研讨、图书出版及游戏开发等方面。

1. 课题立项

语合中心 2021 年 5 月发布年度国际中文教育研究课题通知，12 月 1 日公布"2021 年度国际中文教育研究课题"立项名单，获得立项的 212 项课题中与《等级标准》教学资源建设相关的研究课题有 8 项，其中重点课题 5 项、青年课题 2 项、一般课题 1 项。① 研究内容涉及创新教材教法、可视化资源建设、分级词表和词典开发等。2021 年汉考国际科研基金项目中有 4 项与《等级标准》教学资源建设相关，包括重点项目 1 个、一般项目 3 个。② 内容包括与《等级标准》相关的词典编纂和中小学教材、写作教材、阅读教材的开发与建设。（表 6-1-1）

---

① 教育部中外语言交流合作中心关于 2021 年国际中文教育研究课题立项名单的公布 [EB/OL]. 2021-12-01. http://www.chinese.cn/page/#/pcpage/announcement?id=883&page=1.
② 2021 年度汉考国际科研基金项目立项结果公示 [EB/OL]. 2021-11-19. https://www.chinesetest.cn/gonewcontent.do?id=45944200.

表 6-1-1　中文教育研究课题和汉考国际科研基金项目中资源建设立项情况

分类	课题名称	负责人	工作单位	课题类别
语合中心	国际中文教育新标准下词汇教学资源研究	杨玉玲	北京语言大学	重点课题
	基于《国际中文教育中文水平等级标准》的汉语分级学习词典开发研究	杨遗旗	海南师范大学	重点课题
	基于《国际中文教育中文水平等级标准》的教学语法分级汇编	左双菊	华中师范大学	重点课题
	基于《国际中文教育中文水平等级标准》的实词学习可视化资源深度开发	张小峰	南京师范大学	重点课题
	推广《国际中文教育中文水平等级标准》的创新教材教法研究	周金声	武昌理工学院	重点课题
	《国际中文教育中文水平等级标准》字表与词表对应关系考察及基于汉字本位的词表编排设想	王静	安徽大学	一般课题
	汉字文化学视角下新《标准》初等汉字作为在线文化教学资源的探索	孙腾飞	山东大学	青年课题
	基于《国际中文教育中文水平等级标准》的泰国本土化汉语分级词表编制研究	高立国	暨南大学华文学院	青年课题
汉考国际	《国际中文教育中文水平等级标准》框架下中文学习词典编纂新思路、新方法	李行健	规范词典编写组（北京嘉行辞书文化发展有限责任公司）	重点项目
	基于《国际中文教育中文水平等级标准》的汉语学术写作教材开发行动研究	何珊	云南师范大学	一般项目
	新时代背景下基于《国际中文教育中文水平等级标准》的K-12中小学中文教材开发	顾建忠	深圳枫叶教育集团有限公司	一般项目
	基于《国际中文教育中文水平等级标准》的中文阅读教材开发与建设	高航	天津师范大学	一般项目

2. 会议研讨

2021年4月20日，在第十二个联合国中文日之际，由语合中心和北京语言大学主办的"《等级标准》新书发布会暨国际学术研讨会"在北京语言大学召开。来自中外大学、中文教学机构的50余位专家针对国际中文教育标准体系构建与应用、基于《等级标准》稳步推进中文水平考试改革、基于《等级标准》建设立体化中文教学资源、《等级标准》与国际语言标准的有效对接及国际化应用等主题进行了分组研讨。[①]

2022年1月8日至9日，由汉考国际和华东师范大学国际汉语文化学院主办、北京语言大学出版社协办的第一届"聚焦标准，共话未来"学术研讨会召开，近200位国际中文教育学界的专家、学者、教师和学生出席会议。其摘要集内共收录论文94篇，与《等级标准》相关的有63篇，占比达67%，其中10篇与《等级标准》教学资源建设相关，包括体系建设研究、数字化教学资源开发和教材开发三个方面，教材类别涉及专门教材、分级阅读教材和读物的研究。由此可见，学界对于新型教材的研发重视程度很高。

3. 图书出版

《等级标准》发布后，《国际中文教育中文水平等级标准（国家标准·应用解读本）》（简称《解读本》，中外语言交流合作中心编，北京语言大学出版社，2021年4月）和《国际中文教育中文水平等级标准·语法学习手册（初等）》（简称《语法手册》，应晨锦、王鸿滨、金海月、李亚男主编，北京语言大学出版社，2022年1月）相继出版。[②]

《解读本》由语合中心、教育部社科司、《汉语国际教育用音节汉字词汇等级划分》课题组编制，对《等级标准》的整体框架、描述语以及音节表、汉字表、词汇表和语法等级大纲做出了进一步的解读和说明，可为《等级标准》的使用者提供更详尽的信息。《解读本》分为三个部分。第一部分解读《等级标准》的等级描述、音节表和汉字表。其中《解读本》音节表较《等级标准》增加了每一等级的音节代表字，以及按音节排列的音节总表；《解读本》汉字表较《等级标准》增加了按音序排列的汉字总表、分级同音字表及手写汉字总表。第二部分解读《等级标准》的词汇表。《解读本》词汇表较《等级标准》增加了每一等级词语的词性标注，并增设了按音序排列的词汇总表。第三部分解读《等级标准》的语法等级大纲，主要对《等级标准》的语法等级大纲进行全面梳理，规定了每一等级语法点的系统编号。其余部

[①]《国际中文教育中文水平等级标准》新书发布会暨国际学术研讨会在京召开[N/OL].中国日报，2021-04-20. https://cn.chinadaily.com.cn/a/202104/20/WS607e790aa3101e7ce974a323.html.
[②]语合中心.首部对标《等级标准》的中文学习词典正式出版[EB/OL].2022-05-12. https://mp.weixin.qq.com/s/XW4MXBsqEbGF_nehXR88RQ.

分是附录、附表、后记等。①

《语法手册》是在《等级标准》正式发布后，由汉考国际开发研制的首部创新实践型、普适型语法学习教科书，分为初等、中等和高等三册。该手册主要适用于：（1）外国学习者自学中文最基本、最实用、最具针对性的语法"学习—获得—交际"一体化教材；（2）国际中文教育专业本科生和研究生必备的学习材料；（3）国际中文教育新手教师和志愿者的重要参考资料；（4）编写国际中文教材（包括本土教材）的重要参考资料。②

4. 游戏开发

为了方便世界各国民众学习中文，为学习者提供年轻化、国际化的优质学习场景，语合中心推出了建设游戏中文教学资源的项目，设计了以推动中文学习为主题的互动游戏。中文教学游戏可以培养学习者对中文的兴趣，同时通过国际化、现代化方式打造国际中文教育IP。游戏公司完美世界现已开发出对标《等级标准》的两批中文学习小游戏，第一批的前两款游戏已在中文联盟平台上线。

二、主要特点

《等级标准》教学资源建设目前仍处在起步阶段，从立项的预计成果可以看出，基于《等级标准》的教学资源建设逐步呈现出开发立体化、适用范围广、引领作用强的特点。

（一）初具立体化开发意识

基于《等级标准》的教学资源从建设规划之初就涵盖多种媒介形式，包括纸质教材、数字教材、音像制品、电子课件、慕课微课，以及教学平台、游戏软件等，体现了传统纸质资源与数字资源相结合的立体化特征。在语合中心"2021年度《等级标准》教学资源建设项目"中，62%的项目预期成果在两种及以上。随着科技水

---

① 国际中文教育中文水平等级标准：国家标准·应用解读本 [EB/OL]. 2021-04-29. https://mp.weixin.qq.com/s/EHWl4FjDFlDb9P-6uEqTiA.
② 刘英林.《国际中文教育中文水平等级标准》语法等级大纲研制及应用的若干问题——《国际中文教育中文水平等级标准·语法学习手册》前言 [J]. 国际汉语教学研究，2022（1）：54-56.

平的发展和在线教学的推进,《等级标准》作为语言文字标准可以开发各类系列数字教材及在线课程,丰富中文教学与考试资源。基于《等级标准》的纸质资源与数字资源一体化发展,将会进一步满足海内外各类中文教学机构和各类中文学习者的多样化需求,助推相关行业、产业的规范化发展与资源创新。

(二)适用范围将持续拓展

从立项情况来看,基于《等级标准》的教学资源建设规划内容类型丰富多样,涉及综合技能类、专项技能类、专项要素类、"中文+职业技能"类、文化国情类、读物类和工具书等,如有面向高级中文学习者的词典、系列教材和语料库,针对各语言要素的分级教材、读物,《等级标准》与专门用途中文、中国文化相结合的资源研发,针对各类中文考试的教材、习题试卷等;项目承接单位多元,可以将《等级标准》多维度推向学界和市场;适用对象以成人为主,并考虑到各年龄段学习者的需求,将进一步提高教学资源的适用性。

(三)引领带动作用逐步显现

基于《等级标准》的教学资源建设将会推动教学资源结构的进一步完善。《等级标准》将中文水平划分为三等九级,相应的,《等级标准》教学资源的开发也将覆盖初、中、高三等九级不同中文水平的学习者,这将有力推动整个教学资源建设的规范化和系统化。

数字资源建设已经成为国际中文教育事业的重点,目前各种资源都在快速发展,但网络学习软件在资源内容上往往都存在局限性,缺乏科学性、系统性;不注意贯彻落实汉语规范的各项标准,规范性得不到保证。[1]《等级标准》教学资源可以起到良好的示范作用,强化数字资源开发的规范意识,提升资源质量,从而推动国际中文教育数字资源建设的创新性发展。

作者:陈宏、高特,天津大学

---

[1] 李行健.一部全新的立足汉语特点的国家等级标准——谈《国际中文教育中文水平等级标准》的研制与应用[J].国际汉语教学研究,2021(1):8-11.

第二节　国际中文教育精品教材"1+2"工程

为进一步提升国际中文教材建设质量,促进国际中文教材创新发展,推动行业内优质中文教学资源汇聚,进一步满足海外中文学习者学习需要,中外语言交流合作中心(简称"语合中心")启动了国际中文教育精品教材"1+2"工程(简称"1+2"工程)。

"1+2"工程以《国际中文教育中文水平等级标准》(GF 0025—2021)(简称《等级标准》)和《国际中文教育数字资源建设指南》为标准,采用整合、汇聚等多种方式,鼓励、支持出版机构研发以语言学习、中国文化和国情为核心的各类优质课程和教学资源。其中,"1"是指紧扣《等级标准》、遵循中文作为第二语言学习规律、符合海外中文学习需求的示范性语言教材及其配套产品;"2"是指针对海外学习者打造的、具有新时代特点、全方位介绍中国、讲好中国故事、促进文明互鉴的中国文化教材、中国国情教材及其配套产品。

一、项目概况

2020年6月,"1+2"工程首批立项13个项目,包括6个语言类项目、4个文化类项目和3个国情类项目。2021年新增立项5个,其中语言类项目3个、中国文化类项目1个、中国国情类项目1个。北京语言大学出版社、外语教学与研究出版社、人民教育出版社、商务印书馆等8家机构承担了"1+2"工程建设项目。(表6-2-1)

表 6-2-1　2020—2021 年"1+2"工程立项情况

类别	立项时间	教材名称	合作机构
语言教材	2020 年	《新实用汉语课本》（第 3 版）	北京语言大学出版社
		《长城汉语·生存交际》（第 2 版）	外语教学与研究出版社
		《会通汉语》（精编版）初级（1—4 册）	人民教育出版社
		《汉语图解小词典》APP 版	商务印书馆
		《体验汉语小学教程》（国际版）	高等教育出版社
		《新当代中文》教学资源体系	华语教学出版社
	2021 年	《一起说汉语》立体化汉语口语教学资源	外语教学与研究出版社
		《易汉语》国际中文教材（1—3 册）	四川新华乐知教育科技有限公司
		《博雅汉语》系列教材（第 3 版）及配套数字资源	北京大学出版社
文化教材	2020 年	《中国文化》（青少版）	北京语言大学出版社
		《中国读本》（汉英对照版）	人民教育出版社
		《字词中的文化密码》（融媒体动漫版）	商务印书馆
		《文化密码·中国文化教程》系列新形态教材	高等教育出版社
	2021 年	《中国文化读本》（英文版第 2 版）	外语教学与研究出版社
国情教材	2020 年	《中国概况》	北京语言大学出版社
		《中国概况》（修订版）系列新形态教材	高等教育出版社
		《中国国情教材》（少儿版）教学资源包	华语教学出版社
	2021 年	《中国概况》（第 5 版）	北京大学出版社

截至 2022 年 6 月，"1+2"工程中《长城汉语·生存交际》（第 2 版）（马箭飞、宋继华主编）、《会通汉语》（精编版）初级（1—4 册）（卢福波主编）、《中国读本》（汉英对照版）（中国人民教育出版社、美国圣智学习公司编著）、《字词中的文化密码》（融媒体动漫版）（周健编著）、《汉语图解小词典》APP 版 5 个项目已结项（图 6-2-1 至图 6-2-4），8 个项目将在 2022 年内结项，其余 5 个项目预计在 1—2 年内完成建设。

图 6-2-1 《长城汉语·生存交际》（第 2 版）

图 6-2-2 《会通汉语》（精编版）初级（1-4 册）

图 6-2-3 《汉语图解小词典》APP 首页及纸质图书

图 6-2-4 《中国读本》(汉英对照版)

二、主要特点

(一)"老"教材呈现"新面貌"

2021年7月,《等级标准》正式实施,该标准以学习者为中心,突出中文特色,将学习者的中文水平划分为"三等九级",为中文学习、教学、测试与评估的各个环节提供规范性参考和指导。《新实用汉语课本》(刘珣主编,2002年第1版)、《长城汉语·生存交际》(马箭飞主编,2005年第1版)、《会通汉语》(卢福波主编,2015年第1版)、《体验汉语》(编写组,2005年第1版)、《博雅汉语》(李晓琪主编,2004年第1版)等教材,在《等级标准》指导下进行了修订重编。

《长城汉语·生存交际》(第2版)对标《等级标准》,以科学的分级体系、严谨的体例结构、与时俱进的话题内容、引人入胜的背景故事情节、丰富多样的数字工具资源,构建了"长城汉语"智慧学习平台的核心资源。《会通汉语》(精编版)在语音、汉字、词汇、语法、功能上与《等级标准》精准接轨,对教材的教学目标进行了精心规划。"老"教材紧扣《等级标准》框架进行修订,创新话题、活动、版面的编排设计,以全新的面貌呈现在世界各国中文学习者面前,满足了学习者日益个性化的学习需求。

（二）教材编排体现"新理念"

"1+2"工程注重教材开发设计的理念创新，在教学方法、话题设定、版面设计上体现出强烈的创新意识。

1. 教学理论与实践相结合

教材编写过程与先进的教学理念相融合，使教材更好地服务于教学实践。《体验汉语小学教程》（国际版）（国际语言研究与发展中心编，2020年）本着"充满中国味儿，体现国际范儿"原则，参考《等级标准》及 YCT、HSK 大纲，同时融入美国本土"交际、文化、贯连、比较、社区"（Communication, Cultures, Connections, Comparisons, Communities）的"5C"理念，强调体验式学习、跨文化和国际理解。

2. 教材话题的场景化

为了使教材更加实用，全方位展现当代中国社会的面貌，各套教材通过生活化的场景和生动的配图力图打造真实的语言环境。比如，《汉语图解小词典》APP 共设计了 70 个真实场景，涵盖儿童生活和学习的方方面面，"听故事""在马戏团""放假了，我想去……""世界有多大"等均为备受儿童关注和喜爱的话题。再如，《中国读本》（汉英对照版）采用融通中外的表达，把作者想讲的和国外读者想看的结合起来，《爱上火锅》《西安的前世与今生》等从小话题切入，展示大气质与大格局，呈现了优秀传统文化中具有当代价值、世界意义的文化精髓，向全球读者说明"我们从哪里来"，同时展示中国现代化建设中的标志性成就，告诉全世界读者"我们将到哪里去"。

3. 版面设计生动新颖

精品教材在版面设计上力求图文并茂、色彩丰富、生动活泼、新颖独特，精彩地呈现出"大美中国"和中西方文化的互动。比如，《中国读本》（汉英对照版）版面设计精美，具有强烈的视觉感染力（图 6-2-5）;《字词中的文化密码》（融媒体动漫版）课文采用"微信体"版式设计，以师生对话的方式介绍文化知识，纸质教材和数字教材均采用四色图文混排的模式，能激发学习者兴趣（图 6-2-6）。

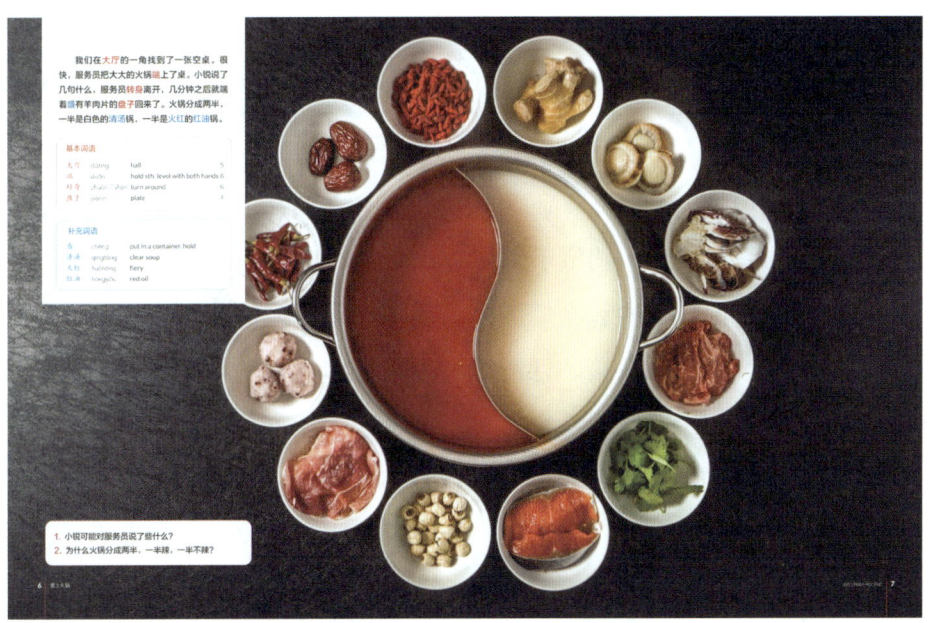

图 6-2-5 《中国读本》(汉英对照版)内页

图 6-2-6 《字词中的文化密码》(融媒体动漫版)"微信体"版式

（三）多语种、数字化建设取得"新进展"

国际中文教育精品教材多语种、数字化建设成果颇丰。《新实用汉语课本》在第3版的基础上陆续推出《课本1（荷兰文注释）》（2020年）、《测试题2（英文注释）》（2021年）、《综合练习册2（西班牙文注释）》（2021年）、《课本2（西班牙文注释）》（2022年）等。《汉语图解小词典》（〔美〕吴月梅编）当前已经出版61个语种版本，形成了系统的教学体系。

《长城汉语》开发了承载核心课程的"汉雅国际"APP，通过整合优质学习资源，集成趣味学习工具，优化"班级圈""课程中心""分级阅读""识字""记词""动画配音""语典"等功能，使学、记、听、练、测彼此融合，互联互动。《汉语图解小词典》APP以儿童人物"我"为线索，以活泼可爱的蜡笔画呈现"我"的小世界；词条配有图片、拼音和英文释义，配有中国儿童朗读发音，按主题语义关联记忆，以轻松有趣的方式帮助学生快速掌握词语；汉字有动画笔顺书写演示，可按字全文检索；每个页面设有 Tile Drop 和 Listen & Match 两个游戏，帮助巩固练习；另设两个小工具，专项操练"时间""数字"的汉语表达。（图6-2-7）《字词中的文化密码》（融媒体动漫版）制作了配套动漫音像制品，《中国概况》（修订版）系列新形态教材包含配套慕课、MP3、电子课件等数字教学资源，经典教材《博雅汉语》（第3版）建设内容也包括配套的数字资源。

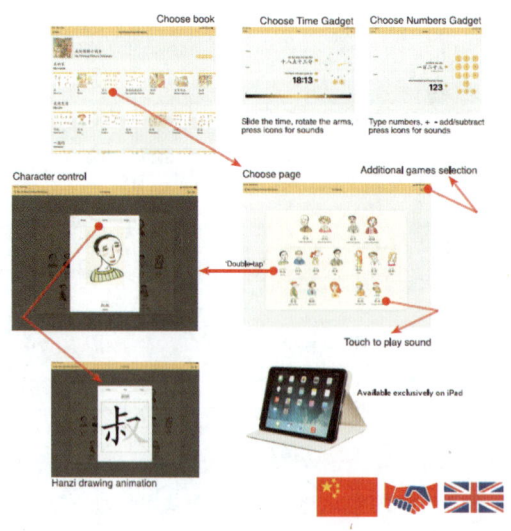

图6-2-7 《汉语图解小词典》APP界面

（四）立体化发展形成"新趋势"

国际中文教材多层次、全方位、立体化发展趋势明显。从教材内部看，越来越多的教材注重开发系统的教学资源包，包括教师用书、学生用书、练习册及配套的数字资源（包括视频、音频、微课、慕课、电子课件、电脑小游戏等）。在配套资源方面，配备了与教材内容同步的标准录音、教学课件PPT、教学示范课，以及网上教学平台和移动APP。

以《长城汉语》为例，全系列分为"生存交际""拓展交际"和"自由交际"三个阶段，每个阶段又细分为六个等级，每个等级包含学生用书和练习册各一册，能够帮助学习者循序渐进地学习中文。话题选择方面，《长城汉语》以"创业""爱情""传奇""当代"四个故事为线索，涉及经济、文化、体育、伦理等多个领域，生动展现了当代中国社会生活的各个方面。内容设计方面，该系列精心塑造了18个主要人物角色，并围绕这些角色展开故事，在其中巧妙编排、穿插教学内容，故事情节生动且充满生活气息，语言真实、自然、地道、实用。配套资源方面，配备了与教材内容同步的标准录音、教学课件PPT、教学示范课，以及集"教、学、管、测、评"功能于一体的智慧云平台和移动APP，可全方位服务学习者、教师和使用院校，满足多元教学需求。（图6-2-8）

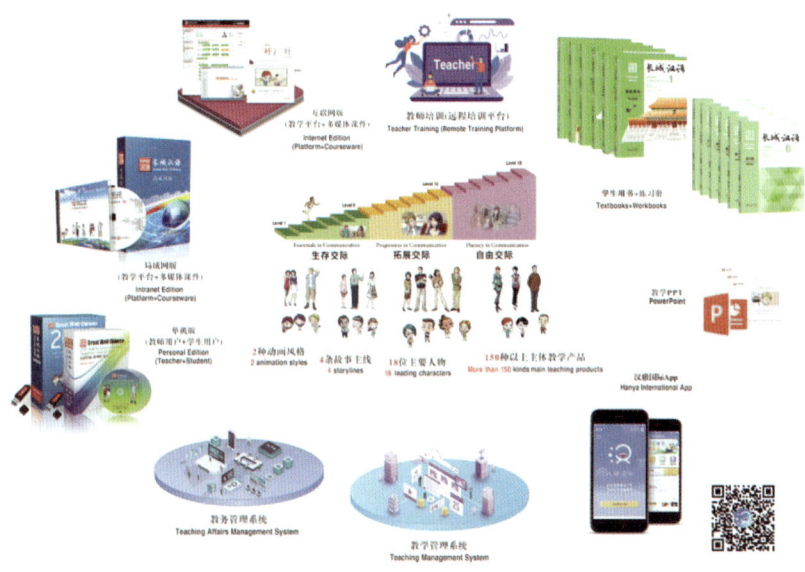

图6-2-8 《长城汉语》立体化教学资源构成

（五）合作机构增添"新伙伴"

除了与各大出版社合作之外，"1+2"工程还积极与企业合作，四川新华乐知教育科技有限公司乐知软件和西南大学出版社合作研发的《易汉语》数字教材，软硬件双管齐下，功能强大，方便易学。疫情在全球蔓延以来，五洲汉风、唐风教育、科大讯飞、庞帝教育等一批教育产业公司，以强大的技术优势开发和推广了多个智能化语言教育平台和多种中文学习软件。中国语言服务产业已迅速进入成长期，市场蕴藏巨大发展潜力，教育技术服务企业已成为新型语言教育组织和教育产业的重要成员与伙伴，共同服务全球中文学习者的需求。

作者：金旋，天津大学；张怡，天津大学，曾任职于澳大利亚昆士兰大学孔子学院

第三节　冬奥会上的中文教学资源服务

2022年2月，举世瞩目的冬奥会和冬残奥会在北京成功举办。为做好语言服务这一基础性工作，中外语言合作交流中心（简称"语合中心"）、人民教育出版社（简称"人教社"）、北京语言大学出版社以及北京体育大学等高校主动响应国家需求，做好大型国际赛事语言服务，开发了《冬奥中文100句》（中外语言合作交流中心组编，2021年）、《冬奥会交际汉语口袋书》（陈丽霞主编，2022年）、《魅力冬奥：三亿人的冰雪奇缘》等一系列以冬奥会为主题的国际中文教学资源。冬奥会上的中文教学资源形式灵活多样，传播渠道丰富，成为2022年我国语言生活中浓墨重彩的一笔。本节将介绍语合中心开发的冬奥会主题纸质图书、有声电子书和直播课、录播课、短视频资源。

一、纸质图书及有声电子书资源

为配合2022年北京冬奥会和冬残奥会的语言服务工作，进一步讲好中国故事、讲好奥运故事，语合中心和人教社合作开发了《冬奥中文100句》。该书是一本为2022年北京冬奥会、冬残奥会各国运动员、教练员、裁判员等人群编写的语言服务手册。

该书依据2021年7月实施的《国际中文教育中文水平等级标准》的要求，突出奥运特色、应急特色、防疫特色。书中紧密围绕冬奥人员的日常生活，设置了问候与介绍、告别与约定、道谢与感激、兑换与支付、询问与求助、道歉与原谅、抱怨与安慰、鼓励与支持、祝贺与庆祝、赞赏与羡慕、遗憾与提醒、邀请与建议、谈习俗、谈饮食、谈防疫、谈医疗、谈设施、谈购物、谈服务、谈感受等20个常用交际话题，同时在每个话题下又设置5个基本句，通过展示100个中文常用句的含义和交际场景，帮助使用者使用中文、了解中国，满足冬奥会期间各国代表团在华参赛和生活的基本需求。

除了语言学习外，该书还兼顾奥运精神的传播、文化风采的彰显和中国风貌的展现。通过对国家体育馆（鸟巢）、国家速滑馆（冰丝带）、国家游泳中心（水立方）、五棵松冰上运动中心（冰菱花）、首钢滑雪大跳台、国家高山滑雪中心、国家跳台滑雪中心（雪如意）、国家越野滑雪中心这八个具有代表性的奥运场馆的介绍，体现"绿色、共享、开放、廉洁"的办奥理念；通过雪上公主李妮娜、中国第一制冰师刘博强、残奥会冠军刘玉坤、奥林匹克环球行第一人侯琨这四位来自不同行业的奥运人物的介绍，体现追求"团结、和平、进步、包容"的共同目标；通过中国传统节日、饮食文化、数字生活、中医药、汉字、中国画、便捷出行、全民健身这八个中国文化要素的介绍，真实、客观、生动地展现中国传统文化之美和当代中国的发展。①

该书遵循"以学习者为中心"的原则，采用便携版小开本设计，图文并茂，简洁明快，中文、法文、英文三语对照，方便不同母语者阅读，并配有数字资源有声电子书，帮助使用者随时随地学习中文。（图 6-3-1）

图 6-3-1 《冬奥中文 100 句》封面及链接电子书的二维码

---

① 此部分参考《冬奥中文 100 句》编写说明。

二、直播课及录播课资源

（一）中文联盟平台"迎冬奥学中文"线上学习专区[①]

中文联盟平台在2022年1月23日至3月13日推出了以《冬奥中文100句》为蓝本的"迎冬奥学中文"线上学习专区，每日选取一个围绕"冬奥+真实生活场景"的主题，为全球中文爱好者提供与专业教师线上直播互动的机会，让学习者感受冬奥激情，提升中文水平，多角度了解中国传统文化。该学习专区提供视频回放，可供学习者反复观看。

（二）汉语桥团组在线体验平台冬奥系列录播课程

2022年北京冬奥会期间，为配合汉语桥团组在线项目的开展，汉语桥团组在线体验平台以北京体育大学录制的《魅力冬奥：三亿人的冰雪奇缘》视频课程资源为依托，开设了冬奥系列主题录播课程。该录播课程包含五个部分：

第一部分为魅力冬奥之参观冬奥场馆。该部分包括介绍五棵松体育馆、国家体育馆、云顶滑雪公园等冬奥场馆，以及科技与冬奥讲座等相关内容，共20个章节。

第二部分为魅力冬奥之冬奥运动项目及相关知识介绍。该部分包括介绍短道速滑、速度滑冰、北欧两项等冬奥运动项目，以及介绍奥林匹克五环、奥运火炬接力、冬奥会吉祥物设计及冬奥会运动员等冬奥知识方面的内容，共33个章节。

第三部分为魅力冬奥之各国运动员寄语。该部分记录了冬奥会7个大项的运动员及国际体育组织的代表对参加2022年北京冬奥会的运动员和世界各国观众的祝福，共1个章节。

第四部分为魅力冬奥之中国全民冬季运动普及城市发展等主题。该部分包括介绍全民健身的组织、人群、场地、活动等全民冬季运动普及情况，以及冬奥会与城市经济、文化、社会、环境发展等方面的内容，共11个章节。

第五部分为魅力冬奥之中文学习课程。该部分包括唱响冬奥歌曲、冬奥精彩看点和赛场内外精彩生活等方面的内容，共8个章节。

该系列录播课程覆盖了冬奥会场馆、项目、运动员及冬奥知识等方方面面，形

[①] 参见 https://z.chineseplus.net/dist/#/m_page/m_learn_chinese_language。

式上有歌曲、讲座、Vlog（视频网络日志）等，均配有中英双语字幕，可供汉语桥团组在线项目的中方合作院校选用，也可供中文爱好者在线注册学习。

三、短视频资源

（一）"五色冬奥进行曲"短视频[①]

作为语合中心"语你同行，燃梦冬奥"系列冬奥主题活动之一，在2022年北京冬奥会期间，语合中心还开发了以"五色冬奥进行曲"为主题的视频资源，旨在以短视频的形式介绍北京冬奥会，为全球中文学习者提供新鲜的学习语料。

"五色冬奥进行曲"聚焦于具体的人、事、物，运用影视化语言，从两位外国年轻人的视角出发，为观众重新阐释了奥运五环代表的意义：绿色代表环保，蓝色代表梦想，红色代表激情，黑色代表科技，金色代表荣耀，由此传递出北京冬奥会的独特魅力。

该系列视频与中文教学相结合。例如，《序章》中出现了"梦想成真""北京我来了"等词语和短句，并标注拼音；也出现了"冬梦""飞跃"和"放飞青春梦想"等与冬奥主题相关的词语和表达方式。《绿色冬奥》中出现了"冰立方""冰丝带"等冬奥场馆的中文名称，还出现了如"碳中和""碳达峰""双碳"及"绿色""绿色奥运"等与环保主题相关的中文词语。《蓝色冬奥》中解释了"蓝图"和"梦想"的中文含义，并以"让奥林匹克点亮青年梦想"这一中文口号作为视频结尾。《红色冬奥》中出现了"速度与激情"这一短语，并解释了"勇敢拼搏""超越自我"和"挑战极限"的中文含义；此外，这段视频还采用传统京剧与中文流行说唱相结合的形式，非常具有视觉冲击力。《黑科技冬奥》中出现了"黑科技"一词，指出其中的"黑"有"酷"的含义，同时解释了"黑科技"包括"新硬件""新软件""新工艺""新技术""新材料"和"新体验"，这些中文词语和拼音都出现在了视频中。《金色冬奥》中通过2008年北京奥运会礼仪团体操总教练巩凌"你们对哪些冬奥项目感兴趣"的提问，展示了"速度滑冰""冰壶""雪车""雪橇""花样滑冰""单板滑雪"等冬奥项目的中文名称，介绍并展示了北京冬奥会和冬残奥会的吉祥物"冰墩墩"和"雪容

[①] 参见微信视频号：语合中心。

融"，并以"金色奥运，为荣耀而战！"这一中文口号作为整个系列视频的结束语。

该系列视频共有6集，单集时长为3—5分钟，配有中英文配音和中英双语字幕。

（二）"在现场"Vlog 2022冬奥特辑文化系列短视频[①]

2021年10月至2022年2月，语合中心在其微信公众号发布了以冬奥为主题的三期文化系列短视频"在现场"Vlog。

在第一集《想沉浸式体验北京冬奥会？走，带你去感受》中，主持人耶果（Yegor）来到北京冬奥会组委会所在地——首钢产业园，走进冬奥展示中心，体验了中国传统冰雪文化与现代冰雪科技。在第二集《探访张家口奥运村》中，主持人坐上开往张家口赛区的复兴号列车，探访张家口赛区和冬奥村。视频中展现了形似"如意"的国家跳台跳雪中心、人性化的比赛和观赛设施以及科技感十足的运动员房间。在第三集《小学里的冰壶馆》中，主持人走进北京石景山区的一所小学，参观了学校为孩子们打造的专属冰壶馆和迷你冬奥博物馆，并和这所学校的孩子们一起体验了冰雪运动。

该系列视频形式新颖活泼，内容丰富多彩，有较强的沉浸式体验感，每集时长5—6分钟，配有中英文字幕。

（三）"中外青少年冬奥中文歌曲云合唱"短视频[②]

2022年北京冬奥会期间，为了使海外民众通过冬奥了解中国，学习中国语言文化，语合中心发起了"2022唱响冬奥——中外青少年北京冬奥歌曲云合唱"活动，来自亚洲、欧洲、非洲、北美洲、南美洲共20多个国家30多个机构的300余名青少年满怀热情、同心携手，用中文共唱了《冬奥有我》《燃烧的雪花》《冰雪冬奥》和《一起向未来》四首冬奥主题歌曲。四首歌曲旋律优美，歌词朗朗上口，视频配有中英双语字幕。四首歌曲的视频合集发布于语合中心微信公众号，可供学习者观赏及学习。

作者：张怡，天津大学，曾任职于澳大利亚昆士兰大学孔子学院；金旋，天津大学

[①] 参见微信公众号：语合中心（收录于合集 #"在现场"Vlog）。
[②] 参见 https://mp.weixin.qq.com/s/IgWIQuEj-1wilg9rsgcKjQ。

第四节 需求导向的"中文+职业技能"教学资源建设[①]

实施"中文+职业技能"教育是我国教育对外开放理念的重要实践，有助于提升我国职业教育的全球适应性，推动国际中文教育和职业教育融合发展，促进中外民心相通。加快"中文+职业技能"教学资源高质量研发是推动国际中文教育和职业教育融合发展的重要行动。

一、发展概况

目前共有40多个国家开设了"中文+职业技能"课程，涉及高铁、经贸、航空等数十个领域。"中文+职业技能"项目的发展紧随政策导向，紧抓境外办学新机遇，搭建"一带一路"国际化人才培养平台，整合多方资源和需求，破解走出去企业人才需求瓶颈。

（一）相关政策陆续出台

2021年10月12日，中共中央办公厅、国务院办公厅印发《关于推动现代职业教育高质量发展的意见》，强调推动职业教育走出去，探索"中文+职业技能"的国际化发展模式，服务国际产能合作，推动职业学校跟随中国企业走出去；积极打造一批高水平国际化的职业学校，推出一批具有国际影响力的专业标准、课程标准、教学资源。[②]

2021年11月10日，教育部公布了全国政协《关于应对国际中文教育面临的挑战和风险的提案》的答复，提出"加强'中文+职业技能'融合，开创国际中文教

[①] 本节内容为2021年国际中文教育研究课题重点项目"'中文+职业技能'教育模式研究"（批准号：21YH05B）阶段性成果。
[②] 中共中央办公厅、国务院办公厅印发《关于推动现代职业教育高质量发展的意见》[EB/OL].新华社，2021-10-12. http://www.gov.cn/zhengce/2021/10/12/content_5642120.htm.

育新格局",强调发展"中文+职业技能"教育,鼓励中国职业教育机构、中资企业参与国际中文教育,促进职业技能与国际中文教育"走出去"融合发展;并强调加强资源建设,加快数字化发展步伐,推出"中文联盟"数字化云服务教学平台,推出在线教育新品牌等。①

中外语言交流合作中心(简称"语合中心")制定了《"中文+职业技能"教学资源建设行动计划(2021—2025年)》②,明确了近五年的工作目标:由语合中心统筹,由有色金属工业人才中心牵头,以北京工业职业技术学院和南京工业职业技术大学两个"中文+职业技能"基地为抓手,组织职校、走出去企业和国际中文教学专家联合开发针对职教和员工培训的多语种"中文+职业技能"教学资源。争取利用3—5年时间出版300本"中文+职业技能"系列教材,开发50个紧缺专业的500门网络课程资源和2000个微课等教学资源,研发"中文+职业技能"APP手机学习端,建立多语种数字化教学资源库。

(二)了解走出去企业实际需求,实现精准服务

企业的需求是出发点和落脚点。2022年4月,语合中心与有色金属工业人才中心面向非洲、亚洲地区34家企业(图6-4-1)开展了"中文+职业技能"教学资源建设调研。调研范围涉及14大行业,包括采矿业、钢铁冶金制造业、建筑业、农林牧渔业、纺织服装制造业、电子产品制造业等领域。调研内容主要包括:企业外籍员工基本情况及面临的主要问题、企业现有"中文+职业技能"培训开展情况、企业参与"中文+职业技能"培训意愿情况。

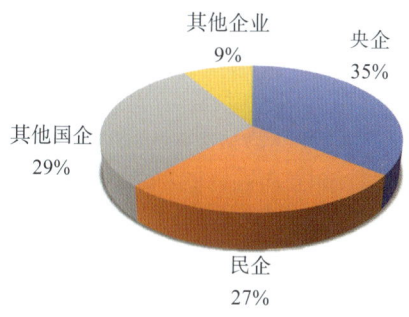

图 6-4-1 调研单位企业性质

---

① 教育部:加强"中文+职业技能"融合,开创国际中文教育新格局[EB/OL].中国教育新闻网,2021-11-10. https://baijiahao.baidu.com/s?id=1716037005585878829&wfr=spider&for=pc.
② 语合中心.加强教学资源建设,推动"中文+"更好发展[EB/OL]. https://mp.weixin.qq.com/s/6HeKRqTSW9Bm3GpSDOcpew.

1. 海外企业对"中文+职业技能"培训有巨大需求

我国走出去企业主要类型集中在资源生产、装备制造、劳动密集、建筑施工等领域。企业雇佣的本土员工人数超过 200 万人,本土员工使用的语言大多是英语、法语、俄语,其中各所在地区小语种也占一定比重。企业对于各岗位(群)外籍员工的培训需求持续存在。

2. 开展"中文+职业技能"培训十分必要

语言交流是新形势下有效开展国际合作不可或缺的重要基础和载体。在我国企业加快走出去的过程中,由于缺少语言支持,海外市场面临懂中文的复合型技能人才和管理人才缺乏的窘境。(表 6-4-1)

表 6-4-1 企业使用外籍员工面临的主要问题

主要问题	企业数量	占比
语言沟通方面存在障碍	25	73.53%
当地员工流动性比较大	15	44.12%
当地员工劳动技能水平不高	27	79.41%
当地员工工作纪律需要改进	17	50.00%
当地文化与公司管理存在冲突	12	35.29%
其他问题	1	2.94%

3. 员工培训需要相应的教学资源

中国企业文化、管理经验、技术标准在国外的落地,语言交流是基础,教学资源是载体。现有培训活动中仍存在很多问题,如教学资源匮乏,缺乏专人指导等,这些都制约着企业培训活动的实现效果。

受调企业在外籍员工培训过程中遇到的问题,较为普遍的有"缺乏系统的培训教材"(79.41%),"配套教辅或教学资源匮乏"(52.94%),"教材内容太过理论化,内容与实际生产需要脱节"(38.24%),"教材知识体系难度过高,不符合员工现有水平需要"(29.41%)等。基于上述问题,80% 的企业希望能够加强对使用教材的指导。

4. 企业对"中文+职业技能"培训的参与意愿非常强烈

企业在海外的本土雇员与中国企业文化融合困难。企业已意识到,只有将语言教学融入到职业教育、具体工作和企业内部管理机制之中,培养出大批讲中文、懂中文、懂中国企业的管理和技术标准、按中国企业的管理和技术标准工作的当地雇员队伍,中国企业文化才能落地,管理经验才能落地,技术标准才能输出,生产效率才能提高,经济效益才有保障,中国企业才能在国际化道路上走得好、走得稳。

为培养更多的企业本土高质量人才,85.29%的受调企业愿意参与相应岗位的"中文+职业技能"教学体系建设（如标准、考核、证书、学分等）;50%以上的企业愿意安排专人参与语料收集、教材编写或课程录制;97.06%的企业希望"外籍员工能够和中方员工用中文进行简单交流",以避免产生不必要的误会;79.41%的企业希望"外籍员工能够提升自身技术操作水平",提高劳动生产率;67.65%的企业表示"外籍员工能够读懂中方设备使用说明书对减少错误故障率非常重要"。同时,中资企业在海外代表着中国的对外形象,67.65%的企业希望"实现专业知识、企业文化、国家文化在当地的良好传播",以获得他国政府和民众真心实意的、全方位的、长久的支持。

（三）加强支撑能力建设

1. 针对旺盛的需求,探索"中文+职业技能"具体实施模式

"一带一路"沿线国家近90%的机构和企业对开设"中文+"课程有着不同程度的需求,需求较大的行业包括旅游、建筑、农业、汽车维修、物流等。在泰国、巴基斯坦、老挝等国,随着双方铁路、基建合作项目的推进,当地对既懂技术又懂中文的人才需求大增,"中文+铁路""中文+建筑"课程受到欢迎;在尼泊尔、日本、乌克兰、澳大利亚等国,为吸引中国游客,"中文+航空""中文+旅游""中文+酒店"等培训课程应运而生;在埃塞俄比亚、赤道几内亚等国,"中文+农业""中文+新能源"等课程需求旺盛。[①]

"中文+职业技能"项目在具体实施模式方面继续开展了有益探索。中国有色矿业集团有限公司联合北京工业职业技术学院等8所院校,在赞比亚成立中赞职业技术学院,各合作院校分别牵头制定了5个专业教学标准[②],这是我国高职院校与牵头

---

① 参见语合中心微信公众号文章《聚焦支撑能力建设,"中文+职业技能"国际推广基地成效初显》,2021年10月29日。
② 刘增辉."行业+企业+学校"推动职教"走出去"[J]. 在线学习,2021（4）:42-43.

企业协同开展境外办学的典范。

无锡商业职业技术学院依托职教集团等平台，吸纳各方力量参与办学，邀请中国各优势专业高职院校，共同对接走出去企业人才需求，协同红豆集团在柬埔寨西港特区探索出了一条独特的境外办学之路。①

中泰合作"中文＋职业技能"项目推进两年来，中泰院校及行业企业联合组织设计、开发适合泰国师生的本土化"中文＋职业技能"教材、课程、配套资源，形成了具有国际化特色的"中文＋职业技能"培训体系。其核心培训课程包括：中国数字经济20年＆新兴电商模式、商品图片的处理实战、商品短视频的设计制作实战、店铺商品上架实战等。

2. 针对师资和教材不足的问题，加强建设和培训力度

面对师资不足的情况，语合中心与基地联合开展师资培训，组织"中文＋职业教育"双师型教师培训。首批70位来自物流管理、计算机、电子商务等专业院系的教师参加培训，完成了300课时的培训课程，并有32位教师通过笔试，17位教师通过面试并获得了《国际中文教师证书》。②

面对资源不足的情况，基地着手开发"中文＋职业技能"系列教材，组织"中文＋职业技能"教材编写国际论坛，研讨各国教材需求、编写原则、编写目标等。语合中心推荐国际中文教育领域专家，共研教材编写着力点和思路。2021年12月15日，"国际中文教育助力职业院校国际化"研讨会在中文联盟直播平台召开，30家国内外国际中文教育、职业教育领域专家参加，围绕"中文＋职业技能"教育平台及资源共建共享，职业院校、中文教育机构、企业共同体如何助力"中文＋职业技能"教育海外推广等议题建言献策。

---

① 中国特色高等教育标准在柬获批认证，中柬教育合作迈出新步[N/OL].潇湘晨报，2022-03-03. http://js.news.163.com/22/0303/15/H1HUL2CN04249CTS.html.

② 参见语合中心微信公众号文章《两大举措推动"中文＋职业技能"更好发展》，2022年3月16日。

二、建设成效

（一）教材建设

急需专业、优势专业教材是当前"中文＋职业技能"教学资源开发的工作重点。主要包括：

1.《工业汉语》系列教材

随着全球经济一体化的不断发展，越来越多的外国学习者希望学习与工作相关的中文和中国技术，成为"通语言、精技术、知文化"的技术技能人才，以提升职业竞争力。在此背景下，《工业汉语》系列教材应运而生。国家开放大学出版社编写团队梳理出各专业典型工作岗位的工作流程、业务活动、操作用语，构建了"岗位＋任务＋情境"的学习方式。

2021年7月至12月共出版17种教材，分为"启航篇""基础篇"（图6-4-2）。"启航篇"包括：《市场营销》《酒店服务用语》《光伏发电系统电力维护》《化工单元操作技术》《机电设备维修技术》《房屋建筑》《网络信息技术》《首饰制作工艺》《环境工程技术》《计算机网络技术》《数字影视编辑》；"基础篇"包括：《市场营销》《玉器工艺》《环境监测与治理》《矿山安全生产与管理》《铝冶金工艺与安全》《学前教育日常用语》。以《机电设备维修技术》为例，该教材根据机电设备维修工作岗位特点，设计了维修安全、常用机械设备维修、常用电气设备维修、常用液压设备维修、数控机床维修五个单元的学习内容，同时融入特色中国文化，使学习者能根据自己的工作岗位有针对性地开展学习。

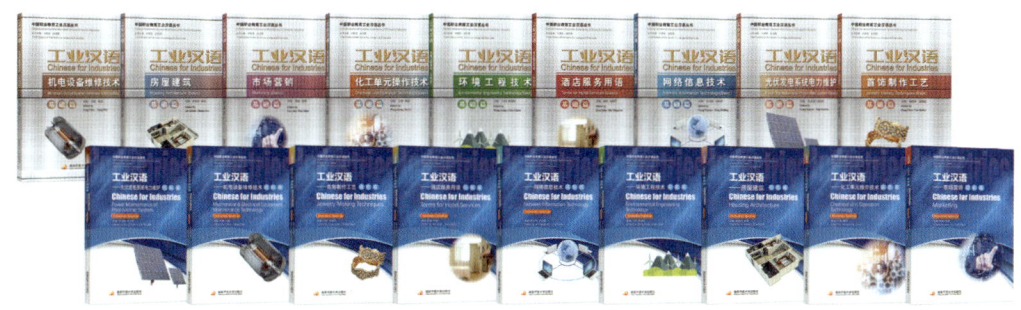

图 6-4-2 《工业汉语》系列教材

2. 新丝路"中文+职业技能"系列教材

该系列由南京工业职业技术大学研发,包括物流管理、汽车服务工程技术、电子商务、机电一体化、计算机网络技术、酒店管理等 6 个专业,共计 18 册。这些教材从最基础的语言知识和岗位认知开始,将"中文+职业技能"融入工作场景对话,把工作分解成一个个任务,用图片辅助词汇认知,用视频讲解词汇使用。每单元设计"学以致用"板块,增强教材的实操性。

3. 其他相关教材

除了上述教材,还出版了 3 套科技汉语教材和 1 套旅游汉语专业教材。其中《科技汉语》面向高校理工科专业本/硕一年级留学生,教材分为路桥、建筑、信息技术及安全、土木工程、医学防疫、环境保护、新能源等主题,为留学生了解理工科专业学术前沿知识和科普类知识提供了渠道。《旅游汉语》是西安市政府资助项目"丝路汉语系列教材"之一,重点面向西安的外国留学生,分为"语言篇""文化篇""旅游篇"。"语言篇"以场景对话形式呈现;"文化篇"紧扣西安文化特点,介绍其历史发展、当代文明、文化典故、民间艺术;"旅游篇"从游客视角出发介绍西安代表性景点。教材以汉语搭桥,促文化传播,助旅游沟通,既是一本面向留学生的旅游汉语专业教材,也可为来华旅游者提供指南。

2021 年度有代表性的"中文+职业技能"教材如表 6-4-2 所示。

表 6-4-2　2021 年度"中文+职业技能"代表性教材

书名	出版时间	编者	出版社	语种
《工业汉语——市场营销（启航篇）》	2021 年 7 月	郭峻、田硕	国家开放大学出版社	中英
《工业汉语——机电设备维修技术（启航篇）》	2021 年 7 月	李梅、冯超	国家开放大学出版社	中英
《工业汉语——首饰制作工艺（启航篇）》	2021 年 7 月	冯超、张逸群	国家开放大学出版社	中英
《工业汉语——酒店服务用语（启航篇）》	2021 年 8 月	聂远、田硕	国家开放大学出版社	中英
《工业汉语——光伏发电系统电力维护（启航篇）》	2021 年 11 月	许可、宫玉娟、朱宁坦	国家开放大学出版社	中英
《工业汉语——化工单元操作技术（启航篇）》	2021 年 11 月	许可、王刚、傅丽	国家开放大学出版社	中英

续表

书名	出版时间	编者	出版社	语种
《工业汉语——房屋建筑（启航篇）》	2021年11月	许可、安海滨、张艳	国家开放大学出版社	中英
《工业汉语——环境工程技术（启航篇）》	2021年11月	王刚、陈丽姣	国家开放大学出版社	中英
《工业汉语——网络信息技术（启航篇）》	2021年11月	姬长美、宫玉娟	国家开放大学出版社	中英
《工业汉语——市场营销（基础篇）》	2021年11月	郭峻、田硕	国家开放大学出版社	中英
《工业汉语——环境监测与治理（基础篇）》	2021年11月	张永合	国家开放大学出版社	中俄
《工业汉语——矿山安全生产与管理（基础篇）》	2021年11月	钟帅	国家开放大学出版社	中俄
《工业汉语——铝冶金工艺与安全（基础篇）》	2021年11月	杨建壮	国家开放大学出版社	中俄
《工业汉语——学前教育日常用语（基础篇）》	2021年11月	任江维、金凤	国家开放大学出版社	中英
《工业汉语——玉器工艺（基础篇）》	2021年12月	张晓晖、李丹	国家开放大学出版社	中英
《工业汉语——计算机网络技术（启航篇）》	2021年12月	陈蕊	国家开放大学出版社	中英
《工业汉语——数字影视编辑（启航篇）》	2021年12月	陈蕊	国家开放大学出版社	中英
《新编科技汉语·中级阅读教程》	2021年5月	安然、单韵鸣	上海外语教育出版社	/
《新编科技汉语·高级阅读教程》	2021年12月	安然、单韵鸣	上海外语教育出版社	/
《旅游汉语》	2021年5月	董洪杰、白晓莉	暨南大学出版社	中英
《科技汉语》	2021年11月	冀芳	武汉大学出版社	/

（二）数字教学资源建设

1."中文＋职业技能"在线课程

中文联盟与中国职业院校通过技术赋能、模式创新，推进"中文＋职业教育"在线课程国际化，实现了海外本土化一线人才培养和企业需求的精准对接。自2020

年 1 月至 2021 年 12 月，共推出 6 门"中文＋职业技能"在线课程。（表 6-4-3）这些课程依托丰富教学资源，实现了语言能力与专业技能的同步提升。

表 6-4-3 中文联盟代表性"中文＋职业技能"在线课程[①]

序号	课程名称	制作方	慕课开课时间	特色
1	到中国，学技术——物流汉语	孔敬孔子学院、中泰职业院校	2021年8月25日—2024年8月11日	中文讲解，中泰字幕
2	到中国，学技术——电子信息技术汉语	孔敬孔子学院、中泰职业院校	2020年6月1日—2023年6月1日	中文讲解，中泰字幕
3	到中国，学技术——铁路运输汉语	武汉铁路职业技术学院	2020年6月1日—2023年6月1日	中泰双语
4	创业策划与项目路演实训	陕西职业技术学院	2021年8月16日—10月16日	中俄双语，服务职业高校双创教育及学生创新创业能力提升
5	工业机器人技术基础及应用	陕西国防工业职业技术学院	2020年4月1日—2021年4月1日	中英双语，工业机器人理论与技术操作
6	餐饮汉语	长城汉语	2020年1月1日—2021年12月31日	中波双语，餐饮专业留学生初级课程

其中，"到中国，学技术"是首批上线的海外本土中文在线课程，也是目前最具代表性的职业中文类课程。该课程首选泰国 4.0 战略急需的铁路、物流、电子信息技术作为首批建设专业。课程基于前期广泛调研及泰国孔敬孔子学院丰富的职业汉语培训经验，与中泰方职业院校密切合作，组建了由中国职业院校（武汉铁路职业技术学院等）、孔子学院教师共同组成的课程团队，并在中泰职业教育联盟年会等场合多次征集中泰方企业、院校意见和需求，体现了多元合作研发的理念。课程内容适用性强，能提升学员在职业技术场景下的中文理解、表达与运用水平，为专业学习、职业运用打下了基础。疫情期间，在线课程是泰国职业院校学生继续学业的有效手段，泰国开设了首个轨道交通专业的在线课程，职业技术学院将"铁路运输汉语"推荐给相关专业学生，希望通过线上线下教育，把学院建成泰国铁路职业培训的样板和基地，帮助泰国职业院校学生在提高中文水平的同时与专业对接。

[①] 参见 https://mooc.chineseplus.net/dist/#/courseList?classify=25&second_classify=&lang=cn。

"物流汉语"包括基础汉语和专业汉语两部分。专业汉语包括物流认知、商品采购管理、商品入库管理、货物分拣配货、货物装卸搬运、货物包装管理、物流运输、电商物流、快递取件寄件服务等10课内容。基础汉语采用中泰文讲解、中泰字幕的形式呈现,专业汉语采用中文讲解、中泰字幕的形式呈现。

"电子信息技术汉语"包括信息技术的发展、智能手机、手机传感器、5G技术、控制电路进化论、电子产品描述方法、电子产品设计开发、电子产品创新设计、智能家居系统、海尔互联工厂与智能制造等10课内容。采用中文讲解、中泰字幕的形式呈现。

"铁路运输汉语"采用实景拍摄,深入车间、火车站等地,为学生了解真实工作场景提供了丰富的视觉资料,有利于学生对专业词汇、句型的理解和运用。课程包括售票检票、列车开车、列车晚点、提醒旅客注意安全、勿使用插线板、高速动车组等10课内容。采用中文讲解、中泰字幕的形式呈现。

"创业策划与项目路演实训"课程服务于职业类高校双创教育,旨在介绍企业家精神,激发学生创业意识,提升创新精神和创业能力。内容包括:走进创业课程、创业前的准备、创业计划书撰写、创业项目路演等50讲内容。采用中文讲解、俄语字幕的形式呈现。

"工业机器人技术基础及运用"课程采用中英双语和理论与实践相结合的教学方式,以ABB机器人为教学工具,回顾工业机器人发展应用及基础知识。理论部分讲解数学模型建立、坐标系建立、机械动力感知系统,操作部分介绍工业机器人系统参数设置、手动操作和编程控制方法。课程信息丰富,兼具教学与示范功能。

2. 在线培训平台

"清云电商"在线培训平台支持中泰英三语,持续开展技能实训,为泰国师生提供便捷的信息化教育和实训服务,包括组织中泰教育培训团队开展"1+X电子商务数据分析职业技能等级证书"师资培训和学生培训等。该平台由中国职业教育教指委、泰国教育部职教委统筹指导,清迈大学孔子学院与中泰双方职业院校和企业共同推进。

截至2021年底,"清云电商"已上线中泰双语字幕课程26个,技能实训项目83个,中文拓展视频课程600多门。其技能实训平台部署了"在线实战中心",包括上线网店运营实战平台、客户服务实训平台、网店营销推广实训平台、全球贸易实训平台、跨境电商实战平台、跨境电商全球售实训平台等,供学生实操训练。配套的"实训任务库"引入了泰国4.0政策下主推的食品、健康、化妆品、旅游4大类别8个产品项目，提供项目市场、竞争、流量、品类、物流、服务、交易等商务数据，让学习者完成网店装修、产品上架、数据分析报告制作等任务。来自泰国51所院校的近80名教师接受了师资培训学习，52名教师顺利通过结业考试。来自30多所职业院校的100多名学员完成了30个课时的"中文+职业技能"培训，结业考试通过率超过80%。

三、主要特点

实施"中文+职业技能"教育和资源建设缺乏可借鉴的成熟模式和经验，过去两年的试点和实践证明，从顶层设计出发，明确目标与导向，汇聚多方智慧和力量，系统有序地推进，定能取得显著成效。

（一）教学资源研发目标明确，形成了互利共赢的合作机制

2021年确定的工作目标是由语合中心统筹，由有色金属工业人才中心牵头，以北京工业职业技术学院和南京工业职业技术大学两个"中文+职业技能"国际推广基地为抓手，组织职业院校、走出去企业和对外汉语教学专家联合开发针对职业教育和员工培训的多语种"中文+职业技能"教学资源。

两个基地均为中国职业教育的品牌，代表着国际中文教育、职业教育走出去的深度融合，发挥了良好的品牌效应，为整合国际中文教育和职业教学资源，实现融合创新和协同发展指明了实践方向。以南京工业职业技术大学为例，该校拓展了"一带一路"沿线国家留学生的招生渠道，来自45个国家的478名留学生在校学习国际商务、软件技术、机电一体化技术、电子信息技术、旅游管理5个专业并进行汉语言培训；并继续推进专业标准、"中文+职业技能"数字资源体系建设，实现海外本土化人才培养和企业需求的精准对接，打造国际化教育教学资源开发基地、"1+X"证书国际化培育与推广基地、产教融合基地。

（二）坚持新发展理念，在前期成功试点的基础上有序推进

"中文+职业技能"教学资源开发试点工作由全国有色金属职教委负责实施，有色金属工业人才中心和国家开放大学牵头启动了《工业汉语》系列教材编写工作。该系列汇集了哈尔滨职业技术学院、北京工业职业技术学院、南京工业职业技术大

学等多所职业院校的教授、专家参与编写，以紧缺、优势专业为重点，开发相关教材和课程资源。

2020年出版第一批《工业汉语》教材5种，即《电气自动化技术》《工业传动与控制技术》《机电一体化技术》《机械加工技术》《焊接技术及自动化》。2021年，在此基础上又有较大突破，出版的教材涉及矿山安全生产与管理、环境监测与治理技术、铝冶金工艺与安全、应用化工技术等多个专业。以上均为机电设备、安全环保、矿山采选、建筑施工、工程车辆维修等岗位工种急需的"中文+职业技能"培训教材，较好地服务了企业一线生产。教材以基于内容的语言教学为编写理念，采取"工业流程—业务活动—操作用语"一体化结构，基于工业领域特定业务内容进行中文教学，内容编排设计区别于通用语言教学的特点[1]，突出了职业性、适用性和针对性。

"中文+职业技能"教学资源建设实践处于起步阶段，所推出的新项目虽然数量不多，但是为中文教学资源建设带来了非常积极的影响。首先，新项目立足走出去企业海外本土员工、孔子学院学生和来华留学生等群体对职业中文的学习需要，创新教学资源研发内容，体现了"需求导向"。其次，建立了由政府部门、企业、职业院校和出版单位共同参与、多元合作的资源开发机制，保障了教学资源的适用性和针对性，体现出"多元合作"的原则。最后，发挥了国际中文教育和职业教育走出去的优势，逐步形成了国际中文教育和产业良性互动、服务对外开放和海外中资企业高质量发展的新格局，体现了"服务发展"的导向。

作者：央青，中央民族大学，曾任职于新西兰奥克兰孔子学院

---

[1] 李炜.职业教育"走出去"背景下的"中文+职业技能"教材探索——《工业汉语·启航篇》的研发[J].国际汉语（第五辑），2020：130-135+144.

第五节　东南亚华文教学资源新动态[①]

东南亚华文教育是海外华文教育的重要组成部分,该地区华文教学资源种类丰富,纸质教学资源全面覆盖学前教育、基础教育、高等教育体系,疫情背景下数字教学资源得到了进一步发展。本节梳理近期东南亚华文教学资源发展的新动态,包括华文教学资源建设的政策导向,以及华文纸质教学资源和华文数字教学资源发展的动态特点。

一、东南亚国家对本土华文教学资源建设的政策支持

东南亚华文教学资源主要指适用于或专门面向东南亚华文教育的教学资源,其建设受到东南亚本土教育政策的影响。

东南亚国家对华文教育的政策多数体现为战略规划、发展蓝图、明文条例等,如《泰国促进汉语教学,提高国家竞争力战略规划（2006—2010年）》（2005年）、《马来西亚2013—2025年教育发展大蓝图》（2013年）等。随着东南亚华文教育事业的发展,东南亚国家从政策文件、财政拨款、课程设置、教材修订等方面对华文教育的发展给予支持。例如,2016年,在老挝将华文教育纳入本国国民教育体系后,老挝苏州大学迎来了首批22名本科毕业生,这些毕业生日后将投身于老挝的华文教育发展事业。[②] 2019年,在新加坡举办的"海外华文书市"（BookFest）开幕式上,新加坡教育部长王乙康指出了新加坡华文学习的严峻性,母语（华文）学习的发展

[①] 本节内容为国家社科基金青年项目"东南亚国家华文教育动态数据库建设"（批准号：18CYY027）阶段性成果。
[②] 付强,齐彬. 老挝"中文热"持续升温 [EB/OL]. 中国新闻网,2016-09-06. https://www.chinanews.com.cn/hr/2016/09-06/7995586.shtml.

已经来到交叉路口，新加坡很多学生在家都与父母说英语，需要增强华文学习的趣味性，激发新加坡学生学习华文的兴趣。① 2020年，一位马来西亚官员指出，近两年马来西亚教育部给马来西亚多所华小拨款，促进了马来西亚华小的基础建设，今后政府会继续增加对马来西亚华校的拨款。②

总之，东南亚国家对华文教育的政策一定程度上支持了华文教学资源建设，而且近年来东南亚本土华文教学资源建设受到政策变化影响，进一步加强了资源建设的自主性和自由度。

二、东南亚华文纸质教学资源

按照纸质教材研发者的地域分布，东南亚纸质华文教材可分为中国大陆版、中国台湾版、东南亚国家自编版、中国—东南亚国家合编版、非中国—东南亚编写版。东南亚华文纸质教材以中国大陆版为主，以厦门大学海外教育学院编写的《华语》系列（陈荣岚主编，2006年）、中国海外交流协会委托北京华文学院编写的《汉语》系列（彭俊主编，2007年修订版）和中国国务院侨务办公室委托暨南大学华文学院编写的《中文》系列（贾益民主编，2007年修订版）为主干教材；部分东南亚国家，如泰国和缅甸还与中国教育体系接轨，直接选用人民教育出版社的《语文》作为教材。中国大陆版教材以大陆的高等院校和出版社为编写者和出版机构，主要出版机构是暨南大学出版社，此外还有华语教学出版社、北京语言大学出版社、北京大学出版社、人民教育出版社、高等教育出版社等。

近年来，中国—东南亚合编版、东南亚国家自编版教材的数量有所增加。东南亚华人社团是东南亚华文教材编写、印制、发行的主要组织者，马来西亚版《华文》由马来西亚董教总③独中工委会统一课程委员会和马来西亚董教总全国华文独中工委会课程局编写并出版；柬埔寨的柬华理事总会和暨南大学华文学院合编了面向柬

---

① 新加坡教育部长：增强华文学习趣味，激发孩子兴趣[EB/OL]. 中国侨网，2019-12-09. https://www.chinaqw.com/m/hwjy/2019/12-09/239113.shtml.
② 马来西亚官员：政府对华校的拨款将会继续增加[EB/OL]. 中国侨网，2020-01-14. http://www.chinaqw.com/hwjy/2020/01-14/242855.shtml.
③ 马来西亚华校董事联合会总会（简称"董总"）和马来西亚华校教师会总会（简称"教总"）合称为"董教总"。

埔寨华文学习者的《华文》系列，覆盖柬埔寨从小学到中学的华文教育体系；《菲律宾华语课本》(小学版、中学版)由菲律宾华教中心出版发行。东南亚华人社团对东南亚纸质华文教学资源的研发建设起到了引导促进作用。

(一)基础教育中的纸质教学资源发展态势良好

截至2021年底，东南亚纸质华文教材共计713种，不同年龄阶段都有适用教材，教学资源需求存在阶段差异性。据统计，适用于幼儿、小学生和初中生的教材数量合计占比达74%，2/3以上的教材用户是低幼年龄学习者。适用各年龄段的教材数量从高到低依次为：小学生＞初中生＞高中生＞大学生＞幼儿。(图6-5-1)东南亚华文教育已初步建立起基础教育的主干教材体系，其中大部分是满足语言技能学习需求的语言类教材。此外还有两类教材表现突出：一类是中国文化、历史等其他知识类教材，2020年，原名为"中国文学"的马来西亚华文文学科目改名为"华文文学"，华文文学科目教材包括《憩园》《名家小说选》和《文选》三种；2021年，由暨南大学郭熙教授主编的《七彩中文》(共3册)出版，该教材面向海外学习者，选编了大量知识性和趣味性相结合的小故事，帮助学习者了解当代中国生活和社会现状。① 另一类是满足升学考试需求的教辅，如由董总课程局和董教总独中工委会统一课程委员会编写出版的《高中统考华文科参考书》系列，针对语言知识、现代文阅读能力、文言文阅读进行辅导。总之，基础教育中的纸质教学资源具备规范性、系统性和丰富性。

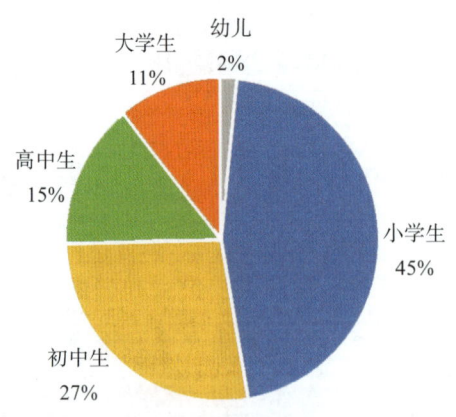

图6-5-1　东南亚纸质华文教材适用人群

---

① 参见 http://www.jnupress.com/PBook/Detail?doi=8f641684-cb01-4580-aba3-e2679cf1505d。

（二）纸质教学资源研发的国别差异性日益明显

东南亚各国教学资源研发的国别差异性日益明显。资源建设的成熟型国家（如马来西亚和新加坡）拥有自主研发华文教学资源的能力，形成了较强的国别特色。新加坡 341 种华文教材中，包括华文教材（如《小学华文》《小学高级华文》《中学高级华文》等）、华文教辅（如《小学华文》配有《每日精练》《阶梯作文》等）、华文课外读物等。而资源建设薄弱型国家（如文莱和东帝汶）的华文教学资源数量极少，本土自主研发能力匮乏，主要依赖引进其他国家的华文教材。

（三）纸质教学资源出现不适用华校多种生源现象

随着时代的发展，东南亚华文教育突破传统意义，其生源并不局限于东南亚华裔，非华裔学生的比例不断上升，根据马来西亚教总 2021 年发布的调查报告，马来西亚华小非华裔学生占比从 2010 年的 11.84% 提高到了 2020 年的 19.75%，说明越来越多的马来西亚其他族裔民众青睐华小。① 然而，现有的纸质教学资源仍主要面向华裔学生，华校非华裔学生数量的增多对纸质教学资源的适用范围提出了新要求，面向"华裔＋非华裔"混合型课堂的教材选用和研发成为新问题。

（四）尚缺少面向"华文＋"复合型人才培养的纸质教学资源

针对华文教育发展存在的困境和文化焦虑，新加坡南洋理工大学吴英成教授认为，华裔华文偏向选文式的文化传承教材，而国际中文更多的是交际性语言的沟通教材，建设"华裔华文＋国际中文"这一双轨制华裔教育模式可以帮助华文教育转型升级，让"中文再也不是中国的中文而是国际的中文"。② 目前，"中文＋职业技能"已成为教材研发的新兴方向，但面向"华文＋"方向的教材建设仍显沉寂，而"华文＋"类教学活动已有不少，广西华侨中学于 2021 年成功举办面向"华文教育＋幼儿教育"的海外华文教师线上研习班，同年在中国—东盟职业教育学生技术技能展会上展示学校"华文＋职业技能"国际育人模式改革实践成果。在考虑华文学习、中华文化传承和职业技能培养三方面需求的前提下，发展面向"华文＋"复合型人才培养的纸质教学资源，可以帮助华文教育教学改革和转型升级。

---

① 陈悦. 马来西亚现有华文小学 1301 所，学生逾 50 万人 [EB/OL]. 中国新闻网，2021-03-23. http://www.chinaqw.com/hwjy/2021/03-23/290302.shtml.
② 王安钰，赵玉洁. 新加坡南洋理工大学吴英成教授作"华裔华文＋国际中文：重新定义新加坡华裔语言教育"专题讲座 [EB/OL]. 山大视点，2022-05-07. https://www.view.sdu.edu.cn/info/1023/165489.htm.

三、东南亚华文数字教学资源

随着互联网时代的发展,华文数字教学资源形式进一步多样化,出现了数字教材、网络课程、数字应用等多种数字教学资源。目前,东南亚华校和机构充分发挥华文数字教学资源优势,借助数字平台"停课不停学",在云端开展教学、讲座、培训、会议等活动,保证可以随时随地学习,构建起线上线下资源双联动模式,常态化开展线上线下华文教学、资格认证、教师培训、考试辅导等。

(一)数字教材:总体缺乏且各国发展不平衡

目前,专门面向华文教学的数字教材较少,华文教学缺乏相配套的数字教材。据统计,东南亚本土中文数字教材的开发以泰国和马来西亚为主,其他东南亚国家的中文数字教材开发相对匮乏。泰国开发的中文数字教材有106种,是开发中文数字教材最多的五个国家之一;马来西亚是中文数字教学资源建设政策支持力度最大的两个国家之一。

(二)网络课程:海内外教育机构为研发主体

东南亚华文网络课程主要由海内外教育机构研发,适用于海外华裔少儿。如eChineseLearning旗下设有中文考试课程专栏和华裔少儿教育专栏,学语教育(PPtutor)针对4—15岁海外华裔儿童开设了华裔少儿中文口语课、华裔少儿中文初级版、华裔少儿中文标准版、华裔少儿中文高级版等课程。疫情背景下,东南亚线上华文教育机构得到了长足发展,服务于6—15岁海外华文学习者的新加坡华文教育机构LingoAce指出,自2019年底以来,55%的东南亚消费者在疫情期间首次使用线上教育服务,LingoAce公司自2020年以来几乎增长了2000%。[①] 2021年,"双减"政策背景下,中国多家在线青少儿英语培训机构开始将目光转向海外中文教育板块,新东方在2021年8月中旬成立了向4—15岁海外华裔儿童、青少年提供中文和中华文化学习课程的"比邻中文Blingo"。[②]

总体而言,东南亚华文网络课程研发机构基于学习者需求,开发个性化学习内

[①] 7点5度. 东南亚教育科技市场启示录[EB/OL]. 2022-03-28. https://view.inews.qq.com/a/20220328A0D7DF00.
[②] 先教父母英语,再去美国教他们子女中文,新东方这波"赢麻了"[EB/OL]. 观察者网, 2021-11-25. https://www.guancha.cn/internation/2021_11_25_616224.shtml.

容，为海外华裔少儿提供了大量网络课程，但仍缺乏专门面向东南亚华文学习者的网络课程。鉴于此，东南亚华文教育组织机构积极研发网络课程。2020年4月，马来西亚董总在官网开设了"'疫'起行动"的新栏目，收集各种在线教学资源和由华校教师直播或预录的免费线上公开课。① 中国也通过线上远程教育帮助东南亚华校师生克服疫情影响，坚持落实"停课不停教，停课不停学"。2020年，广东省汕头市开设海外华文教育"云课堂"网络直播基地，服务海外多所华校，第一阶段已覆盖泰国3000多名中小学生的常态课程教学，并以"实景课堂直播+微信班级群交流互动"的创造性授课模式向海外华裔青少年展示中华特色文化。②

（三）数字应用：中外共建为主要研发模式

东南亚华文数字应用成果日益增多，目前东南亚华文数字应用主要有APP、网络资源和数据库等，大部分由中国和东南亚国家（泰国、新加坡、马来西亚）合作研发，还有少部分应用由美国、瑞典、日本等其他国家研发。针对缺乏数字应用的东南亚国家，中国高校专门开设培训班向其介绍数字应用。2020年，华侨大学和泰国华文教师公会联合主办"华大云课堂"，向泰国华文教师介绍常见的线上教学形式、课件制作、教学资源平台应用等。③

随着教育技术的发展，越来越多的东南亚华校师生使用APP开展华文教学和学习，使用的APP主要有两类：一是华文教学或学习用APP（如马来西亚华文教学者使用Quizizz录播教学软件，泰国华文学习者使用提供泰中词语及句子互译的大象词典APP等）；二是社交和短视频APP（如YouTube、Twitter、Facebook、TikTok等，提供主题词汇学习、中国文化知识、娱乐性知识等教学资源），已有不少华文/华语学习爱好者、华文教育组织机构在社交和短视频APP上运营自媒体账号。疫情前，马来西亚董总在YouTube开设的频道只有100多名订阅者，2020年5月以来，订阅人数已涨至1000多人，频道浏览量也在急速增加。④

---

① 马来西亚华校董总开设免费线上公开课 [EB/OL]. 中国侨网，2020-05-15. http://www.chinaqw.com/hwjy/2020/05-15/256914.shtml.
② "云端"上的华文教育 [N/OL]. 南方日报，2021-08-26. https://static.nfapp.southcn.com/content/202108/26/c5675617.html?colID=87&appversion=9700&firstColID=87&enterColumnId=14.
③ "云课堂"解华文教育燃眉之急 [N/OL]. 人民日报海外版，2020-05-15. http://www.chinaqw.com/hwjy/2020/05-15/256854.shtml.
④ 马来西亚华校董总开设免费线上公开课 [EB/OL]. 中国侨网，2020-05-15. http://www.chinaqw.com/hwjy/2020/05-15/256914.shtml.

除此之外，一些由官方或民间组织机构研发的网络资源也为东南亚华文学习者提供了各类线上教学资源，如中国国务院侨务办公室研发的"中国华文教育网"[①]面向全球华文学校教师和华裔青少年，提供大量有关中文和中国优秀传统文化的教学资源。疫情背景下，中国华文教育网在"教师培训"专栏下设置"专题课程"和"教材示范课"等板块，推出"停课不停学"系列课程和"教材示范课"（如"小学《华文》示范""初中《华文》示范""小学《华文》直播"等），帮助华教师生进行线上教学。马来西亚"董总官网"[②]发布较多的是有关华文教育的政策指令、资金拨款、华小师资、教材编写等内容，同时，董总密切关注马来西亚疫情防控形势，思考如何开展后疫情时代的华文教学。

近年来，多所高校主持研发了华文教育相关数据库或资源库。新加坡南洋理工大学华文教研中心先后推出了"新加坡学生日常华文书面语语料库"和"新加坡小学生日常华语口语语料库"。2016年12月15日，东北师范大学完成"海外华文教学词源库"的研发，该资源库对海外华文教学通用教材中的1571个词语逐一定性，在例句中解释词义，并配有音频、图片和教学课件等资源。[③]

综上所述，东南亚华文教育覆盖面广，政策利好。基于目前东南亚华文教学资源现状，加强东南亚华文教育配套教学资源建设，一要考虑到不同东南亚国家纸质教学资源研发能力的差异，中国国内华文教学资源研发单位可通过合作编写等形式帮助资源本土化能力较弱的东南亚国家；二要关注华校非华裔学生比例的上升，研发华裔生与非华裔生共同需要的本土教学资源；三要重视"华文+"发展趋势，大力开发面向"华文+"复合型人才培养的教学资源；四要提高华文教学资源的技术驱动力，提升教学资源的数字化程度，大力研发面向华文教学的数字教材。总之，面对东南亚华文教学资源建设目前区域失衡、分布零散的状态，应合力打造东南亚华文教学资源共建共享平台，打破东南亚不同国家和地区的教学资源壁垒，让中国华文教育企业或公司"走出去"，与东南亚相关公司建立合作，实现东南亚华文教学资源的共建共享和可持续发展。

作者：曾小燕、禹点，中国石油大学（北京）

[①] 参见 http://www.hwjyw.com/。
[②] 网址：https://www.dongzong.my/v3/index.php。
[③] 李彦国. 中国面向海外华校推出两项教学资源[EB/OL]. 中国新闻网，2016-12-15. https://www.chinanews.com.cn/sh/2016/12-15/8094938.shtml.

第七部分　参考篇

主持人：刘晶晶，天津师范大学

第一节　但丁协会教学资源发展与启示[①]

意大利但丁协会（Società Dante Alighieri）成立于1889年，总部位于罗马，致力于在世界范围内保护和传播意大利语言和文化，重振海外同胞与祖（籍）国的精神纽带，培养外国人对意大利文明的热爱和兴趣，为意大利境内移民、外国学生和工作人员、海外意大利裔及全球意大利语学习者和爱好者提供语言文化学习、意大利语言等级考试和认证等服务。但丁协会在意大利境内外均建有分支机构，其中境内设立5所语言学校和77个分会，为超过6000名外国学生组织130余门意大利语言和文化课程；境外设立2所语言学校，在近80个国家设立482个分会（表7-1-1），累计开设约8700门语言和文化课程，向全球300个图书馆提供超过50万册意大利语书籍。[②]

表7-1-1　但丁协会区域分布及基本情况[③]

地理区域	分会（个）	会员与学习者（人）	文化活动（场）	书籍（册）
欧洲	280	48300	3300	120100
美洲	156	66000	1570	286600
西亚北非	8	2800	95	19500
撒哈拉以南非洲	10	6000	115	13800
亚洲	14	4100	140	5000
大洋洲	14	7500	160	11000
总计	482	134700	5380	456000

[①] 本节内容为2021年度国际中文教育研究课题重大项目"新时代国际中文传播体系研究"（批准号：21YH03A）、2021年度国际中文教育研究课题"世界主要语言传播机构教学资源发展状况比较研究"（批准号：21YH26C）、2020年度国际中文教育研究课题"意大利中文教育发展新态势"（批准号：20YH37D）阶段性成果。
[②] 本部分数据为但丁协会官方网站的公开数据，参见 https://ladante.it/chi-siamo/la-societa-dante-alighieri.html。
[③] 根据《但丁协会年度报告（2016—2018年）》公开的相关数据统计后得出。

一、政策与发展方向

但丁协会境外分会的区域分布重点突出,始终将欧洲、美洲作为两大重点发展区域,在亚洲、非洲与大洋洲的建设初具规模。(图7-1-1)但丁协会的教学资源研发与推广也向重点区域和国家倾斜,受众定位明确,重视向不同语别区域的受众提供精准化服务,重点服务阿根廷、美国等意大利裔聚居国家,大力推动意大利语言文化的海外传承;关注法国、德国等西欧地区周边国家,积极对接"多语欧盟"建设,为提升意大利语的影响力提供助力。(图7-1-2)

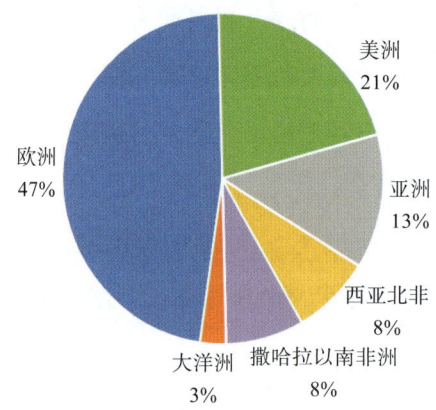

图7-1-1 但丁协会境外分会区域分布比例

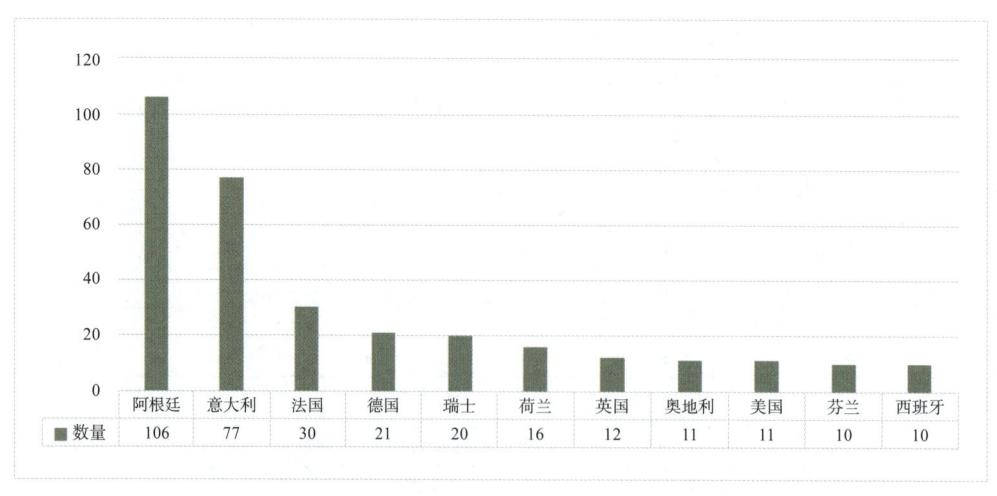

图7-1-2 设立分会数量排名前十的国家

二、研发与出版情况

但丁协会通过意大利境内外的语言学校和分会为学习者提供意大利语教学资源,在"但丁协会意大利语语言项目"(Progetto Lingua Italiana Dante Alighieri,PLIDA)框架下与ALMA出版社合作研发教学资源,联合出版教材与工具书。意大利ALMA出版社创建于1994年,是研发和推广意大利语作为第二语言或外语教材及语言课程的重要机构。截至目前,ALMA出版社已推出面向成人、青少年和儿童的意大利语教材与书籍150种。①

(一)纸质教学资源建设情况

2021年,ALMA出版社提供意大利语教材和书籍共75种,其中教材17种,书籍包括语法、词汇与练习,文化与文明,考试、测试与认证,专业意大利语,文学,其他等6大类别共58种。(图7-1-3)

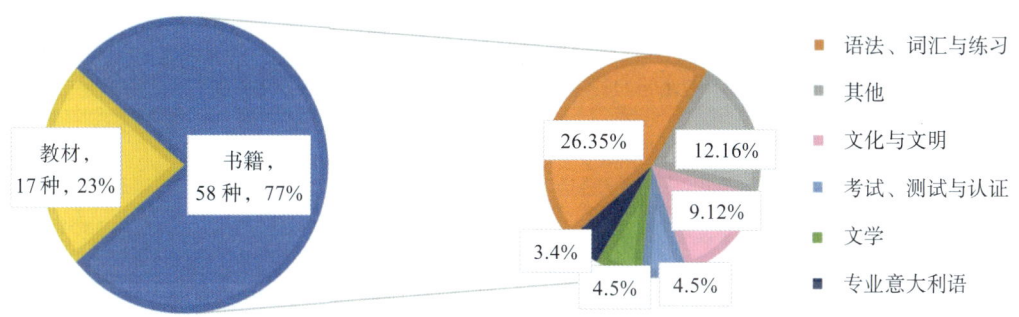

图7-1-3　2021年ALMA出版社教学资源数量统计

2021年,ALMA出版社的14种教材和工具书成为PLIDA推荐书目,其中4种为但丁协会与ALMA出版社合作出版;2022年增加语法、词汇与练习类工具书1种。(表7-1-2)

---

① 本部分数据来自ALMA出版社官方网站,网址:https://www.almaedizioni.it/it/informazioni/chi-siamo/。

表 7-1-2　ALMA 出版社进入 PLIDA 书单的教材与工具书[①]

类别		名称	等级[②]	册数	PLIDA 认证	分级
教材		《安巴拉巴》(Ambarabà)	/	5		儿童
		《跟我说》(Parla con me)	A1、A2、B1	3	√	青少年
		《青少年速成》(Espresso ragazzi)	A1、A2、B1	3		
		《基础意大利语》(Italiano di base)	livello ALFA、Pre A1-A2、A2+-B1	3		成人
		《基础学科意大利语》[③](Discipline di base)	/	2		
		《十节课》(DIECI)	A1、A2、B1、B2	4		
		《新速成》(NUOVO Espresso)	A1、A2、B1、B2、C1、C2	6		
		《简明教程》(Chiaro!)	A1、A2、B1	3		
		《明天》(Domani)	/	3		
		《新希望》(NUOVO magari)	B2、C1/C2	2		
工具书	语法、词汇与练习	《基础语法》(Grammatica di base)	A1、A2	1		
	考试、测试与认证	《PLIDA 考试练习册》(Quaderni del PLIDA)	A1、A2、B1、B2、C1、C2	6	√	
		《居留许可语言考试练习题集》(Permesso di soggiorno)	A2	1	√	
		《但丁协会证书教学大纲》(Attestato ADA)	/	1	√	

1. 标准类教学资源

但丁协会与 ALMA 出版社合作出版了意大利语教学大纲 Attestato ADA。该大纲基于《欧洲语言共同参考框架》(简称《欧框》)和 PLIDA 考试大纲,对 A1 至 C2 六个等级语言课程的课程规划、教学要求、教学内容,以及不同级别的学习者应具

---

① 意大利语书名无中文译名,表中所列书名为作者直译。
② 表中等级主要依据《欧洲语言共同参考框架》,但 livello ALFA 为出版社所定标准,低于 Pre A1,类似"零基础"。
③ 《基础学科意大利语》根据学科内容分为"意大利语、历史与地理"和"数学、科学与技术"两册,以受教育程度较低的成年学生的真实交际语言能力为基础,满足其日常使用和参与初级培训的语言需求。

备的语言能力等进行了详细解读，以确保世界各地的意大利语教师对 PLIDA 考试各个等级要求的理解具有一致性，助力意大利语教师职业发展和教学质量的提升。

2. 语言类教学资源

但丁协会与 ALMA 出版社合作出版的《跟我说》(*Parla con me*) 和出版社明星教材《速成》(*Espresso*) 是具有代表性的意大利语教材。《跟我说》为青少年学习者提供语言学习和语言考试指导，《速成》被众多意大利语教学机构和海外意大利语学习者选用。

（1）《跟我说》

《跟我说》是面向 14—19 岁的意大利语作为第二语言学习者开发的意大利语教材，分为 A1、A2 和 B1 三个级别，旨在教育和引导学习者更加主动地学习意大利语，保持意大利语学习的积极性和能动性，并为参加"青少年意大利语等级考试"（PLIDA Juniores）的考生提供具有针对性和指导性的学习方案。A1、A2 教材配套词汇表提供英语、德语、法语、西班牙语等多语种版本。

该教材的版面和内容设计符合青少年阅读和学习特点，围绕青少年关注和喜爱的主题、人际交往模式和典型场景编写课文和对话，涵盖互联网、人际交往、艺术和世界发展趋势等多个板块，教材中真实、有趣的双人、小组及团队活动，让学习者在轻松有趣的氛围中反复练习和使用语言知识。教材着力展现意大利艺术领域的经典成果，推动"意大利制造"的全球理解。贯穿教材始终的特色漫画故事"博物馆之谜"以有趣的意大利语图画小说的形式介绍意大利文化概况，能激发学习者的阅读和学习兴趣。

（2）《速成》

2002 年出版的《速成》教材曾是最畅销的意大利语教材，2014 年进行了全面升级，新版教材为《新速成》(*NUOVO Espresso*)。在借鉴《速成》成功经验的基础上，出版社又陆续推出《青少年速成》(*Espresso ragazzi*) 和《新意大利语速成》(*NEW Italian Espresso*)，打造出覆盖不同年龄、不同区域的系列教材。

《新速成》教材全面覆盖《欧框》A1 至 C2 六个等级，共 6 册。教材课文简短，内容涵盖餐饮、旅行、家庭、日常生活、业余时间等多个主题，在真实、多样的语言使用场景中嵌入形式丰富的练习。教材配套资源丰富，包括词汇与语法专项练习（A1、A2）、歌曲书及语法书等纸质教材，并提供超过 200 个视频课，以及练习、测试等在线互动活动的配套数字教材,为学习者的自主练习提供了支持。学习者可根据需求购买不同的教材组合,如纸质教材、数字教材、纸质教材+数字教材、纸质教材+DVD 多媒体教学资源等,也可单独购买 CD、补充练习材料等。教材为意大利语教师和学习者提供线上课程指南,指导教师在电脑端、手机端等各类设备上创建和使用虚拟教室,添加和使用数字教材和教学资源,编辑实时练习和测试等;同时指导学习者创建个人账号、编辑个人信息、参与线上课程和活动等。

《青少年速成》是面向青少年意大利语学习者开发的教材,分为 A1、A2 和 B1 三个级别。该教材以 6 个青少年为主人公,编写和设计出符合该年龄段学习者特点的课文、课堂活动和游戏,主题包括朋友、学校、家庭、空闲时间、多元文化、新技术等,帮助学习者了解语言点使用中的文化现象,引导学习者以符合意大利语使用规则和习惯的方式得体运用所学内容。教材配套提供教师用书、CD、DVD、视频课程、线上练习及实时更新的线上学习资源库,配套词汇表资源包括英语、德语版本。

《新意大利语速成》是专门针对英美国家高等院校意大利语学习者和赴意大利高校留学的英美学生开发的意大利语教材,分为初级至准中级、中级至高级两册。该教材语别化特色鲜明,教材目录、练习要求等均用英语编写,语法部分也根据英美学生常出现的语法问题设计。最新版的《新意大利语速成》在文化模块中增加了意大利文学板块,节选当代意大利作家的代表性作品,向英美高校学生介绍意大利文学。教材配有纸质版和数字版的练习册与教师用书,提供超过 300 个线上练习、测验、考试等在线互动活动,以及实时更新的数字化素材包、配套视频课程等,并为教师和学习者分别提供数字教材使用指南,在使用虚拟教室和参与线上课程与活动等方面提供具体指导。

3. 考试类教学资源

但丁协会与罗马第三大学、锡耶纳外国人大学和佩鲁贾外国人大学分别提供意大利官方认可的意大利语等级考试和认证服务[①],并于 2012 年共同成立意大利语言质量认证协会(CLIQ)。由于意大利对移民、留学生、外籍工作人员等人群有不同的语言水平要求,但丁协会与 ALMA 出版社合作,为不同考试人群提供有针对性的考试工具书,如为备考 PLIDA Juniores 的青少年考生提供《跟我说》教材,为备考

---

① 意大利官方认可的四种语言等级考试分别为:但丁协会的 PLIDA 考试、罗马第三大学的 I.T. 考试、锡耶纳外国人大学的 CILS 考试和佩鲁贾外国人大学的 CELI 考试。

PLIDA 考试的成人考生提供《PLIDA 考试练习册》（*Quaderni del PLIDA*），为准备参加长期居留许可语言考试的考生提供《居留许可语言考试练习题集》（*Permesso di soggiorno*）等。

（二）数字教学资源与平台建设情况

1. 混合式教学平台

但丁协会意大利语教学计划 Dante.global 平台[①]于 2021 年 4 月上线，该平台为意大利语学习者、教师，其他教学、培训和科研合作项目参与者，以及参与"马可·波罗计划""图兰朵计划"[②]的中国学生提供线上、线下及线上线下混合式教学与课程服务。目前，但丁协会在意大利境内的罗马、米兰、佛罗伦萨、博洛尼亚、都灵 5 所语言学校，在阿尔巴尼亚地拉那国际学校、俄罗斯莫斯科伊塔洛卡尔维诺中学 2 所境外意大利语语言学校及全球 29 个分会提供该教学计划服务，学习者可根据学习需求选择适合自己的特色课程。

2. 数字学习平台

ALMA.tv 是 ALMA 出版社开发的意大利语言学习和文化传播在线学习资源平台[③]，为世界各国的意大利语教师、学习者及意大利语言文化爱好者提供 600 余个学习视频，内容涵盖语言、文化、教学、测验、漫画、烹饪、歌曲等不同主题，视频分为直播和点播两种形式，支持视频重播和资源下载。平台提供 ALMA 出版社的《新速成》和《十节课》（*DIECI*）等教材的免费资源。

ALMA.tv 平台既提供 ALMA 出版社发布的视频资源，也包含网络用户自行上传的视频。意大利语教师可通过观看 ALMA 出版社在世界各地举办的意大利语教学研讨会视频，获取最新的教学发展信息，了解前沿的意大利语教学和课程设计的发展趋势。意大利语教师不仅能够以个人形式使用该平台，而且也可组织班级与学习者共同参与、同步使用平台资源。意大利语学习者可通过观看 A1 至 C2 六个级别的视频内容学习意大利语知识，有针对性地进行练习与测试，增进对词汇和语法的理解。世界各地的意大利语言和文化爱好者可通过视频和文章了解意大利语言文化的过去

[①] 网址：https://www.dante.global/it。
[②] "马可·波罗计划"是 2005 年意大利政府推出的促进中国学生到意大利学习和进修的官方教育计划，"图兰朵计划"是 2009 年意大利政府推出的针对中国艺术生的意大利留学官方计划。
[③] 网址：https://www.almaedizioni.it/it/almatv/。

与现在，近距离体验意大利语言发展的新现象与新趋势，关注意大利社会发展的最新动态，获取意大利热点新闻事件的相关信息。

4. 在线虚拟课堂

ALMA 出版社多套教材的数字版均适用于 BlinkLearning 在线教学平台[①]，出版社为教材使用者提供创建账号需要的验证码。平台支持横屏和竖屏版本，以适应电脑端、平板电脑端和手机端等不同设备的使用需求。意大利语教师可在该平台上自主创建虚拟课堂，利用在线数字资源进行课堂教学和交流活动，也可播放音视频、批改作业、进行在线测试及评分。目前，全球共有 60 个国家超过 11000 所学校和 350 万名使用者选用该平台进行语言教育和学习，100 多家出版商使用该平台创建、改编和推广数字产品。

三、推广情况

（一）教学资源推广主体

但丁协会分布于世界各国的分会在遵守协会章程的基础上自主运营、独立发展，语言课程所使用的教材可自由选择。但丁协会与 ALMA 出版社合作出版意大利语教材及针对 PLIDA 证书的考试与认证类书籍。教材和书籍的全面市场化使 ALMA 出版社成为教学资源推广的主体，其出版的意大利语教材和书籍通过经销商和合作书店在线下和线上双渠道销售。

目前，ALMA 出版社在各类社交平台（如 Facebook、YouTube、Twitter 和 Instagram 等）拥有超过 40000 名用户，意大利语教材与书籍通过遍布全球的分销网络销往 80 余个国家，被 35% 的意大利文化机构选用，其中《速成》系列教材全球销量超过 100 万册。

[①] 网址：www.blinklearning.com。

（二）教学资源推广方式

1. 积极参加国际书展与国际会议，扩大资源影响力

ALMA 出版社积极参与国际书展及与意大利语教学相关的国际会议（表 7-1-3），参与针对不同学习群体、不同专业的意大利语教学新理念与新方法的研讨，以及提高教材针对性与专业性的讨论，并以赠书、提供折扣等多种形式宣传推广意大利语教材和相关书籍，扩大教学资源的受众范围，提升教学资源的影响力。

表 7-1-3 2021 年 ALMA 出版社参与国际书展及国际会议概况

时间	主办国	主题	参与活动
5月13日—15日	意大利	移民意大利语教学研讨会	探讨移民意大利语教学创新和可行路径
10月23日	意大利	第 27 届罗马意大利语传播学校（DILIT）国际语言教师研讨会	发表"ALMA 出版社书中的意大利文化"演讲
10月25日—28日	巴西	第 19 届巴西意大利教师协会（ABPI）大会	向前往展台的参与者赠送 *DIECI* 数字教材，提供教材购买特别折扣
11月25日—27日	西班牙	第 8 届全国高等音乐学院暨国际音乐学院代表大会	参加专题研讨会，宣传教材《歌剧意大利语》（*L'italiano per l'OPERA*）
11月27日—12月5日	墨西哥	第 35 届瓜达拉哈拉国际书展	向前往展台的意大利语教师赠送礼品和书籍

2. 组织教材宣介会和使用培训，持续提升教材质量

ALMA 出版社通过线上线下双渠道组织教材宣介会和教材使用培训。（表 7-1-4）出版社一方面为重点国家和区域提供主题线上教学日，帮助各国各地的意大利语教师及时了解意大利语教学和教材发展情况；另一方面通过邀请教材编写者为全球意大利语教师提供教材使用培训，使教师明确不同教材的编写理念和设计特点，帮助教师充分利用教材，提升教材使用质量，并通过及时了解和汇总教师的使用反馈，为优化教材设计和打造明星教材积累经验、寻求突破。

表 7-1-4 2021 年 ALMA 出版社开展教材宣介和教材使用培训概况

时间	相关教材名称	主题
2月13日	《十节课》（*DIECI*）	线上教材宣介会
3月25日	《十节课》（*DIECI*）	线上课程培训

续表

时间	相关教材名称	主题
5月6日	《PLIDA考试练习册》（Quaderni del PLIDA）	线上教材宣介会
5月26日	《十节课》（DIECI）	比利时、荷兰和卢森堡意大利语教师培训
9月23日	《歌剧意大利语》（L'italiano per l'OPERA）	线上教材宣介会
10月23日	《十节课》（DIECI） 《歌剧意大利语》（L'italiano per l'OPERA） 《PLIDA考试练习册》（Quaderni del PLIDA）	智利意大利语教学日："但丁，意大利语"
11月3日	《十节课》（DIECI）	线上教学日："西班牙语国家的意大利语教学"
11月17日	《新意大利语速成（初级/准中级）》（NEW Italian Espresso | Beginner / Pre-intermediate）	新版教材线上宣介会

3. 利用社交平台即时发布信息，拓展资源传播渠道

ALMA 出版社在 Facebook、YouTube、Twitter 和 Instagram 上及时提供和更新出版社的相关新闻和培训信息，教师和学习者不仅可以通过出版社官网下载教师指南、词汇表、音频和互动练习等材料，还可以通过各类社交平台与全球意大利语教师和学习者进行实时交流互动。

四、发展启示

（一）精准把握阶段特点与需求，明确服务定位和发展重点

教学资源的有效供给是国际语言传播机构提升存续力的关键环节。教学资源建设需要依据不同国家和地区语言教育的发展形势，科学研判每个发展阶段的重点服务对象，优化顶层设计，提升教学资源供给的有效性和针对性。但丁协会在建立初期聚焦于境外意大利语言和文化的传播与保护，主要面向移居海外的意大利移民进行教学资源开发，后来陆续在赴意移民的原籍国开展意大利语教学试点项目。在百

余年的发展历程中，但丁协会逐渐形成了"以重点国家和区域为核心，全力满足意大利裔聚居国和重点区域意大利语言文化传承和学习需求"的服务定位，教学资源建设也主要面向意大利裔聚居国及其他重点语别区域，如为英美国家高校学生和赴意高校学习的英美国家学习者提供专门的语别化教材，有针对性地为西班牙语国家等重点语别区域提供主题教学日活动和教材使用培训等。

（二）凸显文化优势，助力本国文化的世界理解与认知

语言教育与文化教育相伴同行、相辅相成，但丁协会重视通过语言教学促进意大利文化的全球理解。在语言教材中设置文化板块，有机融入艺术、歌剧、餐饮、足球等学习者感兴趣的意大利文化要素，促进学习者对意大利文化的深度理解。在书籍种类规划上，ALMA 出版社提供文化与文明、文学两个种类十余种书籍，内容涵盖艺术、歌剧、电影、餐饮、文学等为海外民众熟知的、特色突出的意大利优势文化，积极助力各领域"意大利制造"走向世界，促进海外意大利裔的语言文化传承，增进海外民众对意大利的了解和认知。

（三）立足语言教育市场，主动服务终身语言学习需求

全球语言教育市场低龄化发展趋势日益显著的同时，老龄化趋势也逐渐显现，教学资源建设应更加立体全面，为推动和保障学习者终身学习奠定良好的物质基础。但丁协会重视终身意大利语言文化教育，现阶段与 ALMA 出版社合作，按照各年龄段学习者的学习特点提供精细化分级的教材和书籍。2021 年 ALMA 出版社提供的17 种意大利语教材中，包括 10 种成人教材、5 种青少年教材和 2 种儿童教材，针对不同年龄段的教材在课文编写、活动编排和版面设计上都强调从该年龄段学习者的学习特点出发。在书籍出版方面，语法、词汇、文学 3 个类别中均提供适合青少年和儿童使用和阅读的分级读物，全面服务低龄化语言文化教育发展需要。

（四）关注学科建设前沿，及时对接语言教育发展新趋势

学科发展为教学资源建设提供方针指引，教学资源建设需反映学科发展的新理念与新进展，体现语言教育领域学术研究的新理论与新方法，对学习者的新需求与新变化做出回应。但丁协会密切关注意大利语言文化教学与推广的学术前沿，积极对接国别化、专业化意大利语学习新需求，重视对工具书和教辅书籍的修订，不断

提高工具书与教辅书的专业性和针对性，发挥其对学习的指导作用。比如，为中国学习者出版中意双语工具书《实用意大利语语法》(*Grammatica pratica della lingua italiana per studenti cinesi*)，有针对性地帮助中国学习者理解和掌握实用意大利语语法；再如，出版《经贸意大利语》《法律意大利语》《医学意大利语》等专门用途意大利语书籍，满足专业化意大利语学习需求。

作者：庄瑶瑶，东北财经大学、辽宁师范大学，曾任职于意大利米兰国立大学孔子学院

第二节　歌德学院教学资源发展与启示[①]

歌德学院（Goethe-Institut）成立于1951年，是德国开展德语教学和国际文化交流合作的主要机构，其总部位于德国慕尼黑。歌德学院1952年在雅典开办第一所海外分支机构，目前已在全球98个国家建立了158所分支机构，其中德国境内12所，世界各地员工4060名。歌德学院运营资金的60%来源于政府支持，40%来源于语言部门及其他经营收入。

歌德学院始终将德语进入世界各国国民教育体系作为主要目标，并为德语教学可持续发展培训德语教师，每年有超过1万名教师参加培训。歌德学院的歌德证书等级考试（Goethe-Zertifikat）是外国人移民德国、进入德国高等院校的重要凭证，每年有40多万名学习者参加考试并获得证书，其中B1级别证书考试人数最多。2020—2021年，参加德语考试总人数47万，获得B1证书人数达21.5万。图书馆是歌德学院教学资源推广的主要场所之一。歌德学院已在全球96个国家和地区建立图书馆，为德语学习者提供80多万种德语学习资源，年访问人数1400万。歌德学院建有支持60多种语言的数字图书馆，拥有2.3万种德语数字教材、有声读物、德语学习材料、杂志和报纸等在线资源。[②]

[①] 本节内容为2021年度国际中文教育研究课题"世界主要语言传播机构教学资源发展状况比较研究"（批准号：21YH26C）阶段性成果。
[②] 本部分数据为歌德学院官方网站的公开数据，参见 https://www.goethe.de/de/uun/pub/jah.html。

一、政策与发展方向

（一）多语主义战略指引下构建教学资源支持体系

欧盟各国近年来实行多语主义发展战略，将语言学习作为重要的优先事项，提倡欧洲公民在母语之外还应掌握其他两种外语，并且尤其重视对低龄儿童和职业人群的外语教育。2008年颁布《语言多样性：欧洲的财富与共同的义务》，阐释了欧盟委员会的多语主义立场。2010年3月发布《欧洲2020战略》，将语言教育培训视为欧盟未来发展的重要领域。

基于欧盟的多语教育政策，歌德学院积极构建德语教学资源支持体系，使类型趋于多样化、受众更加多元化，如与海外学校中央办公室和弗莱堡教师教育大学合作，为幼儿园和学前班制定了现行教育质量框架和讲义，合作研发低龄德语教材，修订和加强对低龄学习者的教师（包括学校领导、教师和其他教育工作者）的专业能力要求，确保教师教育的有效性，并为教师招聘与遴选、教师教育、早期教育支持和教师专业发展提供连贯且充足的教学资源。此外，歌德学院积极发挥德国职业教育优势，加强职业教育与德语教学的融合，扩大语言课程及相关教学资源的开发，开发"我的德国之路"门户网站，促进移民快速融入社会、成功进入劳动力市场并参与社会生活。

（二）加快教学资源的数字化转型

2016年，欧盟委员会提出"欧洲工业数字化战略"，相继出台《欧盟人工智能战略》《塑造欧洲的数字未来》《欧洲新工业战略》《2030数字指南针：欧洲数字十年之路》等数字化发展纲领性文件，高度重视并积极推动教育领域的数字化转型。为适应欧洲数字化教育发展趋势，缓解全球疫情危机，歌德学院发起关于"开放教育"的新倡议，优化信息通信技术（ICT）对语言教学的支撑，推动教学资源从纸质媒介向数字在线课程、APP应用程序、数字化教学平台等多介质转化，进而实现教学资源的数字化发展。

二、研发与出版情况

歌德学院基于《欧洲语言共同参考框架》A1 至 C2 六个级别研发德语教学资源，与 Klett、Europa-Lehrmittel、Verlag Fraus（Pilsen）和 Cornelsen Verlag 等多家出版集团开展合作，教学资源种类丰富，受众广泛，其中 Klett 集团出版的德语教材数量较多。

（一）纸质教学资源建设情况[①]

1. 标准类教学资源

歌德学院重视面向儿童和青少年的德语教学标准的制定。1996 年，歌德学院与全球 22 个国家的专家合作，研发出版《纽伦堡早期外语学习建议》（简称《纽伦堡建议》），作为早期外语学习的大纲基础。2010 年，歌德学院推出《纽伦堡建议》修订版，以更宽广的视角审视 4 到 10 岁儿童的学习潜力和心理需求，优化早期语言教育。

2. 语言类教学资源[②]

Klett 集团出版的德语教材面向小学生、青少年、成人等多种受众，代表性教材有《柏林广场》《这里！》《1 号线》《走进德国》《Geni@l 点击》《前景》等 20 多个系列的成人德语教材和《绿衣马克斯》《你好安娜》《宝拉在哪里？》《法布里》《德国专业人士》等 10 余个系列的儿童和青少年德语教材，其中适应零起点和 B1 级别以下的德语教材占多数。（表 7-2-1）

表 7-2-1　歌德学院部分语言类教材及配套资源

名称	等级	配套资源	对象
《绿衣马克斯》《绿衣马克斯（新）》 （*Der grüne Max & Der grüne Max Neu*）	A1、A1+	CD、教师手册	小学生
《新德国》 （*Das neue Deutschmobil*）	A1、A2、B1	CD、练习册、测试手册、词典、教师手册	小学生
《你好安娜》《你好安娜（新）》 （*Hallo Anna & Hallo Anna neu*）	A1 （1—3 册）	手册、DVD、视频、游戏、教师手册、卡片和复印模板、手偶、在线课程测试	6 岁以上

[①] 本节德语书名大多数没有中文译名，下面所列书名均为作者直译。
[②] 本部分数据来自 Klett 集团出版社官方网站，参见 https://www.klett-sprachen.de。

续表

名称	等级	配套资源	对象
《德国专业人士》（Die Deutschprofis）	A1、A2、B1	CD、练习册、教师手册、词典、音频测试手册、多媒体学习包	8岁以上
《宝拉在哪里？》（Wo ist Paula?）	A1（1+2册、3+4册）	MP3音频、教师手册、CD和DVD	低龄儿童
《法布里》（Fabuli）	A1	练习册、教师手册、CD	儿童
《走进德国》（Aspekte）	B1、B2、C1	音频和视频、练习册、教师手册、在线资源（学生练习、教材编写、分班考试、音频）	中学生、成人
《德语真的很简单》（Deutsch echt einfach）	A1、A2、B1	音频和视频、在线音频练习册、在线资源（音频测试、词汇表、课程规划、歌德学院模拟试题）	14岁及以上的零起点
《幻想曲！》（Fantastisch!）	A1、A2、B1	音频和视频、教师手册、MP3、DVD	年轻人
《1号线》（Linie 1）	A1、A2、B1、B2	练习册、DVD、CD、在线学习账号、考试手册、强化训练册、教师手册	成人
《柏林广场（新）》（Berliner Platz NEU）	A1、A2、B1、B1-B2、B2	图片卡、音频CD、教师手册、强化训练册、备考材料、词汇表（德—英）、DVD	成人
《这里！》（Hier!）	A1、A2、B1	练习册、教师手册、CD和DVD	成人

3. 考试类教学资源

歌德学院与Klett集团等出版集团合作，开发针对歌德学院证书（Goethe-Zertifikat）、奥地利德语语言证书（ÖSD-Zertifikat）和德语语言证书（Deutsches Sprachdiplom）的多类德语考试类教学资源，包括备考指南、考试模拟题、教师手册等。（表7-2-2）

表7-2-2　歌德学院部分考试类教材及配套资源

	名称	等级	配套资源	对象
歌德学院证书考试	《成功融入德语》（Mit Erfolg zu Fit in Deutsch）	A1、A2	练习、测试书、教师手册、音频CD、PDF及音频	成人、儿童和青少年
	《歌德学院证书备考指南》（Mit Erfolg zum Goethe-Zertifikat）	A1、A2、B1、B2、C1、C2	练习、测试书、PDF及音频、教师手册、CD与MP3音频、在线学习账号	成人、儿童和青少年

续表

名称		等级	配套资源	对象
ÖSD 考试	《歌德/ÖSD 证书备考指南》（*So geht's zum Goethe- / ÖSD- Zertifikat*）	A2、A2-B1、B1、B2	练习册、CD 音频、测试书、考试手册、PDF 及音频	成人、儿童和青少年
DSD 考试	《DSD 备考指南》（*So geht's zum DSD*）	A2-B1、B2-C1	练习册、教师手册、DVD、CD、PDF 及音频	16 岁以下

4. 教师教学类资源

歌德学院的德语教师培训通过"德语教学"（Deutsch Lehren Lernen，简称 DLL）课程体系实现，DLL 课程包括 13 个教学模块和 1 个考试包（表 7-2-3），每个模块的教学内容由 Klett 集团以教材形式出版，供讲授儿童课程、青少年课程和考试评价课程的德语教师进行选择。DLL 课程分为基础班（DLL Standard）、提高班（DLL Premium）和模块化教学（DLL Modular）三类，适用于已经具有"德语作为外语"（DaF）或"德语作为第二语言"（DaZ）教学经验的德语教师。参加培训的德语教师需从特定主题模块中选择相应的课程和教学资源，利用业余时间参加课程学习，也可在歌德学院的学习平台上在线实施交互式编辑。参加学习后可获得教师认证证书，每年约有 9000 名教师参加认证。①

表 7-2-3 DLL 课程主题模块与教学资源②

模块	主题模块名称	教学内容	不同教学需求的模块选择		
			儿童课程③	青少年课程④	考试评价
1	教学能力与课程设计 Lehrkompetenz und Unterrichtsgestaltung	1. 学情了解 2. 设计课程 3. 培养专业精神	√	√	√
2	德语作为外语如何学习？ Wie lernt man die Fremdsprache Deutsch?	1. 语言学习影响因素 2. 语言习得与学习理论 3. 学习策略与差异			√

---

① 参见 https://www.goethe.de/de/index.html。
② 参见 https://www.goethe.de/de/spr/unt/for/dll/summary-of-content.html。
③ 指面向 5—12 岁儿童的课程。
④ 指面向 12—18 岁青少年的课程。

续表

模块	主题模块名称	教学内容	不同教学需求的模块选择		
			儿童课程	青少年课程	考试评价
3	德语作为外语 Deutsch als fremde Sprache	1. 语言作为交际工具 2. 语言手段是语言的组成部分 3. 教学语言	√	√	√
4	任务、练习、互动 Aufgaben, Übungen, Interaktion	1. 教学方法论原则 2. 互动学习 3. 培养教学技能	√	√	√
5	教学和学习媒体 Lehr- und Lernmedien	1. 教科书的使用 2. 外语阅读和听力 3. 教学文本			
6	课程要求和课程计划 Curriculare Vorgaben und Unterrichtsplanung	1. 影响教学的因素 2. 课程安排 3. 任务驱动的语言学习	√	√	√
7	检查、测试、评估 Prüfen, Testen, Evaluieren	1. 检查、测试和评估的基础知识 2. 考试和测验中的任务安排 3. 课堂上的非正式评价			√
8	面向儿童的德语作为外语教学 DaF für Kinder	1. 儿童语言习得 2. 儿童语言学习目标 3. 学习活动、工作和材料的形式	√		
9	使用数字媒体进行教学 Unterrichten mit digitalen Medien	1. 教与学和环境的变化 2. 数字媒体在语言教学中的效果 3. 使用数字媒体规划和设计课程			
10	面向青少年的德语作为外语教学 DaF für Jugendliche	1. 作为学习者的青少年 2. 影响中等教育的因素 3. 为年轻人设计课程		√	
15	面向成年人的读写课程 Alphabetisierung für Erwachsene	1. 了解第二语言识字的具体要求和问题 2. 实现成年移民扫盲任务			

续表

模块	主题模块名称	教学内容	不同教学需求的模块选择		
			儿童课程	青少年课程	考试评价
16	中等教育中的 DaZ （所有科目的语言教育） DaZ in der Sekundarstufe (Sprachbildung in allen Fächern)	1. 在学校使用多种语言 2. 语感教学方法 3. 培养语言技能		√	
17	小学中的 DaZ （小学中的语言教育） DaZ in der Grundschule (Sprachbildung in der Grundschule)	1. 在小学使用多种语言 2. 所有学科和学习领域的语言教学方法 3. 培养语言技能	√		
其他	考试包 Von DLL Modular zu DLL Premium: Das Prüfungspaket	从 DLL 基础到高级版			

5. 职业类教学资源

自 2007 年以来，歌德学院积极参与其他欧盟国家和第三国专家的资格认证和咨询工作，歌德学院总部最新成立技术工人移民和资格办公室，帮助解决技术工人移民的语言和跨文化问题。同时，歌德学院致力于为移民到德国的人提供德语学习支持，开发课程系统，为移民和职业人群提供必要的学习资源，这些资源涉及社会、医学、技术、旅游、商务、传播和法律等多个领域（表 7-2-4）。

表 7-2-4　歌德学院部分职业类专业德语教材[①]

类别	名称	出版方	配套资源	特点
商务	《经贸交流》 （*Kommunikation in der Wirtschaft*）	歌德学院与 Verlag Fraus（Pilsen）及 Cornelsen Verlag 集团合作出版	教科书、教师手册、CD	适用对象为职业技术学校、中等技术学校、应用科学大学相关专业的学生
商务	《经贸德语》 （*Wirtschafts-kommunikation Deutsch*）	歌德学院与 Klett 集团合作出版	不详	构建较为真实的商务场景，提供日常工作、生活中所应具备的语言交际策略

---

① 本部分数据为歌德学院官方网站的公开数据，网址：https://www.goethe.de。

续表

类别	名称	出版方	配套资源	特点
商务	《成功的跨文化沟通》（Erfolgreiche interkulturelle Kommunikation）	歌德学院与 Cornelsen Verlag 集团合作出版	不详	在真实的工作场景中，借助音频（或视频）训练交际会话
医学	《社会和医学专业交流》（Kommunikation in sozialen und medizinischen Berufen）	歌德学院与 Verlag Fraus（Pilsen）及 Cornelsen Verlag 集团合作出版	教科书、教师手册、CD	使用对象为职业技术学校、中等技术学校以及应用科学大学的 B1、B2 级德语学习者
旅游	《旅游德语》（Kommunikation im Tourismus）	歌德学院与 Verlag Fraus（Pilsen）及 Cornelsen Verlag 集团合作出版	教科书、教师手册、CD	使用对象为职业技术学校、技工中学和应用科学大学的学生，是德语作为外语职业教学的基础教材
技术	《技术职业中的沟通》（Kommunizieren in technischen Berufen）	歌德学院与 Europa-Lehrmittel 集团合作出版	不详	聚焦金属和电气专业领域实习、培训，提供工作中正确、专业的语言沟通手段与策略

6. 其他教学资源

歌德学院还与多个出版集团合作研发语言文化读物，如推出 SchauHoer Verlag 集团出版的面向 A1 级别 2—6 岁学习者的读物 20 余册，Edition bi:libri 出版的双语游戏书、图画书等 60 册，以及 Stiftung Lesen 促进阅读基金会推荐的面向 15 岁以下儿童和青少年的漫画、小说、故事书 965 册等。面向 4 岁以上儿童的折叠图画书《蚂蚁，它们做了很多！》（Ameisen, die schaffen viel!）是歌德学院的重点推荐图书，该书使用德语、英语、法语、西班牙语等 4 种语言描写蚂蚁的生活和工作，图片生动有趣，符合儿童语言学习特点，儿童语言教师和家长可在歌德学院网站免费下载相关教学指导资源。

（二）数字教学资源与平台建设情况

1. 在线课程

歌德学院将"德语在线"（Deutsch Online）[①]作为其课程创新发展的重要成果，学习者可通过多种浏览器登录"德语在线"学习平台，通过 Adobe Connect 会议工具

---

① 网址：https://www.goethe.de/de/spr/kup/kur/doln.html。

进行在线实时会话。"德语在线"课程具有自主性、灵活性、个性化特点，学习者可在6个月内自由支配学习时间，开展线上学习、练习与课堂交流等。截至目前，"德语在线"课程形式有个人在线课程（Deutsch Online Individual）、在个人课程基础上开发出的集体互动课程（Deutsch Online in der Gruppe），以及德语强化在线课程（Deutsch Intensiv Online）等。除C2级别的课程需线下教学外，歌德学院A1至C1各级别课程均可采取在线教学的形式进行。

"德语在线"课程形式还在不断创新，歌德学院最新研发的"德语在线培训"（Deutsch Training Online）课程，使学习者在无教师参与的情况下进行在线课堂学习，并根据需要与导师预约实时课程。此外，歌德学院还在德国外交部的资助下建设了"职场德语"在线练习课程，根据职业领域设置112道练习题，涉及社会服务、技术、文化等领域，以帮助学习者了解德国日常工作和生活中的德语使用情况。

2. 数字平台

（1）"网络儿童大学"（Digitale Kinderuni）在线教育平台

"网络儿童大学"是歌德学院为8—12岁儿童提供的免费在线教育平台[①]，帮助儿童在人文、自然、科技3个学科领域的30个视频课程中了解知识，在游戏中接触德语，既适合未学过德语的儿童，也适合有一定德语基础的低龄学习者。

"网络儿童大学"有家庭版、学校版、教师版等多种版本。在家庭版中，儿童学习者可在家中登录网站，在每个约6分钟的短片中学习10个德语单词，还可通过双语对照单词表解决在线学习任务，以获得徽章奖励；家长们也可设立家长账户，跟进孩子们的学习情况。在学校版中，"网络儿童大学"可用于学校环境的德语学习，个别课程可以根据主题在课堂上开展，也可基于学习者的兴趣，在课外或与其他科目联合进行。

（2）"德语为你"（Deutsch für Dich）在线德语练习平台

歌德学院开发了"德语为你"在线德语免费练习平台[②]，创建全球化、职业环境等不同主题的230余道练习题，所有级别的德语学习者均可根据等级和个人兴趣选择一个主题练习德语，或进入在线社区与其他德语学习者交流想法、获取学习技巧、提出问题或帮助他人。截至目前，已有约73万学习者注册成为"德语为你"在线会员。

[①] 网址：https://www.goethe.de/ins/cn/de/spr/unt/kum/kin.html。
[②] 网址：https://www.goethe.de/de/spr/ueb.html。

（3）"我的德国之路"（Mein Weg nach Deutschland）门户网站

"我的德国之路"是歌德学院为初到德国的移民建设的服务型教学与生活门户网站①，为移民提供 A1 至 B2 级的德语练习、视频和有关德国生活的 30 种语言的信息，以及面向 27 岁以下人群的青年融入课程。② 2020—2021 年，通过该网站学习德语和了解德国信息的人数达到 65 万。

3. 应用程序（APP）

歌德学院开发的应用程序包括学习应用程序和游戏应用程序两大类。《德国·认识·学习》（Deutschland. Kennen. Lernen.）是歌德学院面向多个年龄层开发的学习应用程序。③ 通过展示德国地图的方式，将虚拟内容和现实内容进行实时融合，实现从休闲活动、环境意识、流行文化，再到日常学习和工作生活等 8 个领域的现实增强型交互式学习，使学习者提高词汇、阅读和听力理解能力，满足 A2 级别德语学习者学习德语和了解德国生活的需要。

《德语教练机 A1》（Deutschtrainer A1）是歌德学院为 A1 级别的德语初学者开发的适应随时随地学习德语需求的免费移动学习程序。④ 该应用程序共 10 个章节，学习者可基于教材和德语 A1 级考试的要求，通过音频对话对日常生活中的某个主题进行词汇和句型的练习。练习形式简短，学习者可通过听力对话在文本中选择合适的单词，也可通过填字游戏、单词或图像等方式来练习词汇。

此外，歌德学院还开发了一些具有代表性的游戏应用程序，如表 7-2-5 所示：

表 7-2-5　歌德学院部分游戏应用程序⑤

类别	名称	级别	内容	主要目标
学习类	文字之城（Die Stadt der Wörter）	A1	图片、音频、例句	学习德语单词
搜索类	城市拉力赛——寻宝游戏（Stadtrallye）	全部	地图	搜索歌德学院、德语课程

---

① 网址：https://www.goethe.de/prj/mwd/de/startseite.html。
② 刘晶晶，吴应辉. 孔子学院与其他国际语言传播机构办学状况比较研究（2015—2017 年）[J]. 民族教育研究，2020，31（6）：126-134.
③ 网址：https://www.goethe.de/de/spr/ueb/dkl.html。
④ 网址：https://www.goethe.de/de/spr/ueb/kuj/dt1.html。
⑤ 本部分数据为歌德学院官方网站的公开数据，网址：https://www.goethe.de。

续表

类别	名称	级别	内容	主要目标
测试类	测试你的生态类型！（Teste deinen Öko-Typ!）	全部	图片、词汇	词汇认知、思考大自然
	聪明才智（Erfindergeist）	全部	媒体库、德国知识、有关德国的常识	了解、学习和研究德国文化
	世界百科知识测试（Quiz: Um Die Welt）	全部	环保知识	德语阅读

三、推广情况

（一）教学资源推广主体

歌德学院分布在各国的分支机构具有较强的自主运营能力，是德语教学资源推广的重要媒介；歌德学院的考试中心、教材中心、资料阅览室、图书馆、信息中心等近1000个联络点，也是推广德语教学资源的重要组成部分。

（二）教学资源推广方式

1. 利用文化项目，实施教学资源配赠

歌德学院将面向难民的德语教学作为德语国际传播的重要组成部分，主张难民通过学习语言参与德国的社会生活[①]，针对难民德语学习需求实施"文化包裹"项目，帮助难民儿童和青少年在德国的市立图书馆找到可以阅读的书籍，解决低龄难民的读书需求。同时，利用其他公益组织捐助的资金给难民所在地图书馆发放难民常用语手册和其他阿拉伯语书籍。以2015—2016年为例，歌德学院通过"文化包裹"项目为德国图书馆捐赠300个书籍包裹，给年轻难民读者捐赠的阿拉伯语书籍达7000册。

歌德学院与德国国际儿童和青少年电影节、青年与电影联合会等组织合作实施"电影箱子"项目。自2015年12月以来，歌德学院为难民儿童和青年准备了20个

[①] 刘晶晶，关英明. 国际语言传播机构助力提升本国国际传播能力：价值意蕴和实践进路 [J]. 云南师范大学学报（对外汉语教学与研究版），2022，20（4）：17-25.

"电影箱子",里面装有18部带阿拉伯语字幕或旁白的故事片,使他们能够欣赏到德国电影,拉近文化距离,帮助难民尽快融入德国社会。

在中国,歌德学院举办了数字音乐会"不如跳舞!"活动,四支德国乐队通过Zoom和微博为中国的德语学习者进行现场表演。在这一背景下,歌德学院以"不如跟唱!"为主题,制作了6份教学讲义,难度介于A和B之间。讲义内容注重合作和创意,旨在通过小组讨论提升学生的口语表达能力。

2. 重视图书馆建设,拓展资源共享空间

(1) 实体图书馆建设

歌德学院已在世界各地合作建立了108个德语阅览室及合作图书馆,同时建有125个教材中心,为德语教师提供教材信息和服务[①],为德语学习者创建广阔的教学资源共享空间。2017—2018年,共有120万人访问世界各地的歌德学院图书馆;2018—2019年,访问人数上升至140万人。然而,受到新冠疫情的影响,2020年访问人数下降到了37万人。

(2) "移动图书馆巴士"项目

歌德学院在德国外交部的资助下实施"移动图书馆巴士"项目。2013—2014年,图书馆巴士行驶路程9438公里,约有8500名儿童受益。2016—2017年,图书馆巴士行驶14000公里,在土耳其、黎巴嫩、约旦河西岸及埃及尼罗河三角洲沿线设置35处流动图书馆,吸引了1.9万名儿童。2017年初,图书馆巴士开始在黎巴嫩行驶,车上载有2500本书和游戏材料,帮助当地难民儿童提高了识字率。

(3) 数字图书馆建设

歌德学院在线图书馆网站Onleihe[②]提供数字教材、报纸和杂志,以及视听材料。自2016年以来,注册Mein Goethe.de账号即可使用歌德学院Onleihe的数字图书馆服务。截至目前,数字图书馆访问者可免费下载2.3万本德语数字图书、有声读物、德语学习材料、杂志和报纸等在线资源。

3. 资助优质图书的多语种翻译,扩大图书资源影响力

2018—2019年,歌德学院资助237本图书翻译成44种语言;2019—2020年,资助331本图书翻译成39种语言;2020—2021年,资助320本图书翻译成39种语

---

① 刘晶晶.世界主要语言传播机构办学状况比较研究[M].长春:长春出版社,2021:100-101.
② 网址:https://www.onleihe.de/goethe-institut/frontend/welcome,0-0-0-101-0-0-0-0-0-0.html。

言。歌德学院通过对优秀图书的多语种翻译，扩大了资源的国际影响力。此外，歌德学院还通过举办文化艺术活动、参加图书展会等方式推广图书资源。如"最美的书，来了！"活动是德国图书艺术基金会将选出的"最美德国图书"进行巡回展览。2020年，歌德学院将这些获奖作品以"快闪展览"的形式在中国不同城市巡回展出，扩大了德语书籍在中国的影响力。

4. 借助网络社交平台进行德语传播

歌德学院还利用短视频社交平台如 TikTok、YouTube、Facebook、Twitter 和 Instagram 等进行德语推广。截至 2020 年，歌德学院在 20 个目标群体的特定社交媒体平台上拥有约 350 个频道。Facebook 和 Twitter 的粉丝量达到 500 万；Instagram 上的关注者人数达到 40 万，数量在最近两年内翻了一倍；在 YouTube 频道拥有超过 23 万名订阅者，视频观看次数超过 360 万次；在 TikTok 短视频平台拥有 4.2 万名关注者，视频观看总数达 400 万次。

四、发展启示

（一）构建多层次、多功能的教学资源体系，发挥多种媒介的辅助作用

歌德学院的德语教学资源体系较为完备，实现了纸质资源、音频资源、视频资源及其他教学工具等多媒介教学资源的深度融合。如在德语教材的基础上，配备教师手册、学生测试手册、语法练习材料、词汇学习手册等纸质材料，以及数字教学包、玩偶、游戏工具等，这些多层次、多功能的配套资源可对教学起到良好的辅助作用。

（二）重视职业人群的个性化需求，加强专业类教学资源研发

近年来，随着职业人群的专业语言学习需求逐渐增多，语言学习已从"知识教育"向"能力应用"转变，教学资源的发展需适应语言教育市场的变化趋势，重视面向职业人群的专业类教学资源的开发，从而使语言教学资源更好地为专业教学提供服务与指引。歌德学院每年为大约 1540 万名德语学习者提供服务，其中以职业发

展和专业学习为目标的德语学习者占一定比例,如与 Erich Schmidt Verlag 集团合作出版的《市场》杂志、与 Verlag Fraus 合作研发的《商务沟通》"职业交流"系列教材、独立研发的"职场德语"在线课程等均具有较强的专业性和职业导向性,紧紧围绕职业人群的实际需求,为学习者提供专业领域的实践参考。

(三)融入社会服务理念,关注特殊服务对象

将社会服务理念融入教学资源建设中,能够更好地发挥语言教育在社会服务中的介质作用,提升语言教育的广度和深度。歌德学院关注本国境内移民的语言融入状况,研发出版适应移民融入需求的纸质教材,创建"我的德国之路"移民服务网站,为移民提供 A1 至 B2 级的德语练习、视频和有关在德国生活的在线教育与咨询服务,帮助难民更快地适应在德国生活和学习的新环境,其教学资源建设具有明显的社会服务性。此外,歌德学院还通过海外分支机构关注难民、女性及儿童和青少年等特殊群体的语言教育,研发出版适应这些特殊服务对象的教学资源。

(四)加快数字化转型,开辟数字化发展新路径

歌德学院通过开发线上课程、搭建网络学习平台、研发 APP 应用程序、创建数字图书馆等多种路径研发数字资源,充分利用 Facebook、Twitter、TikTok、Instagram 等网络社交平台扩大机构影响力。2020 年,歌德学院在线课程人数达 7 万人,注册人数比前一年增加约 500%;在社交平台拥有约 350 个频道,歌德学院数字图书馆借阅量达 38 万,其网站年访问人数达 53.4 亿。

作者:刘晶晶,天津师范大学,曾任职于黎巴嫩圣约瑟夫大学孔子学院;
关英明,天津师范大学

第三节　日本国际交流基金会教学资源发展与启示[①]

日本国际交流基金会（The Japan Foundation）[②]成立于1972年10月，是日本在世界各国和地区开展国际文化交流事业的专门机构。日本国际交流基金会总部位于东京，组织机构包括东京总部、京都支部、两个附属组织（日本国际交流基金会浦和国际中心、日本国际交流基金会关西国际中心），以及24个国家的25个海外事务所（含亚洲中心的两个联络处）。2022年4月，日本国际交流基金会全球伙伴中心（CGP）、中国中心和亚洲中心重组，CGP和中国中心开展的项目由全球伙伴关系部接管并实施。

日本国际交流基金会旨在通过加强各领域的沟通，促进世界各国人民与日本人民之间的相互理解和友好交流，主要涉及文化艺术交流、日语教育和日本研究三大领域。截至2019年底，全球日语教师人数接近8万，日语学习者人数超过385万。

一、政策与发展方向

日本政府于2019年6月颁布了《日语教育推进法》(《日本語教育推進法》)，该法律首次将日语教育问题法制化，针对本国劳动力不足的现状，提出需积极持续地引进和调控外国劳动力，并最大限度地为他们提供日语学习机会。

受全球疫情影响，在线日语教育成为目前日语教学的主要发展方向。2020年，

[①] 本节内容为2021年度国际中文教育研究课题"世界主要语言传播机构教学资源发展状况比较研究"（批准号：21YH26C）阶段性成果。
[②] 本部分数据和信息来自网站 https://www.jpf.go.jp/j/。

日本国际交流基金会理事长在报告中指出,未来将更加关注在线教育平台的建设,以满足不同类型日语学习者的需求。

二、研发与出版情况

日本国际交流基金会自1978年开始出版发行日语教学资源,目前已推广至56个国家和地区。其中,日本国内教材资源品类最全、数量最多,中国、泰国、印度尼西亚和越南等亚洲国家出版量也占较大比重。截至2022年初,共出版发行648种教学资源,包括纸质教材、配套音频、网站教材和视频教材。(图7-3-1)

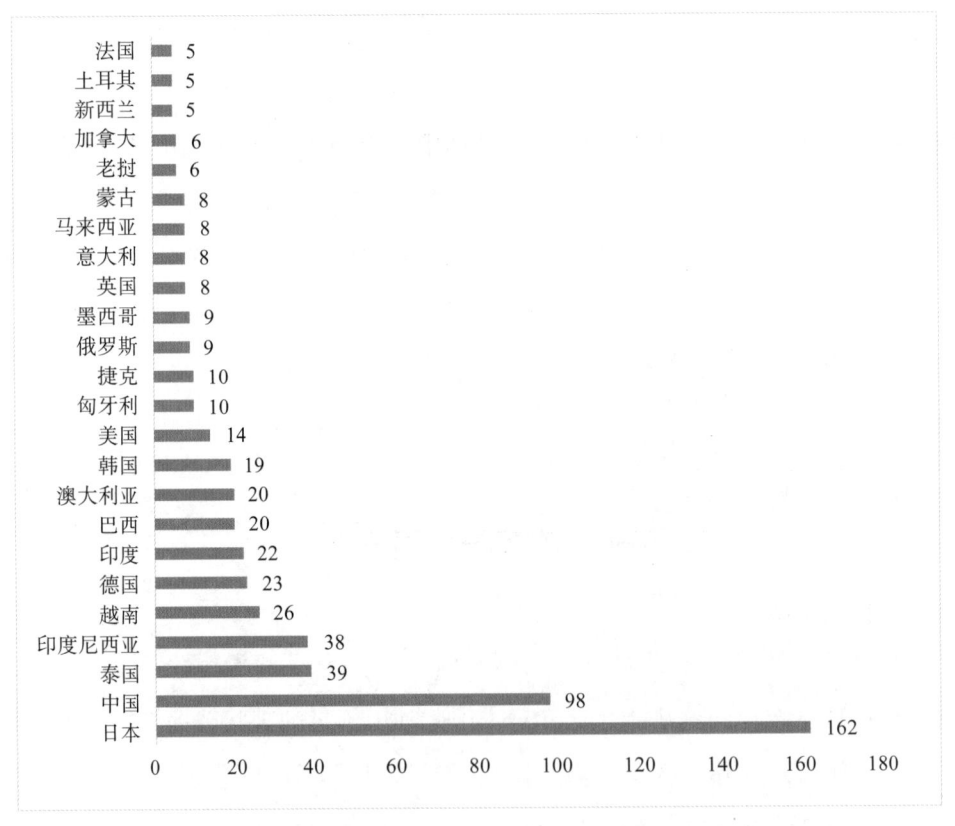

图 7-3-1　日本国际交流基金会教材资源国别分布(单位:种)[①]

---

① 5项以下教学资源未列入统计。

教学资源出版资金主要有三个来源，分别是日本国际交流基金会财团资助金、日语教材制作补助金和日本语教育奖学金。在已出版发行的648种教学资源中，日本国际交流基金会财团独立资助291种，日本教材制作补助金独立资助283种，日本语教育奖学金独立资助15种，另外还有日语教材制作补助金和日本语教育奖学金共同资助的59种。

（一）纸质教学资源建设情况

1. 标准类教学资源

日本国际交流基金会于2010年研发了《JF日语教育标准》(《JF日本語教育標準》)，作为考量日语教学方法、学习方法及评定学习成果的工具。该标准基于《欧洲语言共同参考框架》开发，提供了检验教师在教学过程中的日语口头沟通能力的方法，即"角色扮演考试"。通过交际语言能力与交际语言活动之间的关系来感知语言交际，这种关系被描述为"JF标准树"（图7-3-2）。2013年，日本国际交流基金会在2010年版本的基础上发行了第2版《JF日语教育标准》和《日语教育标准用户指南》(《日本語教育標準ユーザーガイド》)；2014年发行了《JF日语教育标准》第3版及《JF日语教育标准》宣传册；2015年，又将《JF日语教育标准》宣传册翻译成多种语言，并在"JF日语教育标准"网站上对角色扮演测试手册进行了修订。

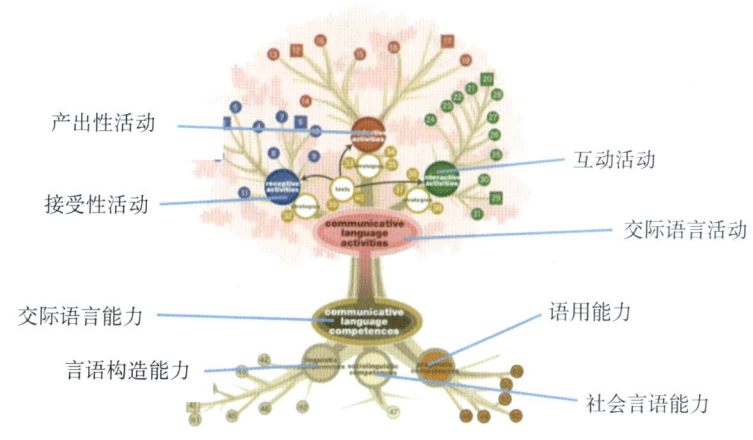

图7-3-2 《JF日语教育标准》架构[①]

《JF日语教育标准》将日语等级分成六个级别，即A1、A2、B1、B2、C1、

---

① 参见日本国际交流基金会《JF日语教育标准》（第2版）。

C2，作为制定日语教材难易程度的依据。其中，A1、A2 适合入门和初级水平学习者，B1、B2 适合中级水平学习者，C1、C2 适合高级水平学习者。（图 7-3-3）

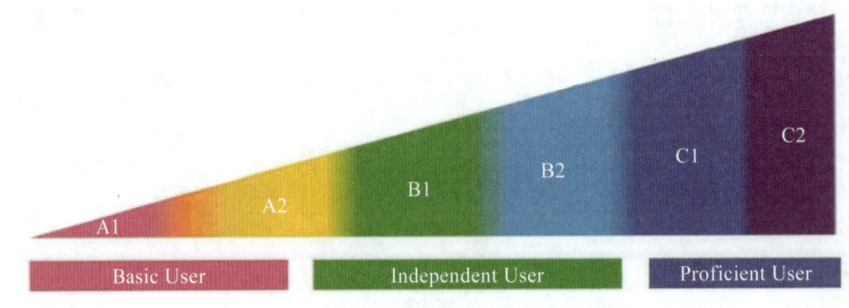

图 7-3-3《JF 日语教育标准》等级图[①]

2. 语言类教学资源

日本国际交流基金会在《JF 日语教育标准》的基础上，于 2013 年打造出一套面向成人的品牌教材《囫囵：日本语言与文化》(《丸ごと：日本の言語と文化》)。该系列可作为评估日语能力、划分学习等级、确定学习目标和评估方法的框架。教材囊括了语言教学和文化教学的内容，涵盖了广泛的交际场景，使用者能够从各个方面体验日本生活与文化。根据这一理念，国际交流基金会研发了首部教材《全日本语言和文化入门》，并以此为依据研发了相关系列教材。（表 7-3-1）

表 7-3-1 《囫囵》系列教材

名称	等级	出版年
《全日本语言和文化入门》(日本語と文化入門です)	A1（胜户、理开版）	2013
《全日本语言和文化初级2》(日本語と文化の初級2です)	A1（胜户篇、理开篇） A2（胜户篇、理开篇）	2014
《全日本语言和文化初级—中级》(日本語と文化の初級-中級です)	A2/B1	2015
《全日本语言和文化中级1》(日本語と文化の中級1です)	B1	2016
《全日本语言和文化中级2》(日本語と文化の中級2です)	B1	2017

日本国际交流基金会还出版了一些有较大影响力的纸质教学资源，如《彩色日语：生活中的日语》(《いろどり：生活の日本語》)、《面向儿童/学生的日语玩乐活动集》(《児童/生徒のための日本語わいわい活動集》)、《真实/原始教材》(创意

---

① 本部分数据根据《日本国际交流基金会年度报告（2017）》公开的相关数据分析统计后得出。

书)(《「レアリア／生教材」アイデア帖》)、《让我们做一本教科书》(《教科書を作ろう》)、《杨和日本人》(《ヤンさんと日本の人々》)、《杨和日本人·续》(《続·ヤンさんと日本の人々》)、《基础日语学习词典》(《基礎日本語学習辞典》)、《中级日语》(《日本語中級》)、《基础日语》(《日本語初歩》)、《日语会话简介》(《日本語会話入門》)、《日语汉字介绍》(《日本語漢字入門》)、《日语发音》(《日本語はつおん》)、《日语假名介绍》(《日本語かな入門》)等。

3. 考试类教学资源

1984 年，日本国际交流基金会推出日本语能力测试（简称 JLPT），这是面向非日语母语者的一套较为完整的考试评价体系。JLPT 根据难度差异分为 N1、N2、N3、N4、N5 共 5 个级别，其指定教材为《日本语能力测试官方试题集》(《日本語能力試験公式問題集》)、《新〈日本语能力测试〉指南》(概要版与例题版)〔《新しい「日本語能力試験」ガイドブック》(概要版と問題例集)〕等。截至 2020 年，考生人数累积达到 1272 万。

2019 年 4 月，日本国际交流基金会推出一项新的日语水平基础考试（JFT-Basic），以评估在日本就业的外国人的日语日常交流能力。2020 年，参加考试人数为 7582 人。

4. 其他教学资源

日本国际交流基金会重视开展日语教师培训工作。1992 年，出版师资研修教材《为外国教师的日语教学法》(《外国人教師のための日本語教授法》)，后来又将多年的教学法重新整理，制作了《国际交流基金日语教学法系列》(《国際交流基金日本語教授法シリーズ》)，该教学法系列教材共 14 册。

日本国际交流基金会在文化领域出版了《日本学习者的日本文化史》(《日本語学習者のための日本文化史》)；同时还有涉及职业方向的教材，如《科学与工程传播》(《科学と工学のコミュニケーション》)、《日本经济概论》(《日本経済概論》)、《科技基础术语》(《科学技術の基礎用語》)等。

（二）数字教学资源与平台建设情况

1. 日语在线课程

"日语在线课程"（日本語オンラインコース）是基于纸质教材《彩色日语：生活中的日语》(《いろどり：生活の日本語》)编制而成的在线课程。该课程以《JF 日

语教育标准》为依据划分等级，学习者多为持"特定技能"签证在日本工作的外国人，他们利用闲暇时间，通过在线课程中丰富的插图、音频和视频等素材，掌握日本生活场景中应具备的基本交际能力。截至目前，初级1、初级2已上线，入门课程于2022年10月开放。

"艾琳的挑战！我会说日语"（エリンが挑戦！日本語できます）是日本国际交流基金会推出的品牌在线课程，最初为语言类电视节目，取得良好的收视后制作了DVD音频教学资源，并在此教学资源中加入了关键词组的解释和练习。为了增加趣味性，又添加了猜谜和游戏等活动。学习者可免费注册，随时随地学习日语和日本文化知识。

"JF日本在线学习港口"（JFにほんごeラーニングみなと）的在线课堂[①]有两种形式，一种是使用具有互动功能的e-Learning在线资源开展自学的"自学课程"，另一种是提供网络教学、教师在线批改作业等服务的"教师讲学课程"。该课程依据《JF日语教育标准》分为A1至C2共6个等级，学习者可根据自身的日语能力水平，在"综合、读、写、听、说、语法、词汇、假名、汉字、文化和社会"中选择合适的课程类型、授课语言等，为自己量身定制在线日语课程。

2. 日语学习网站

"大家的教材"是面向日语教师的会员制网站[②]，日语教师可在网站上查找教学材料和对课堂教学有用的各类教学资源。"日语真好"为实用型日语学习网站[③]，可加深学习者对日本文化的理解。"'囫囵'在线学习网站"（"丸ごと飲み込みます"オンライン学習サイト）是基于《囫囵：日本语言和文化》教材开发的在线学习平台[④]，目的是帮助日语学习者自如地使用该系列纸质教材。目前该网站有英语、日语和印尼语三个版本。

"动漫日语"（アニメ日本語）是以"动漫"为主题的在线学习网站[⑤]，学习者可通过网站中提供的角色、场景、智力竞猜、汉字游戏等方式轻松愉快地学习日语。网站中除了提供原汁原味的日语动漫外，还帮助学习者掌握教科书和词典中没有的

---

① 网址：https://minato-jf.jp/Home/Index。
② 网址：http://minnanokyozai.jp。
③ 网址：http://nihongo-e-na.com。
④ 网址：http://marugoto.org/en/index.html。
⑤ 网址：http://anime-manga.jp。

日语表达方式，了解动漫人物及各类主题的多种日语表达方式，学习者还可根据兴趣选择不同的角色，在不同的场景中自然恰当地进行日语交流。

"护理日语指南"由日本国际交流基金会关西日语研究所创建[①]，该网站是一个多语言（日语、英语和印尼语）的词汇数据库，主要面向在日本从事护理工作的日语学习者。

3. 日语社交平台

在"JF日本在线学习港口"中，社交平台部分被称为"港口"（みなと），这是日本国际交流基金会推出的日语在线社交平台，已成为世界各地日语学习者自由互动的互联网社区。"港口"平台为日语学习者提供各类可供学习的主题，如日本漫画、日本电视剧、日本料理、日本观光景点、日本传统文化、日语学习方法等。学习者可选择自己感兴趣的社区，也可自发创建社区，寻找志同道合的日语学习者进行交流互动。

4. 日语电视节目

日本国际交流基金会财团和NHK教育公司合作制作了《激活你的日语》（《ひきだすにほんご》）电视节目，为在日本生活和工作的外国公民，以及希望了解日本生活的日语学习者介绍日本的文化和语言。2022年2月开始在"NHK WORLD—JAPAN"上播出，之后在日本国内外的课堂及其他国家的多个电视频道和视频网站上陆续播出。

5. 应用程序（APP）

日本国际交流基金会研发了"平假名图像记忆法"和"片假名图像记忆法"等日语学习APP（表7-3-2），供学习者免费下载。这些应用程序已研发出英语、印尼语和泰语等多个版本，年下载量约9万次左右。

表7-3-2　日语学习APP一览

APP名称	语种	内容简介
ひらがなイメージ記憶法 （平假名图像记忆法）	英语 印尼语 泰语	以插图联想记忆的方式轻松学习平假名，并以问答形式检测掌握程度。推荐日语入门级和对日语文字感兴趣的学习者使用

[①] 网址：http://nihongodecarenavi.jp。

续表

APP 名称	语种	内容简介
漢字イメージ記憶法 1、2、3（汉字图像记忆法 1、2、3）	英语	以插图联想记忆的方式轻松学习汉字，并通过游戏检测掌握程度。推荐日语初级学员使用
ひらがなイメージ記憶法（片假名图像记忆法）	英语 印尼语 泰语	以插图联想记忆的方式轻松学习片假名，并以问答形式检测掌握程度。推荐日语入门级和对日语文字感兴趣的学习者使用
エリンと挑戦！にほんごテスト（艾琳的挑战！日语测试）	/	通过卡片游戏和漫画、解答谜题等方式来愉快地学习日语。该 APP 可以检查学习者对基本单词和表达的掌握程度，适用人群为入门或者初级前期的日语学习者

三、推广情况

（一）教学资源推广主体

教学资源推广由日本政府主导，受到日本国际交流基金会财团、日语教材制作补助金及日本语教育奖学金的资金支持，由各种研究机构及民间团体共同参与和实施，并与海外国家或地方政府、教育机构开展合作。日本国际交流基金会浦和国际中心负责部分教材编写工作，管理"'圆圆'在线学习"网站和"大家的教材"网站。

（二）教学资源推广方式

1. 携手"樱花网络"，扩大合作范围

"樱花网络"是日本语言文化传播的全球合作联盟，始创于 2008 年，旨在将日语发扬光大，提高海外日语教育水平，其成员包括日本国际交流基金会海外事务所，各国日语学习中心，各级、各类日语学校及日语教师联盟等。截至 2020 年 3 月，"樱花网络"遍布 93 个国家和地区，成员总数达 292 个。日本国际交流基金会与"樱花网络"携手合作，为日语教学资源的推广提供资金和多方援助，如购买教材、举办演讲比赛和论坛等。

2. 重视教材研讨，扩大日语教学资源的影响力

为扩大《JF 日语教育标准》与《圆圆》系列教材等教学资源的影响力，日本国

际交流基金会在国内外积极举办各类专题研讨会和培训会，参加海外举办的各类国际书展。此外，日本国际交流基金会将人文、社会科学及艺术领域的优秀日语图书翻译成外语，为其提供部分出版经费。

3. 加大人才投入，派遣日语专家指导当地日语教材建设

日本国际交流基金会派遣日语专家，与多个国家和地区的日语教育机构、教师在课程和教学资源研发方面开展合作，确保课程建设的有效性和针对性[①]，为当地日语教师提供培训，在编写教材和改进日语教学方法等方面提供建议。如派遣日语教育专家到越南，与该国政府和教育机构合作研发日语教材，并在政府支持下进行教材推广。截至2017年，使用越南教育部指定日语教材的中学数量达到70所，其中初中42所、高中28所。

四、发展启示

（一）立足语言教育标准，打造品牌教材

日本国际交流基金会立足于《JF日语教育标准》，研发和推广适应多种日语学习需求的品牌教学资源，如《刚刚》《全日本语言和文化初级2》《全日本语言和文化中级1》《全日本语言和文化中级2》等，并积极进行海外推广。目前，《刚刚》系列教材已被广泛应用于墨西哥日本教育学院的初高中课堂，充分满足了学习者的日语学习需求。2019年，"动漫日语"网站在12个月内的访问量约为95万次；2020年，该网站访问量约为115万次。[②] 近年来，国际中文教育事业蓬勃发展，中外语言交流合作中心、国家语委于2021年发布并实施了《国际中文教育中文水平等级标准》，该标准成为国际中文教育教学资源发展的重要参照，使中文教学资源的研发质量不断提高，今后必将据此打造一批适合海内外中文学习者的品牌教材。

---

① 刘晶晶，关英明.国际语言传播机构助力提升本国国际传播能力：价值意蕴和实践进路[J].云南师范大学学报（对外汉语教学与研究版），2022，20（4）：17-25.
② 参见《日本国际交流基金会年度报告（2019—2020）》第28页和《日本国际交流基金会年度报告（2020—2021）》第24页。

（二）紧扣文化特色，凸显本国优势

日本动漫文化起源于1917年，至今已有100余年的历史。日本动画协会发布的《动漫产业报告2021》数据显示，截至2020年，日本共有811家公司从事动漫及相关产业，市场规模达到1257亿元，日本动漫产业的发展已然相当成熟。借助动漫这一优势文化产业，日本国际交流基金会把日语教学资源与动漫文化有机结合，开发了"动漫日语"学习网站，以动漫作品中的经典台词为依据进行制作，学习者可以在该网站学到教材及词典中没有的自然生动的日语。"中文教学资源是'讲好中国故事，传播好中国声音，展示真实、立体、全面中国形象'的重要途径。"[①] 因此，中文教学资源建设应注重彰显中国文化特色，在中文教学资源发展中立足于体现文化自信，突出中国悠久的文化优势，并努力实现中国文化与世界文化的联系与对接，以中文教学资源为载体，不断加强中国与世界的对话、交流与合作。

（三）关注重点国家和地区，凸显国别和区域倾向性

日本国际交流基金会制定面向不同国家和地区的差异性发展策略，尤其关注亚洲地区教学资源的发展情况。2006年成立日本国际交流基金会中国中心，2014年又成立亚洲中心，积极同中国和其他亚洲国家开展文化交流活动，并为日语学习者提供支持和帮助。日本国际交流基金会重视面向亚洲国家的教学资源研发，其中中国、泰国、印度尼西亚和越南四个国家的日语教学资源出版数量占日本境外出版总数的40%，日语学习APP除英语版外，也开发出了泰语版和印尼语版。中国也应在"一带一路"建设背景下，以孔子学院为载体，重点关注周边友好国家的教学资源发展情况，重心明确，重点突出，使中文的"朋友圈"持续扩大。

（四）重视数字资源开发，加强"智能化"教学资源建设

受到新冠疫情的巨大冲击，近年来，日本国际交流基金会也加大了数字教学资源的研发力度，通过日语学习平台"JF日本在线学习港口"向世界各地的日语学习者提供在线教学服务。2020年，平台注册人数已遍及全球198个国家和地区，总人数达22.5万，比上一年增加了8万余人。[②] 配合《JF日语教育标准》出版的纸质教

[①] 马箭飞，梁宇，吴应辉，马佳楠.国际中文教育教学资源建设70年：成就与展望[J].天津师范大学学报（社会科学版），2021（6）：15-22.
[②] 参见《日本国际交流基金会年度报告（2020—2021）》第10页。

材《刚刚：日本语言与文化》以及在此基础上开发的"'刚刚'在线学习网站"，为学习者提供了极为丰富的在线学习资源，该网站浏览量比 2019 年增长 175%，既能有效缓解疫情危机，又可以大大提高教学资源的传播效率。中国也在本次疫情中进行了反思，总结了经验，认识到了提高国际中文教育"智能化"水平势在必行，应建立数字化教学资源和数据标准，开拓新型的在线教学模式。

作者：周媛媛，沈阳师范大学，曾任职于韩国东山高中

第四节　英国文化委员会教学资源发展与启示①

英国文化委员会（British Council）成立于1934年，是促进英国与他国文化交流、为英语学习者创造教育机会的语言文化传播机构，总部位于伦敦。1938年，英国文化委员会开设第一个海外办事处，目前已在全球116个国家和地区建立了178个办事处和223个考试中心，员工数量超过1万人。英国文化委员会的业务范围涉及英语教育、艺术文化、职业技能等领域，每年在60多个国家和地区开展英语教育，为英语学习者和教师提供各类纸质教材和数字资源，受众人数达7.45亿。英国文化委员会运营资金的14.5%来源于英国政府补助金，其余部分来源于合作伙伴，以及英国文化委员会语言部门的经营收入。

一、政策与发展方向

（一）致力于建立和加强国际高等教育伙伴关系

英国文化委员会是英国在海外发展伙伴关系、提高英国影响力和声誉的重要机构之一，凭借英国高等教育的国际地位和良好声誉，它与世界各国高等院校、政府机构、非政府组织、私人组织等建立高等教育伙伴关系，以此来推动联合国可持续发展目标的实现。英国外交、联邦和发展办公室相关负责人指出，对教育伙伴关系的投资可以真正造福于所有人未来的可持续发展，并有助于建立更强大的经济和社会，提高人们的生活水平。与提供其他形式的国际援助相比，国际高等教育项目具

---

① 本节内容为2021年度国际中文教育研究课题"世界主要语言传播机构教学资源发展状况比较研究"（批准号：21YH26C）阶段性成果。

有更大的附加值。① 近年来，英国文化委员会实施"高等教育创新与改革战略伙伴关系"（Strategic Partnerships for Higher Education Innovation and Reform）项目，旨在提高重点国家的高等教育，以更好地满足学生、雇主和社会的需求；建立"高等教育和可持续发展目标网络"（Higher Education and the SDGs② Network），旨在通过分享知识和经验，发现潜在的合作伙伴，分享高等院校通过何种方式参与实现可持续发展目标等。

（二）重视英国文化软实力建设与全球形象认知

英国文化委员会关注英国软实力的发展建设，开展了一系列关于英国软实力的来源、发展优势以及软实力与文化关系的调查研究，先后推出了《软实力的来源：观念如何决定国家的成功》（The Sources of Soft Power: How Perceptions Determine the Success of Nations）、《2020英国文化委员会软实力认知研究》（The 2020 British Council Soft Power Perceptions Research）、《全球英国：英国软实力优势》（Global Britain: the UK's Soft Power Advantage）、《英国文化委员会全球认知调查（2021）》（British Council's Global Perceptions Survey 2021）等政策报告，揭示了不同国家和地区民众对待英国的态度及对于英国国家形象的认知，阐述了英国文化吸引力状况和英国与其他重点国家相比亟待提高的领域，以及英国在制定新发展道路时可能面临的风险。

（三）支持英国文化创意产业发展

英国文化委员会鼓励和支持全球文化创意产业发展，推动文化创意产业领域实施改革，以发挥其在地区和全球范围内的潜力。在英国文化委员会的召集下，英国创意产业政策和证据中心（UK's Creative Industries Policy and Evidence Centre's，简称PEC）国际咨询委员会（International Advisory Council，简称IAC）制定了《文化创意产业全球议程：11项关键行动》（A Global Agenda for the Cultural and Creative Industries: 11 Key Actions），建议政策制定者在教育和技能方面优先考虑艺术和科学技术，呼吁增加对数字经济的投资，为世界各国政府和政策制定者应对疫情危机提供相应举措。

---

① 本部分数据为英国文化委员会网站的公开数据，参见 https://www.britishcouncil.org/research-policy-insight/insight-articles/international-higher-education-partnerships-are-driving-progress-towards-sustainable-development。
② SDGs 是 Sustainable Development Goals 的缩写。

（四）关注年轻人的发展

英国文化委员会始终将"为年轻人创造国际机会和联系"作为五大发展战略之一，关注对"下一代"的研究，了解年轻人对教育、就业、生活方式及对国家的希望和担忧，倾听年轻人的声音，重视推进全球化视野下的"世界公民"教育。2006 年，英国财政部、国际发展部发布政策文件《世界教室：发展教育中的全球伙伴关系》（The World Classroom: Developing Global Partnerships in Education），旨在为全球范围内的学习者建立联系。[①] 截至 2020 年 3 月，英国文化委员会通过"Erasmus+"和"连接课堂"项目，为学校教育者、教师等各级教育的专业人士和参与者创造专业发展机会和国际合作交流途径，努力提升英国在专业知识和创新方面的国际声誉。

二、研发与出版情况

英国是世界出版强国，其出版业是整个英国创意产业中最大的子产业，英国文化委员会与英国出版商协会（The UK's Publishers Association）、苏格兰出版商协会（Publishing Scotland）协作，共同促进英国图书贸易发展，积极开拓英国出版业的海外市场。（表 7-4-1）

表 7-4-1　2017—2021 年英国出版商图书销售情况（单位：亿英镑）[②]

年份	2017	2018	2019	2020	2021
总销售额	61.59	60.52	63	64	67
纸质出版物销售额	36.15	34.23	35	34	35
数字出版物销售额	25.44	26.30	28	30	32
国内图书销售额	24.34	23.50	24	25	27
出口图书销售额	35.30	35.41	37	37	38

英国出版销售的图书主要分为三大类别，即大众类、教育类和学术类图书，这

[①] 赵婷，刘宝存. 英国全球素养教育的"自我—他者"关系探究 [J]. 外国教育研究，2021，48（3）：3-20.
[②] 本部分数据为英国出版商协会官方网站的公开数据，参见 https://www.publishers.org.uk/.

三大类图书均包含纸质版和数字版,但销售额却大相径庭。(图 7-4-1)

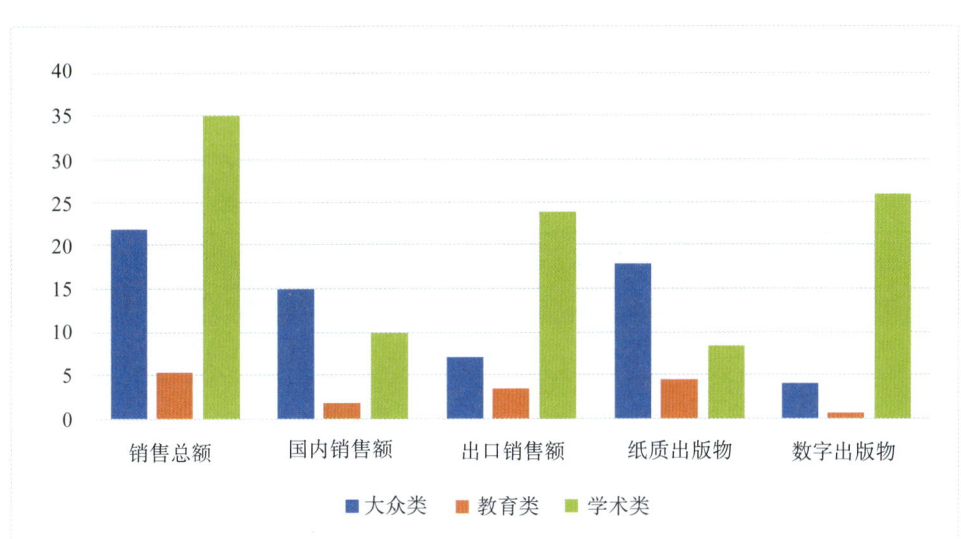

图 7-4-1　2021 年英国出版商三大类出版物销售情况(单位:亿英镑)

《2021 年英国出版业报告》(*Publishing in 2021*)显示,学术类图书销售总额最高,达 35 亿英镑,其中纸质图书为 8.62 亿英镑、数字出版物为 26 亿英镑;大众类图书销售总额为 22 亿英镑,其中纸质图书为 18 亿英镑、数字出版物为 4.16 亿英镑;教育类图书销售总额最低,为 5.52 亿英镑,其中纸质图书销售额为 4.67 亿英镑,数字出版物仅为 0.85 亿英镑。在三类图书中,大众类图书在英国本土销售额远超出口销售额,而教育类、学术类图书出口销售额则高于英国国内,其中学术类图书出口销售额高达 24 亿英镑。

(一)纸质教学资源建设情况

1. 语言类教学资源

英国文化委员会为小学、中学、成人英语教学提供适配性的教学材料,有超过 400 个完整的课程资源可供选择。面向 5—12 岁小学阶段的英语教学,提供 L1、L2、L3[①]由低到高三个级别的语言课程计划、活动方案、故事与诗歌、英文歌曲,以及有助于吸引低龄学习者的奖励图表、徽章和主题海报等;面向青少年学习者的

---

① L1 级别适合于能够理解和使用一些单词和短语,还能理解简单的故事、歌曲和文本的孩子;L2 级别适合于能够在常见主题和情况下理解和使用单词和句子,并且可以理解和掌握更复杂的故事和文本的孩子;L3 适合于能够理解和使用各种语言的孩子,他们可以理解各种复杂的故事和文本,包括针对母语儿童的故事和文本。

英语教学，提供从 A2 到 C1 四个级别的课程计划、活动方案、故事与诗歌、英国历史与文学学习材料，以及有助于提高学生写作、阅读、听力、发音等语言技能的多种教学工具；面向成人或商科学生的英语教学，提供从 A1 到 C1 五个级别的课程计划，以及从 A2 到 C1 四个级别的活动方案及商务英语课程。（表 7-4-2）[①]

表 7-4-2　面向不同学习者群体的语言类教学资源

课程教学材料	小学 （5—12 岁）	中学 （青少年）	成人 / 商科学生
课堂教案	L1、L2、L3	A2、B1、B2、C1	A1、A2、B1、B2、C1
配套作业	L1、L2、L3	A1、A2、B1、B2、C1	A2、B1、B2、C1
故事与诗歌	主题式	主题式	-
英文歌曲	√	-	-
教学工具	奖励图表、徽章和海报	徽章、海报、音素图、词汇卡等	-
英国历史与文学	-	√	-
商务英语	-	-	√

2. 考试类教学资源

英国文化委员会在世界各地设有 223 个考试中心，负责承办雅思（IELTS）考试、普思考试（Aptis）和剑桥英语教学资格证书 TKT、英语语言教师文凭 Delta、英语语言教师证书 CELTA 等，也代理一些专业类及中学、大学和教育机构举办的各类学术和职业科目考试。2020 年，英国文化委员会组织参加英语考试的总人数达 400 万；2021 年，组织 140 万人次参加雅思考试，68 万人次参加学校考试，以及 55.7 万人次参加专业考试。为满足中国本土雅思考生的应试需求，英国文化委员会组织研发《雅思考试官方指南》(*IELTS Official Guide*)。该书由雅思考试考官、培训专家共同编写，内容包括备考攻略、模拟试题、答案解析和录音材料等。

3. 教师教学类资源

英国文化委员会提供各种面向教师、培训师和其他 ELT（English Language Teaching）专业研究人员的教学资源，为英语教师解决语言教学中存在的实际问题。

[①] 参见 https://www.teachingenglish.org.uk/resources。

教师教学资源包括主题式资源手册、案例研究报告、ELT 经典教材、ELT 研究奖励成果及 ELT 硕士论文等。这些教学资源聚焦英语教师的教学实践，解决教学中出现的实际问题，实用性和可操作性均很强。

以《远程教学技巧》(*Remote teaching tips*)、《成功教学自学指南》(*Teaching for Success self-study guides*) 为例。英国文化委员会研发《远程教学技巧》，以解决信息化时代英语教师远程教育过程中存在的新问题，涵盖 17 个主题和 1 个重要提示，包括线上教学入门、确保学习者在线安全、在线直播教学的课程方案、在线课程发言机会的最大化、保持学生参与远程教学的学习动机，以及使用 Facebook Messenger 应用、电视或 YouTube、短信、电话等开展远程英语授课等内容。《成功教学自学指南》是一套面向英语教师的自学指南，共包括 12 本教师自学指南和 1 本教师协会和教育工作者指南。[①] 每本指南对标教师持续专业发展（Continuing Professional Development）框架的 12 项专业实践（Professional Practices）（表 7-4-3），通过简短的案例研究和专业活动设计，使英语教师找到有效的方法来提高教学技能，探究职业发展路径，以便更好地开展英语教学活动。

表 7-4-3　英国文化委员会教师持续发展框架

序号	专业实践	序号	专业实践
1	规划课与课程 (Planning lessons and courses)	7	整合 ICT [②] (Integrating ICT)
2	了解学习者 (Understanding learners)	8	承担职业发展责任 (Taking responsibility for professional development)
3	管理课程 (Managing the lesson)	9	使用有包容性的实践 (Using inclusive practices)
4	了解主题 (Knowing the subject)	10	提升 21 世纪的技能 (Promoting 21st century skills)
5	管理资源 (Managing resources)	11	使用多语言的方法 (Using multilingual approaches)

---

① 参见 https://www.teachingenglish.org.uk/article/teaching-success-self-study-guides。
② ICT，即 Information and Communications Technology，指信息与通信技术。

续表

序号	专业实践	序号	专业实践
6	评估学习 （Assessing learning）	12	了解教育政策和实践 （Understanding educational policies and practice）

（二）数字教学资源与平台建设情况

英国文化委员会通过网络平台、慕课、广播、应用程序等为全世界的英语学习者提供数字艺术、教育、英语教学与考试等数字资源。2016年，创建全球网络和数字中心，加大研发力度，定制数字化教学产品，使学习者的选择更加灵活多元。2019—2020年，英国文化委员会暂时关闭了47个国家和地区的43个线下教学业务，并在44个国家和地区启动了线上教学。

1. 在线课程

英国文化委员会与英国知名慕课平台 FutureLearn 合作，通过 English Online 平台开发在线英语课程。2016—2017年，参与慕课和在线英语课程的人数为3620万，2017—2018年达到4220万，2018—2019年增加至4570万，2019—2020年数字媒体和线上学习者总人数达到4880万。

英国文化委员会的在线英语课程有"在线直播课程"（Live Online Classes）、"在线自学课程"（Self-Study Online Courses）、"个人在线辅导课程"（Personal Online Tutoring）、"在线雅思课程"（IELTS Online Courses）等多种类型。其中，"在线直播课程"包括职场英语和日常英语两大系列，适合具有中级以上英语预科水平的学生；"在线自学课程"是会员制在线订阅课程（LearnEnglish Subscription），包括职场英语、日常英语、"英语+"三大类（表7-4-4）；"个人在线辅导课程"是一项全时段、预约式的一对一课程，课程时间为30分钟/次，任课教师多来自银行、市场营销、人力资源等各个专业领域；"在线雅思课程"包括专项课程和个性化辅导课程两类，课程内容可聚焦口语、写作、阅读、听力等专项技能，也可进行多种技能的组合学习，学习者每节课后会得到教师关于课堂表现的详细反馈和课程学习的进度监测。此外，英国文化委员会还推出了名为"认识雅思"的免费试用在线课程，学习者可在规定时间内免费学习四门课程，在课程中了解雅思考试的内容，获得分步指导练习和考试技巧，并于课程结束时获得数字学习证书。

表 7-4-4　英国文化委员会在线自学课程分类

课程类别	学习主题	适用等级	学时	呈现形式
职场英语 （LearnEnglish for the Workplace）	商务、演讲、网络	CEFR A1-C1	25 小时 / 级	视频和音频
日常英语 （LearnEnglish Lessons）	词汇、语法、阅读和听力技巧	CEFR A1-C1	45 分钟 / 次	视频和阅读
"英语+" （LearnEnglish Plus）	写作、准确性、风格	CEFR B1-C1	约 6 小时 （共 10 次）	电子邮件的设计与写作

英国文化委员会的在线课程为学习者提供了自主化、个性化的学习模式，学习者可自主选择课程主题和上课时间，设定个性化的学习目标，也可自由创建课程，课程进度依据个人学习进度来安排。在"个人在线辅导课程"中，学习者也可自主选择辅导教师，并根据自己的英语水平或辅导教师的专业建议制订学习计划。同时，在线课程的学习过程还具有高度互动性，并能实现学习进度的跟踪与实时反馈。在"在线自学课程"中，学习者可在教师提供的虚拟交流空间中，依据月度学习指南要求参与实时在线活动，与其他学习者共同进行语言学习和交流。在"个人在线辅导课程"中，学习者在每次课程结束后都能获得关于课堂表现的详细反馈。

2. 数字化网络教学平台

英国文化委员会面向成人、儿童、青少年和英语教师，创建在线教学平台 LearnEnglish[1]、LearnEnglish Kids[2]、LearnEnglish Teens[3] 和 TeachingEnglish[4] 等，以及针对雅思考试的 TakeIELTS.org 平台[5] 和与足球有关的英语教学平台 Premier Skills English[6]。2019—2020 年，英语数字平台使用者总数为 9600 万，2020—2021 年达 1.1 亿。为加强与俄罗斯及其邻国年轻人的长期联系，2017 年英国文化委员会创建新的在线平台，与 Nowness、Barbican、Nesta、Enterprise Nation 和 Innovate UK 等 20 多个英国合作伙伴一起，共同为该地区年轻人的教育、文化和就业提供支持，帮助他们实现创业和提升英语语言技能的理想。

---

[1] 网址：https://learnenglish.britishcouncil.org。
[2] 网址：https://learnenglishkids.britishcouncil.org。
[3] 网址：https://learnenglishteens.britishcouncil.org。
[4] 网址：https://www.teachingenglish.org.uk。
[5] 网址：https://takeielts.britishcouncil.org。
[6] 网址：https://premierskillsenglish.britishcouncil.org。

英国文化委员会创建英语学习平台 LearnEnglish，为成人普通学习者开设阅读、写作等语言技能和英语语法、词汇等多种内容和形式的在线课程资源，为商务人士提供"企业培训与评估""商业杂志""电子邮件英语"等五大类在线学习资源。同时，为学习者提供关于词汇和语法的网络研讨会，并在 Facebook 和 YouTube 上组织在线社区活动。英国文化委员会专门为儿童创建了英语学习平台 LearnEnglish Kids，提供免费的在线游戏、歌曲、故事和练习活动等，并为儿童家长提供儿童学习英语的专家建议及家长英语课程，协助家长指导儿童学习英语。LearnEnglish Teens 是英国文化委员会为世界各地青少年创建的免费英语互动学习平台，学习者可通过阅读、写作和听力练习掌握英语考试技巧，通过游戏和视频的学习提高自己的英语水平。TeachingEnglish 是英国文化委员会为世界各地的英语教师和英语教育工作者创建的英语教学资源平台，该平台提供教师持续专业发展框架，列出英语教师专业发展的 12 项专业实践及其要求并进行解读。此外，还组织英语教师参加英语教学专家网络研讨会，提供针对不同教学对象的英语教学资源、教师培训课程，以及教学手册、教学案例、论文等出版物。

英国文化委员会建有专门针对雅思考试的 TakeIELTS.org 学习服务平台，为雅思考生提供有关雅思考试的说明、考试建议、雅思成绩查询方式及雅思考试组织机构等信息，为指导学生参加雅思考试的教师提供考官身份认定、雅思考试类教学资源、雅思考试信息等，并定期组织免费的教师网络研讨会。此外，该平台还针对雅思考试合作事宜，提出合作伙伴支持措施并介绍以往的成功案例。英国文化委员会还与英格兰足球超级联赛建立合作伙伴关系，创建了一个与足球有关的英语教学资源平台 Premier Skills English，开设以足球为主题的课程，并提供有关足球的语言学习材料，帮助英语教师和学习者了解足球相关知识。

3. 应用程序（APP）

英国文化委员会的应用程序大多关注学习者语言技能的提升和语言要素的掌握，代表性应用程序有"约翰尼语法词汇挑战"（Johnny Grammar's Word Challenge）、"英语语法学习"（LearnEnglish Grammar）和"与蒂米的学习时光"（Learning Time with Timmy）等。这些应用程序大多以视频方式呈现动态视觉效果，打造"学习+游戏"结合的模式，旨在提高学习者的英语表达技巧和记忆能力，帮助学习者增强认知与理解。以"约翰尼语法词汇挑战"为例，这是一款以游戏方式进行学习的移动应用程序，用于测试学习者在日常英语学习中对常用词汇、语法的掌握情况，学习者可以在轻松有趣的游戏环节中完成所有测验，最终得到错误答案的反馈和改进方法，从而提高词汇、语法的准确性。

英国文化委员会开发的应用程序能够提供多语种的支持版本，具有层级性和主题化特点。"约翰尼语法词汇挑战"APP共有"食物和餐馆""旅行""爱好"等10个主题，包含高、中、低三个级别的词汇测试游戏。"英语语法学习"APP包括西班牙语、日语等多个版本，面向零起点、初级、中级、高级4种不同水平的英语学习者，内容涵盖12个语法主题，每个主题通过文本、图像和音频等方式呈现出20个语法活动。

应用程序还实现了英语教育与本国创意产业的优势互补，使线上与线下有机融合。"与蒂米的学习时光"是英国文化委员会与英国阿德曼动画公司合作开发的面向3—6岁儿童的英语学习应用程序。该程序将阿德曼公司旗下著名动画形象"小羊肖恩"和"蒂米"的角色相结合，实现了APP与纸质教材、电视节目、数字化游戏的"全媒体"融合。[①]新开发的版本还能够与 Timmy Time 电视剧人物和主题相对应，有助于激发儿童学习者的语言学习兴趣，增强其学习动力和信心。

4. 其他数字资源

英国文化委员会与英国广播公司合作开发了《街头文字》(Word on the Street)系列视频和广播节目，为世界各国英语学习者提供免费的英语学习机会。《街头文字》系列共30个主题，围绕英国的传统和历史文化，通过外景主持人Ashlie和Stephen精彩的带入式讲解，让观众全方位地感受英国当地的文化。在演播室内，Rob与观众们一起观看外景视频内容，提取语法知识点并总结归纳，在情境中学习英语，避免了英语语法学习的枯燥乏味。[②]

英国文化委员会实施广泛的英语学习广播项目，并于2012年开始在中国推广。英语学习的广播资源有：与北京人民广播电台合作的英语节目《英语万花筒》、与南京音乐广播电台合作的英语节目《环球乐飞扬》，以及"欧布拉航空公司"系列和"米德尔顿酒店"系列情景广播剧，等等。

---

① 刘晶晶.孔子学院与其他国际语言传播机构本土化发展比较研究[D].北京：中央民族大学，2021.
② 郝宁.浅析 Word on the Street 的归化与异化翻译策略[J].英语广场，2017（11）：44-46.

三、推广情况

（一）教学资源推广主体

英国文化委员会在英国外交、联邦和发展办公室支持下开展教学资源的推广，其分布于世界各地的图书馆是传播英语知识与英国文化的主要场所，为英语学习者提供了获取信息和知识的机会。进入21世纪后，世界信息技术飞速发展，万物互联程度不断提高，英国文化委员会及时调整发展战略，推进教学资源的数字化转型。2018—2019年，LearnEnglish、LearnEnglish Teens 和 LearnEnglish Kids 三个数字化学习平台的用户访问总数超过7300万，TeachingEnglish网站的访问人数也达到了1000万。2020—2021年，英国文化委员会的英语在线网络访问量显著增长，在线访问人数从前一年的9600万增至1.1亿，全部数字在线观众数量达1.95亿。

（二）教学资源推广方式

1. 拓展图书馆网络，加强数字图书馆建设

图书馆是国际语言传播机构最重要的教学资源推广空间[1]，每年流通的图书总量达870万册，向公众提供120万人次书目的查询服务[2]。英国文化委员会重视维护原有的图书馆网络，并积极设立新的图书馆。2015年，英国文化委员会图书馆网络拓展到偏远地区，针对孟加拉国90%的人口无法使用电脑、书籍或互联网的情况，与孟加拉国政府合作启动了一项图书馆计划，推进该国图书馆现代化建设的步伐，并帮助提高政府相关工作人员和图书馆工作人员的工作技能。2016—2017年，英国文化委员会与巴基斯坦建立数字合作伙伴关系，在巴基斯坦拉合尔和卡拉奇建设新的图书馆，使巴基斯坦人能够获取当代的英国新闻、出版物、电影和音乐等资源。此外，英国文化委员会还与比尔及梅琳达·盖茨基金会、孟加拉国政府合作，建立了30个示范图书馆和1个数字图书馆，并升级现有图书馆的技术设施，从而扩大了包括妇女、年轻人和微型企业家在内的数百万人的用户范围，并通过图书馆员加强教学资源的社区推广。[3]

---

[1] 刘晶晶. 孔子学院与其他国际语言传播机构本土化发展比较研究 [D]. 北京：中央民族大学，2021：128.
[2] 曹德明. 国外语言文化推广机构研究 [M]. 北京：时事出版社，2016：116.
[3] 本部分数据为根据《英国文化委员会年度发展报告（2016—2017年）》公开的相关数据分析统计得出，参见 https://www.britishcouncil.org/about-us/how-we-work/corporate-reports。

2. 实施项目合作，提供教学资源研发支持

支持教学资源研发和出版是英国文化委员会实施全方位国际教育支持的重要组成部分。如2019—2020年，英国文化委员会通过在线合作学校全球网络（PSGN）与2000多所学校的4.4万名教师和校长合作，为他们提供英语课程、在线教师培训和教学资源。此外，英国文化委员会在塞内加尔、科特迪瓦、尼日尔等9个国家实施"英语连接"（English Connects）教学合作项目，通过该项目提供教学资源，提高学校的英语教学质量，并与当地教育部门合作，帮助他们改善英语教学环境，促进非洲的法语和葡语国家开展英语教学。

3. 实施奖励机制，鼓励教学资源创新

英国文化委员会鼓励教学资源新产品的研发，并将其作为创造影响力的重要途径之一。2002年设立了一项英语语言教学创新奖，旨在鼓励英语语言教学新创意和新资源的开发。① 2014年，与英国阿德曼动画公司合作研发幼儿英语应用程序和英语慕课新产品，为低龄学习者提供更好的英语语言学习和评估资源，并助力加强英国艺术和文化的对外推广。

4. 积极参加国际书展，促进图书贸易

英国文化委员会积极参加大型国际书展，展示英国出版业的成就，同时在海外寻找合作伙伴，以进一步推动图书贸易。② 该机构积极开辟新合作领域，通过英语学习市场的扩大进一步开拓教学资源发展空间，如在中国大陆、中国台湾及越南、缅甸等地开办新的合作学校，为剑桥国际、培生和牛津大学出版社等出版机构在东亚、东南亚开辟了新市场。

5. 发挥网络社交媒体优势，构建在线英语学习社区

英国文化委员会在Facebook、YouTube、Instagram等社交媒体上提供面向儿童、青少年和成人的英语学习社区。2020—2021年，数字社交媒体访问者和学习者人数达到5100万，学生家长可以在"学习英语家长"Facebook页面找到支持孩子学习的方法，所提供的信息可帮助不同年龄和英语水平的学生。③

---

① 曹德明．国外语言文化推广机构研究[M]．北京：时事出版社，2016：107．
② 曹德明．国外语言文化推广机构研究[M]．北京：时事出版社，2016：117．
③ 参见 https://www.britishcouncil.org/english/learn-online/social-media．

四、发展启示

（一）因地制宜开展国际教育合作，拓宽教学资源传播路径

国际语言传播机构应立足于当地需求，采取适当措施，促进和加强与世界各个国家和地区的教育交流与合作，实现发展方式多元化、合作形式多样化、区域资源共享一体化，为教学资源的发展开辟新路。2014年以来，英国文化委员会与欧洲国家建立文化伙伴关系，参与了289个跨境文化项目，实现了跨国知识共享；他们还加强与海湾国家、非洲国家在体育领域的教育合作，使 Premier Skills English 平台覆盖了阿富汗、赞比亚等19个国家和地区；同时与阿富汗开展教育合作，在阿富汗13个省建立了15个英语教学资源中心，使阿富汗英语学习者和教师可以获得各类数字、广播和纸质英语教学资源。

（二）建立多领域融合机制，培育教学资源发展新优势

国际语言传播机构应积极培育教学资源发展新优势，遵循能力互补原则，整合多方优质资源，建立并完善融合机制，丰富融合形式，推进多产业、多领域融合发展。英国文化委员会依靠本国文化创意产业优势，为教学资源的研发与推广搭建合作平台，推动了教学资源的创新发展。如与英国阿德曼动画公司合作开发"与蒂米的学习时光"，创造性地将英国文化委员会70余年儿童英语教学的优势与阿德曼动画公司塑造的世界著名动画形象"小羊肖恩"结合起来，使之成为国际英语教育市场上的优质教学资源。在"与蒂米的学习时光"儿童版迅速推广后，英国文化委员会面向更广泛的受众群体，研发了"小学+""中学+"等多种版本。

（三）发挥相关行业的带动力，为教学资源发展营造良好的外部环境

在英国出版业发展的强劲推力作用下，英国文化委员会加大面向海外英语教育市场的教学资源研发力度，丰富教学资源类别，扩大教学资源影响力，为教学资源建设积蓄发展势能，营造出了良好的外部发展环境。英国是世界上最大的图书贸易国之一，出版业发展程度高，图书销售额巨大。尽管受到英国脱欧的影响和新冠疫情的限制，英国出版业仍保持平稳发展，图书销售总额整体呈增长态势。近年来，在三大类出版物中，教育类图书销售额偏低，且出现了一定程度的下滑，2021年销

售总额仅为 5.52 亿英镑，其中出口额约为国内销售额的 2 倍。由此可见，英国教育类图书尚有较大发展空间，且海外市场广阔，英国出版业的进一步发展可对教学资源建设起到有效的推动作用。

（四）实施数字化优先战略，构建全媒体教学资源发展格局

现代社会信息技术的发展改变了人们惯有的思维方式，信息化、数字化、智能化发展已被提升到前所未有的重要位置。随着国际语言传播机构数字化转型步伐的加快，全球语言教育市场对数字化教学资源也提出了更多、更新、更高的发展要求。鉴于此，英国文化委员会成立了英国数字化教学工作组，整合各国需求，协调全球英语数字化教学，积极与私营企业、公共和慈善部门建立新的合作伙伴关系，使数字化战略合作伙伴关系的规模与影响力不断扩大。英国文化委员会构建了较为完善的数字教学资源体系，有比较全面的数字化课程体系，包括直播课程、在线自学课程、个人辅导课程及在线雅思考试课程等。在新冠疫情暴发后，推出了"我的在线课程"（MyClass Online）、"初级+在线课程"（Primary Plus Online）和"中级+在线课程"（Secondary Plus Online）等全新考试类课程，学习人数超过 8.5 万人；开发了新的雅思测试 APP"英语分数"（EnglishScore）和"雅思指标"（IELTS Indicator），方便雅思考生在家进行雅思线上自测或考试。"雅思指标"目前已经被英国、美国、加拿大、澳大利亚、新西兰等国及亚洲一些国家或地区的学术机构所认可。此外，英国文化委员会面向成人、儿童、青少年、英语教师、雅思考生、体育界人士等研发了具有针对性的在线教学平台和 APP，重视加强在广播、电视等传统媒体传播领域的教学资源研发合作，使数字教学资源体系实现了全媒体融合发展。

作者：关英明，天津师范大学；刘晶晶，天津师范大学，曾任职于黎巴嫩圣约瑟夫大学孔子学院；高子奥，沈阳师范大学

附录 1
2021 年度国际中文教育教学资源发展大事记

- 1 月 8 日，经华中科技大学、天津医科大学、大连医科大学、北京中医药大学等院校组成的专家团队共同研发，《医学汉语水平考试（MCT）大纲》正式发布。
- 1 月，联合国世界旅游组织（UNWTO）和西班牙政府正式通报，自 2021 年 1 月 25 日起，中文正式成为 UNWTO 官方语言。
- 3 月 24 日，经国家语委语言文字规范标准审定委员会审定，《国际中文教育中文水平等级标准》（GF 0025—2021）由教育部、国家语言文字工作委员会发布，作为国家语委语言文字规范自 2021 年 7 月 1 日起正式实施。
- 4 月 15 日至 18 日，由亚洲协会主办的 2021 年全美中文大会（NCLC）线上举办，1000 多位美国中文教师相聚"云端"，围绕在线教学中的经验与教训、美国中文教师培养模式等展开交流，探讨中文教学新机遇、新模式，推出国际中文教育资源展，介绍国际中文教育合作项目。
- 4 月 20 日，语合中心举办以"中文：创造无限机遇"为主题的国际中文日活动，吸引全球 65 国 15 万人线上参加。
- 4 月 27 日，喀麦隆中等教育部颁布的《普通中等教育官方教科书清单》（2021—2022）规定《你好喀麦隆》教材为中文选修课指定教材。
- 6 月 8 日，外语教学与研究出版社《我爱汉语 5》（罗马尼亚语版）入选 2021 年"丝路书香出版工程"。
- 6 月 27 日，由罗马尼亚布加勒斯特大学孔子学院、布加勒斯特大学外国语学院东方语言文学系中文专业主办的"2021 罗马尼亚中文教育本土化建设学术研讨会"召开。
- 7 月 1 日，越南教育与培训部颁发 19/2021/TT-BGDĐT 号通告，决定将俄语、日语、法语、中文作为国民教育体系教学第一外语（必修课），发布《中国语基础教育教学大纲》，要求从小学 3 年级到高中 12 年级授课，并以《越南的外语 6 等级框架》为评估水平准则。
- 7 月 19 日，新西兰首个专门的中小学中文教学资源网站"Kiwi 汉语"正式上线，向当地中文教育工作者免费提供教学资源。网站由奥克兰孔子学院策划主持，新西兰中文教师协会组织资源编写团队、新西兰北亚卓越研究中心支持。

- 8月19日，新东方宣布成立比邻中文Blingo，面向海外华裔儿童、青少年提供中文、中国文化学习课程，提升其中文听说读写译能力。

- 9月10日，中国教育部与瓦努阿图共和国教育与培训部共同签署《关于合作开展瓦努阿图中小学中文教育项目的谅解备忘录》，标志着中文正式纳入瓦努阿图国民教育体系。

- 10月12日，国务院教材委员会在京召开全国教材工作会议暨首届全国教材建设奖表彰会，这是新中国成立以来首次全面覆盖教材建设领域所创立的专门奖励项目，也是全国教材建设领域的最高奖。北京语言大学刘珣教授、赵金铭教授荣获"全国教材建设先进个人"称号，华语教学出版社国际中文教育策划部荣获"全国教材建设先进集体"称号。

- 11月16日，中俄人文合作委员会第二十二次会议以视频连线方式召开。语合中心和"小鹰"全俄儿童中心共同签署合作创建首家"中俄青少年语言文化交流中心"的协议。

- 11月19日至21日，由美国外语教学委员会举办的2021年全美外语教学学会（ACTFL）年会暨世界语言博览会线上举办，7000多位语言教育工作者参加各类专题论坛。其间，举办了主题为"利用生态环境促进在线中文教与学"的系列讲座。

- 12月6日，由中文联盟和北京语言大学出版社联合主办的"2021全球中文教学微课交流展示"活动拉开序幕。

- 12月11日，中文国际传播能力建设创新发展高峰论坛在华东师范大学召开。开幕式上，国内首家"语合智慧教室"线上签约仪式隆重举行。

- 12月11日至20日，由语合中心、世界汉语教学学会、中文联盟主办，北京语言大学、北京外国语大学、华东师范大学、浙江师范大学等17家院校、机构联合承办，以"携手合作、共创未来"为主题的2021国际中文教育交流周采用线上线下相结合的方式举行。交流周上发布了《国际中文教育教学资源发展报告（2021）》《国际中文教育用中国文化和国情教学参考框架》《国际中文在线教育行动计划（2021—2025年）》，以及"外国人讲中国故事系列"文化丛书等国际中文教育教学资源研发最新成果。

整理人：呼丽娟

附录 2
2021 年度国际中文教育教学资源列表

附录 3
2021 年度国际中文教育教学资源研究列表